인사소청법

김 방 호 저

진 원 사

머리말

오늘날 사회복지국가현상에 따라 그 어느 때보다 국가의 정책집행기능을 담당하는 공무원에 대한 인식이 변화하고 있다. 우리 헌법은 공무원의 신분보장과 정치적 중립의무를 통한 직업공무원제도를 통치구조의 중요한 조직원리로 채택하고 있다. 공무원의 신분보장은 공무원의 임명, 보직, 승진시의 능력주의와 합리적인 징계절차에 의해서 실현된다. 소청제도는 위법 · 부당한 처분에 대한 행정청 자체의 구제수단으로서 직업공무원제도를 실현하는 1차적 기능을 수행한다. 우리나라의 경우 1963년 국가공무원법을 통하여 소청심사제도를 도입하였고 교원소청, 군인 · 군무원소청, 경찰공무원소청 등 다양한 분야에서 위법 · 부당한 처분을 받은 공무원의 대표적인 권익구제수단으로 자리잡았다. 그러나 최근 행정환경이 변화하고 권리의식이 향상되어 소청사건이 증가하는 추세에 있지만 소청실무가 이론적이고 체계적인 면에서 이를 따라가지 못하고 있다. 저자는 군인 · 군무원에 대한 인사복지관련 법령해석 및 소청심사 업무를 담당하면서 소청절차 및 내용에 많은 이론적 갈증을 느꼈다. 하지만 소청절차 및 내용에 관한 전문서적이 없어 전 · 후임자간의 업무인수인계서를 통한 업무지식으로 소청절차를 담당하여야만 했다. 이에 저자는 용기를 내어 두려움과 설레임으로 소청절차 및 내용에 관하여 보다 체계적인 이론을 구비한 전문서적을 발간해야겠다고 결심한 것이 오늘에 이르게 되었다. 소청업무를 직접 수행하면서 실제 현장에서 문제되는 사항들을 중점으로 연구하고 보완하는 작업을 하였다.

본서는 인사소청에 대한 입문서로서 소청절차를 담당하는 실무가, 소청인 및 그 대리인을 위한 실무서 역할을 할 것이라고 기대한다. 다만, 이 책은 앞으로 지속적으로 수정 · 보완을 통하여 다듬어질 미완의 작품으로써 독자들의 조언과 비판을 언제든지 환영한다.

이 책이 출판되기까지 부족한 저자의 주변에 많은 이들의 수고로움과 응원이 있었다. 먼저 이 책을 쓰게 된 계기를 마련해 주시고 바쁘신 와중에도 언제나 기쁜 마음으로 소청에 관한 논의에 대한 고민을 함께 해 주셨던 군인사법 저자이신 국방부 법무관리관실 임천영 규제개혁법제과장님께 감사의 말씀을 전한다. 그리고 2년동안 이

분야에 연구할 수 있는 기회를 주시고 책의 출간을 독려해 주었던 조동양 국장님과 김혁중 법무담당관님을 비롯한 국방부 법무관리관실 가족, 백인주 팀장님을 비롯한 국방송무TF팀 가족들께 감사와 고마움을 전한다. 또한 연구에만 집중할 수 있게 도와 준 친구이자 동료이자 인생의 반려자인 한정이 변호사님, 아빠와 복싱하는 것을 좋아하는 밝고 건강한 창현이와 해맑은 웃음과 애교를 가진 문현이, 그리고 항상 아들의 앞날을 기도하며 말썽꾸러기 두 손자 녀석들과 씨름하는 임안남 · 이남구 여사님께 이 책의 영광을 드린다.

끝으로 어려운 출판여건에도 이 책을 출판할 수 있는 기회를 주신 도서출판 진원사 양진수 대표님께 깊은 감사의 말씀을 전한다.

2010. 성탄절날 찬미와 영광을 오롯이 하느님께 드리며

著者 金芳虎

참고문헌

〈단행본〉

임천영 군인사법, 법률문화원, 2007.

권영성 헌법학원론, 법문사, 2002.

허 영 한국헌법론, 박영사, 2006.

김철수 헌법학개론, 박영사, 2006.

성낙인 헌법학, 법문사, 2001.

김동희 행정법Ⅰ, 박영사, 1999.

김동희 행정법Ⅱ, 박영사, 1999.

김동희 행정작용법, 박영사, 2005.

박윤흔 최신 행정법강의(상), 박영사, 2002.

박윤흔 최신 행정법강의(하), 박영사, 2002.

유지태 행정법 사례연습, 신영사, 2000.

이재화 행정법연습, 문영사, 1999.

이재화 행정법의 쟁점, 문영사, 1998.

홍정선 행정법특강, 박영사, 2006.

김중양 한국인사행정론, 법문사, 2004.

석종현 일반행정법(하), 삼영사, 2005.

국방부 국방관계법령해석질의응답집, 제25집～제28집

육군본부 국방관계법령해설, 2001.

육군본부 징계실무 해설서, 2007.

육군종합행정학교 군행정법, 2010.

육군종합행정학교 군형법, 2008.

법제처 법령해석질의응답집, 2005.

법제처 행정심판 질의응답집, 2003.

법제처 행정판례연구, 2006.

이시윤 신민사소송법, 박영사, 2002.

강현중 민사소송법, 박영사, 1995.

국무총리행정심판위원회, 법제처 행정심판의 이론과 실제, 2002.

이상철	국방행정법원론, 도서출판 봉명, 2008.
이병철	행정법강의, 유스티니아누스, 2002.
행정안전부 소청심사위원회	소청결정사례집, 2007.
행정안전부 소청심사위원회	소청 및 고충심사 업무편람, 2010.
김문현	사례연구 헌법, 법원사, 2000.
사법연수원	노동조합 및 노동관계조정법, 2003.
사법연수원	해고와 임금, 2003.
사법연수원	형사증거법, 2003.
사법연수원	행정구제법, 2008.
광장고시연구회	행정법판례평석, 2000.
배종대, 이상돈	형사소송법, 홍문사, 1999.
이상규	신행정법(하), 법문사, 1986.
이성훈	21세기 사법의 전개, 박영사, 2005.

〈학위논문〉

김영삼, "소청심사제도에 관한 고찰(-소청심사기관의 문제점과 그 개선방안을 중심으로-)", 인천법학논총 제6집, 2003.

이동찬, "교원소청심사 제도에 관한 연구", 한양법학 제22집, 2008.

김방호, "법무사관후보생의 법적 지위에 관한 고찰", 2009.

김방호, "인사소청의 의의와 대상적격에 관한 법적 검토-군인진급을 중심으로-", 군사법논문 2010.

정규상, "위법수집증거의 증거능력", 한국민사소송법학회지, 2005. 11.

이영진, "행정소송법상 취소소송의 원고적격", 고시계 1995.

임천영, "군인의 신분보장제 개선방안에 관한 연구", 경희대학교 석사학위논문, 2006.

임천영, "군인사법상 보직해임", 법조, 제53권 제3호, 2004.

이환균, "우리나라의 소청심사제도", 법제월보 제12권 제2호 · 3호

최영규, "공법 · 처분 · 법률상 이익 -행정심판을 통한 권리구제의 확대를 위한 시론-", 청담 최송화 교수 화갑기념논문집, 2002.

김근환, "우리나라의 지방공무원 신분보장제도에 관한 연구", 청주대 석사논문, 1991.

이희자, "직위해제(또는 대기별령)를 중심으로 한 법률문제", 노동법률 제93호

정유철, "현역복무 부적합에 관하여", 군사법논문집(제7집), 국방부, 2002.

우성기, "법률상 보호이익의 판단기준에 관한 일고찰 - 원고적격의 확대와 관련하여", 금랑 김철수교수 정년기념논문집

권태웅, "행정심판법에 대한 특례규정의 개정방향", 법제 제462호

이종영, "집행정지", 고시연구, 제30권 제2호, 2003.

정순영, 정무위원회, 행정심판법 전부개정법률안 검토보고서, 2009.

임중호, "행정심판법 일부개정법률안(안상수의원 대표발의) 검토보고", 2008.

정연욱, "공판절차의 갱신과 증거조사", 재판자료 제22집,

권태웅, "행정심판법에 대한 특례규정의 개정방향", 법제 제462호.

김병기, "기속력과 처분재결"(상), 고시연구 제29권 제10호.

박정훈, "거부처분 취소소송에 있어 위법판단의 기준시와 소의 이익", 한국행정판례연구회 발표문, 2000.

유지태, "행정소송의 판결의 효력", 고시계1993. 5.

이환균, "우리나라의 소청심사제도", 법제월보 제12권 제2호 및 제3호, 법제처, 1970,

목 차

제1장 총 설

제1절 인사소청의 의의

1. 인사소청의 의의

가. 개 념

행정심판이라 함은 행정청의 위법·부당한 처분 그 밖의 공권력의 행사 또는 불행사 등으로 인하여 권리 또는 이익을 침해당한 자가 그 구제를 위하여 행정청의 시정을 요구하고 행정청에서 이를 심판하는 쟁송절차를 일컫는 것으로 널리 행정기관이 행하는 행정법상의 분쟁에 대한 심리·판정절차를 말한다.[1)]

행정심판은 실정법상으로 행정심판, 이의신청, 심사청구, 심판청구 등 여러 가지 이름으로 불리우면서 행정분야의 특색에 따라 부분적으로 서로 다른 절차가 적용되기도 한다. 그러나 행정심판으로서의 성질을 갖는 것으로써 그에 관하여 당해 법률에서 규정하지 아니한 사항에 대하여는 행정심판에 관한 일반법인 행정심판법이 적용된다(행정심판법 제3조 제1항).

이에 더하여 행정작용을 신중하게 하기 위해 행정청이 행하는 사전절차로서의 '행정절차'를 포함하는 의미로 사용되기도 한다.

그런데 현대 행정의 복잡성 및 다양성으로 인하여 행정심판에 있어서도 긴급한 필요가 있거나 전문성·특수성을 살려야 할 필요가 있는 행정처분에 대한 행정심판절차는 일반행정심판절차와 달리 각 개별법에 특례를 두는 경우가 많다.

'인사소청'이란 징계처분 기타 본인의 의사에 반하는 불이익처분을 받는 자가 관할 소청심사위원회에 심사를 청구하는 행정심판을 의미한다. 즉 인사소청은 위법·부당한 처분으로써 공무원의 권익을 보호하기 위한 행정구제제도로서 인정된 것으로 공무원관계의 특수성에 비추어 행정심판법에 의한 일반행정심판절차의 특례로 특별행

---

1) 행정심판법 제1조는 "이 법은 행정심판절차를 통하여 행정청의 위법 또는 부당한 처분 그 밖에 공권력의 행사·불행사 등으로 인하여 권리 또는 이익의 침해를 구제하고 아울러 행정의 적정한 운영을 기함을 목적으로 한다"고 규정하고 있다. 이를 일반적으로 '협의의 행정심판'이라 정의하고 있다.

정심판절차로 이해되고 있다.[2)]

다시 말해서 소청심사제도는 권익보장의 의미를 지닌 항고쟁송으로서 행정심판제도의 일종이며, 공무원이 징계처분 기타 그 의사에 반하는 불리한 처분이나 부작위에 대하여 불복신청을 제기하는 경우, 이를 심사하는 제도로서, 위법 또는 부당한 인사상 불이익처분에 대한 구제라는 사법보완적 기능을 통하여 직접적으로는 공무원 개인의 신분보장과 직업공무원제도의 확립을 기하고, 간접적으로는 행정의 자기통제 효과를 도모하는 데 있다. 일반적으로 소청심사위원회의 운영체계를 조정하여, 징계사무는 인사업무담당부서에서 관장하고, 소청사무는 쟁송업무담당부서에서 관장하도록 하면서 소청심사위원회위원장은 외부인사로 호선하고 있다.[3)]

이러한 행정심판법에 의한 행정심판절차에 버금가는 특별행정심판절차로는 국세 또는 지방세 및 관세 등의 부과와 징수에 관한 처분에 이의에 불복하는 국세심판, 지방세심판, 관세심판 등의 국세 등의 심판제도가 있고 특허, 실용신안등록, 의장등록, 상표등록에 관한 처분에 대하여 특허심판원에 제출하는 특허심판제도, 그 밖에 공무원의 징계처분, 강임 · 휴직 · 직위해제 또는 면직처분 등을 받은 경우 그 처분에 대한 불복절차로써 이루어지는 인사처분에 대한 심판제도 등이 있다.[4)]

---

2) 임천영, 군인사법, 법률문화원, 2007. 제774면, ;이상규, 신행정법론(하), 법문사, 1986. 제187면, ;김동희, 행정법Ⅱ, 박영사, 1999. 제141면 참조.

3) 김영삼, "소청심사제도에 관한 고찰(-소청심사기관의 문제점과 그 개선방안을 중심으로-)", 인천법학논총 제6집, 2003. 제48면 참조.

4) 그 밖에도 독점규제및공정거래에관한법률에 의한 공정거래등의 심판제도, 공공용지의취득및손실보상에관한특례법에 의한 토지관련 심판제도, 노동조합및노동관계조정법에 의한 노동위원회의 재심제도, 국민건강보험법 및 산업재해보상법 국민연금법 등에 의한 보험급여등에 관한 심판청구제도 등이 있으며 징발재산정리에관한특별조치법, 청소년보호법, 출입국관리법 등에 의한 이의신청제도 등 다양한 형태의 행정심판제도가 존재한다.

□ 특별행정심판 사례

- ❍ 조세심판(조세심판원)
- ❍ 특허심판(특허심판원)
- ❍ 토지수용 재결에 대한 이의신청(중앙토지수용위원회)
- ❍ 부당해고에 관한 구제명령에 대한 재심(중앙노동위원회)
- ❍ 공무원 징계처분에 대한 불복(소청심사위원회)
- ❍ 공정거래 관련 처분에 대한 이의신청(공정거래위원회)
- ❍ 국민건강보험 급여결정에 대한 심판(국민건강분쟁조정위원회)
- ❍ 산재보험 급여결정에 대한 재심사(산업재해보상보험재심사위원회)
- ❍ 고용보험 급여결정에 대한 재심사(고용보험심사위원회)

이와 같이 다른 법률에 특별한 불복절차가 있음에도 불구하고 행정심판법에 의한 일반행정심판을 청구하는 경우 그에 대한 처리 문제가 대두된다. 이에 대하여 **각하설은** 행정심판법 제3조의 규정에 의하면 "행정청의 처분 또는 부작위에 대하여 다른 법률에 특별한 규정이 있는 경우를 제외하고는 이 법에 의하여 행정심판을 제기할 수 있다."고 규정하고 있어 이는 부법적한 심판청구로서 각하재결의 대상이 된다고 한다.[5]

그러나 행정심판은 순수 사법작용이 아닌 행정행위의 성질을 포함하는 특수한 국가작용이니 만큼 굳이 사법작용에서 요구하는 소송요건에 맞추어 심판요건을 판단할 것은 아니라고 본다. 행정심판제도의 취지를 충분히 살리면서 국민의 심판청구권을 보장하고 절차 경제를 고려해 볼 때, 특별한 사정이 없는 한, **관할 행정심판위원회에 이첩**하는 것이 타당하다고 본다.[6]

대법원 판례

행정규제및민원사무기본법의 관계 규정을 종합하여 보면, 국민고충처리제도는 …… 행정심판법에 의한 행정심판 내지 다른 특별법에 따른 이의신청, 심사청구, 재결의 신청 등의 불복구제절차와는 제도의 취지나 성격을 달리하고 있으므로 ……행정심판청구에 해당하는 것으로 볼 수는 없다. 다만, 국민고충처리위원회에 접수된 신청서가 행정기관의 처분에 대하여 시정을 구하는 취지임이 내용상 분명한 것으로서 국민고충처리위원회가 이를 당해 처분청 또는 그 재결청에 송부한 경우에 한하여 행정심판법 제17조 제2항, 제7항의 규정에 의하여 그 신청서가 국민고충처리위원회에 접수된 때에 행정심판청구가 제기된 것으로 볼 수 있다(대법원 1995. 9. 29. 선고 95누5332 판결).

나. 연 혁

1961. 9. 18. 구 국가공무원법을 개정할 때 행정심판절차로서의 사후구제장치가 행정내부적으로 마련되었다. 즉 항고심사위원회를 설치하여 징계처분에 대해 부분적으로 불복절차를 수행하도록 하였다. 5급 공무원의 징계처분에 대해서는 내각수반 소속하에 설치된 특별항고심사위원회에서, 6급 이하 공무원의 징계처분에 대하여는 각 기관의 보통항고심사위원회에서 심사하도록 하였었다. 1963. 4. 17. 법률 제1325호로 국가공무원법을 제정할 당시 소청심사위원회는 위 항고심사위원회를 폐지하고

5) 국무총리행정심판위원회, 법제처, 행정심판의 이론과 실제, 2002. 제449면 참조.
6) 이를 '이첩설'로 부르기로 한다.

그 설치근거를 마련하여 내각사무처, 국가재건최고회의, 법원행정처에 설치되었고, 현재는 행정자치부, 국회사무처, 법원행정처, 헌법재판소사무처 및 중앙선거관리위원회사무처에 각 소청심사위원회를 두고 있다. 지방공무원[7] 및 특정직공무원의 경우에도 각 개별법에 설치근거를 마련, 소청심사위원회를 설치·운용하고 있다.[8]

＊행정안전부 소청심사위원회의 연혁＊[9]

- 1963. 4. 17. : 내각사무처 소청심사위원회 신설(국가공무원법 , 법률 제1325호) 사무보좌기관으로 소청과를 둠
  위원장 : 차관급, 위원 : 별정1급(위원장 포함 7인)
- 1963. 12. 16. : 소청심사위원회 소속변경(내각사무처 ⇒ 총무처)
- 1966. 5. 7. : 소청과를 행정실로 개편
- 1973. 2. 5. : 위원회 구성을 위원장 포함하여 5인이상 7인이내로 조정
- 1978. 12. 5. : 소청심사위원회에 비상임위원을 둘 수 있도록 함
- 1991. 8. 24. : 비상임위원 직제반영, 행정실을 행정과 심사과로 개편
- 1998. 2. 28. : 소청심사위원회 소속변경(총무처 ⇒ 행정자치부)
- 1999. 5. 24. : 행정과 심사과를 행정과로 통합
- 2004. 6. 12. : 소청심사위원회 소속변경(행정자치부 ⇒ 중앙인사위원회)
- 2007. 3. 1. : 소청심사위원회 비상임위원 2인 임명(제1기)
- 2008. 2. 29. : 소청심사위원회 소속변경(중앙인사위원회 ⇒ 행정안전부)
- 2008. 7. 1. : 소청심사위원회 비상임위원 2인 임명(제2기)
- 2009. 7. 1. : 소청심사위원회 비상임위원 2인 임명(제3기)

행정안전부 소청심사위원회는 현재 위원장 1인을 포함한 5인 이상 7인 이내의 상임위원으로 구성하며 위원장은 정무직으로 보하고 필요하면 약간의 비상임위원을 둘 수 있다(국가공무원법 제9조 제3항). 2010. 1.를 기준으로 위원장 1인을 포함하여 5인의 상임위원, 2인의 비상임위원으로 구성되어 있으며 위원회의 사무를 처리하기

---

7) 각 지방지차단체에 소속되어 있는 국가공무원에 대한 소청심사는 행정안전부 소청심사위원회에서 소청심사에 대한 관할권이 있다.

【지방공무원법】 제13조(소청심사위원회의 설치)

공무원의 징계, 그 밖의 그 의사에 반하는 불리한 처분이나 부작위에 대한 소청을 심사 결정하기 위하여 시·도에 제6조에 따른 임용권자별로(임용권을 위임받은 자는 제외한다) 지방소청심사위원회 및 교육소청심사위원회(이하 '심사위원회'라 한다)를 둔다.〈전문개정 2008. 12. 31.〉

8) 김영삼, "소청심사제도에 관한 고찰(-소청심사기관의 문제점과 그 개선방안을 중심으로-)", 인천법학논총 제6집, 2003. 제50면~제51면 참조.

9) 행정안전부 소청심사위원회, 소청 및 고충심사 업무편람, 2010. 제10면 참조.

위해 행정과를 두고 있다. 상임위원은 고위공무원단에 속하는 별정직공무원으로 보한다(행정안전부와 그 소속기관 직제 제59조 제2항). 상임위원의 임기는 3년으로 하며, 1회에 한하여 연임할 수 있고 다른 직무를 겸임할 수 없다(국가공무원법 제10조 제2항 및 제4항). 비상임위원 임기는 1년으로 하며 연임할 수 있다(행정안전부와 그 소속기관 직제 제59조 제3항).

소청심사위원회 가운데 대표적으로 교원의 경우, 1991년 제정된 교원지위향상을위한특별법상 교원징계재심제도에서 징계처분 재심 기능 외에 의사에 반한 불리한 처분과 교수 재임용 탈락의 불복심사로 다루어 온 점을 고려하여 2005년 1월 27일 법률 제7354호로 개정하여 그 명칭이 '교원소청심사제도'로 변경되었다. 교원소청심사제도는 교육이라는 특수 영역에서 교육발전에 필요한 교원의 안정적인 신분보장을 위한 제도로써 인사권자의 부당한 간섭이나 압력을 배제하고 교육의 본질과 법령에 따라 교육을 할 수 있도록 하는데 있다.[10] 이 외에도 군인, 판사[11] 등의 경우에도 직역의 특수성을 고려하여 이들의 신분보장을 위해 별도의 소청심사위원회가 마련되어 있다.

따라서 현재 행정안전부 소청심사위원회는 행정기관 소속 일반직 및 기능직 국가공무원과 다른 법률이 정하는 바에 따른 특정직공무원으로 외무공무원(외무공무원법 제30조), 경찰공무원(경찰공무원법 제30조), 소방공무원(소방공무원법 제21조, 지방소방공무원 제외), 국가정보원 소속 공무원(국가정보원직원법 제30조), 대통령경호처 소속 공무원(대통령 등의 경호에 관한 법률)의 소청을 관할한다.

다. 법적 성질

그렇다면 이와 같은 인사소청의 법적성질은 무엇인가? 행정심판은 일반적으로 분쟁에 대한 심판작용임과 동시에 그 자체가 행정행위라는 이중적 성격을 인정하는데 이설이 없다.[12] 결국 인사소청 역시 비록 특수한 목적에 따라 일정한 절차상의 특례를 인정한 것에 불과하고 결국 행정심판의 본질을 가지고 있으므로 **심판작용 및 행정**

10) 이동찬, "교원소청심사 제도에 관한 연구", 한양법학 제22집, 2008. 제369면 참조.

11) 이에 반하여 검사에 대한 소청심사제도는 현재 마련되어 있지 않다. 이에 대한 자세한 것은 제4절 소청심사기관을 참고하기 바란다.

행위라는 이중적 성격을 가질 수밖에 없다.[13)]

행정심판은 재판에 준하는 작용으로서 사실을 인정하고 그에 대하여 법을 해석·적용하는 작용임과 동시에 국가의 행정의사의 발현으로서 분쟁이 있는 행정법관계를 규율하고 일정한 행정질서를 형성, 유지, 소멸시켜 행정목적의 실현을 도모하는 행정작용에 해당한다.

행정심판이 어떠한 형태로 구체화되는지는 국가에 따라 다르며 심판작용과 행정작용 중 어떤 성격에 중점을 두는지에 따라 행정심판의 구체적인 절차 등에 영향을

【검사징계법】

제2조 (징계 사유) 검사가 다음 각 호의 어느 하나에 해당하면 그 검사를 징계한다.
1. 「검찰청법」 제43조를 위반하였을 때
2. 직무상의 의무를 위반하거나 직무를 게을리하였을 때
3. 직무 관련 여부에 상관없이 검사로서의 체면이나 위신을 손상하는 행위를 하였을 때

제3조 (징계의 종류 〈개정 2009.11.2〉)
① 징계는 해임(解任), 면직(免職), 정직(停職), 감봉(減俸) 및 견책(譴責)으로 구분한다.
② 삭제 〈2006.10.27〉
③ 정직은 1개월 이상 6개월 이하의 기간 동안 검사의 직무 집행을 정지시키고 보수를 지급하지 아니하는 것을 말한다.
④ 감봉은 1개월 이상 1년 이하의 기간 동안 보수의 3분의 1 이하를 감액하는 것을 말한다.
⑤ 견책은 검사로 하여금 직무에 종사하면서 그가 저지른 잘못을 반성하게 하는 것을 말한다.

제4조 (검사 징계위원회)
① 징계 사건을 심의하기 위하여 법무부에 검사 징계위원회(이하 "위원회"라 한다)를 둔다.
② 위원회는 위원장 1명을 포함한 7명의 위원으로 구성하고, 예비위원 3명을 둔다.

제5조 (위원장의 직무와 위원의 임기 등)
① 위원장은 법무부장관이 된다.
② 위원은 다음 각 호의 사람이 된다.
1. 법무부차관
2. 법무부장관이 지명하는 검사 2명
3. 법무부장관이 변호사, 법학교수 및 학식과 경험이 풍부한 사람 중에서 위촉하는 각 1명
③ 예비위원은 검사 중에서 법무부장관이 지명하는 사람이 된다.
④ 제2항 제3호의 위원의 임기는 3년으로 한다.
⑤ 위원장은 위원회의 업무를 총괄하며, 회의를 소집하고 그 의장이 된다.
⑥ 위원장이 부득이한 사유로 직무를 수행할 수 없을 때에는 위원장이 지정하는 위원이 그 직무를 대리하고, 위원장이 지정한 위원이 부득이한 사유로 직무를 수행할 수 없을 때에는 위원장이 지명하는 예비위원이 그 직무를 대리한다.

제23조 (징계의 집행) ① 징계의 집행은 견책의 경우에는 징계처분을 받은 검사가 소속하는 검찰청의 검찰총장·고등검찰청검사장 또는 지방검찰청검사장이 하고, 해임·면직·정직·감봉의 경우에는 법무부장관의 제청으로 대통령이 한다.

12) 김동희, 행정법 Ⅰ, 박영사, 1999. 제539면.
13) 김방호, "인사소청의 의의와 대상적격에 관한 법적 검토-군인진급을 중심으로-", 군사법논문 2010. 제4면 참조.

미치고 있다.

헌법 제107조 제3항 후단은 "행정심판의 절차는 법률로 정하되, 사법절차가 준용되어야 한다"고 규정함으로써 행정심판의 판단작용으로서의 성격을 분명히 하고 있다. 그러나 행정심판이 행정소송의 전심절차로서 사법절차가 준용되기는 하지만 그 자체를 순수한 재판과 같은 사법작용을 볼 수는 없는 것이며, 행정청에서 행하는 행정작용으로서 행하는 것인 만큼 **행정처분으로서의 성질이 더 강하다고 할 것이다.**[14)]

그런데 교원의 경우 국공립학교교원에 대한 소청심사는 앞에서 논의한 대로 그 법적 성질을 파악할 수 있을 것이나, 사립학교교원에 대한 소청심사가 동일한 성질의 것인지에 대하여 논란이 있을 수 있다.[15)] 이에 관하여 **국공립학교교원과 사립학교교원에 대한 소청심사의 법적 성질이 동일하다는 견해와 서로 다르다는 견해가 나뉘고 있다.**[16)] 전자의 경우 교원소청심사의 법적성질에 대하여 국공립학교교원이나 사립학교교원이나 동일한 공법의 원리가 적용되나, 후자의 경우 사립학교교원의 경우 사법의 원리가 적용된다는 것이다. 따라서 사립학교 교원에 대한 징계처분은 그 자체로서는 행정소송법상 처분에 속하는 것이 아닌 '사법상의 법률행위'이므로 이를 행정소송의 대상으로 삼아 행정소송을 제기할 수 있다고 하는데 의문을 제기하고 있다.

교원소청심사위원회의 결정에 불복이 있는 경우 행정소송을 제기할 수 있다. **사립학교 교원의 경우**에 대한 사립학교법인의 징계처분에 관하여는 **민사소송을 제기하거나 교원소청심사위원회에 소청심사를 청구할 수 있다.** 이때 **교원소청심사위원회의 결정을 행정심판의 재결로 보아 교원소청심사위원회를 피고로 하여 행정소송을 제기할 수 있다.**[17)]

---

14) 국무총리행정심판위원회, 법제처, 행정심판의 이론과 실제, 2002. 제22면 참조.

15) 교원지위향상을 위한 특별법은 사립학교 교원의 경우에도 국공립학교 교원과 마찬가지로 교원소청심사위원회의 소청을 거치도록 하고 있다.

> **【교원지위향상을 위한 특별법】 제7조 제1항**
>
> (교원소청심사위원회의 설치)
> 각급학교 교원의 징계처분 그 밖의 그 의사에 반하는 불리한 처분(교육공무원법 제11조의3 제4항 및 사립학교법 제53조의2 제6항에 따른 교원에 대한 재임용 거부처분을 포함한다. 이하 같다)에 대한 소청심사를 하기 위하여 교육과학기술부에 교원소청심사위원회(이하 '심사위원회'라 한다)를 둔다.

16) 이에 관한 자세한 것은 이동찬, "교원소청심사 제도에 관한 연구", 한양법학 제22집, 2008. 제376면부터 제378면을 참조하기 바란다.

17) 대법원 1995. 6. 13. 선고 93누23046 판결 ; 헌법재판소 1998. 7. 16. 95헌바19 결정 참조.

라. 인사소청의 최근 현황

군인 군무원에 대한 인사소청제도는 일반공무원과 달리 징계처분에 대한 불복은 징계항고심사위원회라는 별도의 특별행정심판절차를 두고 있어 처리건수는 일반공무원에 비하여 그리 많지는 않다. 그러나 권리의식의 향상으로 인사소청은 꾸준히 증가하는 추세를 보이고 있으며 소청의 종류도 다양화되어 가고 있다. 최근 5년간의 소청현황은 아래의 표와 같다.

<표. 최근 5년간 인사소청 현황> 18)

년도	처리건수	각하	취하	기각	인용	인용률(%)
'05	23	4	2	14	3	13.0
'06	58	7	7	42	2	3.4
'07	28	2	2	17	7	25.0
'08	38	3	4	17	14	36.8
'09	55	6	5	33	10	18.2

2. 인사소청의 필요성

인사소청은 행정소송과 관련하여 사전적 구제절차로서 기능을 수행할 뿐만 아니라 그 자체가 독자적인 행정불복·구제절차로서의 기능을 가지고 있다. 그런데 1998. 행정심판법의 개정으로 행정심판을 임의절차화함으로써 행정소송의 전심절차(Vorverfahren)로서 기능이 퇴화하고 **독자적 권익구제절차로서 기능이 부각되고 있다.**

인사소청제도의 존재의의는 대개 다음 4가지 사유 즉, 자율적 행정통제, 행정능률의 보장, 행정청의 전문지식 활용, 소송경제가 일반적으로 인정된다.

1) 자율적 행정통제

법원의 사법작용에 의한 통제가 이루어지기 전에 처분청 또는 상급감독청으로 하여금 스스로 판단하여 시정할 수 있는 기회를 줌으로써 행정의 적법성 및 합목적성을 실현할 수 있다. 이와 같이 행정심판은 행정기관의 자기통제를 통하여 행정의 자율성을 확보할 수 있다.

---

18) 국방부 법무관리관실, 인사소청심사위원회 '10년 전반기 소청통계 자료 참조.

2) 행정능률의 보장

심리절차의 공정과 신중을 기하는 사법작용에 의한 행정소송은 대부분 장기간의 시일을 요하게 되어 행정법관계에 대한 분쟁의 신속한 해결을 도모하지 못하는 한계가 있다. 따라서 재판 계류중인 경우 당해 행정법관계는 매우 불안정한 상태에 있게 되므로 오늘날과 같이 신속을 요하는 행정 수요에 대응하여 분쟁의 신속한 해결을 도모하는 행정심판을 인정함으로써 행정능률을 도모할 수 있다.[19)]

3) 행정청의 전문지식 활용

현대산업사회에서 행정이 고도의 복잡성을 띠게 됨에 따라 행정법관계의 분쟁 해결을 위하여 고도의 전문성과 기술성이 요구되고 있다. 그러한 전문적 기술적 문제의 처리에 적합하게 조직된 행정청이 제1차적 단계에서 전문기관인 행정청으로 하여금 행정사건에 대한 분쟁을 심판하게 함으로써 행정청의 전문지식을 활용하고 법원의 사법적 기능의 결함을 보충하는 효과가 있다.

4) 소송경제

사법절차는 정식쟁송절차로서 법원, 당사자, 기타 이해관계인에게 대하여 막대한 노력과 비용을 부담하게 될 뿐만 아니라 그 심리에 오랜 시간을 요한다. 이에 비하여 행정심판은 약식쟁송절차이기 때문에 비용과 시간을 크게 절감할 수 있음은 물론 행정소송의 제기 이전에 행정심판단계에서 사실 및 법률상의 쟁점을 정리함으로써 행정소송에 대하여 1차적으로 여과적 기능을 수행하고 나아가 불필요한 행정소송을 방지할 수 있게 되므로 법원의 소송부담을 경감시켜 소송경제를 기할 수 있다.[20)]

---

19) 국무총리행정심판위원회, 법제처, 행정심판의 이론과 실제, 2002. 제23면 참조.
20) 김동희, 위의 글, 제542면 참조.

제2절 필요적 전치주의

1. 취 지

1994. 7. 27. 행정소송법 개정으로 행정심판의 필요적 전치주의가 임의적 전치주의로 변경되었으나, 인사소청의 경우 **행정심판 필요적 전치주의**를 취하고 있다. 다만, 다음의 경우에는 소청을 거치지 않아도 행정소송을 제기할 수 있다. 즉, 무효등 확인소송의 경우로서 이 경우에는 행정소송법에서는 취소소송과 부작위위법확인소송에만 행정심판전심절차를 두고 있으므로 소청심사를 청구할 필요가 없다. 그리고 행정소송법 제18조 제2항 각호의 경우에 해당되는 것으로서 소청 제기 후 60일이 경과하여도 재결이 없는 경우 등과 행정소송법 제18조 제3항 각호의 경우로서 동종사건에 관하여 이미 소청결정이 있는 경우 등은 소청을 거치지 않아도 행정소송을 제기할 수 있다.[21]

<절차 흐름도>

위법 부당한 인사상 불이익한 처분

⇓ 불복시 처분사유설명서를 받은 날 또는 처분이 있음을 안 날로부터 각각 30일 이내 소청 제기(국가공무원법 제76조)

소청심사청구(소청심사위원회)

⇓ 불복시 결정서를 받은 날로부터 90일 이내 소송제기(행정소송법 제20조)

행정소송(행정법원)

〈관계 법령〉

【행정소송법】 제18조(행정심판과의 관계)

① 취소소송은 법령의 규정에 의하여 당해 처분에 대한 행정심판을 제기할 수 있는 경우에도 이를 거치지 아니하고 제기할 수 있다. 다만, 다른 법률에 당해 처분에 대한 행정심판의 재결을 거치지 아니하면 취소소송을 제기할 수 없다는 규정이 있는 때에는 그러하지 아니하다.

② 제1항 단서의 경우에도 다음 각호의 1에 해당하는 사유가 있는 때에는 행정심판의 '재결'을 거치지 아니하고 취소소송을 제기할 수 있다.

21) 김영삼, "소청심사제도에 관한 고찰(-소청심사기관의 문제점과 그 개선방안을 중심으로-)", 인천법학논총 제6집, 2003. 제49면~제50면 참조.

1. 행정심판청구가 있은 날로부터 60일이 지나도 재결이 없는 때
2. 처분의 집행 또는 절차의 속행으로 생길 중대한 손해를 예방하여야 할 긴급한 필요가 있는 때
3. 법령의 규정에 의한 행정심판기관이 의결 또는 재결을 하지 못할 사유가 있는 때
4. 그 밖의 정당한 사유가 있는 때

③ 제1항 단서의 경우에 다음 각호의 1에 해당하는 사유가 있는 때에는 행정심판을 제기함이 없이 취소소송을 제기할 수 있다.

1. 동종사건에 관하여 이미 행정심판의 기각재결이 있은 때
2. 서로 내용상 관련되는 처분 또는 같은 목적을 위하여 단계적으로 진행되는 처분 중 어느 하나가 이미 행정심판의 재결을 거친 때
3. 행정청이 사실심의 변론종결 후 소송의 대상인 처분을 변경하여 당해 변경된 처분에 관하여 소를 제기하는 때
4. 처분을 행한 행정청이 행정심판을 거칠 필요가 없다고 잘못 알린 때

④ 제2항 및 제3항의 규정에 의한 사유는 이를 소명하여야 한다.

행정소송을 제기함에 있어서 행정심판을 먼저 거치도록 한 것은 행정관청으로 하여금 그 행정처분을 다시 검토케 하여 시정할 수 있는 기회를 줌으로써 행정권의 자주성을 존중하고 아울러 소송사건의 폭주를 피함으로써 법원의 부담을 줄이고자 하는데 그 취지가 있다. 행정소송법 제18조 제1항 단서와 이를 준용하는 제38조 제2항은 취소소송과 부작위위법확인소송에서 예외적으로 필요적 전치주의가 적용된다고 명백히 밝히고 있다.[22] 동일한 행정처분에 의하여 여러 사람이 동일한 의무를 부담하는 경우 그중 한 사람이 적법한 행정심판을 제기하여 행정처분청으로 하여금 그 행정처분을 시정할 수 있는 기회를 가지게 한 이상 나머지 사람은 행정심판을 거치지 아니하더라도 행정소송을 제기할 수 있다고 할 것이다(대법원 1988. 2. 23. 선고 87누704 판결).

국가공무원법 제16조 및 군인사법 제51조의2 등에 의하면 공무원에 대한 강임 휴직 직위해제 면직, 전역, 제적처분, 그 밖에 본인의 의사에 반한 불리한 처분이나 부작위에 관한 행정소송은 소청심사위원회의 심사 · 결정을 거치지 아니하면 제기할 수 없다고 규정함으로써 임의적 전치주의의 예외를 두고 있다.

인사소청제도는 공무원의 권리구제를 주된 목적으로 하고 있지만 행정의 적정성 확

22) 행정심판 청구로 족한 것이 아니라 재결까지 거칠 것을 요한다는 점에서 **필요적 재결 전치주의**라고도 한다.

보도 그 목적으로 하고 있다.[23] 즉, 임용권자의 인사상의 불이익한 처분에 대한 처분청 스스로의 판단을 통하여 신속한 권리구제 및 행정의 자기통제 내지는 자기감독의 필요성이 일반적인 행정심판의 경우와 차별화되기 때문이다.

헌법재판소 결정

필요적 전치주의에 대하여 국민의 재판청구권 등의 기본권침해 여부에 대한 위헌소원에서 헌법재판소는 "헌법 제107조 제3항은 행정심판의 절차를 법률로 정하도록 하고 있으므로 입법자는 행정심판을 통한 권리구제의 효율성, 행정청에 의한 자기시정의 개연성, 문제되는 행정심판사항의 특성 등 여러 가지 요소를 감안하여 **입법정책적으로** 행정심판절차의 구체적 모습을 형성할 수 있다. 산업재해보상업무에는 업무와 재해간의 의학적 인과관계, 신체장해의 정도, 요양의 필요성 등 고도의 의학적·법학적·보험정책적 전문성과 기술성이 요구되어 이에 관한 행정기관의 전문성을 충분히 살릴 필요가 크므로 다른 일반의 행정처분과는 달리 특수한 전심절차를 둔 것에 합리성을 인정할 수 있고, 심사청구·재심사청구제도는 통상의 소송절차에 비하여 간편한 절차에 의해 시간과 비용을 절약하는 가운데 신속하고도 효율적인 권리구제를 꾀할 수 있다는 장점이 있으며, 비록 국민의 재판청구권을 제약하는 측면이 있는 것도 사실이나, 심사청구·재심사청구의 전치로 인한 노고와 시간, 즉 **재판청구권의 제약의 정도는 경미한 데 비하여 그로 인하여 달성되는 공익은 매우 크다고 할 것이므로**, 심사청구·재심사청구제도가 행정심판절차 형성에 관한 입법형성권의 한계를 벗어나 **국민의 재판청구권을 침해하는 제도라고 할 수 없다.**"[24]

2. 적용범위

가. 필요적 전치를 요하는 처분

1) '법률'의 근거

제소에 앞서 필요적 행정심판을 거치도록 하기 위하여는 처분의 근거가 되는 '형식적 의미의 법률'에 필요적 전치를 요하는 규정이 있어야 한다. 따라서 법률 이외의 법규명령이나 조례 또는 규칙으로써는 이를 규정할 수 없다. 이에 대하여 조례에 근거한 처분에 대하여는 조례로써 필요적 전치로 할 수 있다는 반대 견해가 있으나, 필요적 전치주의는 일종의 재판청구권의 제한으로서 국가사무의 하나인 '사법에 관한 사무'[25]이므로 조례로써는 불가능하다고 본다.[26]

---

23) 임천영, 군인사법, 법률문화원, 2007. 제775면 참조.
24) 헌법재판소 2000. 6. 1. 98헌바8 결정.
25) 지방자치법 제11조 제1호.

인사소청은 필요적 전치주의이므로(군인사법 제51조의2, 군무원인사법 제35조의2) 인사소청 심사를 거치지 아니하고 곧바로 행정소송을 제기하는 경우 행정소송법 제18조 제1항 단서에 의해 부적법한 소송으로 **부적법 각하 사유가** 된다.

2) 현행법상 필요적 전치주의의 적용을 받는 처분

현행법상 필요적 전치를 거쳐야 하는 처분으로는 ① 공무원에 대한 징계 기타 불이익한 인사처분(국가공무원법 제16조 제2항, 교육공무원법 제53조 제1항, 지방공무원법 제20조의2, ② 국세·관세법상의 처분(국세기본법 제56조 제2항, 관세법 제120조 제2항, ③ 운전면허취소처분 등 도로교통법상에 의한 각종 처분[27](도로교통법 제142조), ④ 해양수산부장관 등의 선박검사 등 처분(선박안전법 제72조 제3항)을 들 수 있다. 그밖에 노동위원회의 결정이나 특허청의 거절사정 등과 같이 원처분이 아니라 행정심판 재결만이 소송의 대상이 되는 사건에 있어서도 행정심판을 거침이 불가피하나 이는 재결주의가 채택된 결과로서, 통상적인 필요적 전치주의 사건과는 구별된다.[28]

나. 필요적 전치가 적용되는 소송

1) 취소소송과 부작위위법확인 소송

필요적 전치를 요하는 처분이라 하더라도 그 처분의 취소소송과 부작위위법확인 소송의 경우에만 행정심판을 거쳐야 할 뿐이고 무효확인소송의 경우에는 그러하지 아니하다(행정소송법 제38조). 무효확인소송은 외형상 행정행위로서 존재할 뿐 당초부터 법률적으로 아무런 효력이 없는 처분에 대하여 그 무효임을 공적으로 확인 받기 위한 소송에 불과하기 때문이다.

2) 무효를 선언하는 의미의 취소소송

무효를 선언하는 의미의 취소소송에 있어서 그 실질이 무효확인의 소임을 강조하여 행정심판 전치주의의 적용이 없다는 견해도 있으나, 취소사유와 무효사유의 구분은 상대적일 뿐만 아니라 실체적 심리를 거쳐 밝혀질 성질의 것인데 소송요건을 갖

---

26) 사법연수원, 행정구제법, 2008. 제142면 참조.
27) 다만, 과태료처분과 통고처분은 필요적 전치주의가 적용되지 아니한다.
28) 사법연수원, 행정구제법, 2008. 제142면 참조.

추었는지 여부는 실체심리에 앞서 형식적으로 판단되어야 한다는 점에서 보면 **취소소송의 형식적 요건을 취하고 있는 이상,** 실체에 있어서는 무효확인을 구하는 소송이라 하더라도 취소소송이 갖추어야 할 소송요건인 **행정심판 전치주의의 요건을 충족하여야 한다.**[29)]

다. 신분변동과 필요적 전치주의

1) 문 제 점

필요적 전치주의와 관련하여 징계처분 내지 그 밖의 다른 불이익한 처분을 다투는 과정에서 징계처분에 의한 신분변동이 아니라 정년 전역 또는 심신장애 전역 등에 의한 신분이 변동된 경우에도 징계항고제도 또는 소청재심을 거쳐야 하는지가 문제된다.

2) 관련규정

이와 관련하여 **국방부 군인·군무원 징계업무처리 훈령**[30)]은 징계처분에 의하여 전역·제적된 자는 그 신분변동에 불구하고 이 훈령에 따라 항고할 수 있다고 규정하고 있다(동 훈령 제1장 제2조 단서). 징계처분에 의하여 전역·제적된 자로 한정되어 있으므로 **파면 또는 해임처분 이외의 징계처분을 받은 자가 전역·제적된 경우에는 징계항고를 할 수 있는 것인지, 반드시 징계항고절차를 거쳐야 행정소송을 제기할 수 있는지**가 필요적 전치주의와 관련되어 논의된다. 그런데 **육군규정(징계업무처리규정)** 제41조는 항고인 적격에 관하여 '항고기간 중 전역·제적된 자 포함'이라고 명문의 규정을 두고 있다.

【육군규정189-징계규정】 제41조(항고인 적격)
징계처분을 받은 자(**항고기간 중 전역·제적된 자 포함**)는 원징계처분이 위법, 부당하거나 과중하다고 인정할 때에는 그 처분의 취소 또는 감경을 구하는 항고를 제기할 수 있다.

3) 학 설

이에 관하여 학설은 크게 두 가지로 대립되고 있다. 항고기간 중 전역 또는 제적

29) 대법원 1976. 2. 24. 선고 75누128 판결 ; 대법원 1990. 8. 28. 선고 90누1892 판결 참조.

30) **국방부 군인·군무원 징계업무처리 훈령**〈국방부훈령 제1067호(2009. 6. 29.)〉은 국방부 및 국방부 직할부대 또는 기관에 소속된 군인 및 군무원의 원심징계절차와 국방부 및 국방부 직할부대 또는 기관에 설치된 항고심사위원회에 항고를 제기한 항고심사절차에 적용되는 행정규칙이다.

된 자의 항고인 적격을 인정하는 견해와 부정하는 견해이다. 먼저 **항고인 적격 긍정설**은 징계처분에 대한 행정소송을 위한 필요적 전치주의와 관련하여 반드시 항고인 적격을 인정하여야 한다. 또한 파면 또는 해임의 징계처분의 경우에는 징계항고제도로 다툴 수 있게 하고 그보다 경한 처분을 받은 자를 항고제도로 통한 다툴 수 있는 기회를 박탈하는 것은 형평성 어긋나기 때문이라고 한다.

한편, **항고인적격 부정설**은 필요적 전치주의에 해당하는 영역이라 하더라도 행정소송법 제18조 제2항에 따라 ① 행정심판청구가 있은 날로부터 60일이 지나도 재결이 없는 때, ② 처분의 집행 또는 절차의 속행으로 생길 중대한 손해를 예방하여야 할 긴급한 필요가 있는 때, ③ 법령의 규정에 의한 행정심판기관이 의결 또는 재결을 하지 못할 사유가 있는 때, ④ 그 밖의 정당한 사유가 있는 때에는 **행정심판의 '재결'을 거치지 아니하고** 취소소송을 제기할 수 있다고 규정하고 있고, 파면 또는 해임처분과 같은 징계처분에 대한 징계항고 내지 행정소송을 통하여 신분의 회복이라는 심판청구의 이익 또는 소의 이익이 존재하지만, 그 밖의 징계처분에 대하여는 다른 사유에 의한 신분이 상실되었으므로 징계처분에 대한 항고는 심판청구의 이익이 없으므로 항고인 적격을 인정할 필요가 없다는 견해이다.

4) 소 결

징계처분으로 인한 현재의 신분상의 불이익한 효과가 존재하는지 여부에 따라 논의가 달라진다고 본다. 먼저 비록 파면 또는 해임과 같은 신분변동의 효과는 없을지라도 다른 공무원으로 임용되는 것이 제한되거나 훈장 수여 부적격자로 되는 경우와 같은 경우에는 비록 여전히 신분회복의 이익이 있다고 할 것이므로 심판청구의 이익이 존재한다.[31] 그렇다면 이 경우에도 별도로 항고를 거쳐야 행정소송을 제기할 수 있는 것으로 보아야 하는지가 문제되는데 이에 대하여는 행정심판전치주의의 취지에

---

31)

대법원 판례

공무원이 위법한 징계처분에 의하여 신분적으로 또는 재산적으로 그 이익의 일부 또는 전부가 박탈된 경우에 있어서 그와 같은 징계처분으로 인한 본래적인 또는 부수적인 불이익한 결과를 처분당시에 소급해서 제거하고 그와 같은 처분이 없었던 것과 마찬가지의 법적상태를 회복시키고 그의 위법한 처분에 대하여 구제를 받기 위해서 그 취소가 필요하다면 그 징계처분의 위법을 주장하고 그 취소를 구할 실익이 있다(대법원 1977. 7. 12. 선고 74누147 판결).

철저한 입장에서 모든 행정심판절차를 거친 후가 아니면 행정소송을 제기할 수 없다는 견해와, 행정심판전치주의 근본취지와 결함 등에 비추어 법령의 규정에 특히 2단계 이상의 행정심판을 모두 거치도록 규정된 경우[32]를 제외하고는 1차의 행정심판절차를 거치면 행정소송을 제기할 수 있다는 견해가 있다.[33]

2단계 이상의 행정심판절차가 규정되어 있는 경우에도 행정심판전치주의 근본취지가 행정청에 반성의 기회를 부여하고 전문지식의 활용에 있다면 행정심판절차로 그 취지는 충분히 실현시킬 수 있으며 오히려 모든 절차를 거치게 하는 것이 오히려 당사자에게 불필요한 절차를 강요하는 결과가 되어 큰 부담을 초래한다고 할 것이므로 **법령에 반드시 2단계 이상의 행정심판을 거치도록 하는 명문의 규정이 없는 경우에는 1단계의 행정심판을 거쳐 곧바로 행정소송을 제기할 수 있다고 봄이 타당하다.**

그런데 군인의 징계처분에 대한 불복방법에 있어서는 "전역 또는 제적과 징계 및 휴직 기타 본인의 의사에 반한 불리한 처분에 관한 행정소송은 제51조의 규정에 의한 소청심사위원회 또는 **제60조의2의 규정에 의한 항고심사위원회의 심사 · 결정을 거치지 아니하면** 이를 제기할 수 없다(군인사법 제51조의2)."고 규정하여 항고를 거치도록 하고 있으므로 **징계항고를 거쳐야 함에는 이론의 여지가 없다.**

다음으로 당해 징계처분으로 인한 현재의 신분상의 불이익한 효과가 존재하지 않는 경우에는 신분회복의 이익이 있다고 볼 수 없으므로 심판청구의 이익이 존재하지 않는다고 봄이 타당하다. 대법원은 징계처분으로서 감봉처분이 있은 후 공무원의 신

---

32)

> **【국세기본법】 제56조(다른 법률과의 관계)**
>
> 제2항 : 제55조에 규정된 위법한 처분에 대한 행정소송은 「행정소송법」 제18조 제1항 본문, 제2항 및 제3항에도 불구하고 이 법에 따른 심사청구 또는 심판청구와 그에 대한 결정을 거치지 아니하면 제기할 수 없다.
>
> 제3항 : 제2항에 따른 행정소송은 「행정소송법」 제20조에도 불구하고 심사청구 또는 심판청구에 대한 결정의 통지를 받은 날부터 90일 이내에 제기하여야 한다. 다만, 제65조 제2항 또는 제81조에 따른 결정기간에 결정의 통지를 받지 못한 경우에는 결정의 통지를 받기 전이라도 그 결정기간이 지난날부터 행정소송을 제기할 수 있다.
>
> ④ 제55조 제5항 제3호의 심사청구를 거친 경우에는 이 법에 따른 심사청구 또는 심판청구를 거친 것으로 보고 제2항을 준용한다.
>
> ⑤ 제3항의 기간은 불변기간으로 한다.

33) 국무총리행정심판위원회, 법제처, 행정심판의 이론과 실제, 2002. 제432면 참조.

분이 상실된 상태에서 위법한 감봉처분의 취소소송을 제기한 사안에서 "징계처분에 의하여 박탈된 신분적 또는 재산적 이익의 회복 그 자체를 직접 목적으로 하는 소송에서 그 전제로서 **그 징계처분의 효력의 존부를 다룰 수 있을 때에는 박탈된 이익의 회복을 직접 목적으로 하는 소송에 의하여 능히 구제를 받게 될 것이므로 그 전제가 되는 해 징계처분의 효력의 존부만을 따로 독립해서 소송에 의해서 다툴 실익은 없다**고 하여야 할 것이다."고 판시한 있다.[34] 그러므로 이러한 경우에는 위법 부당한 징계처분으로 인한 경제적 손해에 대하여 민사소송을 통한 구제절차를 별론으로, 그러한 행정처분을 다투는 심판청구의 이익이 없어 항고인 적격이 없다할 것이다.

그렇다면 위법 부당한 징계처분으로 인한 경제적 손해에 대한 민사소송에서 당해 행정처분의 위법여부나 효력 유무에 관한 판단을 할 수 있는지가 문제되는 바 이는 항을 바꾸어 설명하기로 한다.

라. 공정력과 선결문제

1) 선결문제의 의의

선결문제란 민사소송이나 형사소송에서 본안판단의 전제로서 행정행위의 위법여부나 효력 유무에 관한 판단을 하여야 하는 문제를 말한다. 이는 행정행위의 공정력과 즉, 행정행위의 하자가 있더라도 그 하자가 중대명백하여 당연무효로 인정되는 경우를 제외하고는 권한있는 기관에 의해 취소(직권취소 또는 쟁소취소)되기까지는 상대방과 제3자에 대하여 일응 구속력이 있는 것으로 통용되는 힘을 의미한다.[35] 행정행위의 하자가 중대명백하여 당연무효인 경우에는 누구든지 언제든지 어떤 방법으로든지 무효를 주장할 수 있으므로 공정력과 같은 일응의 구속력이나 통용력이 인정되지 않는다. 결국 선결문제는 당해 행정행위의 하자가 취소사유에 해당되는 것이 전제된다. 그리고 공정력은 행정법관계의 법적 안정성, 행정쟁송제도의 반사적 효과 때문에 인정되는 절차법상의 통용력 즉 일응의 유효성추정에 불과하다. 따라서 제3국가기관은 행정행위의 취소사유의 하자가 있음을 이유로 그 효력을 부인할 수 없으나 그 행정행위가 적법한지 여부는 심사할 수 있다.[36]

34) 대법원 1977. 7. 12. 선고 74누147 판결.
35) 이병철, 행정법강의, 유스티니아누스, 2002. 제221면 참조.

2) 관련 규정

【행정소송법】 제11조(선결문제)

① 처분 등의 효력 유무 또는 존재 여부가 민사소송의 선결문제로 되어 당해 민사소송의 수소법원이 이를 심리·판단하는 경우에는 제17조(행정청의 소송참가), 제25조(행정심판기록의 제출명령), 제26조(직권심리) 및 제33조(소송비용에 관한 재판의 효력)의 규정을 준용한다.
② 제1항의 경우 당해 수소법원은 그 처분 등을 행한 행정청에게 그 선결문제로 된 사실을 통지하여야 한다.

행정소송법 제11조 제1항에 의해 행정행위가 부존재 또는 당연무효인 경우에는 당연히 민사법원이 선결문제로 심리할 수 있다. 그런데 행정행위의 하자가 취소사유에 불과한 경우에는 이에 관한 명문의 규정이 없어 해석론에 의해 판단할 수밖에 없다.

3) 민사소송[37)]에서의 선결문제

위법한 징계처분을 받은 자가 징계처분에 대한 취소판결을 받음이 없이 국가배상청구소송을 제기한 경우에 국가배상청구권이 발생하기 위한 요건으로 공무원의 직무행위가 법령에 위반하였음이 인정되어야 하는 국가배상법 제2조의 각 요건이 충족되어야 한다. 여기서 민사법원[38)]이 본안판단을 위하여 행정행위의 위법성을 우선 심사하여야 하는 선결문제가 발생한다.

이에 대하여 학설은 부정설(적법성 추정설)과 긍정설(유효성 추정설)이 대립하고 있다. **부정설**은 당연무효가 아닌 한 행정행위에 대한 취소소송을 제기받은 법원이 아닌 민사법원이 행정행위의 위법성 여부를 심리 판단할 수 없다는 견해이다. 그 논거로는 행정행위의 공정력, 행정소송법 제11조 제1항 명문의 문리해석의 결과, 행정소송법은 취소소송을 제기받은 행정법원만이 행정행위의 위법성을 심리 판단할 수 있도록 한 배타적 관할제도를 들고 있다. 반면에 **긍정설**[39)]은 행정행위의 공정력은 쟁송법상의 반사적 효과로서 단순히 절차법상의 유효성 통용력에 불과할 뿐이고 실체법상의 적법성 추정력은 없고 행정소송법 제11조 제1항은 한정적 규정이 아니고

---

36) 통설은 이와 같이 유효성추정설을 취하고 있다. 이에 관한 자세한 것은 위 이병철의 책 제222면 참고하기 바란다.
37) 당사자소송을 포함한다.
38) 실무상 국가배상청구소송은 민사소송으로 취급되어 민사법원에서 심리한다.
39) 통설과 판례의 입장이다.

예시적인 규정으로 해석하여야 하며 민사법원이 선결문제를 심리한다고 하여 당해 행정행위의 효력을 부인하는 것이 아니고 단지 위법성 판단만을 한다는 점에서 민사법원은 선결문제로 당해 행정행위가 위법하다는 판단을 할 수 있다는 것이다.40)

대법원 판례

공무원이 그 직무를 집행함에 당하여 고의 또는 과실로 법령에 위반하여 손해를 가하였을 때에는 국가 또는 지방자치단체에 대하여 배상청구를 할 수 있다 할 것인바, 본건 계고처분 또는 행정 대집행 영장에 의한 통지와 같은 행정처분이 위법인 경우에는 그 각 처분의 무효확인 또는 취소를 소구할 수 있으나 행정대집행이 완료한 후에는 그 처분의 무효확인 또는 취소를 구할 소익이 없다 할 것이며 변론의 전 취지에 의하여 본건 계고처분 **행정처분이 위법임을 이유로 배상을 청구하는 취의로 인정될 수 있는 본건에 있어 미리 그 행정처븐의 취소판결이 있어야만 그 행정처분의 위법임을 이유로 피고에게 배상을 청구할 수 있는 것은 아니다**(대법원 1972. 4. 28. 선고 72다337 판결).

행정행위의 공정력의 본질은 실체법상 적법성 추정력이 있는 것이 아니고 행정법관계의 안정성 등을 이유로 취소소송을 제기받은 행정법원 등 권한 있는 기관에 의해서만 그 효력을 부인할 수 있도록 한 쟁송법상의 유효성 통용력에 불과한 것으로 **민사법원에 선결문제로서 행정행위의 위법성을 심사할 수 있다**고 봄이 타당하다.

3. 내 용

가. 소송요건

필요적 전치주의가 적용되는 사건에 있어서는 행정심판의 청구와 그 재결의 존재는 소송요건이다. **소송요건의 충족 여부는 '변론종결시'를 기준으로** 판단하므로 소를 각하하기 이전에 재결이 있으면 그 흠이 치유되며 행정심판의 청구조차 하지 아니하고 제기된 소송도 변론종결시까지 전치의 요건을 충족하면 각하할 수 없다. 그러므로 필요적 전치사건에 있어서 일반적으로 행정심판이 받아들여질 가능성이 희박할 경우에는 행정심판 청구와 **동시에 또는 그보다 먼저** 소송을 제기하여 심리를 진행시키는 것이 보통이다.

전심절차 등의 소송요건은 직권조사사항이고 그 경유여부가 불분명한 경우에는 법원은 석명권을 행사하여 이를 밝혀야 한다. 다만, 법원이 행정심판을 거치지 않고

40) 이병철, 행정법강의, 유스티니아누스, 2002. 제223면~제226면 참조.

소를 제기한 당사자에게 전치절차를 거치도록 종용하거나 그 보정을 명하여야 할 필요까지는 없다.[41)]

나. 행정심판 청구는 적법하여야 한다.

행정심판청구가 부적법 각하되거나 보정 요구를 받고도 이에 불응하여 각하된 경우에는 전치요건을 충족하였다고 볼 수 없다. 그러나 행정심판청구가 적법한지 여부는 법원이 판단할 문제이고 재결청의 판단에 구애받지 아니하므로 적법한 행정심판 청구임에도 부적법 각하한 경우 등에는 적법한 행정심판절차를 거친 것으로 보아야 한다.

반면에 부적법한 행정심판은 재결청이 이를 적법한 것으로 오인하고 본안판단을 하였다 하더라도 행정심판 전치의 요건을 충족하였다고 볼 수 없다. 그러므로 행정심판청구기간이 도과된 뒤 제기된 행정심판청구에 대하여 재결청이 각하하지 아니하고 본안판단을 한 경우에도 전치요건을 충족되지 아니한다.[42)]

다. 심판청구와 행정소송의 관련성

1) 인적 관련

특정 행정처분에 대한 행정심판 청구가 있고 그 재결이 있으면 필요적 전치의 요건은 충족된 것으로 보아야 하고 **행정심판의 청구인과 행정소송의 원고는 원칙적으로 동일인이어야** 한다. 다만, 행정소송의 원고가 행정심판 청구인과 동일한 지위에 있거나 그 지위를 실질적으로 승계한 자인 경우는 원고 자신이 행정심판을 거치지 아니한 경우에도 그 행정소송은 적법하다고 본다.[43)]

대법원 판례

행정소송을 제기함에 있어서 행정심판을 먼저 거치도록 한 것은 행정관청으로 하여금 그 행정처분을 다시 검토케 하여 시정할 수 있는 기회를 줌으로써 행정권의 자주성을 존중하고 아울러 소송사건의 폭주를 피함으로써 법원의 부담을 줄이고자 하는데 그 취지가 있다.

따라서 **동일한 행정처분에 의하여 여러 사람이 동일한 의무를 부담하는 경우 그중 한 사람이 적법한 행정심판을 제기하여 행정처분청으로 하여금 그 행정처분을 시정할 수 있는 기회를 가지게 한 이상 나머지 사람은 행정심판을 거치지 아니하더라도 행정소송을 제기할 수 있다**고 할 것이다(대법원 1988. 2. 23. 선고 87누704 판결).

---

41) 대법원 1995. 1. 12. 선고 94누9948.
42) 대법원 1991. 6. 25. 선고 90누8091.
43) 대법원 1986. 10. 14. 선고 83누584 판결.

2) 물적 관련

행정심판의 대상인 처분과 소송의 대상인 처분은 **원칙적으로 동일하여야** 한다. 다만, '서로 내용상 관련되는 처분 또는 같은 목적으로 위하여 단계적으로 진행되는 처분 중 어느 하나가 이미 행정심판 재결을 거친 때'에는 행정심판을 청구하지 아니하고 소송을 제기할 수 있다(행정소송법 제18조 제3항 제2호).

3) 주장의 공통여부

행정심판에서는 처분의 절차적 위법만을 주장하였더라도 소송단계에 이르러 비로소 처분의 실체적 위법을 주장할 수 있다. 행정심판의 청구가 있으면 재결청은 직권에 의하여 신청인이 신청하지 아니한 사항에 대하여 심사할 수 있는 것이므로 소송단계에서 주장 또는 입증을 특별히 제한하지 않아도 행정청에 재심사의 기회를 부여한다는 전치의 목적은 달성할 수 있기 때문이다.

대법원 판례

심판은 특허심판원에서의 행정절차이며 심결은 행정처분에 해당하고, 그에 대한 불복의 소송인 심결취소소송은 항고소송에 해당하여 그 소송물은 심결의 실체적, 절차적 위법성 여부라 할 것이므로 **당사자는 심결에서 판단되지 않은 처분의 위법사유도 심결취소소송단계에서 주장·입증할 수 있고 심결취소소송의 법원은 특별한 사정이 없는 한 제한 없이 이를 심리·판단하여 판결의 기초로 삼을 수 있는 것이며** 이와 같이 본다고 하여 심급의 이익을 해한다거나 당사자에게 예측하지 못한 불의의 손해를 입히는 것이 아니다(대법원 2002. 6. 25. 선고 2000후1290 판결).

4. 필요적 전치의 완화

가. 행정심판 재결을 기다릴 필요가 없는 경우

1) 행정심판을 청구한 후 60일을 경과한 때

행정심판의 재결이 부당하게 지연됨으로 인하여 국민이 입게 될 불이익을 구제하기 위하여 행정심판법은 청구에 대한 재결기간인 60일이 지나도 그에 대한 재결이 없는 경우에는 직접 행정소송을 제기할 수 있도록 하고 있다(동법 제34조 제1항). 당해 소송의 변론종결시까지 60일의 경과하는 요건이 충족되면 행정심판 전치주의에 대한 흠이 치유되는 것으로 본다.

2) 처분의 집행 또는 절차의 속행으로 생길 중대한 손해를 예방하여야 할 긴급한 필요가 있을 때

'중대한 손해를 예방하여야 할 긴급한 필요가 있는 때'인지의 여부는 개별적으로 구체적으로 판단하여야 할 사항이나 행정심판청구가 있은 날로부터 60일을 기다렸다가는 처분이 집행되는 등으로 말미암아 회복이 곤란하거나 그 밖의 중대한 손해를 입을 위험성이 있는 경우를 말한다.[44]

3) 법령의 구정에 의한 행정심판기관이 의결 또는 재결을 하지 못할 사유가 있는 때

행정심판위원회가 구성되지 아니하거나 정족수에 달할 수 없는 특별한 사유가 있는 등으로 말미암아 소정의 기간 내에 행정심판사건을 심리 의결할 수 없을 것으로 인정되는 때, 또는 재결청이 재결을 할 수 없다고 인정되는 사유가 있는 때에는 재결을 거칠 것 없이 곧바로 행정소송을 제기할 수 있다고 본다.

4) 그 밖의 정당한 사유가 있는 때

일반적인 개괄규정으로서 시기 기타 사유로 재결을 기다려서는 청구의 목적을 달성할 수 없거나 현저히 곤란한 경우 등을 말한다.[45]

나. 행정심판을 청구할 필요가 없는 경우

1) 동종사건에 대하여 이미 행정심판의 기각재결이 있는 때[46]

행정심판의 재결결과가 명확하게 기각재결이 예상되는 경우에는 전치가 무의미하기 때문이다. 동종사건인지의 여부에 대하여 판례는 쟁점이 동일하다하여 동일사건으로 보지 않고 동종사건의 범위를 상당히 좁게 인정하고 있다.

대법원 판례

동종사건으로 본 예

행정소송법 제18조 제3항 제1호 소정의 **'동종사건'에는 당해 사건은 물론이고, 당해 사건과 기본적인 점에서 동질성이 인정되는 사건도 포함되는 것으로서,** 당해 사건에 관하여 타인이

---

44) 사법연수원, 행정구제법, 2008. 제150면 참조.
45) 사법연수원, 행정구제법, 2008. 제151면 참조.
46) 인용재결, 일부 인용재결, 각하재결의 경우는 이에 해당하지 않는다.

행정심판을 제기하여 그에 대한 기각재결이 있었다든지 당해 사건 자체는 아니더라도 그 사건과 기본적인 점에서 동질성을 인정할 수 있는 다른 사건에 대한 행정심판의 기각재결이 있을 때도 여기에 해당한다 할 것인 바, 기록에 의하면 원고 풍납동 현대아파트 직장주택조합이 청구한 행정심판의 대상인 처분은 나머지 원고들에 대한 처분과 동일한 처분임이 분명하므로 그에 대하여 **재결청에게 기본적 사실관계와 법률문제에 대하여 재고할 수 있는 기회를 부여한 이상 나머지 원고들로 하여금 다시 전심절차를 거치게 할 필요는 없다**(대법원 1993. 9. 28. 선고 93누9132 판결).

대법원 판례

동종사건으로 보지 않은 예

서○○에 대한 건축불허가처분과 이 사건 처분은 동일한 행정청인 피고에 의하여 같은 날 같은 사유로 이루어졌다는 점에서 공통적인 면이 없지 아니하나, 한편 **처분대상인 서○○의 건축허가신청과 원고의 이 사건 건축허가신청은 신청지, 신청지의 지목, 건축할 건물의 규모, 용도, 구조 등이 전혀 다르므로 두 사건은 기본적인 점에서 동질성이 인정되는 사건이라고는 할 수 없다**(대법원 2000. 6. 9. 선고 98두2621 판결).

2) 서로 내용상 관련되는 처분 또는 같은 목적을 위하여 단계적으로 진행되는 처분 중 어느 하나가 이미 행정심판의 재결을 거친 때

선후 수개의 행정처분 중 선행처분과 후행처분이 서로 내용상 관련되어 일련의 발전적 과정에서 이루어진 것이라든가 후행처분이 선행처분의 필연적 결과로서 이루어져 선행처분에 대한 행정심판 재결이 있는 때에는 후행처분에 대한 행정심판도 동일한 운명에 처하게 될 관계에 있는 경우, 또는 경원관계에 있는 처분 등에 있어서 선행처분이나 일방에 대한 처분에 대하여 행정심판을 거쳤으면 후행처분이나 타방에 대한 행정처분에 대하여는 행정심판을 거칠 필요가 없다.[47]

선행처분 등에 대한 전치절차의 이행만으로 이미 처분청으로 하여금 그 스스로 재고하여 시정할 기회를 부여한다는 전치주의제도의 취지에 비추어 볼 때, 선행처분과 후행처분의 행정청은 원칙적으로 동일하야야 하고, 서로 다른 경우는 필연적으로 뒤따르게 되는 처분이라 하더라도 여기에 해당한다고 쉽게 인정할 수 없다.

47) 대법원 1992. 9. 22. 선고 92누1322 판결.

대법원 판례

대구지방병무청장의 **'현역병 입영명령처분'**이 비록 대구직할시 **교육감의 원고에 대한 해임처분**을 기초로 한 것이기는 하나, 처분청을 달리하는 **위 두개의 행정처분이 서로 내용상 관련되는 처분이라거나 같은 목적을 위하여 단계적으로 진행되는 처분에 해당한다고 할 수 없을 뿐더러 대구직할시 교육감의 해임처분에 대한 전치절차의 경유만으로 이 사건 처분청인 피고에 대하여까지 스스로 재고, 시정할 기회를 부여한 것으로는 볼 수 없으므로,** 결국 원고의 이 사건 소는 **전심절차를 거치지 아니한 부적법**한 것이다(대법원 1994. 11. 22. 선고 93누11050 판결).

3) 소송계속 중이거나 변론종결 후에 행정청이 당해 항고소송의 대상인 처분을 변경하여 그 변경된 처분에 대한 항고소송을 제기하는 때

취소소송이 사실심에 계속되고 있는 동안에 당해 소송의 대상인 처분이 행정청에 의하여 변경된 때에는 그 변경된 처분에 맞추어 소를 변경할 수 있는데 그러한 경우에는 변경된 처분에 대하여 따로 행정심판을 거칠 필요가 없다(행정소송법 제22조 제3항).

또한 행정청이 사실심 변론종결 후에 처분을 변경한 때에도 행정심판을 거침이 없이 바로 그 변경된 처분에 대하여 소를 제기할 수 있다(행정소송법 제18조 제3항 제3호).

또한 행정청이 사실심 변론종결 후에 처분을 변경한 때에도 행정심판을 거침이 없이 바로 그 변경된 처분에 대하여 소를 제기할 수 있다(행정소송법 제18조 제3항 제3호).

4) 처분청이 행정심판을 거칠 필요가 없다고 잘못 고지한 때

그런데 행정실무상 필요적 전치주의를 취하는 경우에도 그 취지를 불분명하게 하여 국민으로 하여금 행정심판을 거치지 않고 곧바로 행정소송을 제기하게 하거나 심판 청구기간을 도과하게 되는 경우가 발생하는데 관계 법령이 특별히 전치주의를 요하는 경우에는 그 취지를 분명하게 하여야 할 것이다.[48)]

관련 판례

도로교통법시행규칙 별지 제52호의2 서식의 안내문에 기재된 **'행정심판을 청구할 수 있습니다'**라는 문구에 따라 행정심판을 임의적 절차로 오해하고 행정소송을 제기한 사안에서 하급심 판례[49)]는 "1998. 3. 1.부터 원칙적으로 임의적 전치주의가 도입된 현행 행정소송법 아래에서 '행정심판을 청구할 수 있습니다.'라는 문구는 이를 해석하기에 따라 **법률전문가조차 임**

---

48) 김방호, 위의 글, 제8면.
49) 서울고등법원 2001. 7. 19. 선고 2001구6707 판결.

의적 전치절차를 안내한 것으로 오해할 여지를 남기는 문구로서 매우 부적절하고 원고가 실제로 위와 같은 오해에 따라 행정심판을 제기하지 않고 바로 행정소송을 제기한 것이므로 행정소송법 제18조 제2항 제4호에서 규정한 '기타 정당한 사유에 해당하는 때'에 해당하여 적법하다고 보아야 한다"고 판시한 바 있다.50)

행정소송법 제18조 제3항 제4호의 규정에 의하여 당해 행정처분의 처분청 스스로 행정심판을 거칠 필요가 없다고 잘못 알린 때에는 행정심판을 제기하지 않고도 취소소송을 제기할 수 있도록 행정심판 전치주의에 대한 예외를 두고 있는 것은 행정에 대한 국민의 신뢰를 보호하려는 것이므로, 처분청이 아닌 **'재결청'이 이와 같은 잘못된 고지를 한 경우**에도 행정소송법 제18조 제3항 제4호의 규정을 유추 · 적용하여 행정심판을 제기함이 없이 그 취소소송을 제기할 수 있다고 할 것이고, 이때에 재결청의 잘못된 고지가 있었는지 여부를 판단함에 있어서는 반드시 행정조직상의 형식적인 권한분장에 구애될 것이 아니라 담당자의 조직상의 지위와 임무, 당해 언동을 하게 된 구체적인 경위 및 그에 대한 행정심판청구인의 신뢰가능성에 비추어 실질에 의하여 판단하여야 한다(대법원 1995. 6. 16. 선고 94누12159 판결 참조).

징계절차가 진행중에 '전역지원서'가 보류되었다가 원심징계심의위원회에서 '경징계'를 받고 전역된 경우 이러한 경우 '필요적 전치주의'와 관련하여 징계항고를 할 수 있는지 문제된다. 재직중 비위를 저지른 공무원이 형사벌이나 징계처분을 회피하기 위하여 의원면직을 하는 사례를 방지함으로써 공직기강을 확립하고 깨끗한 공직사회를 구현하기 위하여 비위공직자의 의원면직 처리제한에 관한 규정〈제정 2005. 2. 24. (대통령 훈령 제143호) 중앙인사위원회〉을 두고 있다. 이에 따라 군인의 경우에도 마찬가지로 징계절차가 진행 중인 경우 원에 의한 전역이 제한된다(동 규정 제3조). 다만, 군인의 징계의 경우 국가공무원법에 따라 징계권자는 징계위원회에 징계회부 권한만이 있을 뿐, 중징계 또는 경징계 특정하여 요구할 수 없기 때문에 징계위원회에서 어떤 의결을 할지 미지수이므로 중징계 경징계를 불문하고 징계절차가 진행되는 경우 징계혐의자가 전역지원서를 제출하는 전역을 보류하고 있다.

---

50) 위 안내문구를 행정자치부령 제142호로 '......행정심판을 청구할 수 있으며, 행정소송은 행정심판의 재결을 거치지 아니하면 제기할 수 없습니다.'라는 내용으로 개정되었다.

【비위공직자의 의원면직 처리제한에 관한 규정】

제3조 (의원면직의 제한) 임용권자 또는 임용제청권자는 의원면직을 신청한 공무원이 다음 각호의 어느 하나에 해당하는 때에는 **의원면직을 허용하여서는 아니된다.** 다만, 제1호, 제3호 및 제4호의 경우에는 당해 공무원이 공무원징계령 제1조의2 제1호에 규정된 중징계에 해당한다고 판단되는 경우에 한한다.

1. 비위와 관련하여 형사사건으로 기소중인 때
2. 징계위원회에 중징계의결 요구중인 때
3. 감사원, 검찰, 경찰 및 그 밖의 수사기관에서 비위와 관련하여 조사 또는 수사중인 때
4. 각급 행정기관의 감사부서 등에서 비위와 관련하여 내사중인 때

이러한 것은 **징계절차 진행중에 계급별 연령정년에 달한 경우**에도 마찬가지의 문제가 발생한다. 이에 대하여 ① 징계항고에 의하여 다툴 수 있다는 입장과, ② 징계항고에 의하지 않고 바로 행정소송 및 민사소송을 통한 해결하여야 한다는 입장이 있다. 그동안 **육군본부 징계실무 해설서**는 "징계처분에 의하여 전역 또는 제적된 자는 징계항고 할 수 있다. 파면·해임처분을 당하였거나 중징계처분에 의하여 현역복무부적합심사위원회에 회부되어 전역된 경우에는 징계항고 할 수 있다"[51]라고 서술하고 있으며, **국방부 군인·군무원 징계업무처리 훈령**[52] 제2조 단서는 "징계처처분에 의하여 전역·제적된 자는 그 신분변동에 불구하고 이 훈령에 따라 항고할 수 있다"고 규정하고 있다. 이 해설서 및 국방부 훈령에 근거하여 이러한 경우에도 징계항고를 인정하고 있는 것이 관행이었다. 이하에서는 이에 대하여 관련 규정을 기초로 검토하기로 한다.

군인사법은 징계처분을 받은 경우 이에 불복방법으로 **'징계처분을 받은 자'**는 인권담당군법무관의 조력을 받아 그 처분의 통지를 받은 날부터 30일 이내에 장관급장교가 지휘하는 징계권자의 차상급 부대 또는 기관의 장에게 항고할 수 있다. 다만, 국방부장관이 징계권자이거나 장관급장교가 지휘하는 징계권자의 차상급 부대 또는 기관이 없는 경우에는 국방부장관에게 항고할 수 있다. 이때 중징계를 받은 장교 및 준사관은 국방부장관에게, 중징계를 받은 부사관은 소속 참모총장에게 항고할 수 있

51) 육군본부, 징계실무 해설서, 2007.
52) 국방부 훈령 제842호(2007. 11. 23.)
국방부 훈령 제1029호(2009. 2. 27.)
국방부 훈령 제1067호(2009. 6. 29.)

다고 규정하고 있다(군인사법 제60조 제1항 및 제2항). 즉, 징계항고권자를 '장교, 준사관, 부사관, 병'으로 하지 않고 '징계처분을 받은 자'라고 하여 파면 또는 해임에 의하여 신분이 상실된 경우에도 징계항고할 수 있도록 하고 있다. 또한 군인신분의 상실의 원인이 징계처분에 의한 것인지 원에 의한 전역 또는 당연퇴직과 같은 경우인지를 구분하지 않고 있다. 그렇다면 결국 군인 신분이 상실되었다하더라도 징계처분을 받은 자는 이에 대한 불복방법으르 징계항고를 할 수 있다고 보아야 한다. 더 나아가 **필요적 전치주의**와 관련하여 볼 때에도 마찬가지이다. 군인사법은 전역 또는 제적과 징계 및 휴직 기타 본인의 의사에 반한 불리한 처분에 관한 행정소송은 제51조의 규정에 의한 소청심사위원회 또는 제60조의2의 규정에 의한 항고심사위원회의 심사・결정을 거치지 아니하면 이를 제기할 수 없다고 규정하고 있다(동법 제51조의2). 결국 원에 의한 전역자가 징계처분에 대한 위법성을 다투기 위한 헝정소송은 반드시 항고심사위원회의 심사 및 결정을 거치도록 하고 곧바로 행정소송을 제기한 경우에는 소송요건을 결하게 되어 부적법 각하되게 된다.

이에 대하여 징계처분 중 경징계처분을 받은 경우에는 원에 의한 전역이나 연령정년에 의한 전역자는 원심 징계의 위법성을 다투기 위한 방법으로 **징계항고제도를 이용할 수 없고 곧바로 행정소송 및 민사소송으로 해결하면 족하다고 본다.** 징계제도는 조직질서에 의한 조직원에게 불이익을 주는 것으로 재량의 폭이 넓은 행정제재 영역으로 형사제재와는 다르다. 그러므로 조직에서 벗어난 경우에는 조직질서에 구애받지 않고 다툴 수 있다고 보아야 한다. 결국 파면, 해임과 같은 본인의 의사에 반하여 신분상실 된 경우에 이에 불복하여 다시 받아들여진 경우 이들의 신분이 회복되고 조직질서에 구속되기 때문에 이에 불복도 조직내 징계항고제도를 거쳐야 하지만 원의 의한 전역이나 계급별 연령정년에 달하여 전역한 자가 경징계처분을 받은 경우 이에 대한 소의 이익은 사실상 경제적 제재에 국한된다 할 것이므로 행정소송을 통한 당해 처분의 위법성을 다투어 위법성을 제거한다든가 불법행위로 인한 손해배상 또는 부당이득반환의 법리에 따른 민사소송을 통한 경제적 불이익의 회복의 방법으로 해결하면 족하다는 입장이다. 이들은 어차피 조직에서 벗어났기 때문에 굳이 조직질서에 따른 조직 내 절차인 징계항고절차를 거칠 필요가 없다는 것이다.

제 3 절 유사제도와 비교

1. 행정소송

인사소청 및 행정소송은 모두 합법성 보장을 통한 위법한 행정처분에 의해 침해된 국민의 권익구제를 도모하는 실질적 쟁송이며 구체적인 분쟁을 전제로 행정처분의 적법 여부를 판단하는 사법적 작용으로써 법률상 이익이 있는 자의 심판청구 내지 소제기에 의해 개시된다. 원칙적인 대심 구조하에서 **직권심리주의,**[53] **불고불리의 원칙, 불이익변경금지의 원칙**이 적용된다.[54] 행정행위의 공정력으로 인하여 **집행부정지 원칙**이 적용된다. 소송 계속중 **청구의 변경** 내지 소 변경이 가능하며 공익상의 이유로 기각하는 **사정재결**[55] 또는 사정판결이 인정된다. **기속력, 기판력**과 같은 특별한 법적 효력이 부여된다.

반면에 인사소청은 행정심판위원회(소청위원회)가 관장하는 형식적 의미의 행정작용으로서 **행정감독적 기능을 통하여 국민의 권리구제**를 달성하려는 제도임에 비해 행정소송은 독립된 법원이 관장하는 형식적 의미의 사법작용으로서 독립된 사법권에 의한 행정권행사에 대한 통제를 통해 적정한 행정을 유도한다. 또한 쟁송의 범위에 있어서도 전자는 행정의 적법성 유무에 관한 판단뿐만 아니라 **당·부당에 관한 합목적성도 판단의 대상이지만** 후자는 원칙적으로 적법성 유무에 국한된다. 다만 재량권

---

53)

【행정심판법】 제39조(직권심리)
위원회는 필요하면 당사자가 주장하지 아니한 사실에 대하여도 심리할 수 있다.

54)

【행정심판법】 제47조(재결의 범위)
① 위원회는 심판청구의 대상이 되는 처분 또는 부작위 외의 사항에 대하여는 재결하지 못한다. ② 위원회는 심판청구의 대상이 되는 처분보다 청구인에게 불리한 재결을 하지 못한다.

55)

【행정심판법】 제44조(사정재결)
① 위원회는 심판청구가 이유가 있다고 인정하는 경우에도 이를 인용(認容)하는 것이 공공복리에 크게 위배된다고 인정하면 그 심판청구를 기각하는 재결을 할 수 있다. 이 경우 위원회는 재결의 주문(主文)에서 그 처분 또는 부작위가 위법하거나 부당하다는 것을 구체적으로 밝혀야 한다. ② 위원회는 제1항에 따른 재결을 할 때에는 청구인에 대하여 상당한 구제방법을 취하거나 상당한 구제방법을 취할 것을 피청구인에게 명할 수 있다. ③ 제1항과 제2항은 무효등확인심판에는 적용하지 아니한다.

의 한계를 벗어난 재량권의 일탈·남용은 그 심사에 포함된다. 권력분립의 원칙상 인사소청은 **의무이행심판이 인정되고** 있는데 반해 행정소송은 부작위위법확인소송만이 인정된다(행정심판법제5조, 행정소송법 제4조).

2. 직권취소

인사소청 및 직권취소는 모두 행정작용의 적법·타당성을 보장하기 위한 행정권의 자율적 통제수단이라는 점에서 공통점이 있다.

반면에 전자는 처분으로 인하여 그 권리의 침해를 받은 상대방의 심판청구 제기에 의한 자기통제수단으로서 주로 부담적 행정행위가 문제되고 법률관계 안정이라는 점에서 심판청구기간의 제한이 있으나(행정심판법 제27조, 군인사법 제50조, 군무원인사법 시행령 제90조)인 반면에, 직권취소는 행정청 스스로의 발의에 의한 통제수단으로서 주로 수익적 행정행위가 문제되고 기간제한이 없다.

한편 개정 행정심판법은 심판청구를 받은 피청구인이 심판청구가 이유 있다고 인정하여 처분을 취소하는 경우 그 사실을 증명하는 서류를 위원회에 제출하도록 함으로써 직권취소절차를 명확히 하였다. 개정 전 행정심판법은 심판청구를 받은 피청구인이 심판청구의 취지대로 처리하는 경우 심판절차가 종료되는지 여부에 대해 논란이 있었는데 **개정 행정심판법의 취지는 피청구인이 심판청구의 취지대로 처리하는 경우에도 스스로 심판절차를 종료시킬 수 없음을 명확하게 하려는 것이다.** 다시 말해서, 처분청이 청구취지대로 처리한 것인지 여부를 행정심판위원회에서 최종적으로 확인하게 되므로 법에 관한 지식이 충분하지 않은 청구인을 더 두텁게 보호하여 실체적 권리를 보장할 수 있게 된 것이다.

【행정심판법】 제25조(피청구인의 직권취소 등)

① 제23조 제1항·제2항 또는 제26조 제1항에 따라 심판청구서를 받은 피청구인은 그 심판청구가 이유 있다고 인정하면 심판청구의 취지에 따라 직권으로 처분을 취소·변경하거나 확인을 하거나 신청에 따른 처분을 할 수 있다. 이 경우 서면으로 청구인에게 알려야 한다.
② 피청구인은 제1항에 따라 직권취소 등을 하였을 때에는 청구인이 심판청구를 취하한 경우가 아니면 제24조 제1항 본문에 따라 심판청구서·답변서를 보낼 때 직권취소 등의 사실을 증명하는 서류를 위원회에 함께 제출하여야 한다.

3. 진 정

진정이란 널리 법정의 형식과 절차에 의하지 않고 행정청에 대하여 어떠한 바램을 진술하는 것을 의미하는데 진정은 권리행사가 아니므로 **법적 구속력이 없는 사실행위에 불과하다.** 행정청이 진정을 받아들여 행위를 취소 변경하더라도 그것은 직권취소에 불과하다.

대법원 판례

진정을 수리한 국가기관이 진정을 받아들여 구체적인 조치를 취할 것인지 여부는 국가기관의 자유재량에 속하고, 위 진정을 거부하는 **"민원회신"이라는 제목의 통지를 하였다 하더라도** 이로써 진정인의 권리의무나 법률관계에 하등의 영향을 미치는 것이 아니므로 이를 행정처분이라고 볼 수 없어 이는 행정소송의 대상이 될 수 없으므로 위 회신을 진정에 대한 거부처분으로 보아 **그 취소를 구하는 소는 부적법하다**(대법원 1991. 8. 9. 선고 91누4195 판결).

그러나 진정에 대한 답변의 내용이나 이후의 진정인의 태도 등으로 행정상 확약의 요건이 충족되는 경우가 있다. 그렇다면 **진정의 형식으로 인사소청을 청구하는 경우 이를 어떻게 처리하여야 하는가?** 인사소청은 특별행정심판절차로서 엄격한 법정의 형식과 절차를 요하는 사법작용과는 다르고 행정청 내부의 자기통제수단으로 행정행위의 적법성 및 합목적성을 확보한다는 측면에서 비록 그 형식이 진정이라 하더라도 구체적 실질이 인사소청의 내용을 담고 있다면 인사소청으로 처리하여야 할 것이다.[56)]

4. 고충민원

"고충민원"이란 행정기관 등의 위법·부당하거나 소극적인 처분(사실행위 및 부작위를 포함한다) 및 불합리한 행정제도로 인하여 국민의 권리를 침해하거나 국민에게 불편 또는 부담을 주는 사항에 관한 민원(현역장병 및 군 관련 의무복무자의 고충민원을 포함한다)을 말한다(부패방지 및 국민권익위원회의 설치와 운영에 관한 법률 제2조 제5호, 민원사무처리에관한법률 제2조). 고충민원은 국무총리 소속하에 국민권익위원회라는 행정기관에 의하여 다루어지는 권리구제수단이라는 점에서 인사에 관한 위법 부당한 처분에 대한 인사소청과 유사한 면을 가지고 있다.

반면에 인사소청은 일종의 쟁송제도로서 법률상 이익이 있는 자가 위법 부당한 행

---

56) 국무총리행정심판위원회, 법제처, 행정심판의 이론과 실제, 2002. 제16면 참조.

정처분에 대하여 일정한 기간내에 심사청구를 하고 그에 대한 재결의 효력은 처분청을 비롯한 관계 행정청에 대하여 기속력을 가지나, 고충민원은 일종의 **'옴브즈만제도'** 로서 비송적 보충적 행정구제제도로서 권익을 침해당한 자뿐만 아니라 불편이나 부담을 겪는 자를 포함하여 누구든지 언제나 구체적인 행정처분뿐만 아니라 그 외 불합리한 행정제도에 대하여 고충민원을 제기할 수 있다. 그러나 **고충민원에 대한 결정은 관계 행정기관을 기속하지 못하고 권고적 효력 밖에 없다.**

대법원 판례

행정규제및민원사무기본법의 관계 규정을 종합하여 보면, **국민고충처리제도는** 국무총리 소속하에 설치된 국민고충처리위원회로 하여금 행정과 관련된 국민의 고충민원을 상담 · 조사하여 행정기관의 처분 등이 위법 · 부당하다고 인정할 만한 상당한 이유가 있는 경우에 관계 행정기관의 장에게 적절한 시정조치를 권고하도록 함으로써 국민의 불편과 부담을 시정하기 위한 제도로서 행정심판법에 의한 행정심판 내지 다른 특별법에 따른 이의신청, 심사청구, 재결의 신청 등의 불복구제절차와는 **제도의 취지나 성격을 달리하고 있으므로 국민고충처리위원회에 대한 고충민원의 신청이 행정소송의 전치절차로서 요구되는 행정심판청구에 해당하는 것으로 볼 수는 없다**(대법원 1995. 9. 29. 선고 95누5332 판결).

제 4 절 소청심사기관

1. 개 설

국가공무원은 공정한 소청심사를 위하여 **독립성과 합의성**이 보장되는 위원회의 형식으로 소청심사기관을 설차할 것을 규정하고 있다(국가공무원법 제9조). 형식적으로는 중앙인사기관의 장 소속하에 설치되어 있으나 소청심사에 관한 업무는 어떠한 감독이나 지시도 받지 않는다는 **직무상 독립성**이 보장된다. 소청심사위원회의 상임위원은 금고 이상의 형벌 또는 장기의 심신상의 장애로 직무를 수행할 수 없게 된 때를 제외하고는 그 의사에 반하여 면직되지 않는 등 강한 **신분보장**을 받고 있다(국가공무원법 제11조).

2. 연 혁

행정심판절차로서 사후 구제장치가 행정 내부적으로 마련된 것은 1961. 9. 18. 구 국가공무원법 개정시 항고심사위원회를 설치하여 징계처분에 대하여 부분적으로 불복절차를 할 수 있도록 한 것으로서 5급 이상의 공무원의 징계처분에 대하여는 내각수반 소속하에 설치된 특별항고심사위원회에서 6급 이하 공무원의 징계처분에 대하여는 각 기관의 보통항고심사위원회에서 심사하도록 하였다.

이후 국가공무원법 제정(법률 제1325호, 1963. 4. 17. 공포, 1963. 6. 1. 시행)으로 항고심사위원회는 폐지되고 소청심사위원회의 설치근거가 마련되어 내각사무처, 국가재건최고회의, 법원행정처에 소청심사위원회가 설치되었고 현재는 행정안전부, 국회사무처, 법원행정처, 헌법재판소사무처 및 중앙선거관리위원회사무처에 각 소청심사위원회를 두고 있다. 지방공무원 및 경찰, 교원, 군인, 군무원과 같은 일부 특정직 공무원의 경우에 각각 개별법에 소청심사위원회의 설치 근거를 마련하여 소청업무를 하고 있다.

【관련 법령】

- 국가공무원법(법률 제9419호, 2009. 2. 6.)
- 지방공무원법(법률 제9420호, 2009. 2. 6.)
- 외무공무원법(법률 제8857호, 2008. 2. 29.)
- 경찰공무원법(법률 제9295호, 2008. 12. 31.)
- 소방공무원법(법률 제9297호, 2008. 12. 31.)
- 국가정보원직원법(법률 제9400호, 2009. 1. 30.)
- 대통령 등의 경호에 관한 법률(법률 제8872호, 2008. 2. 29.)
- 교원지위향상을 위한 특별법(법률 제8890호, 2008. 3. 14.)
- 군인사법(법률 제9293호, 2009. 4. 1.)
- 군무원인사법(법률 제9558호, 2009. 4. 1.)
- 행정심판법(법률 제8871호, 2. 29.)
- 행정소송법(법률 제6627호, 1. 26.)
- 전투경찰대설치법(법률 제7849호, 2006. 2. 21.)
- 소청절차규정(대통령령 제21214호, 2008. 12. 31.)
- 공무원고충처리규정(대통령령 제21842호, 2009. 11. 23.)
- 공무원징계령(대통령령 제21315호, 2009. 3. 18.)
- 교육공무원징계령(대통령령 제21627호, 2009. 7. 16.)
- 경찰공무원징계령(대통령령 제21842호, 2009. 11. 23.)

- 소방공무원징계령(대통령령 제21382호, 2009. 3. 31.)
- 국가공무원 복무규정(대통령령 제21861호, 2009. 11. 30.)
- 경찰공무원 복무규정(대통령령 제21110호, 2008. 11. 11.)
- 지방공무원 징계 및 소청 규정(대통령령 제21389호, 2009. 3. 31.)
- 교원 소청에 관한 규정(대통령령 제20740호, 2008. 2. 29.)
- 군인사법 시행령(대통령령 제21915호, 2009. 12. 30.)
- 군무원인사법 시행령(대통령령 제21595호, 2009. 7. 1.)
- 행정심판법 시행령(대통령령 제20718호, 2008. 2. 29.)
- 행정안전부와 그 소속기관 직제(대통령령 제21815호, 2009. 11. 10.)
- 공무원징계령 시행규칙(행정안전부령 제73호, 2009. 3. 30.)
- 국회인사규칙(국회규칙 제147호, 2009. 4. 27.)
- 법원공무원규칙(대법원규칙 제2257호, 2009. 11. 4.)
- 헌법재판소 공무원 규칙(헌법재판소규칙 제238호, 2009. 3. 27.)
- 징계·소청및고충처리에관한규정(국회규정 제413호, 1995. 3. 15.)
- 경찰공무원 징계양정 등에 관한 규칙(경찰청예규 제417호, 2009. 12. 31.)

3. 공무원 구분 및 소청관할[57)]

<table>
<tr><th>구 분</th><th colspan="6">관 할(소청심사기관)</th></tr>
<tr><td rowspan="9">행정부</td><td rowspan="9">국가
공무원</td><td rowspan="9">경력직</td><td>일반직</td><td colspan="3">행정안전부 소청심사위원회</td></tr>
<tr><td rowspan="8">특정직</td><td>외 무</td><td colspan="2">행정안전부 소청심사위원회</td></tr>
<tr><td>경 찰</td><td colspan="2">행정안전부 소청심사위원회
단, 전투경찰대의 경사, 경장, 순경은 경찰공무원징계위원회</td></tr>
<tr><td>소 방</td><td colspan="2">행정안전부 소청심사위원회</td></tr>
<tr><td>검 사</td><td colspan="2">소청제도 없음</td></tr>
<tr><td>교 원</td><td colspan="2">교원소청심사위원회</td></tr>
<tr><td rowspan="2">군 인</td><td>장교 및 준사관</td><td>- 국방부중앙군인사소청위원회
- 항고심사위원회</td></tr>
<tr><td>부사관</td><td>- 각군본부군인사소청심사위원회
- 항고심사위원회</td></tr>
<tr><td>군무원</td><td colspan="2">- 국방부군무원인사소청심사위원회
- 항고심사위원회</td></tr>
</table>

57) 행정안전부 소청심사위원회, 소청 및 고충심사 업무편람, 2010. 제3면 참조.

<table>
<tr><th>구 분</th><th colspan="5">관 할(소청심사기관)</th></tr>
<tr><td rowspan="7"></td><td rowspan="4"></td><td rowspan="3"></td><td rowspan="2"></td><td>국정원</td><td>행정안전부 소청심사위원회</td></tr>
<tr><td>대통령실
경호처</td><td>행정안전부 소청심사위원회</td></tr>
<tr><td>기능직</td><td colspan="2">행정안전부 소청심사위원회</td></tr>
<tr><td colspan="2">특수경력직</td><td colspan="2">소청심사대상 불포함</td></tr>
<tr><td rowspan="3">지방
공무원</td><td rowspan="2">경력직</td><td>일반 ·
기능직</td><td colspan="2">- 각 시 · 도지방소청심사위원회
- 교육소청심사위원회(지방교육청소속)</td></tr>
<tr><td>특정직</td><td>지방공무원</td><td>지방공무원소청심사위원회</td></tr>
<tr><td colspan="2">특수경력직</td><td colspan="2">소청심사대상 불포함</td></tr>
<tr><td>입법부</td><td colspan="5">국회사무처 소청심사위원회</td></tr>
<tr><td>사법부</td><td colspan="5">법원행정처 소청심사위원회</td></tr>
<tr><td>헌 재</td><td colspan="5">헌법재판소사무처 소청심사위원회</td></tr>
<tr><td>중선위</td><td colspan="5">중앙선거관리위원회사무처 소청심사위원회</td></tr>
</table>

가. 법관의 소청관할

법관이 징계처분에 대하여 불복하는 경우에는 전심절차를 거치지 아니하고 대법원에 징계처분에 대한 취소를 구할 수 있다.

> **【법관징계법】 제27조(불복절차)**
>
> ① 피청구인이 징계처분에 대하여 불복하고자 하는 경우에는 징계처분이 있음을 안 날부터 14일이내에 **전심절차를 경유하지 아니하고 대법원에** 징계처분의 취소를 청구하여야 한다.
> ② 대법원은 제1항의 취소청구사건을 **단심으로 재판한다.**

나. 검사의 소청관할

검사는 특정직공무원으로서 개별법이 정하는 바에 의하도록 되어 있는바 징계처분을 받은 경우 불복방법에 관하여 법관징계법과 달리 검사징계법은 특별한 규정을 두고 있지 않다. 그렇다면 **행정소송을 직접 제기**할 수밖에 없다고 할 것이다.

【소청결정례】 58)

국가공무원법 제9조 제4항에 의하면 행정기관 소속 특정직공무원의 소청에 대하여는 당해 특정직공무원을 규율하는 개별법률이 정하는 바에 따라 행정자치부 소청심사위원회에서 심사결정을 할 수 있도록 규정하고 있는 바, 검사의 소청을 심사결정하기 위하여는 검사의 신분관계를 규율하는 **검사징계법** 등에 근거규정이 설정되어 있어야 하는데 동법 등에 소청에 관하여 아무런 규정이 마련되어 있지 아니하므로 **검사의 소청은 행정자치부 소청심사위원회에서 심사결정할 사항이 아닌 바, 각하** 결정한다(사건 99-229, 07-75).

다. 별정직 공무원의 소청관할

별정직공무원은 국가공무원법 제3조의 규정에 의하여 소청제도의 적용이 배제되므로 행정심판법에 의한 행정심판을 청구하여야 하나, 대통령의 처분 등에 대하여는 다른 법률에 특별한 규정이 있는 경우를 제외하고는 행정심판을 제기할 수 없으므로(행정심판법 제3조 제2항), 대통령이 임용하는 별정직 고위공무원은 행정소송을 직접 제기할 수밖에 없다. 3급 상당 이하의 공무원은 행정심판법에 의한 행정심판을 제기하거나 행정소송을 제기할 수 있다.

라. 전직(轉職)시 표준시

국가공무원의 신분을 가진 공무원이 징계처분과 동시에 동일자로 지방공무원으로 임명되었을 경우 국가공무원을 관할하는 소청심사위원회의 관할을 벗어나는 것이 아니다. 마찬가지로 징계처분시 교육연구직으로 있다가 소청심사위원회에 소청을 제기한 후 교사로 전직되었을 경우 **'처분 당시' 신분을 기준으로 하여 소청심사위원회의 관할이 결정된다.**

4. 군인 · 군무원인사소청심사위원회

가. 설치근거

1) 군인사소청의 경우

장교 · 준사관 및 부사관은 위법 · 부당한 전역 · 제적 및 휴직 등 그 의사에 반한

58) 행정안전부 소청심사위원회, 소청 및 고충심사 업무편람, 2010. 제9면 참조.

불리한 처분(징계처분을 제외한다)에 대하여 불복이 있는 때에는 그 처분이 있음을 안 날부터 30일 이내에 이에 대한 심사를 소청할 수 있다(군인사법 제50조).

장교 및 준사관의 소청을 심사하기 위하여 **국방부에 중앙군인사소청심사위원회**를, 부사관의 소청을 심사하기 위하여 **각군 본부에 군인사소청심사위원회**를 둔다(군인사법 제51조 제1항).

2) 군무원인사소청의 경우

군무원은 위법 또는 부당하게 휴직, 직위해제, 강임 또는 면직되었다고 판단하면 이에 대한 심사를 청구할 수 있다(군무원인사법 제34조).

군무원에 대한 인사소청 청구를 심사하기 위하여 **국방부에 군무원인사소청심사위원회**를 둔다(군무원인사법 제35조).

나. 위원회의 구성과 자격

1) 군인사소청의 경우

중앙군인사소청심사위원회 및 군인사소청심사위원회는 다음 각 호의 어느 하나에 해당하는 자로서 군사행정에 관한 식견이 풍부한 **5인 이상 9인 이하**의 위원으로 구성한다. 이 경우 군인사소청심사위원회 위원 중 1인 이상은 부사관으로 한다(군인사법 제51조 제2항).

① 법관·검사 또는 변호사의 직에 **5년** 이상 근무한 자 ② **영관급 이상**의 군인. 단, 군인사소청심사위원회는 **부사관 이상**의 군인 ③ 군법무관으로 **5년** 이상 근무한 자 ④ 군사행정과 관련된 분야에서 **4급 이상** 공무원으로 근무한 자

중앙군인사소청심사위원회 또는 군인사소청심사위원회의 **위원장**은 위원 중 **가장 선임**인 장교로 한다. 소청심사위원회의 운영은 법무업무를 담당하는 부서에서 관장하며, 위원회별로 **간사** 1인을 둔다.

2) 군무원인사소청의 경우

군무원인사소청심사위원회는 위원장 1인을 포함하여 **5인 이상 9인 이내**의 위원으로 구성하고, **위원장은 영관급 이상의 군인, 5급 이상**의 일반군무원 또는 일반직공무원에 해당하는 위원 중 상위직인 자가 된다(군무원인사법 시행령 제91조 제1항).

① 법관·검사·군법무관 또는 변호사로 근무한 경력이 **5년** 이상인 자 ② **영관급** 이상의 군인 ③ **5급** 이상의 일반군무원 또는 일반직공무원

위원장은 소청심사위원회를 대표하고, 소청심사위원회의 사무를 총괄하며, 회의를 소집하고 그 의장이 된다. 위원장이 부득이한 사유로 직무를 수행할 수 없는 때에는 위원장이 미리 지정한 위원이 그 직무를 대행한다. 소청심사위원회에 서무를 처리하게 하기 위하여 간사를 두되, 간사는 국방부장관이 그 소속 공무원중에서 임명한다.

다. 임 명

1) 군인사소청의 경우

중앙군인사소청심사위원회의 위원은 **국방부장관**이, 군인사소청심사위원회의 위원은 각군 본부 **참모총장**이 각각 임명하되, 위원 중 군인은 소청인보다 상급자인 장교로 한다. 다만, 군법무관인 장교를 위원으로 임명하는 경우에는 그러하지 아니하다(군인사법 시행령 제55조 제1항).

2) 군무원인사소청의 경우

소청심사위원회의 위원은 다음 각 호의 어느 하나에 해당하고 군사행정에 관한 식견이 풍부한 자 중에서 **국방부장관**이 임명하되, 영관급 이상의 군인, 5급 이상의 일반군무원 또는 일반직공무원에 해당하는 자는 소청인보다 상위직에 있는 자이어야 한다(군무원인사법 시행령 제91조 제2항).

라. 위원 임명절차

위원의 임명에 있어 5년이상의 법조경력이 있는 법관, 검사, 변호사 중에서 위원을 위촉할 경우 **대법원 법원행정처, 대검찰청, 대한변호사협회**에 인사소청 위원추천공문을 발하고 각 기관에서 추천한 사람중에서 임명권자가 이를 위원으로 임명한다.

5. 소청심사기관 구성의 문제점과 그 개선방안

가. 위원회의 독립성 측면

소청제도가 하나의 심판기관이기 때문에 준사법적 절차가 도입되어야 한다는 의미에서 그 직무의 독립성이 보장되어야 한다. 소청심사위원회는 합의제적 기관이며, 직무수행에 있어서 외부의 간섭을 받지 않는다. 국가공무원법 및 지방공무원법은 공정한 소청심사를 위하여 독립성과 합의성이 보장되는 위원회의 형식으로 소청심사기관을 설치할 것을 규정하고, 소청심사에 관한 업무에서는 어떠한 감독이나 지시도 받지 않는 독립된 합의제 의결기관으로, 또한 지방공무원의 경우에도 마찬가지이다.

그런데 중앙군인사소청심사위원회 및 군무원인사소청심사위원회 위원구성현황을 보면, 위촉직 법원판사, 변호사를 제외하고는 내부 공무원이 소청위원으로 참여하고 있다는 것은 심리 · 의결에 있어 행정조직 내부의 현실을 제대로 반영할 수 있다는 장점은 있지만, 다른 한편으론 행정조직 내의 질서유지나 소청인과의 개인적인 친소관계 및 정책적 요인에 의해 결정이 좌우될 가능성도 있다는 것을 의미한다. 이러한 문제점은 다른 기관의 소청심사위원회에도 동일하게 제기되고 있다.

이러한 문제점을 개선하기 위한 방안으로는, 적어도 현직 공무원과 외부 위촉위원의 수를 동일하게 구성될 수 있도록 **외부위촉위원 수를 확대**함으로써 공무원집단 내부의 영향력을 축소함과 아울러, 위원과 소청인간의 사건청탁가능성도 봉쇄하여 위원회의 독립성으로 심리 · 의결의 공정성이 크게 향상될 것이다.

나. 소청심사의 운영 측면

군인사소청심사위원회는 부사관의 경우 각군 본부 군인사소청심사위원회에서, 장교 및 준사관은 국방부 중앙군인사소청심사위원회 및 군무원인사소청심사위원회에서 각 심의한다. 그런데 소청심사업무를 담당하는 공무원이 법무관 1인이 담당하고 있다. 더구나 국가배상 업무와 같은 다른 업무도 함께 수행하다보니 사건에 대한 실체파악을 위한 현장검증 등 사실조사 등이 이루어져야 하는데 사실상 인력이 부족하여 거의 대부분의 소청사건이 서류검토만으로 심리자료를 작성하고 있는 실정이다. 또한 담당 법무관의 잦은 자리이동으로 전문성 및 의욕이 부족한 실정이다.

비상임위원으로 구성된 소청심사위원회의 경우 소청간사의 심의자료와 같은 사건 보고서가 위원들의 심리·결정에 큰 영향력을 발휘함으로 소청업무 담당 공무원의 전문성확보는 매우 중요한 문제이다.[59] 이를 위해서는 **공직경험이 어느 정도 있는 자 중에서 선발**하고 소청업무만을 전담할 수 있도록 **국가배상 업무 및 헌법재판 업무를 분리**하여 소청업무의 전문성을 제고하고 1년 단위의 보직운영에서 **적어도 2년 단위의 담당 소청업무를 수행**할 수 있도록 하여야 할 것이다. 또한 간사를 1인에서 2인으로 확대하여 **'공동간사제도'**를 도입하여 실질적인 사건 파악 및 간사의 독단을 전제할 수 있도록 함이 타당하다.

제5절 소청처리절차 개관

소청심사청구서가 접수되면 위원회는 소청 관할, 심사더상, 기타 적법한 소청심사 청구 여부 등을 확인한 후 처분청인 피소청인에게 소청심사청구서 사본 1부를 송부하면서 답변서를 요구한다. 피소청측의 답변서가 제출되면 검토를 거쳐 필요한 사실 조사와 자료수집을 실시하는 한편 이것이 완료되면 심사기일을 지정하여 당사자인 소청인과 피소청인에게 출석통지를 한 다음 해당 심사기일에 심사·결정하는 일련의 과정을 거치게 된다.

---

59) 이와 달리 다른 행정위원회의 경우 상임위원이 확보되어 전문성 및 일관성이 담보되고 있다. (2009년 기준)

상임위원수	위원회명 ( )는 전체 위원수
4인	소청심사위원회(7), 상임위원 외에 차관급 위원장 방송통신위원회(9), 상임위원 외에 장관급 위원장 진실화해를 위한 과거사정리위원회(15) 보훈심사위원회(6), 상임위원 외에 고위공무원인 위원장
3인	국가인권위원회(11), 상임위원 외에 장관급 위원장 국민권익위원회(15), 상임위원 외에 장관급 위원장, 3명의 차관급 부위원장 공정거래위원회(9), 상임위원 외에 장관급 위원장, 차관급 부위원장
2인	의문사진상규명위원회(9), 상임위원 외에 정무직 위원장 국무총리행정심판위원회(50), 상임위원 외에 차관급 위원장

<소청절차 흐름도>

1. 소청 제기
• 전역 · 제적 및 휴직 등 불리한 처분(징계처분 제외)
• 강임 · 휴직 · 직위해제 · 면직

⬇ - 접수방법 : 방문, 우편, FAX, 인터넷 등
- 처분사유설명서 수령일 또는 처분이 있음을 안 날로부터 30일 이내

2. 접 수

⬇ - 보완 ; 즉시보완/보정요구(7일 이내)

3. 소청서 접수 통지 및 답변서 제출요구

⬇ - 답변서 제출기한(14일)

4. 답변서 접수 및 검토

⬇ - 답변자료 검토

5. 처분청 답변서 부본 송부
소청인

⬇

심사기일 지정통지
• 소청인(대리인)
• 피소청인(처분청)

⬇

6. 사실조사
서류/현지조사/기타

⬇

조사보고서 작성
• 원처분, 소청이유
• 증거 및 조사

⬇

7. 심 사
• 소청인(대리인) • 피소청인(처분청)

⬇ - 심사조서 작성
※취하 : 심사결정 전까지 소청취하 가능(종결)

8. 결 정
• 취소 • 변경 • 무효확인 • 기각 • 각하 • 인용

⬇ -재적위원 2/3이상 출석, 출석의원 과반수 찬성

9. 결정서 작성 및 송부
• 소청당사자 표시 • 결정주문 • 결정이유 명시
※결정이유 구성 : 처분사유요지/소청이유요지/증거/판단/결정

1. 소청서 접수

가. 접수 여부 검토

직접방문, 우편, FAX 및 온라인 청구의 방법으로 제출된 소청심사청구서가 소청심사위원회에 도달되면 담당공무원인 소청 담당간사는 필요적 기재사항 및 구비서류를 확인하고 미비한 사항은 보완하도록 요구하며, 소청인의 적격과 소청심사 제기기간, 해당 관할 여부를 검토하여 접수하게 된다. 이때 관할이 아닌 소청심사청구서는 소청

인에게 반려할 것이 아니라 그 사유를 명시하여 정당한 관한 소청심사위원회로 이송하고 그 사실을 소청인에게 통지하여야 한다(소청절차규정 제2조 제2항).

소청 청구서에는 다음과 같은 필요적 기재사항의 누락이 되었는지 확인하여야 한다.

※ 청구서의 필요적 기재사항

1. **소청인** 성명(주민등록번호)
   주소, 전화번호
   소속기관명 또는 전소속기관명과 직위 또는 전 직위
2. **피소청인**
   (대통령의 처분 또는 부작위에 대하여는 제청권자)
3. **소청의 취지**
4. **소청의 이유 및 입증방법**
5. 처분사유설명서 또는 인사발령통지서의 수령지연으로 인하여 처분 사유설명서에 기재된 일자로부터 소청제기기간을 초과하여 소청심사를 청구하는 경우에는 그 수령지연사실의 입증자료

대법원 판례

'진정서'라는 제목의 서면 제출이 행정심판청구로 볼 수 있다고 한 사례

비록 제목이 '진정서'로 되어 있고, 재결청의 표시, 심판청구의 취지 및 이유, 처분을 한 행정청의 고지의 유무 및 그 내용 등 행정심판법 제19조 제2항 소정의 사항들을 구분하여 기재하고 있지 아니하여 행정심판청구서로서의 형식을 다 갖추고 있다고 볼 수는 없으나, 피청구인인 처분청과 청구인의 이름과 주소가 기재되어 있고, 청구인의 기명이 되어 있으며, 문서의 기재 내용에 의하여 심판청구의 대상이 되는 행정처분의 내용과 심판청구의 취지 및 이유, 처분이 있은 것을 안 날을 알 수 있는 경우, 위 문서에 기재되어 있지 않은 재결청, 처분을 한 행정청의 고지의 유무 등의 내용과 날인 등의 불비한 점은 보정이 가능하드로 위 문서를 행정처분에 대한 행정심판청구로 보는 것이 옳다(대법원 2000. 6. 9. 선고 98두2621 판결).

소청 사례

소청인의 소청취지 1.에 대하여 살펴보면, 장교·준사관 및 부사관은 위법·부당한 전역·제적 및 휴직 등 그 의사에 반한 불리한 처분(징계처분을 제외한다)에 대하여 불복이 있는 때에는 그 처분이 있음을 안 날로부터 30일 이내에 이에 대한 심사를 소청심사위원회에 제기하여야 한다. 그런데 소청인은 2010. 5. 31. 소속대에서 전역신고 및 전역증을 수령한 날로부터 역수상 30일이 도과한 2010. 7. 1.에야 소청심사를 제기한 것으로 불변기간을 도과한 것으로 부적법하다. 설사, 소청인의 주장대로 **국방부 민원실에 2010. 6. 30.에 민원을 접수한 것을 소청을 제기한 것으로 보더라**도 이 사건 전역처분이 소청인의 전역지원서에 따라 이루어진 것으로써 이 사건 처분에 위법·부당하다고 할 만한 하자를 인정할 수 있는 특별한 사유가 없고, 나아가 달리 이를 입증할 만한 자료가 없어 소청인의 주장은 이유없다(국방부 중앙군 인사소청심사위원회 2010-17호 전역처분 등 취소청구 사건 결정례 참조).

나. 접 수

1) 소청사건처리부 등재 및 심사의 병합 등

소청사건이 접수되면 인적사항, 소청취지, 처분요지 등 기본적인 사항을 소청사건처리부에 등재하고 연도별로 접수일자 및 일련번호, 사건번호 등을 부여한다. 이때 하나의 소청심사청구서에 청구인 한 사람이 상이한 두 가지 이상의 처분에 대하여 취소 변경을 구하는 청구취지와 이유를 적시하여 청구하였을 경우에는 사건번호를 각기 따로 부여하여 독립된 사건으로 처리하고 사건내용이 서로 연관되어 있는 관련 사건은 서로 대비하여 병합심사를 한다. 이 경우에도 사건번호는 개개 소청인마다 따로 부여하여야 한다. 다시 말해서 **소청 사건번호는 청구인과 소청의 대상물인 처분에 따라 독자적으로 부여됨이 원칙이다.**

2) 담당조사관 지정

소청심사청구서가 사건처리대장에 등재되면 사건담당조사관을 지정하게 되는데 담당조사관은 주심위원을 보좌하며 사실조사 및 증가자료 수집 등 사건조사 역할을 담당한다. 국방부, 각군 본부에 인사소청 담당 법무관이 이러한 역할을 수행하고 있다.

3) 청구서 보정

소청위원회는 청구서에 흠결이 있다고 인정할 때에는[60] 청구서를 접수한 날부터 7일이내에 상당한 기간을 정하여 보정을 요구하여야 한다(동 규정 제6조 제1항). **소**

청인이 보정기간내에 보정하지 아니할 때에는 소청심사의 청구를 '취하'한 것으로 본다(동 규정 제6조 제2항). 다만, 그 흠결이 경미한 때에는 직권으로 보정할 수 있다. 보정을 요구한 소청사건에 대한 처리기간은 그 보정이 완료된 날부터 기산한다(동 규정 제6조 제5항).

2. 답변서 요구 및 제출

가. 소청제기 통지 및 답변서 요구

소청심사청구서를 접수한 경우에는 소청인의 상대방 피소청인 즉, 처분청에 소청심사 사본을 송부하면서 답변서와 소청인의 수만큼의 부본 제출을 요구하여야 하고 이에 대하여 피소청인은 소청인이 주장한 소청이유에 대응하여 원처분이 타당함을 주장하는 내용의 답변서와 그 입증자료 등 관련 자료를 제출하여야 한다(동 규정 제4조의2).

나. 답변서 작성 및 제출 요청

소청심사위원회로부터 답변서의 제출을 요구받은 처분청은 사실관계 세부경위, 처분경위, 관련법령, 소청이유에 대한 피소청인의 주장 등이 포함된 답변자료를 작성하여 제출하여야 하며, 소청이유를 요약하고 그에 대응하는 이유를 항목별로 답변하되 알기 쉽고 논리 정연하게 작성하여야 하며 이를 입증하는 증거자료를 함께 제출하여야 한다. 증거자료는 정본 및 사본 어느 것을 제출하여도 상관없으나 사본을 제출할 때에는 작성자의 원본 대조필 날인을 하여 제출하여야 한다.

이외에도 개정 행정심판법은 **관계행정기관에 대한 자료제출을 요구**할 수 있도록 하였다. 구 행정심판법 제28조는 증거조사규정에 관계행정기관에 대한 자료제출요구권을 함께 규정하고 있는데, 증거조사를 더 강화하기 위해 증거조사 규정과 별도의 자료제출 요구권을 규정한 것은 관련 입법례나 행정소송법에서 법원의 자료제출 요구

60) 보정사유로는 다음과 같은 것들이 있다.
① 소청인의 주소 성명 등 기재누락
② 소청취지 불명확
③ 소청대리인으로 변호사가 선임된 경우 위임장 미제출
④ 기타 첨부서류의 미비사항이나 소청인의 착오에 의한 기재오류 등 경미한 흠결이 있는 경우

권을 별도로 규정하고 있는 점을 고려하고 위원회의 증거조사자료제출요구권을 더욱 강화하여 충실한 증거조사가 가능하도록 하려는 것이다. 아울러 실무상 피청구인은 단순히 법을 집행하는 기관일 뿐인 경우가 많고, 쟁송사건의 근본적 해결을 위해서는 심판사건과 관련된 법령을 정비해야 하는 경우가 있는데, 구 제28조제3항에 규정된 위원회의 증거조사권만으로는 법령주관기관에 대하여 위원회에 출석을 요구할 수 있는지에 불명확하므로, 적극적으로 법령주관기관 소속 기관에 대하여 의견 제출을 요청하거나, 법령담당자를 출석시켜 의견을 들을 수 있도록 **행정기관에 대한 자료제출요구권과 위원회 출석요구권**을 규정하고 있다.

【행정심판법】 제35조(자료의 제출 요구 등)

① 위원회는 사건 심리에 필요하면 관계 행정기관이 보관 중인 관련 문서, 장부, 그 밖에 필요한 자료를 제출할 것을 요구할 수 있다.
② 위원회는 필요하다고 인정하면 사건과 관련된 법령을 주관하는 행정기관이나 그 밖의 관계 행정기관의 장 또는 그 소속 공무원에게 위원회 회의에 참석하여 의견을 진술할 것을 요구하거나 의견서를 제출할 것을 요구할 수 있다.
③ 관계 행정기관의 장은 특별한 사정이 없으면 제1항과 제2항에 따른 위원회의 요구에 따라야 한다.

3. 답변서 처리

소청심사위원회는 처분청이 제출한 답변서의 내용이 충분하지 아니하거나 입증자료가 필요한 때에는 피소청인인 처분청에 답변 내용의 보충 또는 입증 자료의 제출을 요구할 있다(동 규정 제4조의2 제2항). 피소청인이 제출한 답변서 정본은 위원회에서 심사자료로 활용하고 부본은 소청인에게 지체없이 송달하여 방어할 수 있는 기회를 보장하여야 한다. 소청인은 송달된 답변서에 대하여 추가로 답변하거나 입증자료를 제출할 수 있음은 물론이다.

4. 사실조사

가. 검증 · 감정, 증인 소환 등

군인 및 군무원에 대한 인사소청에 있어서 관련법은 사실조사에 대한 자세한 명문규정은 없다. 다만 일반법인 국가공무원법에 규정되어 있을 뿐이다. 소청심사위원회는 소청이 정식 접수되면 지체없이 심사하여야 하고 필요할 경우에는 검증·감정, 그 밖의 사실조사를 하거나 증인을 소환하여 질문하거나 관계 서류를 제출하도록 명할 수 있다(국가공무원법 제12조 제2항 및 제4항). 소청심사위원회가 소청 사건을 심사하기 위하여 징계 요구 기관이나 관계 기관의 소속 공무원을 증인으로 소환하면 해당 기관의 장은 이에 따라야 한다(동법 제12조 제3항).

【행정심판법】 제36조(증거조사)

① 위원회는 사건을 심리하기 위하여 필요하면 직권으로 또는 당사자의 신청에 의하여 다음 각 호의 방법에 따라 증거조사를 할 수 있다.

1. **당사자나 관계인**을 위원회의 회의에 출석하게 하여 **신문(訊問)**하는 방법
2. 당사자나 관계인이 가지고 있는 문서·장부·물건 또는 그 밖의 증거자료의 제출을 요구하고 **영치(領置)**하는 방법
3. 특별한 학식과 경험을 가진 제3자에게 **감정**을 요구하는 방법
4. 당사자 또는 관계인의 주소·거소·사업장이나 그 밖의 필요한 장소에 출입하여 **당사자 또는 관계인에게 질문**하거나 서류·물건 등을 **조사·검증**하는 방법

② 위원회는 필요하면 위원회가 소속된 행정청의 직원이나 다른 행정기관에 촉탁하여 제1항의 증거조사를 하게 할 수 있다.

③ 제1항에 따른 증거조사를 수행하는 사람은 그 신분을 나타내는 증표를 지니고 이를 당사자나 관계인에게 내보여야 한다.

④ 제1항에 따른 당사자 등은 위원회의 조사나 요구 등에 성실하게 협조하여야 한다.

나. 소청절차에서 증거능력

공무원에 대한 인사상 불이익한 처분에 대한 불복절차로써 징계절차 및 소청절차 그리고 행정소송에 관하여는 국가공무원법, 군인사법과 같은 특별법 및 소청절차규정, 공무원징계령, 행정심판법, 행정소송법 등이 적용된다. 행정소송은 행정소송법에 특별한 규정이 없는 한 법원조직법과 민사소송법 및 민사집행법의 규정을 준용하도록 되어 있다(행정소송법 제8조). 따라서 징계절차 및 소청절차 그리고 행정소송절차에서 사실조사 단계에서 수집되는 **증거능력에 관하여는 민사소송법 이론이 적용된다.**

이에 대하여는 민사소송법은 형사소송법과 달리 증거능력제한에 관한 아무런 규정을 두고 있지 않다. 이 설에 의하면 증거수집절차에 위법성이 있는지 여부에 관한 문제와 그 하자있는 절차에 의해서 수집된 증거자료가 사후절차에서 증거로 이용될 수 있는지 하는 문제는 전혀 별개의 문제이므로 전자의 위법이 바로 후자의 증거금

지로 연결되는 것은 아니라고 보는 **증거능력 긍정설**과, 민사소송에서 위법수집증거의 이용을 허용하는 것은 사법상의 권리보호, 특히 불법행위법상의 권리보호가 부당히 제한되는 것을 의미하는 만큼, 소송법이 실체법상의 청구권을 수포로 돌려서는 안되고 불법행위에 의한 증거방법취득행위는 증거금지 및 이용금지의 형태로 소송상의 제재를 받아야 한다는 **부정설** 그리고 위험수집증거라도 어떤 경우에 그 이용이 가능한지를 개별적으로 판단하되 위법수집증거의 증거능력제한 여부를 신의칙, 피침해규범의 보호목적, 위법의 경중을 기준으로 결정해야 한다는 **절충설**이 있다.[61]

대법원 판례

자유심증주의를 채택하고 있는 우리 민사소송법하에서 상대방 부지 중 비밀리에 상대방과의 대화를 녹음하였다는 이유만으로 그 녹음테이프가 증거능력이 없다고 단정할 수 없고, 그 채증 여부는 사실심 법원의 재량에 속하는 것이며, 녹음테이프에 대한 증거조사는 검증의 방법에 의하여야 한다(대법원 1999. 5. 25. 선고 99다1789 판결).

위법수집증거에 대한 증거능력을 배제하여 적법절차 이념이 강조되는 형사소송절차와 달리 실체적 진실발견이 중시되는 민사소송 및 행정소송절차에서는 증거수집절차에서 발생한 위법행위에 대한 처벌 등은 별론으로 하고, 특별한 경우를[62] 제외하고는 비록 위법하게 수집한 증거라도 모두 증거능력이 있다고 본다. 따라서 소청심사위원은 증거능력이 있는 증거를 믿을 것인지 즉 신빙성(-증거력-)의 문제는 논리칙과 경험칙에 따라 자유로운 심증에 따라 판단하면 족하다.[63]

---

61) 이에 관한 자세한 논의는, 정규상, "위법수집증거의 증거능력", 한국민사소송법학회지(2005. 11.), 제76면 이하를 참조하기 바란다.

62)

【증거능력에 대한 특별규정 예】

① 통신비밀보호법 제4조, 제14조
불법검열, 감청에 의하여 취득한 우편물이나 전기통신, 공개되지 아니한 타인간의 대화를 녹음 또는 청취한 자료의 내용은 재판 또는 징계절차에서 증거로 사용할 수 없다.

② 민사소송법 제367조, 제372조
법정대리인은 당사자신문의 대상일 뿐 증인신문의 대상이 될 수 없다.

③ 민사소송법 제336조, 제337조
기피신청이 받아들여진 감정인은 감정할 자격을 상신한다.

④ 선서하지 않은 감정인의 감정결과는 증거가 될 수 없다(대법원 1982. 8. 24. 선고 82다카317).

63) 행정안전부 소청심사위원회, 소청 및 고충심사 업무편람, 2010. 제102면 참조.

5. 심사위원회 준비 및 개최

가. 심사기일의 통지

개정 행정심판법은 심리기일 지정, 심리기일 변경과 심리기일 통지방법에 관한 규정을 신설하였다.[64] 심리기일은 법원의 판결 선고기일과 같으므로 법률로 직접 규정하는 것이 바람직하고, 아울러 당사자에게 심리기일 변경신청권을 부여하여 당사자의 형편을 고려할 필요가 있다. 또한, 간략히 통지하여도 특별히 당사자의 절차적 권리를 해하지 않는다고 판단되는 절차적 사항은 민사소송법상의 심리기일 통지 및 형사소송법상 긴급구속의 사례에 준하여 휴대폰 문자메시지, 전화, 구술, 팩스 그 밖의 간이한 방법에 의해 당사자에게 통지함으로써 서류 반송에 따른 절차 지연을 예방하고 통지의 실효성을 확보하였다(행정심판법 제38조).[65]

이와 같이 심리기일 지정 및 통지방법에 관한 규정을 신설함으로써 행정심판절차를 신속하게 진행하고, 심판절차 진행 관련 당사자의 예측 가능성을 높일 수 있도록

---

64)

【행정심판법 시행령】 제26조 (심리기일의 통지)
위원회는 **심리기일 7일전까지** 당사자와 참가인에게 서면 또는 법 제38조 제4항에 따른 간이통지 방법으로 심리기일을 알려야 한다.

65) 관련 입법례

민사소송법[일부개정 2006.2.21 법률 제7849호]

제167조 (기일의 통지) ① 기일은 기일통지서 또는 출석요구서를 송달하여 통지한다. 다만, 그 사건으로 출석한 사람에게는 기일을 직접 고지하면 된다.

② 법원은 대법원규칙이 정하는 간이한 방법에 따라 기일을 통지할 수 있다. 이 경우 기일에 출석하지 아니한 당사자·증인 또는 감정인 등에 대하여 법률상의 제재, 그 밖에 기일을 게을리 함에 따른 불이익을 줄 수 없다.

민사소송규칙[일부개정 2006.3.23 대법원규칙 제2012호]

제45조 (기일의 간이통지) ① 법 제167조제2항의 규정에 따른 기일의 간이통지는 전화·팩시밀리·보통우편 또는 전자우편으로 하거나, 그 밖에 상당하다고 인정되는 방법으로 할 수 있다.

형사소송규칙[일부개정 2006.3.23 대법원규칙 제2013호]

제51조 (구속의 통지) ③ 급속을 요하는 경우에는 구속되었다는 취지 및 구속의 일시·장소를 전화 또는 모사전송기 기타 상당한 방법에 의하여 통지할 수 있다. 다만, 이 경우에도 구속통지는 다시 서면으로 하여야 한다.

인감증명법 시행령[일부개정 2005.1.15 대통령령 18681호]

제13조 (인감증명의 발급) ⑥ 인감증명발급기관은 제4항 및 제5항의 규정에 의하여 대리인에게 인감증명을 발급한 경우에는 우편이나 휴대폰에 의한 문자전송 등의 방법으로 본인에게 그 사실을 통보할 수 있다. 〈신설 2005.1.15〉

한 것이다.

위원회가 소청사건을 심사할 때에는 소청인과 피소청인 또는 그 대리인에게 심사일시·장소를 통지하여 출석할 수 있도록 하여야 한다. 이 경우 통지를 받은 자가 정당한 사유로 출석할 수 없는 때에는 심사의 연기를 요청할 수 있고, 위원회는 심사기일을 다시 정할 수 있다(동 규정 제8조 제1항).

심사기일의 통지는 소청심사청구서에 기재된 주소지로 하고 소청인이 소청을 제기하고 이후 주소지를 이전하고도 당해 위원회에 주소지 정정을 하지 않은 경우나 기타의 사유로 소청인의 소재가 분명하지 아니한 경우 심사기일을 관보에 게재하고 게재한 날부터 10일이 경과하는 날에 그 통지는 당해 소청당사자에게 도달된 것으로 본다(동 규정 제8조 제4항).

위원회는 출석한 소청당사자의 진술을 청취하여야 하며, 필요하다고 인정할 때에는 구술로 심문할 수 있다. 통지를 받고 출석하지 아니한 소청당사자는 서면에 의하여 그 의견을 진술할 수 있다.

소청인이 형사사건으로 구속되거나 기타 사유로 인하여 위원회에 출석할 수 없을 경우 지정한 기일 또는 위원회가 특히 서면에 의한 진술을 위하여 지정한 기일안에 서면에 의한 진술도 하지 아니한 때에는 위원회는 진술없이 결정할 수 있다(동 규정 제10조 제2항 및 제3항).

소청제기기간의 경과와 소청 관할 위반 등 소청의 제기가 부적법한 때에는 위원회는 특별한 사정이 있는 경우를 제외하고는 당사자를 출석시키지 아니하고 각하결정을 할 수 있다. 다만, 이때에는 소청인에게 서면에 의한 진술 기회를 주어야 한다(동 규정 제7조의2).

나. 대리인 지정통지

소청심사의 청구가 있을 때에는 그 사건의 피소청인은 관계공무원 또는 변호사를 대리인으로 지정 또는 선임하여 소청에 응하게 할 수 있고 변호사가 법 제76조 제1항의 규정에 의하여 소청인의 대리인으로 선임되거나 공무원 또는 변호사가 제1항의 규정에 의하여 피소청인의 대리인으로 지정 또는 선임된 때에는 그 위임장 또는 지정서를 위원회에 제출하여야 한다(동 규정 제4조).

피소청인의 대리인은 공정하고 정확한 심의를 위하여 소청인의 직급 및 직위보다 상위직급 및 직위에 있는 자로 지정하여야 하고 상위직급이 없을 때에는 최소한 동일직급 및 직위에 있는 자로 지정하여야 한다.[66]

다. 조사보고서 작성

조사보고서란 당해 사건에 대한 소청심사의 기본적인 자료로서 담당조사관이 사건 내용을 검토 파악하여 작성하고 작성된 보고서는 위원회에 보고된다. **조사보고서는 원처분사유의 요지, 소청이유 요지, 사실관계 조사 순으로 작성하게 되는데** 그 요령은 당헤 사건의 내용에 따라 차이가 있으나 조사 순으로 이해하기 쉽게 작성하고 특히 사실관계 조사 부분은 심사에 기본이 되는 자료이므로 객관적으로 판단할 수 있도록 사건 경위를 요약정리하고 사안 쟁점별로 당사자의 주장과 이에 대한 검토 의견을 기술하는 방법으로 작성한다.

6. 소청사건의 심리

가. 위원회 진행절차

준비	① 사건 개요 설명	간사의 회부된 안건에 대한 개요 설명
	② 소청당사자 입실	담당직원의 안내에 따라 착석
확인	③ 개회 선언	위원장의 개회 선언
	④ 당사자 확인	소속, 직급 및 성명 등 인적사항을 확인
	⑤ 기피권행사 기회부여	위원장은 소청인에게 불리하다고 생각되는 위원의 기피권 행사 여부 확인
질의	⑥ 당사자 질문	주심위원의 사실관계, 법령적용, 정상관계 등 확인
	⑦ 보충 질문	다른 위원의 보충 질문
결심	⑧ 증인 신문	필요시 참석한 증인들에 대한 질의 답변
	⑨ 최후진술권 부여	위원장은 당사자에게 최후진술권 부여
	⑩ 당사자 퇴장	최후 진술기회 부여 후 퇴장명령
결정	⑪ 토의 및 합의	주심위원이 결정에 대한 의견 제시하고 다른 위원들이 각각 의견 제시한 다음 투표에 의해 과반수 이상에 의해 결정
	⑫ 폐회 선언	위원장의 폐회 선언

66) 행정안전부 소청심사위원회, 소청 및 고충심사 업무편람, 2010. 제127면 참조.

나. 위원의 기피 · 제척

개정 행정심판법은 위원에 대한 제척신청이나 기피신청 시 제출서류, 해당 위원회에 대한 의견수렴절차, 신청에 대한 결과통보절차 등을 신설하고 있다. 위원에 대한 제척신청이나 기피신청 시 제출서류, 해당 위원회에 대한 의견수렴절차, 신청에 대한 결과통보절차 등 제척·기피와 관련된 중요 사항이 대통령령에서 규정되고 있는데[67] 행정심판이 분쟁해결절차라는 점에서 절차적 정당성을 확보하기 위한 노력이 필요하므로, 청구인의 이해관계와 직결될 수 있는 제척·기피와 관련된 중요사항은 **법률에서 직접 규정하여 청구인의 절차적 권리를 강화**하였다.

【행정심판법】 제10조(위원의 제척·기피·회피)

① 위원회의 위원은 다음 각 호의 어느 하나에 해당하는 경우에는 그 사건의 심리 · 의결에서 **제척**(除斥)된다. 이 경우 제척결정은 위원회의 위원장이 **직권으로 또는 당사자의 신청에** 의하여 한다.
1. 위원 또는 그 배우자나 배우자이었던 사람이 사건의 당사자이거나 사건에 관하여 공동권리자 또는 의무자인 경우
2. 위원이 사건의 당사자와 친족이거나 친족이었던 경우
3. 위원이 사건에 관하여 증언이나 감정(鑑定)을 한 경우
4. 위원이 당사자의 대리인으로서 사건에 관여하거나 관여하였던 경우
5. 위원이 사건의 대상이 된 처분 또는 부작위에 관여한 경우

② **당사자**는 위원에게 공정한 심리 · 의결을 기대하기 어려운 사정이 있으면 위원장에게 **기피**신청을 할 수 있다.
③ 위원에 대한 제척신청이나 기피신청은 그 사유를 소명(疏明)한 문서로 하여야 한다.
④ 위원장은 제척신청이나 기피신청의 대상이 된 위원에게서 그에 대한 의견을 받을 수 있다.
⑤ 위원장은 제척신청이나 기피신청을 받으면 제척 또는 기피 여부에 대한 결정을 하고, 지체 없이 신청인에게 결정서 정본(正本)을 송달하여야 한다.
⑥ 위원회의 회의에 참석하는 **위원**이 제척사유 또는 기피사유에 해당되는 것을 알게 되었을 때에는 스스로 그 사건의 심리 · 의결에서 **회피**할 수 있다. 이 경우 회피하고자 하는 위원은 위원장에게 그 사유를 소명하여야 한다.
⑦ 사건의 심리 · 의결에 관한 사무에 관여하는 **위원 아닌 직원에게도** 제1항부터 제6항까지의 규정을 **준용한다**.

【행정심판법 시행령】 제12조(제척 · 기피 신청의 처리 등)

① 당사자가 법 제10조제3항에 따라 제척신청 또는 기피신청을 한 경우에는 신청한 날부터

67) 구 행정심판법 시행령 제10조 참조.

3일 이내에 그 원인과 소명(疏明) 방법을 서면으로 제출하여야 한다.
② 법 제10조제1항 및 제2항에 따른 제척신청 또는 기피신청의 대상이 된 위원은 위원장이 요구할 때에는 지체 없이 그에 대한 의견서를 위원장에게 제출하여야 한다.
③ 제척 또는 기피의 신청이 제1항 및 법 제10조제3항을 위반하였을 때에는 위원장은 결정으로 이를 각하(却下)한다.
④ 제척 또는 기피의 신청이 이유 없다고 인정될 때에는 위원장은 결정으로 이를 기각한다.
⑤ 제척 또는 기피의 신청이 이유 있다고 인정될 때에는 위원장은 결정으로 이를 인용(認容)하여야 한다.
⑥ 제3항부터 제5항까지의 결정에 대해서는 불복신청을 하지 못한다.

소청당사자는 위원회의 위원에게 국가공무원법 제14조 제2항의 규정에 의한 **위원 본인과 관계있는 사항이나 위원 본인과 친족 관계에 있거나 친족 관계에 있었던 자와 관계있는 사항**(제척사유) 또는 심사·결정의 공정을 기대하기 어려운 사정이 있는 경우에는 그 이유를 명시하여 그 위원의 기피를 신청할 수 있으며, 위원은 회피할 수 있다.[68] 위원회는 기피신청에 대하여 결정을 하여야 하는데 이때 **기피신청을 받은 위원은 그 '의결'에 참여하지 못한다.** 즉, 의사정족수에는 포함되나 의결정족수에는 산입하지 않는다.

다. 심사조서 작성

위원회는 소청사건의 심사절차에 대한 조서를 작성하여야 한다(소청절차규정 제12조). 심사조서는 결정서 원본과 함께 영구보존 대상이다.

라. 심사 대상

1) 요건심사(본안전 판단)

요건심사란 당해 심사청구가 그 제기요건을 갖추고 있는지 여부를 심사하는 것을 말하며, 심사 결과 제기요건을 갖추지 못한 경우에는 이를 '각하'한다.

가) 소청제기기간 준수 여부

소청제기기간은 처분사유설명서를 받은 경우에는 그 설명서를 받은 날로부터 기타 그 의사에 반하는 불리한 처분을 받은 경우에는 그 처분을 있은 것을 안 날로부

68) 소청절차규정 제9조.

터 각각 30일 이내에 청구하여야 한다(군인사법 시행령 제56조, 군무원인사법 시행령 제90조, 국가공무원법 제76조).

다만, 소청인에게 **책임없는 사유로 소청심사를 청구할 수 없는 경우**에는 그 기간은 소청제기기간에 산입하지 아니한다. 이에 대하여 군인사법에는 특별한 규정을 두고 있지 아니하나, 군무원인사법은 시행령 제90조에서 명시하고 있고 행정심판에 관한 기본법적 지위를 갖는 행정심판법에 규정되어 있으므로 군인의 경우에도 마찬가지로 적용된다고 본다. 이때 책임없는 사유의 여부는 위원회가 결정한다(소청절차규정 제3조).

【선결례】

소청인은 처분사유설명서를 받을 당시 수감 중이었고 인사계 직원에게 확인한 결과 소청은 본인만이 청구할 수 있다고 하여 포기하고 있다가 뒤늦게 소청을 제기하게 되었다고 주장하고 있는 바, 소청절차규정 제3조 규정에 의하면 소청인에게 책임없는 사유로 소청심사를 청구할 수 없는 기간은 소청제기 기간에 산입하지 않도록 하고 있으나, 이 건 소청인이 구치소 수감중이라도 본인이 작성하여 우편 또는 인편으로 소청을 제기하거나 대리인을 통해 소청을 제기할 수 있음에도 이를 잘못 알고 소청제기기간을 도과한 것으로 이는 단순한 법률의 무지에서 기인한 것으로 **'소청인에게 책임없는 사유'로 보기에는 어려우므로** 소청인의 청구를 각하한다(사건 01-225).[69]

소청제기기간을 도과한 경우에는 심사청구가 부적법하여 '각하'결정을 하게 되며 이와 같이 기간도과로 각하결정된 경우 행정소송을 제기하더라도 적법한 소청심사를 거치지 아니하여 각하판결을 받게 된다.

다만, 각하결정에 따른 행정심판의 결정에 획일적이고 일률적으로 각하판결로 귀결되는 것은 아니다. 다시 말해서 무효확인심판청구의 경우에 있어 소청제기기간 준수여부에 관하여 논란이 있지만, 군인 군무원인사소청심사위원회에서 특별행정심판절차로서 특별규정이 적용되어야 한다는 입장에서 무효확인을 구하는 소청 청구에 대하여 소청제기기간을 도과하였다는 이유로 각하 결정한 경우에는 행정소송에서는 적법으로 처리되고 본안에 관하여 판단 받아 볼 수 있다고 본다.[70]

---

69) 행정안전부 소청심사위원회, 소청 및 고충심사 업무편람, 2010. 제74면 참조.

70) 교원소청의 선결례는 무효확인을 구하는 소청의 경우에 소청제기기간에 제한을 두지 않고 있어 군인사 소청의 경우와는 다르다. 그러나 동일한 특별행정심판절차로서 통일을 기할 필요성이 있다고 본다.

대법원 판례

부작위위법확인의 소는 부작위상태가 계속되는 한 그 위법의 확인을 구할 이익이 있다고 보아야 하므로 **원칙적으로 제소기간의 제한을 받지 않는다. 그러나** 행정소송법 제38조 제2항이 제소기간을 규정한 같은 법 제20조를 부작위위법확인소송에 준용하고 있는 점에 비추어 보면, **행정심판 등 전심절차를 거친 경우에는 행정소송법 제20조가 정한 제소기간 내에 부작위위법확인의 소를 제기하여야** 한다(대법원 2009. 7. 23. 선고 2008두10560 판결).

2) 본안심사(본안 판단)

소청인에 대한 불이익처분이 위법 부당한 것인지에 대한 실체판단이 본안심사이다. 이때 소청심사위원회는 징계 또는 소청의 원인이 된 사실 이외의 사실에 대하여 심사하지 못하므로 **소청의 원인이 된 사실에 국한하여 본안심사를 하게 된다**(소청절차규정 제14조). 본안심사 단계에서 소청당사자는 증인의 소환·질문 또는 증거물 기타 심사자료의 제출명령을 신청하거나, **증거물 기타 심사자료를 제출할 수 있다.** 위원회는 이러한 신청에 대한 채택여부를 결정하여야 한다. 소청당사자가 신청한 증인의 여비는 신청인의 부담으로 한다. 위원회가 채택한 증인이 공무원인 경우에는 그 소속기관의 장은 그 증인에게 공가를 허가하여야 한다. 위원회는 소청사건이 결정된 후 신청이 있는 때에는 **제출된 증거물 기타 심사자료를 제출자에게 반환할 수 있다**(소청절차규정 제11조).

소청심사위원회가 소청 사건을 심사할 때에는 국회규칙, 대법원규칙, 헌법재판소규칙, 중앙선거관리위원회규칙 또는 대통령령으로 정하는 바에 따라 **소청인 또는 변호사가 선임된 경우에는 그 대리인에게 진술 기회**를 주어야 한다. 소청심사위원회에서 소청인 또는 그 대리인에게 진술 기회를 주지 아니한 결정은 **'무효'**로 한다(국가공무원법 제13조).[71]

또한 피소청인은 계속중인 사건의 처분을 취소하거나 변경한 경우가 종종 있다.

---

71)

【국가공무원법】 제13조(소청인의 진술권)

① 소청심사위원회가 소청 사건을 심사할 때에는 국회규칙, 대법원규칙, 헌법재판소규칙, 중앙선거관리위원회규칙 또는 대통령령으로 정하는 바에 따라 소청인 또는 제76조제1항 후단에 따른 대리인에게 진술 기회를 주어야 한다.
② 제1항에 따른 진술 기회를 주지 아니한 결정은 무효로 한다.

이러한 경우 소청인의 본안심사를 받을 필요가 없는 경우가 있다. 따라서 피소청인은 위원회에 계속중인 사건의 처분을 취소 또는 변경하거나 부작위에 대한 처분을 한 때에는 위원회와 소청인에게 그 사실을 통지하여야 하고 위원회는 그 사건의 심사여부를 결정하여야 한다(소청절차규정 제13조).

대법원 판례

원고는 2003. 7. 6. 혈중알콜농도 0.17%의 음주운전을 한 바가 있는 사실이 알려지지 아니한 상태에서 원고에 대한 진급심사가 이루어졌고, 원고는 2003. 9. 29. 대령진급예정자로 선발・공표된 이후인 2003. 12. 30. 피고는 군인사법 제31조와 법 시행령 제38조, 제39조 등을 관련 근거로 적고 '진급심사 전의 음주운전 사실 은폐로 부정선발'을 처분의 사유로 하여 원고를 진급낙천자로 결정하였고 원고는 이 사건 처분 이후 업무상 횡령 등으로 군사법원에 기소되어 2004. 9. 15. 벌금 5,000,000원을 선고받아 확정된 사안에서

군인사법 제31조 제2항은 진급예정자로 선발・공표된 자에게 '진급발령 전에 진급시킬 수 없는 사유'가 발생한 경우 진급권자로 하여금 진급예정자 명단에서 **'삭제할 수 있도록'** 규정하고 있을 뿐이므로, 비록 이 사건 처분 이후 원고가 업무상 횡령 등으로 군사법원에 기소되어 원고에게 법 제31조 제2항의 '진급발령 전에 진급시킬 수 없는 사유'가 발생하였다고 하더라도 **진급권자가 반드시 진급예정자 명단에서 원고를 삭제하여야 하는 것은 아니고,** 설령 진급권자가 위와 같은 이유로 진급예정자 명단에서 원고를 **삭제하는 내용의 새로운 처분을 한다고 하더라도 원고가 그 새로운 처분에 대하여 취소를 구하는 소를 제기하여 그 소송에서 처분이 취소될 수도 있는 것이므로** 이 사건 처분의 취소로 인하여 원고에게 회복할 수 있는 **'법률상 이익'이 없다거나 이 사건 '처분의 하자가 치유'되었다고 할 수는 없다**(대법원 2007. 9. 20. 선고 2005두13971 판결).

7. 결정 및 결정서 송부

가. 결정 방법

소청사건의 결정은 **재적위원 3분의 2이상의 출석과 출석위원 과반수**의 합의에 의하여 결정된다. 출석위원의 과반수에 이르지 못한 경우에는 그에 이르기까지 소청인에게 가장 불리한 의견에 차례로 유리한 의견을 더하여 가장 유리한 의견을 합의된 것으로 본다. 군무원의 경우 가부동수의 경우에는 소청인에게 유리한 의견을 합의된 것으로 본다.

이때 **소청심사위원회 회의에 출석한 위원 중 제척사유에 해당하는 위원, 기피결정을 받은 위원 또는 회피한 위원은 의사정족수에는 산입되나 의결정족수에는 산입되지 않는다.**[72]

징계처분에 대한 위원회의 소청심사 및 결정에 있어서 원 징계처분보다 중한 징계를 과하는 결정을 하지 못하도록 하는 **불이익변경금지의 원칙**이 적용된다(국가공무원법 제14조 제6항, 군인사법 제60조 제6항, 군무원인사법 제42조 제4항).

【군인사법 시행령】 제58조(소청심사위원회의 심사 및 결정)

② 소청심사위원회의 결정은 **재적위원 3분의 2이상의 출석과 출석위원 과반수의 합의에 의하되,** 의견이 나뉘어 출석위원 과반수에 이르지 못한 때에는 **출석위원 과반수에 달하기까지 소청인에게 가장 불리한 의견에 순차 유리한 의견을 더하여** 그 가장 유리한 의견을 합의된 의견으로 본다.

③ 소청심사위원회는 소청장을 접수한 날부터 특별한 사유가 없는 한 30일이내에 소청에 대한 결정을 하여야 한다.

④ 소청심사위원회의 결정은 다음과 같이 구분하며, 그 이유를 명시한 결정서로 하여야 한다.

1호 심사청구가 적법하지 아니한 것인 때에는 그 청구는 각하한다.

2호 심사청구가 이유없다고 인정할 때에는 그 청구는 기각한다.

3호 처분의 취소 또는 변경을 구하는 심사청구가 이유있다고 인정할 때에는 처분을 취소 또는 변경할 것을 처분부대 또는 기관의 장에게 명한다.[73)]

【군인사법 시행령】 제99조 (결정)

소청심사의 결정은 재적위원 3분의 2이상의 출석과 출석위원 과반수의 찬성으로 결정하되 **가부동수인 때에는 소청인에게 유리한** 의견을 합의된 의견으로 본다.

나. 결정서 작성

소청심사위원회의 결정은 그 이유를 명시한 결정서로 하여야 하며 소청당사자의 표시, 결정 주문, 결정이유의 개요, 증거의 판단 등의 사항을 명시하여 위원장과 출석한 위원이 서명날인하여야 한다(국가공무원법 제14조 제7항, 소청절차규정 제15조). 결정서 양식은 '소청업무처리지침' 별지 제21호 서식에 따른다.[74)]

---

72) 법제처, 2009. 1. 21. 회신, 08-0415 해석례.

73) 개정 행정심판법 제43조는 취소재결의 유형 중 처분청에게 취소를 명하는 재결(**처분취소명령재결**)을 **삭제하였다.** 취소재결은 법률적 효과로 형성력(-취소재결이 있으면 처분청이 별도로 취소를 하지 않더라도 처분 시로 소급하여 처분의 효력이 소멸되는 효과-)이 있다고 보는 것이 일반적인데, 취소명령재결은 행정청이 이를 이행하지 아니하면 당사자의 권리구제가 약화되는 결과가 발생할 소지가 있고, 취소명령재결에 대하여는 위원회의 직접처분권을 인정하기 어려워, 다시 행정심판을 제기하여 취소재결을 받아야 하는 불편이 있었다. 따라서 권리구제의 실효성이 낮아 거의 활용되지 않는 취소명령재결을 아예 삭제하였던 것이다. 결국 소청심사위원회의 재결권도 처분취소재결 및 처분변경재결권을 인정하여 당사자의 권리를 보다 간명하게 구제되어야 한다고 본다.

74)

다. 결정의 종류

1) 소청심사 결정서의 종류

가) 각 하

소청심사청구가 관련법령에 적합하지 아니하다고 판단되는 경우에는 본안심사를 하지 않고 각하결정을 한다. 각하사유에 해당하는 것으로 소청인자격이 없는 자가 소청을 제기한 경우, 소청의 대상이 될 수 없는 것을 심판청구를 한 경우, 소청제기기간을 도과한 경우가 있다. 그리고 군인이 행정안전부 인사소청심사위원회에 인사소청을 제기한 경우와 같이 소청관할을 위반한 경우가 있다. 관할위반의 경우 소청인의 권리구제 및 절차경제 차원에서 바로 각하할 것이 아니라 관할 소청심사위원회에 이송하고 소청인에게 통지하는 것이 바람직하다고 본다.

소청사례에서 각하되는 경우로는 다음과 같은 것이 일반적으로 제기된다.[75)]

================
결 정
================

사 건 - 보직해임처분 취소청구
소청인 성 명 : 홍 길 동 (주민등록번호)
소 속 : 제5보병사단
계 급 : 소 령
군 번 : 200000
주 소 : 경기 연천군 청산면 백의리 00
대리인 법무법인 00 담당변호사 유명한
피소청인 : 제5보병사단장

피소청인이 0년 0월 0일 소청인에게 한 보직해임처분에 대하여 소청인으로부터 이의 취소를 구하는 소청이 있었으므로 우리 위원회는 이를 심사하여 다음과 같이 결정한다.

주 문

피소청인이 2010. 2. 5. 소청인에게 한 보직해임처분은 이를 취소한다.

이 유

1. 원처분 사유 요지
2. 소청이유 요지
3. 증거 및 판단

75) 김영삼, "소청심사제도에 관한 고찰" - 판례와 결정례(인천광역시)를 중심으로 -, 인천법학논총; 난정 김영선 교수 정년기념호 제4집 제25면 이하 참조.

소청심사의 청구는 공무원이 징계 등 불리한 처분을 받은데 대한 불복의 청구로서 청구인이 공무원신분이어야 하는바, **특별채용거부처분취소청구사건에서 공무원 신분이 아닌 자**는 청구인 자격을 인정하지 않는다. 그리고 **타인에 대한 전보처분취소청구** 역시 소청심사청구는 본인에 대한 징계 등 불리한 처분에 한정되는 바, 다른 동료직원까지 포함하여 타부서로 전출을 해달라는 것은 심사대상이 될 수 없다. 또한 **근무성적평정조정**은 행정청의 알선 · 권고 · 견해표명 등과 같이 법적 효과를 발생하지 않는 행위나 행정청의 내부적 의사결정단계의 행위, 그리고 행정기관상호간의 행위는 대외적으로 법적 효력을 발휘하는 행정처분으로 볼 수 없는 바, 근무성적평정조정은 처분청의 내부적 의사결정단계의 행위로 보여지고, 공무원평정규칙에 근무성적평정 결과는 공개하지 않도록 되어 있으며, 소청인에 대한 구체적인 처분이 있다고 볼 수 없으므로 소청심사대상이 될 수 없다.

소청심사의 대상이 되기 위해서는 징계처분이나 불리한 처분 또는 부작위가 있고, 이에 불복하여 소청심사청구를 하여야 하므로 일반적 · 추상적 제도 개선을 요구하는 **봉급체계개선청구**와 같은 것 역시 소청심사의 대상이 될 수 없고 **부처간 인사교류 신청에 대한 탈락**은 '불이익한 처분'이 되기 위해서는 처분으로 공무원 개인의 기존 권익이 침해될 정도이여야 하므로 소청심사의 대상에 해당되지 않는다. 또한 정원감축에 따라 근무지정심사위원회의 선정절차에 따른 **근무지정발령 처분**은 이로 인하여 소청인에게 근무상태, 보수 등 어떠한 불이익도 받지 않으므로 소청심사대상이 될 수 없다.

나) 기 각

본안심사의 결과 심사청구가 이유 없다고 인정되는 경우에 원처분을 유지하는 결정이다.

다) 인 용

원처분의 취소 또는 변경을 구하는 심사청구가 이유 있다고 판단된 때에는 위원회는 원처분을 취소 또는 감경하는 결정을 할 수 있다. 국가공무원법 제14조는 청구취지별로 결정방법을 각각 정하고 있고 취소청구와 달리 무효확인 청구는 소청제기기간의 제한을 받지 않을 뿐만 아니라 전심절차를 거치지 않고 바로 행정소송을 제기할 수 있으므로 **취소 또는 변경을 구하는 형식으로 소청심사청구를 제기한 경우에는 원처분에 무효사유가 있다 하더라도 무효임을 확인하는 결정을 할 수 없다.**

처분의 효력유무 또는 존재여부에 대한 확인을 구하는 청구가 이유 있다고 인정할 때에는 처분의 효력유무 또는 존재여부를 확인하는 결정을 한다. **무효확인청구를 한 경우에는 원처분에 무효사유가 없는 한 취소사유가 있다 하더라도 인용결정을 할 수 없다.**

처분청의 위법 부당한 거부처분이나 부작위에 대하여 의무이행을 구하는 청구가 이유 있다고 인정된 경우에 청구에 따른 처분을 하거나 그 이행을 명하는 결정을 한다.

이상에서 살펴본 것을 종합하면 청구취지별 소청심사위원회이 결정종류및 그에 따른 주문의 형식은 아래 표1.과 표2.와 같이 요약될 수 있다.

<표 1. 청구취지별 결정의 종류> 76)

	각하	기각	취소 변경	무효 부존재확인	직접처분	이행명령
취소 변경 청구	○	○	○			
무효·부존재확인청구	○	○		○		
의무이행청구	○	○			○	○

<표 2. 결정의 유형에 따른 주문 예>

결정유형	단독 청구	병합 청구
각 하	이 청구를 각하한다.	이 청구를 **각** 각하한다.
기 각	이 청구를 기각한다.	이 청구를 **각** 기각한다.
취 소	피소청인이 2010. 2. 5. 소청인에게 한 보직해임처분은 이를 취소한다.	피소청인이 2010. 2. 5. 소청인 **김갑동, 김을동**에게 한 보직해임처분은 이를 **각** 기각한다.
변 경	피소청인 2010. 2. 5. 소청인에게 한 직위해제처분은 이를 강임처분으로 변경한다.	피소청인이 2010. 2. 5. 소청인 **김갑동**에게 한 보직해임처분은 **이를 취소하고**, 소청인 **김을동**에게 한 직위해제처분은 이를 강임처분으로 **변경한다**.
무효확인	피소청인이 2010. 2. 5. 소청인에게 한 장교임관무효처분은 무효임을 확인한다.	피소청인이 2010. 2. 5. 소청인 **김갑동, 김을동**에게 한 장교임관무효처분은 **각** 무효임을 확인한다.

76) 행정안전부 소청심사위원회, 소청 및 고충심사 업무편람, 2010. 제136면 참조.

2) 가 결 정

가결정 제도는 원처분이 취소될 개연성이 높은 경우 소청인의 후임자발령을 유예시킴으로써 불필요한 과원을 방지하고 소청인의 권익을 보다 강화하기 위하여 마련된 것이다. 파면, 해임 및 면직처분으로 인한 소청심사청구의 경우 소청심사위원회는 그 청구를 접수한 날로부터 5일 이내에 당해 사건의 최종결정이 있을 때까지 소청인 후임자의 보충발령을 유예하게 하는 가결정을 할 수 있고 이 경우 20일 이내에 최종결정을 하여야 한다(국가공무원법 제76조 제3항 및 제4항). 가결정은 위원회는 소청당사자의 참석없이 행할 수 있고 지체없이 가결정문을 소청당사자에게 송부하여야 한다.

【국가공무원법】 제76조(심사청구와 후임자 보충 발령)

① 제75조에 따른 처분사유 설명서를 받은 공무원이 그 처분에 불복할 때에는 그 설명서를 받은 날부터, 공무원이 제75조에서 정한 처분 외에 본인의 의사에 반한 불리한 처분을 받았을 때에는 **그 처분이 있은 것을 안 날부터 각각 30일 이내에 소청심사위원회에 이에 대한 심사를 청구할 수 있다.** 이 경우 변호사를 대리인으로 선임할 수 있다.

② 본인의 의사에 반하여 파면 또는 해임이나 제70조 제1항 제5호에 따른 면직처분을 하면 **그 처분을 한 날부터 40일 이내에는 후임자의 보충발령을 하지 못한다.** 다만, 인력 관리상 후임자를 보충하여야 할 불가피한 사유가 있고, 제3항에 따른 소청심사위원회의 임시결정이 없는 경우에는 국회사무총장, 법원행정처장, 헌법재판소사무처장, 중앙선거관리위원회사무총장 또는 행정안전부장관과 협의를 거쳐 후임자의 보충발령을 할 수 있다.

③ **소청심사위원회는** 제1항에 따른 소청심사청구가 파면 또는 해임이나 제70조 제1항 제5호에 따른 면직처분으로 인한 경우에는 그 청구를 접수한 날부터 5일 이내에 해당 사건의 최종 결정이 있을 때까지 **후임자의 보충발령을 유예하게 하는 임시결정을 할 수 있다.**

④ 제3항에 따라 소청심사위원회가 임시결정을 한 경우에는 임시결정을 한 날부터 20일 이내에 최종 결정을 하여야 하며 각 임용권자는 그 최종 결정이 있을 때까지 후임자를 보충발령하지 못한다.

【군무원인사법 시행령】 제103조 (후임자 보충의 유예)

① 소청심사가 청구된 때에는 **소청심사위원회**는 5일이내에 그 사건의 최종결정이 있을 때까지 **그 후임자의 보충발령을 유예하게 하는 결정을 할 수 있다.**

② 소청심사위원회에서 후임자 보충발령을 유예하도록 결정한 때에는 그 결정을 지체없이 임용권자 및 보직권자에게 통지하여야 한다.

③ 제2항의 통지를 받은 **임용권자 및 보직권자는 소청심사위원회의 결정에 따라 후임자의 보충을 유예하여야 한다.**

라. 결정의 효력

1) 기 속 력

소청심사위원회의 결정은 처분청을 기속한다(국가공무원법 제15조, 지방공무원법 제20조). 처분권자는 위원회의 결정에 따라 결정내용대로 이행하여야 하고, 이행하지 않으면 그로 인한 행정상 책임이 따르게 된다.

소청심사위원회의 취소명령 또는 변경명령 결정은 그에 따른 징계나 그 밖의 처분이 있을 때까지는 **종전에 행한 징계처분에 영향을 미치지 아니한다**(국가공무원법 제14조 제4항).

2) 불가쟁력

소청심사위원회의 결정에 대하여 불복하는 경우에는 그 결정서를 받은 날로부터 90일 이내에 처분행정청을 피고로 하여 관할 행정법원(지방법원 합의부)에 행정소송을 제기할 수 있으며, 이 기간이 지난 후에는 그 결정의 효력에 대하여 더 이상 다툴 수 없다.

3) 불가변력

소청심사위원회의 결정은 쟁송절차에 의하여 이루어진 판결의 성격을 가지므로 일단결정을 한 이상 위원회 및 처분행정청 등은 임의로 취소 또는 변경을 할 수 없다.

【군인사법 시행령】 제59조(위원회결정의 효력)

① 소청심사위원회가 전역・제적・휴직명령 기타 불리한 처분의 취소 또는 변경을 명한 때에는 처분부대 또는 기관의 장은 30일이내에 소청인을 현역에 복귀 또는 복직시키거나, 불리한 처분을 취소 또는 변경하여야 한다.

② 소청의 사유가 법에 적합하지 아니하거나 심사청구가 이유없다고 결정된 때에는 15일 이내에 소청인에게 통고함으로써 당해 소청은 종료한다.

【군무원인사법 시행령】 제102조 (결정의 효력)

소청심사위원회가 휴직・직위해제・강임 또는 면직처분의 취소를 결정한 때에는 처분권자는 그 결정의 통고를 받은 날부터 30일 이내에 소청의 원인이 된 처분을 취소하여야 한다.

마. 결정서 송부

소청심사위원회의 결정은 그 이유를 명시한 결정서로 하여야 하는데 이에는 **소청당사자의 표시, 결정주문, 결정이유의 개요, 증거의 판단** 순으로 작성된다. 위원장과 출석한 위원이 서명날인하여야 한다(소청절차규정 제15조).77)

결정서는 그 정본을 작성하여 지체없이 소청당사자에게 송부하여야 한다(소청절차규정 제16조 제1항). **결정서의 도달시기는 행정소송 제기기간과 재심요구기간의 기준일이 되므로** 결정서를 송부할 때에는 배달을 증명할 수 있는 방법으로 보내야 한다. **위원회의 과실없이 소청인에게 송달되지 아니한 경우에는 소청인의 주소, 성명과 결정주문을 관보에 게재하고,** 게재한 날로부터 2주일이 경과한 날에는 당해 소청인에게 도달된 것으로 본다(소청절차규정 제16조 제2항). 행정청은 송달하는 문서의 명칭, 송달받는 자의 성명 또는 명칭, 발송방법 및 발송연월일을 확인할 수 있는 기록을 보존하여야 한다(행정절차법 제14조 제5항). 소청실무에서는 접·발송대장을 따로 특

---

77)

【행정절차법】 제14조(송달)

① 송달은 우편·교부 또는 정보통신망 이용 등의 방법에 의하되 송달받을 자의 주소·거소·영업소·사무소 또는 전자우편주소로 한다. 다만, 송달받을 자가 동의하는 경우에는 그를 만나는 장소에서 송달할 수 있다.
② **'교부에 의한 송달'은 수령확인서를 받고 문서를 교부함으로써 행하며**, 송달하는 장소에서 송달받을 자를 만나지 못한 때에는 그 사무원·피용자 또는 동거자로서 사리를 분별할 지능이 있는 자에게 이를 교부할 수 있다.
③ **'정보통신망을 이용한 송달'은** 송달받을 자가 **동의하는 경우에 한한다**. 이 경우 송달받을 자는 송달받을 전자우편주소 등을 지정하여야 한다.
④ 다음 각호의 1에 해당하는 경우에는 송달받을 자가 알기 쉽도록 관보·공보·게시판·일간신문중 하나 이상에 공고하고 인터넷에도 공고하여야 한다.
1. 송달받을 자의 주소 등을 통상의 방법으로 확인할 수 없는 경우
2. 송달이 불가능한 경우
⑤ 행정청은 송달하는 문서의 명칭, 송달받는 자의 성명 또는 명칭, 발송방법 및 발송연월일을 확인할 수 있는 기록을 보존하여야 한다.

(송달의 효력발생)
① 송달은 다른 법령 등에 특별한 규정이 있는 경우를 제외하고는 **송달받을 자에게 도달됨으로써 그 효력이 발생한다**.
② 제14조 제3항의 규정에 의하여 정보통신망을 이용하여 전자문서로 송달하는 경우에는 송달받을 자가 지정한 컴퓨터 등에 입력된 때에 도달된 것으로 본다.
③ 제14조 제4항의 경우에는 다른 법령 등에 특별한 규정이 있는 경우를 제외하고는 공고일부터 14일이 경과한 때에 그 효력이 발생한다. 다만, 긴급히 시행하여야 할 특별한 사유가 있어 효력발생시기를 달리 정하여 공고한 경우에는 그에 의한다.

별히 구비하지 않고 배달증명 영수증을 사건기록에 편철하는 방법을 취하고 있다.

또한 감사원으로부터 파면요구를 받아 행한 파면처분에 대하여 제기한 소청사건은 해당 소청심사위원회 위원장 등이 그 결정이 있는 날로부터 15일 이내에 결정결과를 감사원에 통보하여야 한다(감사원법 제32조 제5항).

관련 판례

공군사관학교 운영위원회의 원고에 대한 교수 직급 해임 의결에 따라 피고 국방부장관은 2009. 6. 16. 보직해임권자로서 인사명령(장교) 제355호로 해임처분을 하자 피고 공군참모총장이 공군 인사명령(장교) 제235호로 위와 같은 내용의 해임명령을 하였고 위 인사명령 제235호는 공군사관학교의 **내부통신망인 인트라넷에 등록되어 있는 사실을 인정할 수 있으나**[78] **위 교육운영위원회의 의결통보서는 이 사건 해임처분의 처분서가 아니므로** 위 의결통보서를 송달하였다고 하더라도 이를 처분서가 송달된 것으로 볼 수 없고 원고가 정보통신망을 이용한 송달에 동의하였다거나 송달받을 전자우편주소 등을 지정하였다고 볼 만한 아무런 자료가 없는 이상, 공군사관학교의 인트라넷에 관련 문서를 등록하였다고 하여 이를 두고 적법한 송달이 이루어진 것으로 볼 수 없으며, 달리 원고에 대하여 이 사건 해임처분이 적법하게 송달되었다고 인정할 만한 증거가 없다.

따라서 **이 사건 해임처분은 처분의 상대방인 원고에 대하여 적법한 방법으로 송달된 것이 아니어서 그 효력발생요건을 갖추지 못하였으므로**, 원고의 나머지 주장에 대하여 살필 필요 없이 **무효라고 봄이 상당**하다(서울행정법원 2010. 7. 15. 선고 2010구합5813).

8. 소청결정에 대한 불복

가. 재심요구 및 처리절차

국가공무원법상 공무원에 대한 인사소청에 대하여 기존의 중앙인사관장기관장의 요구에 의한 재심은 **소청심사 결정의 독립성 확보 차원에서 '04. 6. 12. 폐지**되었고 다만 **감사원법**상 감사원의 요구에 의한 재심과 **군인사법**상 처분 부대 및 기관장의 요구에 의한 재심규정이 존재하고 있다.

감사원으로부터 파면요구를 받아 행한 파면처분에 대한 소청결정에 대하여 감사원은 1월 이내에 당해 소청심사위원회 등이 설치된 기관의 장을 거쳐 소청심사위원회 등에 재심을 요구할 수 있으며 그 기간동안 소청결정의 집행이 정지된다(감사원법 제32조 제6항 및 제7항).

---

78) 결국, 이 사건 해임처분은 대외적으로 공표되었다고 할 수 있어 처분이 부존재한다고 볼 수는 없다.

감사원의 재심요구는 그 이유를 명시한 재심요구서에 의하여야 한다. 재심요구서에 재심이유가 명시되어 있지 아니하거나, 기타 흠결이 있을 경우에는 재심요구서를 접수한 날부터 7일이내에 상당한 기간을 정하여 보정을 요구하여야 하며, 이 경우에 처리기간은 그 보정이 완료된 날부터 기산한다. 위원회는 재심요구서를 접수하면 즉시 그 부본을 첨부하여 소청인에게 송부하고 변명자료의 제출을 요구하여야 한다. 재심사건의 심사는 필요하다고 인정하는 경우를 제외하고는 당사자의 출석없이 결정할 수 있다. 위원회가 재심사건을 심사・결정하였을 때에는 재심결정서를 작성하여 그 정본을 지체없이 소청당사자 및 감사원장에게 송부하여야 한다. 이 경우 감사원장에게는 행정안전부를 경유하여 송부하여야 한다. 재심요구에 대한 결정은 특별한 사정이 있는 경우를 제외하고는 재심이 요구된 날부터 30일 이내에 하여야 한다(소청절차규정 제17조).

【군인사법 시행령】 제59조의2(재심)

① **처분 부대 또는 기관의 장은** 소청심사위원회의 결정이 부당하다고 인정할 때에는 그 **결정통지를 받은 날부터 10일이내에** 그 이유를 명시하여 **재심을 요구할 수 있으며**, 재심의 요구가 없을 때에는 그 기간이 경과함으로써 소청심사위원회의 결정이 확정된다.
② 제1항의 규정에 의한 재심요구에도 불구하고 소청심사위원회가 전과 동일한 결정을 하였을 때에는 그 결정이 소청심사위원회의 결정으로서 확정된다.

나. 항고소송

1) 서 설

소청인은 소청심사결정에 불복하는 경우에는 **원처분이나 부작위**를 대상으로 관할 행정법원 또는 지방법원본원 행정합의부에 행정소송을 제기할 수 있다.[79] 이때 피고는 다른 법률에 특별한 규정이 없는 한 그 처분 등을 한 행정청으로 한다(행정소송법 제13조 제1항). 단, **소청결정 자체의 고유한 위법을 주장하는 경우**에는 소청심사위원회의 결정을 대상하여 소송을 제기할 수 있다.[80]

2) 항고소송의 대상 - 원처분주의

행정소송법은 "행정청이 행하는 구체적 사실에 대한 법집행으로서의 공권력의 행

79) 국가공무원법 제16조.
80)

사 또는 그 거부와 그 밖에 이에 준하는 행정작용"과 함께 "행정심판에 대한 재결"을 "처분 등"이라 정의 내리고(제2조 제1호), 이러한 "처분 등"이 항고소송의 대상임을 밝히고 있다(제19조).

원처분과 이에 대한 재결은 모두 행정청의 공권력적 행위로서 다 같이 항고소송의 대상이 된다고 할 것인데, 아무런 제한 없이 양자를 모두 소송의 대상으로 허용할 경우 판결의 저촉이나 소송경제에 반하는 등의 문제가 발생한다.

행정소송법 제19조 단서, 제38조는 원처분과 아울러 재결에 대하여도 취소소송 등의 항고소송을 제기할 수 있도록 하면서 단지 재결에 대한 소송에 있어서는 원처분의 위법을 이유로 할 수 없고 재결 자체에 고유한 위법이 있음을 이유로 하는 경우에 한하도록 하여 **원처분주의**를 택하고 있다.[81]

일반적으로, '**재결 자체에 고유한 위법**'이 있다는 것은 원처분의 하자 유무와 관계없이 권한이 없는 기관이 재결하거나 행정심판위원회의 구성원에 결격자가 있다거나 정족수 흠결 등의 사유가 있는 경우 등과 같은 **주체**상의 하자, 행정심판법 제5장에 규정된 여러 절차규정에 위반되어 재결이 이루어진 경우인 **절차**상의 하자, 서면에 의하지 아니한 재결, 행정심판법 제35조 제2항 소정의 주요 기재사항이 누락되거나 이유기재에 중대한 흠이 있는 재결서에 의한 재결과 같은 **형식**상의 하자, 재결 자체에 고유한 **내용**상의 하자가 있는 것을 의미한다.

각하재결의 경우 즉, 심판청구가 부적법하지 않음에도 실체심리를 하지 아니한 채 각하한 재결에 대하여는 실체심리를 받을 권리를 박탈당한 것으로, 원처분에 없는 재결에 고유한 하자이므로 재결취소소송의 대상이 된다.[82]

대법원 판례

항고소송은 **원칙적으로 당해 처분을 대상으로 하나,** 당해 처분에 대한 **재결 자체에 고유한 주체, 절차, 형식 또는 내용상의 위법이 있는 경우에 한하여 그 재결을 대상으로 할 수 있다**고 해석되므로, 징계혐의자에 대한 <u>감봉 1월의 징계처분을 견책으로 변경한 소청결정</u> 중 그를 견책에 처한 조치는 <u>재량권의 남용 또는 일탈로서 위법하다는 사유는 소청**결정 자체에 고유한 위법을 주장하는 것으로 볼 수 없어**</u> 소청결정의 취소<u>사유가 될 수 없다</u>(대법원 1993. 8. 24. 선고 93누5673 판결).

81) 대법원 1989. 1. 24. 선고 88누3314, ; 원처분주의에 상반되는 것으로 '**재결주의**'가 있는데 이는 원처분에 대하여는 제소 자체를 허용하지 아니하고 **재결에 대하여서만 제소를 인정하되** 재결 자체의 위법뿐만 아니라 원처분의 위법도 재결취소소송에서 주장할 수 있도록 하는 것이다.

82) 한양석, 행정소송법 제19조 소정의 '재결 자체의 고유한 위법'의 의미 및 적법한 행정심판청구를 각하한 재결은 재결 자체에 고유한 위법이 있는 경우에 해당하는지 여부(적극), 대법원판례해설 38호 (2001 하

대법원 판례

행정소송법 제19조에서 말하는 '재결 자체에 고유한 위법'이란 그 재결 자체에 주체, 절차, 형식 또는 내용상의 위법이 있는 경우를 의미하는데, **행정심판청구가 부적법하지 않음에도 각하한 재결**은 심판청구인의 실체심리를 받을 권리를 박탈한 것으로서 **원처분에 없는 고유한 하자가 있는 경우에 해당하고**, 따라서 위 재결은 취소소송의 대상이 된다(대법원 2001. 7. 27. 선고 99두2970 판결).

통상 재결청이 심판청구를 부적법하다고 각하한 경우에는 그 재결이 본안에 관하여 판단한 것이 아니므로 그 취소소송에서 원처분의 위법을 다툴 여지가 없으며 따라서 행정소송법 제19조 단서를 적용함에 있어 구태여 각하재결을 제외할 필요가 없으므로 각하재결에도 적용된다.

따라서 각하하지 않아야 할 사안을 각하한 경우에는 재결청이 잘못 판단하여 실질적인 행정구제의 기회를 박탈한 결과가 될 것이므로 이는 재결 자체에 고유한 내용상의 위법이 있다고 보아야 한다.

기각재결의 경우 원처분에 있는 하자와 동일한 하자를 주장하는 것이 될 것이기 때문에 기각재결에 대하여는 원칙적으로 내용상의 위법을 주장하여 제소할 수 없다.

인용재결의 경우 이 경우에는 행정심판청구인은 인용재결에 대하여는 불복할 이유도, 그 취소 등을 구할 소의 이익도 없다. 다만, 이른바 **복효적 행정행위**, 특히 제3자를 수반하는 행정행위에 대한 행정심판청구에 있어서 그 청구를 인용하는 재결로 인하여 비로소 피해를 입은 행정처분의 상대방이나 제3자는 그 인용재결에 대하여 다툴 필요가 있고, 그 인용재결은 원처분과 내용을 달리 하는 것이므로 인용재결의 취소를 구하는 것은 원처분에는 없는 재결에 고유한 하자를 주장하는 셈이어서 당연히 항고소송의 대상이 된다고 할 것이다.[83)]

행정소송의 제기기간은 **결정서 정본을 송달받은 날로부터 90일 이내**에 제기하여야 하며, 위 기간은 **불변기간**이다.

소청인이 행정소송을 제기한 경우에는 당해 소청사건의 피소청인은 소송을 제기

반기) (2002.06) 제765면 이하 참조.

83) 대법원 1995. 6. 13. 선고 94누15592 판결, ;1997. 9. 12. 선고 96누14661 판결, ;1997. 12. 23. 선고 96누10911 판결, ;1998. 4. 24. 선고 97누17131 판결 등 참조.

한 사실 및 그 결과를 소청심사위원회에 통보하여야 한다(소청절차규정 제18조).

9. 사건기록 보관관리

소청사건기록은 일체를 순서대로 정리하여 편철 후 일련번호를 부여하여 소청심사위원회 자체 또는 문서보관 소관 부서에 이관하여 보관한다. **결정서** 원본과 심사조서는 정부기록보존소에 이관하여 **영구**히 보관하고, **소청사건처리부는 20년**, 나머지 **소청관계서류는 5년**간 보관한다.

소청심사위원회는 소청사건이 결정된 후 당사자의 신청이 있는 때에는 소청당사자가 제출한 증거물 기타 심사자료를 제출자에게 반환할 수 있다(소청절차규정 제11조 제5항).

10. 소청서류 열람 및 복사

가. 소청당사자

소청당사자는 소청관련 서류에 대하여 열람 및 복사를 요청할 수 있으며,특별한 사정이 있는 경우를 제외하고는 위원회는 이에 응하여야 한다. 이 경우 **조사보고서 및 심사조서는 제외된다**(소청업무처리지침 제22조 제1항).

나. 이해관계인

인사소청과 이해관계가 있는 제3자가 소청관련 서류의 열람 등을 요구하는 경우 위원회는 결정을 거쳐 특정 부분에 대하여 열람 또는 복사하게 할 수 있다. 단, 소청당사자가 공개를 거부하는 경우, 공개로 인하여 타인의 명예나 인격, 사생활의 비밀 또는 생활이 평온이나 공익이 침해될 우려가 있는 경우, 공개될 경우 소청사건의 공정한 심사에 지장을 초래한다고 인정할 만한 상당한 이유가 있는 경우, 필요 이상으로 대량, 다수의 열람이나 공개를 요구하는 경우 등에는 이를 제한하거나 거부할 수 있다(소청업무처리지침 제22조 제2항).

다. 법 원

심사조서를 소송의 증거로 제출하여 달라는 법관의 요청이 있는 때에는 심사조서 사본을 당해 법원에 제출할 수 있다(소청업무처리지침 제22조 제3항).

제 6 절 소청당사자와 관계인

1. 개 설

행정심판에 있어 당사자라 함은 자기의 이름으로 권리보호를 요구하는 청구인과 이를 요구받는 피청구인을 의미한다. 행정심판법은 행정심판절차를 청구인과 피청구인 **대립관계로 각기 대등한 지위에서 공격 방어방법을 제출**하여 심리를 진행하는 **대심구조**를 택하고 있다. 소청심사 역시 소청인과 피소청인 사이의 대심구조로 편성하고 구술심리의 기회를 보장하는 등 행정심판에 준사법적 절차를 준용하도록 규정한 헌법 제107조 제3항의 취지를 구체화하고 있다.

소송당사자와 권리주체와의 관계에 대하여 행정소송 분야에서 학설은 크게 두 가지로 대립하고 있는데 이러한 논의 역시 행정심판의 경우에도 심판당사자 인정에 있어 크게 다르지 않다고 본다. 이에 대하여 행정소송의 경우 소송당사자는 실체법상 권리주체와 반드시 일치할 필요가 없다는 것이며 그 소송의 성격에 따라 결정될 문제이므로 원칙과 예외를 구별할 수 없는 것이라는 견해와 원래 소송이란 당사자간의 권리 또는 법률관계에 관한 분쟁의 해결을 목적으로 하는 것이므로 소송당사자는 반드시 실체법상 권리주체가 되어야 하는 것이 원칙이나 행정소송은 반드시 당사자간의 권리보호만을 목적으로 하는 것이 아니고 행정법규의 적정한 운용을 확보할 것을 목적으로 하는 특수성도 있으므로 예외적으로 그 실제상 편의를 위하여 권리주체가 아닌 자를 소송당사자로 인정하는 것이라는 견해가 대립하고 있다. 이에 관하여 **판례는 후자의 입장에 있다.**[84)]

소청은 원칙적으로 소청인의 불이익한 처분을 제거하기 위한 권리구제적 측면뿐만 아니라 인사행정법규의 적정한 운용을 확보하는 측면도 함께 가지고 있으므로 원칙적으로 소청인은 실체법상 권리주체와 일치할 것이지만 예외적으로 권리주체가 아닌 자도 소청인으로 인정할 수 있는 여지가 있다고 본다. 이러한 논의는 주로 사관생도 또는 사관후보생, 부사관후보생이 소청인이 될 수 있는지와 관련하여 논의되는

---

84) 대법원 1961. 10. 5. 선고 4292행상63, ;대법원 1979. 9. 24. 선고 78누405, ; 대법원 1986. 9. 23. 선고 85누953. 참조.

데 이에 관한 자세한 논의는 후에 서술하기로 한다.

당사자는 개별적으로 특정될 수 있도록 명확하게 표시되어야 하므로 당사자란의 기재, 청구취지 등에 의하여 당사자로 해석되는 자가 잘못 표시된 경우에는 당사자의 **동일성이 유지되는 범위내에서 그 표시의 정정이 허용**된다.

2. 당사자능력

소청인이란 징계처분 등 기타 신분상 불리한 처분이나 부작위 등에 불복하여 소청심사를 청구하는 자를 의미한다. 이때 인사소청의 당사자 즉 **소청인 될 수 있는 일반적 능력을 당사자능력이라 한다.** 당사자능력은 심판청구의 내용, 성질과 관계없이 일반적으로 판정되는 능력 또는 자격이라는 점에서 심판청구의 내용을 이루는 특정한 처분 또는 부작위에 대하여 본안재결을 받기에 적합한 자격을 의미하는 당사자적격과는 다르다.

가. 청구인이 될 수 있는 자

행정심판법에 상세한 규정이 없다. 군인사법과 군무원인사법은 인사소청의 경우에도 **인사상의 불이익한 처분을 받은 자**로 하고 있을 뿐, 구체적인 규정은 없다. 따라서 민법 기타 법률에 의하여 권리능력을 가진 경우 원칙적으로 소청인이 될 수 있다.

1) 금치산자 등

금치산자, 한정치산자, 미성년자는 법정대리인에 의하여서만 행정심판을 제기할 있으나 미성년자와 한정치산자가 독립하여 법률행위를 할 수 있는 경우에는 예외적으로 가능하다.

> **【민 법】**
>
> 제4조 (성년기) **만20세**로 성년이 된다.
>
> 제5조 (미성년자의 능력)
>
> ① 미성년자가 법률행위를 함에는 법정대리인의 동의를 얻어야 한다. 그러나 권리만을 얻거나 의무만을 면하는 행위는 그러하지 아니하다.
>
> 제9조 (한정치산의 선고) **심신이 박약하거나 재산의 낭비로 자기나 가족의 생활을 궁박하게 할 염려가 있는 자**에 대하여는 법원은 본인, 배우자, 4촌이내의 친족, 후견인 또는 검사의 청구에 의하여 한정치산을 선고하여야 한다.

> 第12조 (금치산의 선고) **심신상실의 상태에 있는 자**에 대하여는 법원은 第9조에 규정한 자의 청구에 의하여 금치산을 선고하여야 한다.

2) 사망한 자

행정심판을 청구하기 전에 사망한 자는 **당사자능력이 없어 부적법 각하**사유에 해당한다. 그러나 행정심판청구의 대상이 상속 또는 승계되는 경우에는 상속인 그 밖의 법령에 의하여 심판청구의 대상인 처분에 관계되는 권리 또는 이익을 승계한 자의 이름으로 행정심판을 청구하여야 한다. 행정심판 청구 후 청구인이 사망한 경우에도 마찬가지이다. 상속과 승계가 가능한 경우에는 위 관계자가 청구인의 지위를 승계한다(행정심판법 제16조 제1항).

3) 실종된 자

실종된 자라 하여도 실종선고의 효력이 발생하기 전에는 당사자능력이 상실되지 아니하므로 행정심판이 적법하다.

> **【민 법】**
>
> 第27조 (실종의 선고)
>
> ① 부재자의 생사가 **5년간** 분명하지 아니한 때에는 법원은 이해관계인이나 검사의 청구에 의하여 실종선고를 하여야 한다.
>
> ② 전지에 임한 자, 침몰한 선박중에 있던 자, 추락한 항공기중에 있던 자 기타 사망의 원인이 될 위난을 당한 자의 생사가 **전쟁종지후 또는 선박의 침몰, 항공기의 추락 기타 위난이 종료한 후 1년간** 분명하지 아니한 때에도 제1항과 같다.
>
> 第28조 (실종선고의 효과) 실종선고를 받은 자는 **전조의 기간이 만료한 때**에 사망한 것으로 본다.

나. 피청구인이 될 수 있는 자

1) 의 의

행정심판의 피청구인 즉, 피소청인이 될 수 있는 자는 행정청이며 여기에는 법령에 의하여 행정권한을 위임 또는 위탁받은 행정기관, 공공단체 및 그 기관과 사인도 포함된다(행정심판법 제17조 제1항). 인사소청에서 피청구인은 행정청이 된다. 여기서 **'행정청'이란** 국가 또는 공공단체를 위하여 의사를 구성하고 이를 외부에 표시 집행할 지위에 있는 국가 또는 공공단체의 기관을 의미하는데 이는 행정기관내부에 부속되어 있어서 그 기관의 의사결정을 조력하거나 외부에 그 의사를 집행하는데 불과한 보조기관과 구별되며 행정관서와도 구별된다. 차관, 차장, 실·국장, 과장과 같은 보조기관은 행정청에 해당하지 않지만 행정관청의 권한을 위임받은 경우에는 그 범위안에서 행정청이 된다(정부조직법 제6조 제1항 및 제2항).

감사기관과 공기업 및 공공시설기관도 그 권한의 범위내에서는 행정에 관한 국가의사를 결정 표시할 수 있으므로 그 한도 안에서는 행정청의 지위를 가진다. 그러므로 한국토지공사가 공공용지의취득및손실보상에관한특례법에 의하여 실시하는 이주대책대상자 선정행위, 근로복지공단이 산업재해보상보험법에 의하여 부과하는 산업재해보상보험료 부과행위 등에 있어 이들은 각각 행정청의 지위를 가지게 된다.

법원이나 국회도 직원에 대한 징계, 법원장의 법무사인가 등과 같은 행정처분을 하는 범위안에서는 행정청에 포함된다. 공공단체에는 지방자치단체뿐만 아니라, 공공조합과 영조물법인(정부투자기관, 지방공사, 지방공단)도 공권력이 부여되어 있는 한, 그 공권력을 행사하는 경우에는 행정청이 된다. 그러나 영조물법인과 공공조합이 직원의 임면과 같은 공권력의 행사라고 볼 수 없는 때에는 행정청의 지위를 가지지 못한다.[85]

[행정심판법] 제17조(피청구인의 적격 및 경정)

① 행정심판은 **처분을 한 행정청**(의무이행심판의 경우에는 청구인의 신청을 받은 행정청)을 피청구인으로 하여 청구하여야 한다. 다만, 심판청구의 대상과 관계되는 권한이 다른 행정청에 승계된 경우에는 **권한을 승계한 행정청**을 피청구인으로 하여야 한다.

2) 권한위임에 의한 행정청

행정의 신속성과 효율성을 도모하기 위하여 법률에 의하여 권한이 위임된 경우가 많다. **'권한의 위임'**이란 행정청이 그 권한의 일부를 하급행정청 또는 보조기관이나 지방자치단체의 장에게 이전하여 수임자의 권한으로 행정권한을 행사하도록 하는 것을 의미한다. 권한의 위임에 있어서는 그 권한의 위임의 범위 내에서 당해 권한은 수임기관의 것이 되며 수임기관은 그것을 자기 명의로 권한을 행사하고 그에 따른

85) 국무총리행정심판위원회, 법제처, 행정심판의 이론과 실제, 2002. 제62면 참조.

책임을 지게 된다.

'권한의 위탁'이란 행정청이 그 권한의 일부를 그의 보조기관이나 하급행정청이 아닌 **다른** 행정기관의 장에게 이전하여 수탁자의 권한으로 행정권한을 행사하도록 하는 것을 말한다. **'민간위탁'**이란 행정사무의 수탁자가 행정기관이 아닌 공공법인, 단체 또는 그 기관이나 사인이 되는 것을 말한다. 이러한 권한의 위탁을 받은 경우에도 마찬가지로 권한의 위탁을 받은 자가 행정심판의 피청구인이 된다.

대법원 판례

행정권한의 위임은 행정관청이 법률에 따라 특정한 권한을 다른 행정관청에 이전하여 수임관청의 권한으로 행사하도록 하는 것이어서 권한의 법적인 귀속을 변경하는 것이므로 법률이 위임을 허용하고 있는 경우에 한하여 인정된다 할 것이고, 이에 반하여 **'행정권한의 내부위임'은 법률이 위임을 허용하고 있지 아니한 경우에도 행정관청의 내부적인 사무처리의 편의를 도모하기 위하여 그의 보조기관 또는 하급행정관청으로 하여금 그의 권한을 사실상 행사하게 하는 것이므로**, 권한위임의 경우에는 수임관청이 자기의 이름으로 그 권한행사를 할 수 있지만 내부위임의 경우에는 **수임관청은 '위임관청의 이름으로만' 그 권한을 행사할 수 있을 뿐** 자기의 이름으로는 그 권한을 행사할 수 없다(대법원 1995. 11. 28. 선고 94누6475 판결).

그러나 **'행정권한의 대리 또는 대행'**의 경우에는 권한이 이전되는 것이 아니므로 권한을 대리하거나 대행하는 기관이 아닌 원래의 행정청이 피청구인의 지위를 가진다.

3) 권한을 승계한 행정청

행정심판에 있어서 행정청은 당해 처분 또는 부작위를 한 행정청을 가리키는 것이 원칙이나, 처분이나 부작위가 있은 뒤에 그 처분이나 부작위에 관한 권한이 다른 행정청에 승계된 경우에는 **새로이 그 권한을 '승계받은 행정청'이 처분청 또는 부작위청이 된다.**

심판청구가 제기된 후에 권한이 다른 행정청에 승계된 때에는 당사자의 신청 또는 직권에 의하여 결정으로써 피청구인을 경정한다. 피청구인의 경정결정을 한 때에는 그 결정정본을 당사자와 새로운 피청구인에게 송달하여야 한다. 이 경우 종전의 피청구인에 대한 심판청구는 취하되고 새로운 피청구인에 대한 심판청구가 처음에 심판청구를 한 때에 제기된 것으로 본다.

다. 당사자능력흠결의 효과

당사자능력이 없는 자가 제기한 심판청구는 **부적법한 심판청구로 각하되어야** 한다.

행정심판절차가 진행중에 당사자능력을 상실한 경우에도 마찬가지이다. 그러나 심판청구의 제기 당시에는 당사자능력이 없었으나 행정심판절차가 진행중에 당사자능력을 갖춘 때에는 당사자능력에 관한 하자가 치유되었다고 할 것이므로 당사자능력 결여를 이유로 부적법 각하해서는 안 된다.

피청구인을 행정청이 아닌 보조기관이나 행정관서 또는 담당공무원 개인으로 하는 경우가 있는데 이는 청구인의 무지로 인하여 발생하는 사소한 문제이므로 당해 **소청심사위원회가 석명권을 행사하여** 청구인에게 보정을 요구하여야 할 것이다.

3. 당사자적격

가. 의 의

심판청구의 내용을 이루는 특정한 처분 및 부작위와 관련하여 당사자로서 행정심판을 수행하고 본안재결을 구할 수 있는 자격을 의미한다. 이러한 당사자적격은 **무의미한 행정심판을 배제하기 위하여 인정되는 제도로써** 일반적으로 쟁송의 대상인 법률관계의 확정에 대하여 법률상 대립되는 이해관계를 가지는 자에 대하여 인정되는바 행정심판에서는 심판청구의 대상인 특정 처분 또는 부작위의 존부나 위법 부당여부의 확정에 관하여 법률상 이해관계를 가지는 자가 정당한 당사자가 된다할 것이다.

【행정심판법】 제13조(청구인적격)

① 취소심판은 처분의 취소 또는 변경을 구할 <u>법률상 이익이 있는 자</u>가 청구할 수 있다. 처분의 효과가 기간의 경과, 처분의 집행, 그 밖의 사유로 소멸된 뒤에도 그 처분의 취소로 회복되는 법률상 이익이 있는 자의 경우에도 또한 같다.
② 무효등확인심판은 처분의 효력 유무 또는 존재 여부의 확인을 구할 법률상 이익이 있는 자가 청구할 수 있다.
③ 의무이행심판은 처분을 신청한 자로서 행정청의 거부처분 또는 부작위에 대하여 일정한 처분을 구할 법률상 이익이 있는 자가 청구할 수 있다.

나. 청구인적격

1) 취소심판의 청구인적격

당사자적격에 관련한 법률상 이익에 관한 우리의 공법학계의 통설과 주류적 판례의 입장은 '법률상의 이익'이 있는지의 여부를 실정법의 해석에서 구하고 있다. 즉 처분의 근거법규가 오로지 공익만을 보호하려는 취지인가 아니면 관계인의 개인적 이익도 함께 보호하려는 취지를 담고 있는 것인지 여하에 따라, 전자인 경우에는 단순한 반사적 이익의 침해에 불과하여 원고적격을 인정하지 않지만, 후자인 경우에는 법이 보호하는 이익의 침해에 해당한다고 하여 원고적격을 승인하고 있는 방식을 취하고 있다.

가) 학설의 소개

취소심판은 처분의 취소 또는 변경을 구할 법률상 이익이 있는 자가 제기할 있다. 그리고 기간의 경과, 처분의 집행 기타의 사유로 인하여 처분의 효력이 이미 소멸된 경우에도 그 처분의 취소로 인하여 회복되는 법률상 이익이 있는 경우에는 취소심판을 제기할 수 있다(행정심판법 제13조 제1항). 이 경우 법률상 이익에 대하여는 여러 가지 학설의 대립이 있다.86)

즉, 취소소송의 목적이나 기능을 국민이 가지고 있는 권리의 향유를 방해하고 있는 행정처분의 효력을 배제하여 권리를 회복시켜 주는 데에 있는 것으로 보는 **권리구제설,** 행정관청이 국민의 이익을 보호할 것을 정하고 있는 강행법규에 위반하여 국민에게 불이익을 주었을 경우에는 비록 그 이익이 권리라고는 할 수 없는 경우에도 항소소송의 제기가 가능하나, 소위 반사적 이익의 침해에 대하여서는 소를 제기할 수 없다는 **법률상 보호되는 이익구제설,** 소송을 권리 내지는 실체법상의 보호법익을 보장하기 위한 수단으로 보는 것이 아니라 실생활상의 구체적인 분쟁을 법률의 해석 적용에 의하여 해결하는 절차로 이해하는 견해로서, 법률이 보호하는 이익이거나 사실상의 이익이거나를 구별하지 아니하고 널리 소의 이익이 있다는 **보호할 가치있는 이익구제설,** 취소소송의 목적을 개인의 이익 보호만을 위한 수단으로 보지 아니하고 행정처분의 적법성보장에 두는 입장으로서, 객관적 소송이념을 지도이념으로 하는 **적법성 보장설**이 논의되고 그밖에도 **분쟁관리권설, 소송법적이익설**이 있다.87)

행정소송법의 문언해석상 일응 법률상 보호되는 이익구제설이 타당하다고 할 것이나, 이 설은 기본적으로 침해행정으로부터 자유와 재산을 보호하기 위해 형성된 학설로서 급부행정의 전개에 의하여 사인의 생활영역에의 개입이 복잡다양화한 오늘

86) 이에 관한 자세한 내용은 국무총리행정심판위원회, 법제처, 행정심판의 이론과 실제, 2002, 제211면 이하를 참조하기 바란다.

87) 이에 관한 자세한 내용은 이영진, "행정소송법상 취소소송의 원고적격', 고시계 1995. 12. 제90면 이하 참조하기 바란다.

날의 행정하에서의 국민의 권리구제에 충분히 대응할 수 없는 측면이 있어서 법률상의 쟁송에 해당함에도 불구하고 적절한 사법구제를 받을 수 없다고 하는 불합리한 결과가 초래될 수 있다.

따라서, 법률상 보호되는 이익구제설의 입장에서도 '법의 보호하는 이익'의 의미를 단지 개별법조에 의하여 보호되는 개별법익만으로 협소하게 관념할 것이 아니라 **그 법률의 취지, 목적규정 등의 여타의 규정은 물론이거니와 당해 법률과 관련이 있는 다른 법률의 규정까지도 종합적으로 고려하여** 판단하여야 할 것이다.[88]

나) 판례의 동향

행정작용은 사법상의 법률행위와는 달라 일반적으로 광범한 사회적 작용과 영향력을 갖는 그의 복효적 성격으로 말미암아 처분의 직접 상대방이 아닌 제3자가 불이익을 받는 경우가 발생하는바 이에 대하여 전원합의체판결로 "처분의 직접 상대방은 물론 제3자라 하더라도 그 처분의 취소·변경에 관하여 법률상의 이익이 있으면 특별한 사정이 없는 한 원고로서 소를 제기할 수 있다"라고 판시하여 이와 배치되는 종전의 판결을 변경하고 원고적격의 범위를 '법률상 이익을 가지는 자' 또는 '처분의 상대방 이외의 제3자'에게까지 확대하였다.[89]

우리 판례는 여기서 한 걸음 더 나아가 일부 경업자소송 또는 인인소송 등에서 기존업자 또는 인근 주민들의 이익을 반사적·사실적 이익이 아니라 법에 의하여 보호되는 이익이라고 판시하여 종래 견지해 오던 법률상 보호되는 이익구제설의 입장에서 한 걸음 더 나아가 **원고적격의 인정범위를 확대하고 있다.**[90]

대법원 판례 **- 상수원보호구역변경처분등취소 -**

행정처분의 취소를 구할 법률상의 이익이 있는 경우에는 원고적격이 인정된다 할 것이나, 여기서 말하는 **법률상의 이익은 당해 처분의 근거 법률에 의하여 보호되는 직접적이고 구체적인 이익이 있는 경우를 말하고,** 다만 공익보호의 결과로 국민일반이 공통적으로 가지는 추상적, 평균적, 일반적인 이익과 같이 간접적이나 사실적, 경제적 이해관계를 가지는데 불과한 경우

88) 더 나아가 헌법상의 기본권규정 및 비례원칙 등의 헌법원리까지도 당사자적격 유무 판정에 고려하여야 한다는 학설이 제기되고 있다(이영진, 공설화장장설치결정처분의 취소, 고시계 제469호, 제150면 이하 참조). 그러나 법원의 실무는 여기까지 당사자적격을 확대한 예는 없다.

89) 대법원 1965. 9. 23. 65누88 전원합의체 판결.

90) 대법원 1974. 4. 9. 74누173 판결, ;대법원 1987. 9. 22. 85누985 판결, ;대법원 1975. 7. 22. 75누12 판결, ;대법원 1982. 7. 27. 81누271 판결, ;대법원 1983. 7. 12. 83누58 판결,

는 여기에 포함되지 않는다.

도시계획법 제12조 제3항의 위임에 따라 제정된 도시계획시설기준에관한규칙 제125조 제1항이 화장장의 구조 및 설치에 관하여는 매장및묘지등에관한법률이 정하는 바에 의한다고 규정하고 있어, **도시계획의 내용이 화장장의 설치에 관한 것일 때에는 도시계획법 제12조 뿐만 아니라 매장및묘지등에관한법률 및 동 시행령 역시 그 근거 법률이 된다**고 보아야 할 것이므로, 매장및묘지등에관한법률시행령 제4조 제2호가 공설화장장은 20호 이상의 인가가 밀집한 지역, 학교 또는 공중이 수시 집합하는 시설 또는 장소로 부터 1,000미터 이상 떨어진 곳에 설치하도록 제한을 가하고, 같은 시행령 제9조가 국민보건상 위해를 끼칠 우려가 있는 지역, 도시계획법 제17조의 규정에 의한 주거지역, 상업지역, 공업지역 및 녹지지역안의 풍치지구 등에의 공설화장장 설치를 금지함에 의하여 보호되는 부근 주민들의 이익은 위 도시계획결정처분의 근거 법률에 의하여 보호되는 법률상 이익이라 할 것이다(대법원 1995.9.26. 선고 94누14544 판결).

대법원은 종래 원고적격을 판정함에 있어 **당해 법률의 규정취지**만을 고려하던 방식에서 한결음 **더 나아가 관련 법규의 취지까지 고려**하고 있다.

2) 무효 등 확인청구의 청구인적격

무효 등 확인심판청구는 처분의 효력유무 또는 존재여부에 대한 확인을 구할 법률상 이익이 있는 자가 제기할 수 있다(행정심판법 제13조 제2항). 즉, 처분 또는 법률관계의 효력유무 또는 존재여부에 관한 당사자 사이의 분쟁을 재결에 의하여 확정하는 것이 법적 지위의 안정 내지 위험을 제거하는데 적당한 것을 의미한다.

확인을 구할 법률상 이익은 그 대상이 현재의 권리 또는 법률관계에 관하여 당사자 사이의 분쟁이 있고 그로 인하여 권리 또는 법률상의 지위에 불안 내지 위험이 재결로써 그 법률관계의 존부를 확정하는 것이 불안을 제거하는데 필요하고도 적정한 경우에 인정된다. 따라서 확인을 받더라도 법률상 이익에 아무런 변동이 없으면 확인청구를 할 청구인적격이 없다.

【행정심판 선결례】

청구인의 국가유공자로서의 권리는 국가유공자예우등에관한법률 제9조에 의하여 등록신청이 한 날이 속하는 달로부터 발생하게 되어 있어 국가유공자등록일자가 언제로 되어 있는지와는 상관이 없다할 것이어서 청구인은 이 건 무효확인을 구할 법률상 이익이 없다(국행심 1997. 4. 11. 의결, 97-906 국가유공자등록일자결정무효확인및보상금지급이행청구).

또한 확인청구의 내용은 권리관계에 관하여 즉시 확정을 받아야 할 법률상 이익 내지 필요가 있는 경우에 한하여 허용되는 것이며 법률적 관련이 없는 단순한 사실적, 경제적 관련이 있다는 사유만으로는 확인의 이익이 없다. 다만, 사실관계로 인하여 법률관계가 형성되어 있는 경우에는 이를 바로 잡기 위한 확인청구를 구하는 경우에는 법률상 이익이 존재한다.[91]

3) 의무이행청구의 청구인적격

의무이행심판청구는 행정청의 처분이나 부작위에 대하여 일정한 처분을 구할 법률상 이익이 있는 자가 제기할 수 있다(행정심판법 제13조 제3항). 그러므로 당해 거부처분이나 부작위에 대응하는 일정한 처분의 이행을 구할 법률상 이익이 없는 자는 의무이행심판의 청구인이 될 수 없다. 즉, 청구인으로서는 행정청의 일정한 행위를 신청할 법규상, 조리상 권리가 존재하여야 한다.

또한 의무이행심판의 청구가 적법한 청구가 되기 위하여는 일단 행정청의 거부처분이나 부작위가 있어야 한다. 행정청의 부작위가 성립하기 위하여는 청구인에게 일정한 행정청의 행위를 신청할 권리와 이 신청에 의하여 행정청이 상당한 기간내에 처분이라고 볼 만한 아무런 조치가 없어야 한다. 행정청이 일정한 행위를 하게 되면 처분에 대하여 다툴 수 있음은 별론으로 당해 부작위에 대하여는 의무이행심판을 청구할 수 없다.

대법원 판례

부작위위법확인의 소는 행정청이 국민의 법규상 또는 조리상의 권리에 기한 신청에 대하여 상당한 기간내에 그 신청을 인용하는 적극적 처분 또는 각하하거나 기각하는 등의 소극적 처분을 하여야 할 법률상의 응답의무가 있음에도 불구하고 이를 하지 아니하는 경우, **사실심의 구두변론 종결시**를 기준으로 그 부작위의 위법을 확인함으로써 행정청의 응답을 신속하게 하여 부작위 내지 무응답이라고 하는 소극적인 위법상태를 제거하는 것을 목적으로 하는 것이므로, 소제기의 전후를 통하여 판결시까지 행정청이 그 신청에 대하여 적극 또는 소극의 처분을 함으로써 **부작위상태가 해소된 때에는 소의 이익을 상실하게 되어 당해 소는 각하**를 면할 수가 없는 것이다(대법원 1990. 9. 25. 선고 89누4758 판결).

91) 잘못된 상속신고에 의하여 진정한 상속인이 아닌 사람 명의로 주세법 제14조에 의하여 주류제조면허변경처분이 된 경우에는 진정한 상속인으로서는 정당한 상속신고를 하기 위하여 그 처분의 무효확인을 구할 법률상 이익이 있다(대법원 1985. 7. 23. 선고 84누419 판결).

다. 청구인적격흠결의 효과

청구인적격이 없는 심판청구에 대하여는 이를 부적법한 청구로 각하하여야 한다. 심판절차가 진행중인 때에 청구인적격을 상실한 경우에도 마찬가지이다. 그러나 피청구인적격의 문제는 주로 청구인이 피청구인을 잘못 지정한 경우가 대부분이고 행정심판법은 이러한 경우 피청구인을 경정할 수 있도록 하고 있다(동법 제17조 제2항).[92]

【소청심사 결정례】

비록 소청인의 사망으로 당사자적격이 상실되었다고 하더라도 소청인이 소청을 제기할 당시에는 소청심사 청구 당사자로서의 정당한 권리가 있었고 소청당사자인 공무원의 신분은 일신전속적인 것으로서 여타 권리와 같이 이전되거나 상속될 수 없기 때문에 본 사건의 원처분인 해임처분에 대한 본안심리 결과 발생할 수 있는 신분회복과 같은 기본적인 권리회복은 불가능하다 하더라도 **해임처분부터 사망시까지 약 1개월여 기간상당의 보수청구권 등 부수적 이익의 회복이 가능하다면** 소청심사절차를 진행시킬 **법률상 이익이 있다**고 보이므로 소청절차를 계속 수행하기로 결정함(행정안전부 소청심사사건 06-35)

대법원 판례

원고가 허위공문서작성, 동행사죄로 징역 8월에 2년간 집행유예의 판결을 받아 그 판결이 원심변론종결전인 1983.12.27에 확정됨으로서 지방공무원법 제61조의 규정에 따라 같은 날자로 당연퇴직 되었고, 당연퇴직이나 파면이 퇴직급여에 관한 불이익의 점에 있어서 동일하다 하더라도 그 점은 피고가 원고에 대한 징계의 종류로 파면을 택한 것이 재량권 남용이 되는 여부의 판단을 좌우할 사유가 될 수 없을 뿐 아니라, 원고가 그와 같은 당연퇴직으로 공무원으로서의 신분을 상실하였다 하여도 **최소한도 이사건 파면처분이 있은 때(1983.5.9)로부터 지방공무원법 제61조의 규정에 의한 당연퇴직일자(1983.12.27)까지의 기간에 있어서는** 파면처분의 취소를 구하여 그로 인해 박탈당한 이익의 **회복을 구할 소의 이익이 있다**(대법원 1985. 6. 25. 선고 85누39 판결).

---

92)

【행정심판법】 제17조

② 청구인이 피청구인을 잘못 지정한 경우에는 위원회는 직권으로 또는 당사자의 신청에 의하여 결정으로써 피청구인을 경정(更正)할 수 있다.
③ 위원회는 제2항에 따라 피청구인을 경정하는 결정을 하면 결정서 정본을 당사자(종전의 피청구인과 새로운 피청구인을 포함한다. 이하 제6항에서 같다)에게 송달하여야 한다.
④ 제2항에 따른 결정이 있으면 종전의 피청구인에 대한 심판청구는 취하되고 종전의 피청구인에 대한 행정심판이 청구된 때에 새로운 피청구인에 대한 행정심판이 청구된 것으로 본다.
⑤ 위원회는 행정심판이 청구된 후에 제1항 단서의 사유가 발생하면 직권으로 또는 당사자의 신청에 의하여 결정으로써 피청구인을 경정한다. 이 경우에는 제3항과 제4항을 준용한다.
⑥ 당사자는 제2항 또는 제5항에 따른 위원회의 결정에 대하여 결정서 정본을 받은 날부터 7일 이내에 위원회에 이의신청을 할 수 있다.

헌법재판소 결정

서울 중구청장 인증의 1994. 5. 30.자 제적등본의 기재에 의하면 청구인은 이 사건 심판절차 계속중인 1994. 1. 18. **사망**한 사실이 인정된다. 그러나 형벌에 관한 법률 또는 법률조항에 대한 헌법재판소법 제68조 제2항의 헌법소원이 인용되는 경우에는 위헌으로 결정된 법률 또는 법률조항에 근거한 유죄의 확정판결에 대하여 **재심을 청구할 수 있고** 이 재심에 있어서는 형사소송법의 규정을 준용하도록 되어 있는바(헌법재판소법 제75조 제6항, 제47조 제3항· 제4항) 형사소송법은 유죄의 선고를 받은 자가 사망한 경우에는 그 배우자, 직계친족 또는 형제자매가 재심의 청구를 할 수 있으며 검사도 유죄판결을 선고받은 자의 이익을 위하여 재심의 청구를 할 수 있도록 규정하고 있다(형사소송법 제424조).

따라서 **청구인이 비록 이 사건 심판절차 계속중에 사망하였다고 하더라도 헌법재판소가 이 사건 헌법소원을 인용한다면 그 배우자나 직계친족등은 확정된 유죄판결에 대하여 위와 같이 재심을 청구할 수 있는 것이므로 권리보호의 이익이 있다**고 할 것이어서 동인의 심판청구에 대하여 이를 각하하거나 심판종료선언을 할 것은 아니다(헌법재판소 1997. 1. 16. 89헌마240 결정).

라. 청구인의 지위승계

소청심사청구권은 공무원의 신분에 따른 **일신전속적인 권리**이므로 소청인이 사망한 경우에는 상속인 등에게 소청인의 지위가 상속되지 아니하는 것이 원칙이나 **소청심사를 청구한 후 소청인이 사망한 경우에는 소청심사의 실익이 인정되면 소청절차를 계속 진행할 수 있다.**[93]

【행정심판법】 제16조(청구인의 지위승계)

① 청구인이 **사망한 경우**에는 상속인이나 그 밖에 법령에 따라 심판청구의 대상에 관계되는 권리나 이익을 승계한 자가 청구인의 지위를 승계한다.
② 법인인 청구인이 **합병(合併)에 따라 소멸하였을 때**에는 합병 후 존속하는 법인이나 합병에 따라 설립된 법인이 청구인의 지위를 승계한다.
③ 제1항과 제2항에 따라 청구인의 지위를 승계한 자는 위원회에 서면으로 그 사유를 신고하여야 한다. 이 경우 신고서에는 사망 등에 의한 권리·이익의 승계 또는 합병 사실을 증명하는 서면을 함께 제출하여야 한다.
④ 제1항 또는 제2항의 경우에 제3항에 따른 신고가 있을 때까지 사망자나 합병 전의 법인에 대하여 한 통지 또는 그 밖의 행위가 청구인의 지위를 승계한 자에게 도달하면 지위를 승계한 자에 대한 통지 또는 그 밖의 행위로서의 효력이 있다.
⑤ **심판청구의 대상과 관계되는 권리나 이익을 양수한 자**는 위원회의 허가를 받아 청구인의 지위를 승계할 수 있다.

93) 행정안전부 소청심사위원회, 소청 및 고충심사 업무편람, 2010. 제62면.

마. 피소청인

피소청은 소속 공무원에 대하여 징계처분 그 밖에 그 의사에 반하여 불리한 **처분을 기관의 장 또는 부작위청**으로서 소청인의 소청제기에 따라 당사자로서 소청심사에 대응하는 상대방을 말하고, 임용권이 위임되어 있는 경우에는 **위임받은 자가 그 위임된 임용권의 범위 내에서 피소청인이 된다.**

바. 대 리 인

1) 소청인의 대리인

소청인은 대리인을 선임하여 소청사건에 관한 행위를 하게 할 수 있다. 변호사를 선임한 경우 위임장을 소청심사위원회에 제출하여야 한다(국가공무원법 제76조 제2항, 소청절차규정 제4조). 대리인은 소청인을 위하여 대리권의 범위내에서 자기의 의사결정과 명의로 심사청구에 관한 행위를 하게 된다. 대리인의 행위는 직접 소청인에게 귀속된다. 소청인이 변호사를 대리인으로 선임한 경우에도 소청인은 심사위원회에 참석할 수 있다(소청업무처리지침 제12조 제2항).

【행정심판법】 제18조(대리인의 선임)

① 청구인은 법정대리인 외에 다음 각 호의 어느 하나에 해당하는 자를 대리인으로 선임할 수 있다.
  1. 청구인의 배우자, 청구인 또는 배우자의 4촌 이내의 혈족
  2. 청구인이 법인이거나 제14조에 따른 청구인 능력이 있는 법인이 아닌 사단 또는 재단인 경우 그 소속 임직원
  3. 변호사
  4. 다른 법률에 따라 심판청구를 대리할 수 있는 자
  5. 그 밖에 위원회의 허가를 받은 자

③ 제1항과 제2항에 따른 대리인에 관하여는 제15조 제3항 및 제5항을 준용한다.

2) 피소청인의 대리인

피소청인은 관계공무원, 변호사 또는 위원회의 허가를 얻은 자를 대리인으로 지정 또는 선임하여 소청에 응하게 할 수 있으며 이 경우에 대리인 지정서나 위임장을 소청심사기일 이전에 당해 소청심사위원회에 제출하여야 한다(행정심판법 제18조 제2항 및 소청절차규정 제4조).

피소청인의 대리인은 심사회에서 공정하고 책임있는 답변을 하여야 하므로 특별한 사유가 없는 한 소청인보다 상위계급(경찰공무원의 경우 경위 이상)인 자를 지정하여야 한다(소청업무처리지침 제12조 제3항).

사. 선정대표자

1) 의 의

다수의 청구인이 공동으로 심판청구를 하는 때에는 청구인 중 3인 이하의 대표자를 선정할 수 있다. 즉, **'선정대표자'라함은** 공동의 이해관계 있는 여러 사람이 공공심판청구인이 되어 심판을 하여야 할 경우에, 그 가운데서 모두를 위해 심판을 수행할 당사자로 선출된 자를 의미한다. 이는 다수당사자심판을 단순화하는 방편으로 민사소송법상의 선정당사자제도와 유사하다. 선정대표자와 선정자의 관계는 **대리관계가 아니라,** 선정자의 심판수행권을 선정대표자에게 신탁시킨 **신탁관계**이다.[94]

청구인이 대표자를 선정하지 아니한 경우에 위원회가 필요하다고 인정할 때에는 청구인에게 대표자를 선정할 것을 권고할 수 있다. 선정대표자는 각기 다른 청구인을 위하여 그 사건에 관한 모든 행위를 할 수 있다. 다만, 심판청구의 취하는 다른 청구인의 동의를 얻어야 하며, 이 경우 동의를 얻은 사실은 이를 서면으로 소명하여야 한다. 선정대표자가 선정된 때에는 다른 청구인들은 그 선정대표자를 통하여서만 그 사건에 관한 행위를 할 수 있다. 대표자를 선정한 청구인들은 필요하다고 인정할 때에는 선정대표자를 해임하거나 변경할 수 있다. 이 경우 청구인들은 그 사실을 지체없이 위원회에 통지하여야 한다.

2) 요 건

가) 공동심판을 할 여러 사람이 있을 것

소청인측이든 피소청인측이든 무방하다. 2인 이상이면 족하다. 민법상의 조합과 같이 그 자체에 당사자능력이 인정되지 않는 경우에도 선정대표자제도를 활용할 수 있다.

---

94) 이시윤, 신민사소송법, 박영사, 2002. 제626면 참조.

나) 공동의 이해관계가 있을 것

공동의 이해관계 즉 공동의 이익은 권리 · 의무가 공통하거나 같은 원인으로 생긴 관계에 있을 때에는 이에 해당하여 공통의 대표자인 선정대표자를 선정할 수 있다. 그러나 단지 권리 · 의무가 같은 종류이며 그 발생원인이 같은 종류인 관계에 지나지 않은 경우에는 공격방어방법이 공통적일 것을 기대하기 어려워 선정대표자제도를 허용할 수 없다고 본다. 공동의 이해관계가 있는지의 여부는 당사자의 심판청구원인사실에 의해 판정된다.

다) 공동의 이해관계 있는 사람 중에서 선정될 것

선정대표자제도는 산정대표자가 공동의 이해관계 있는 사람 중에서 선정되어야 하기 때문에 공동의 이해관계 이외 자의 경우에는 대리나 위임을 통해 심판이 이루어져야 하므로 이 제도를 활용할 수 없다.

3) 선정의 효과

선정대표자는 선정자의 대리인이 아니고 당사자본인이므로 심판수행에 있어 그 심판에 관한 일체의 심판행위를 할 수 있다. 심판계속 후에 선정을 하면 선정자는 당연히 심판에서 탈퇴한다. 선정대표자가 받은 심판결과는 선정자에 대하여도 그 효력이 미친다.

【행정심판법】 제15조(선정대표자)

① 여러 명의 청구인이 공동으로 심판청구를 할 때에는 청구인들 중에서 3명 이하의 선정대표자를 선정할 수 있다.
② 청구인들이 제1항에 따라 선정대표자를 선정하지 아니한 경우에 위원회는 필요하다고 인정하면 청구인들에게 선정대표자를 선정할 것을 권고할 수 있다.
③ 선정대표자는 다른 청구인들을 위하여 그 사건에 관한 모든 행위를 할 수 있다. 다만, 심판청구를 취하하려면 다른 청구인들의 동의를 받아야 하며, 이 경우 동의받은 사실을 서면으로 소명하여야 한다.
④ 선정대표자가 선정되면 다른 청구인들은 그 선정대표자를 통해서만 그 사건에 관한 행위를 할 수 있다.
⑤ 선정대표자를 선정한 청구인들은 필요하다고 인정하면 선정대표자를 해임하거나 변경할 수 있다. 이 경우 청구인들은 그 사실을 지체 없이 위원회에 서면으로 알려야 한다.

아. 참 고 인

소청의 결과에 대하여 이해관계가 있는 제3자 또는 행정청은 위원회의 허가를 받아 심사절차에 참가할 수 있고 위원회도 필요하다고 인정되는 경우에는 참가할 것을 요구할 수 있다(행정심판법 제20조 제1항, 제21조 제1항).

자. 증 인

위원회는 소청심사를 함에 있어 필요한 경우에는 증인을 출석시킬 수 있다. 이 경우에는 일당과 여비를 지급하여야 하고 징계요구기관이나 관계기관 소속공무원을 증인으로 소환할 경우에는 당해 기관의 장은 이에 응하여야 한다(국가공무원법 제12조 제2항, 제3항, 제5항).

소청당사자도 증인의 소환을 신청할 수 있다. 이때 증인채택여부는 위원회에서 결정하고 채택된 증인의 여비는 신청인의 부담으로 한다. 채택된 증인이 공무원인 경우에는 그 소속기관의 장은 채택된 증인에게 공가를 허가하여야 한다(소청절차규정 제11조). 소청당사자가 증인의 소환 · 질문 또는 증거물 기타 심사자료의 제출명령을 요청하는 때에는 심사회의 개최 3일전까지 신청하여야 한다. 위원회는 신청된 증인의 채택여부를 결정하여 소청당사자에게 통보하여야 한다(소청업무처리지침 제14조).

대법원 판례 - 교원임용의무불이행위법확인 등 -

상근강사제도는 교육법이나 교육공무원법상의 명문의 근거를 둔 교원의 임용방법은 아니고, **국가공무원법상의 이른바 시보임용제도에 의하여 조건부로 채용된 공무원에 해당한다**고 보아야 할 것인바, 상근강사로 채용된 자는 그 시보임용 내지 조건부채용시 장차 소정의 조건부 채용기간중 근무성적이 양호하여 적격판정을 받는 것을 조건으로, 특별한 사정이 없는 한 위 기간의 종료와 더불어 바로 정규공무원으로 임용될 권리를 취득하고 임용권자는 이에 대응하는 법률상의 의무를 부담한다고 할 것이며, 또한 교육공무원법상 시보임용에 의한 교육공무원으로서의 지위를 누리면서 그 조건부채용기간 중 면직 등의 처분이나 징계처분과 같은 신분상의 불이익한 처분을 받거나 또는 시보임용기간 종료 후 정규공무원 내지 교원으로서의 임용이 거부된 경우에는 행정소송 제기를 위한 전치절차로서의 교육공무원법 제52조에 의한 소청심사청구권도 가진다고 보아야 한다.

행정청의 부작위상태를 소멸시키는 행정청으로부터의 일정한 처분, 특히 거부처분이 있었다고 하기 위하여는 그 처분을 위한 의사결정이 ① **어떠한 형식으로든 행정청의 권한 있는 자에 의하여 외부로 표시되고** 그 신청이 ② **거부 내지 각하되었다는 취지가 신청자에게 오해없이 정확하게 전달**되어 이를 알 수 있는 상태에 놓여진 경우에 한하는 것인바, 이 사건에서 상근강사로서의 직무를 마친 원고가 정규교원에 임용하여 줄 것을 요청하는 내용으로 문교부에 낸 **탄원서**를 이첩받은 피고가 이에 대한 **민원서류처리 결과통보**의 형식으로 원고에 대한 상근강사 근무성적평가 결과는 특별한 결격사유가 없었으나 인사위원회에서 임용동의가 부결됨으로써 정규교원으로 임용하지 못한다는 내용의 설명을 담은 서신을 보냈다면, 피고가 위 민원서류처리결과통보라는 형식으로 그 임용거절의 의사를 명백히 함으로써 적어도 **이 무렵에는 원고에 대하여 거부처분을 하였다**고 보아야 한다(대법원 1990. 9. 25. 선고 89누4758 판결).

제2장 소청대상

제1절 서 설

1. 소청대상의 의의

가. 관련 규정

군인의 경우 위법·부당한 전역·제적 및 휴직 등 그 의사에 반한 불리한 처분이고 징계처분은 제외되고 군무원의 경우는 위법·부당한 휴직, 직위해제, 강임 또는 면직처분을 받은 경우에 이에 대한 심사를 청구할 수 있다고 각 규정하고 있다(군인사법 제50조, 군무원인사법 제34조).

나. 징계처분의 소청대상 여부

군인·군무원의 경우 징계처분에 대하여는 별도의 '징계항고위원회'의 심사라는 특별행정심판절차를 거치도록 하고 이를 인사소청의 심사 대상에서 제외하고 있다. 국가공무원인 경우 이와 달리 징계처분에 대하여도 소청제기가 가능하다.[1)]

군인사법은 국가공무원법과 달리 1962. 1. 20. 법률 제1006호로 제정된 이래 줄곧 징계항고제도와 인사소청제도가 병존하고 있었으므로 원심징계처분에 대한 불복은 징계항고제도에 의해 그 밖의 불이익처분에 대하여는 인사소청을 통하여 해결해 왔다. **명문의 규정이 없어 징계의 경우 징계항고를 거쳐 또다시 인사소청을 제기할 수 있는지가 문제되었다.** 이에 대하여 군의 특수성에 따른 지휘, 명령계통의 체계화 필요성이 일반공무원과는 달리 강하게 요구되는 점, 절차 경제적 측면에서 이중의 행정심판을 거치는 하는 것은 바람직스럽지 못하다는 점, 군인, 군무원의 경우 국가공무원과 달리 특별히 징계항고제도가 존재하고 있는 점 등을 고려해 볼 때 징계처분은 인사소청심사의 대상에서 배제된다고 본다.

군인도 일반 공무원과 마찬가지로 특별권력관계에 있는 국가공무원임에도 불구하

---

1) 행정기관 소속 공무원의 **징계처분,** 그 밖에 그 의사에 반하는 불리한 처분이나 부작위에 대한 소청을 심사·결정하게 하기 위하여 행정안전부에 소청심사위원회를 둔다(국가공무원법 제9조 제1항).

고 징계처분에 대하여 소청을 제기할 수 없고 차상급부대 또는 기관의 장에게 항고할 수 있도록 명문의 규정을 두고 있다. 이는 소청심사기구의 본래적 의의인 독립성과 합의성에 비중을 두기 보다는 군의 특수성에 따른 지휘, 명령계통의 체계화를 우선적으로 도모하기 위한 것이다.[2)]

군인에 대한 징계처분을 인사소청에서 배제한 것은 1994. 12. 31. 법률 제39호로 군인사법 제50조에 대한 전문개정을 통해 **인사소청의 대상에서 징계처분이 제외된다고 하여 입법적으로 정리하였다.**

반면에 군무원인사법의 경우 인사소청의 대상에서 군인사법과 같이 징계처분을 제외한다는 명문의 규정이 없어 여전히 논란의 여지가 남겨져 있다. 그러나, 군무원인사법은 '휴직·직위해제·강임·면직·징계, 그 밖에 군무원 본인의 의사에 반하는 불리한 처분에 관한 행정소송은 제35조에 따른 군무원인사소청심사위원회 또는 제43조에 따른 군무원항고심사위원회의 심사·결정을 거치지 아니하면 제기할 수 없다'고 규정하고 있는바 이들 규정들을 유기적 종합적으로 해석해 볼 때, 군무원항고심사위원회는 징계처분에 대한 항고를 심사하기 위한 것으로서 **비록 군인사법과 같이 징계처분을 제외한다는 명문의 규정이 없다하더라고 별도로 군무원인사소청심사위원회의 심사대상에 포함시킬 필요가 없다**고 본다.[3)]

종 류	효 력	
	신분/복무	보수/퇴직급여
파 면	- 공무원관계로부터 배제 - 5년간 공무원임용결격사유에 해당	- 퇴직급여 및 퇴직수당의 1/2감액 단, 재직기간 5년 미만인 자의 퇴직급여는 1/4만 감액 - 보수 : 일할 계산
해 임	- 공무원관계로부터 배제 - 3년간 공무원임용결격사유에 해당	- 퇴직급여 및 퇴직수당 전액지급원칙 단, 금품·향응수수, 공금횡·유용으로 해임된 경우 퇴직급여 및 퇴직수당을 1/4감액하되, 5년 미만 재직자의 퇴직급여는 1/8만 감액 - 보수 : 일할 계산

2) 임천영, "군인의 신분보장제 개선방안에 관한 연구", 경희대학교 석사학위논문, 2006. 제98면 참조.
3) 행정안전부 소청심사위원회, 소청 및 고충심사 업무편람, 2010. 제27면~제29면 참조.

종 류	효 력	
	신분/복무	보수/퇴직급여
강 등 ('09. 4. 1.발생한 징계사유 처분가능)	- 1계급 아래로 직급을 내림 고위공무원 ⇒ 3급 연구관 · 지도관 ⇒ 연구사 · 지도사 외무공무원 ⇒ 1등급 강등 교육공무원 ⇒ 하위 직위에 임명 - 신분은 보유하나 3개월간 직무에 종사하지 못함 - 승진관련 제한 : 18개월 + 3개월 승진소요최저연수에서 제외 승진임용제한기간에 해당 특별승진임용제한기간에 해당 경찰공무원은 승진임용제한기간 동안 승진시험 응시자격도 제한됨 - 경력평정에서 3개월 제외 - 연가일수 공제 당해연도 잔여연가일수에서 3개월 공제함	- 승급제한 : 18개월 + 3개월 - 초임호봉 및 호봉 재획정시 승급제한기간을 감하여 획정 - 봉급의 2/3감액(연봉적용자는 연봉월액의 7할 감액 - 각종 수당지급 제한 정근수당 1회 미지급(7월 또는 12월) 대우공무원수당, 정근수당 가산금, 가족수당 가산금, 자녀학비 보조수당, 주택수당 등은 2/3감액, 모범공무원 수당 미지급 - 퇴직수당 지급을 위한 재직기간 계산시 3개월의 1/2을 감함
정 직 (1~3월)	- 신분은 보유하나 처분기간(1~3개월)동안 직무에 종사하지 못함 - 승진관련 제한 : 18개월 + 정직처분기간 승진소요최저연수에서 제외 승진임용제한기간에 해당 특별승진임용제한기간에 해당 - 경력평정에서 처분기간(1~3개월) 제외 - 연가일수 공제 당해 연도의 잔여연가일수에서 정직일수를 공제함	- 승급제한 : 18개월 + 정직처분 기간 - 초임호봉 및 호봉 재획정시 승급제한기간 감하여 획정 - 봉급 감액 및 각종 수당지급 제한은 강등과 동일 퇴직수당 지급을 위한 재직기간 계산시 정직처분 기간의 1/2을 감함
감 봉 (1~3월)	- 승진관련제한 : 12개월 + 감봉처분가간 - 승진소요최저연수에서 제외 - 승진임용제한기간에 해당 - 특별승진임용제한기간에 해당	- 승급제한 : 12개월 + 감봉처분 기간 - 초임호봉 및 호봉 재획정시 승급제한기간을 감하여 획정 - 봉급의 1/3감액(연봉적용자는 연봉월액의 4할감액) - 각종수당지급 제한

종 류	효 력	
	신분/복무	보수/퇴직급여
		정근수당 1회 미지급(7월 또는 12월) 대우공무원수당, 정근수당 가산금, 가족수당 가산금, 자녀학비보조수당, 주택수당 등은 1/3 감액 모범공무원수당 미지급
견 책	- 승진관련 제한 : 6개월 승진소요최저연수에서 제외 승진임용제한기간에 해당 특별승진임용제한기간에 해당	- 승급제한 : 6개월 - 초임호봉 및 호봉 재획정시 승급제한기간을 감하여 획정 - 각종 수당지급 제한 정근수당 1회 미지급(7월 또는 12월) 모범공무원수당 미지급

2. 구체적인 문제점

가. 군무원인사법상 범위

군무원의 경우 위법·부당한 휴직, 직위해제, 강임 또는 면직처분이 그 대상이 된다고 규정하고 있다. 그런데 국가공무원법은 **인사소청의 대상의 범위와 관련하여** 징계처분, "그 밖에 그의 의사에 반하는 불이한 처분 또는 부작위"(동법 제9조)로 규정하고 있고, 군인사법은 위법·부당한 전역·제적 및 휴직 "등"으로(동법 제50조) 규정하고 있는데 반해 **군무원인사법 제34조는 "위법·부당한 휴직, 직위해제, 강임 또는 면직처분"으로 규정하여 위 4가지 처분에 대하여만 국한되는지**가 문제된다. 그러나 국가공무원법과 군무원인사법의 관계에서 공무원에 대한 일반법과 특별법 관계에서 군무원인사법을 우선 적용되어야 함은 당연하다.[4] 그런데 군무원인사법은 행정심판 필요적 전치주의를 규정하면서 휴직·직위해제·강임·면직·징계, 그 밖에 군무원 본인의 의사에 반하는 불리한 처분에 관하여 군무원인사소청심사위원회 또는 군무원항고심사위원회의 심사·결정을 거치지 아니하면 제기할 수 없다고(동법 제35조의2) 규정하고 있는바 군무원항고심사위원회의 심사대상에 징계처분 이외의 처분에 대한

4) 군무원인사법과 국가공무원법과의 관계는 군인사법과 국가공무원법과의 관계와 동일한 법리가 적용된다고 본다.

행정심판을 상정할 수 없으므로 결국, **군무원인사법 제34조 및 제35조의2를 유기적으로 해석하면 위 4가지 사유에 국한할 것이 아니라**고 할 것이다.

나. 그 밖의 사유의 의미

소청의 대상과 관련하여 군인사법은 위법·부당한 전역·제적 및 휴직 "등"으로(동법 제50조) 규정하고 있고 앞에서 논의한 바와 같이 근무원인사법 제34조 및 제35조의2를 유기적 해석을 통해 군무원의 경우도 휴직, 직위해제, 강임, 면직, 그 밖에 군무원 본인의 의사에 반하는 불리한 처분을 소청심사에 포함된다고 본다.

소청심사의 대상이 되는 **'그 밖의 사유'의 범위를 어떻게 보느냐**에 따라 소청제도의 기능이 기존처분의 취소·변경이라는 소극적 영역에 머무를 수도 있고 인사행정의 개선이라는 보다 적극적인 영역에 나아갈 수도 있다. 이에 대하여 전역·제적 및 휴직, 직위해제 , 강임, 면직 이외의 그 밖의 사유가 구체적으로 어떠한 것들이 포함되는지는 행위의 성질, 효과 등에 따라 결정하여야 할 것이다.[5] 공무원의 권익구제 및 행정의 자기통제라는 소청심사제도의 취지를 살릴 수 있도록 소청심사의 대상인 처분의 범위를 보다 넓게 해석하는 바람직하다고 본다.[6] 최근 법원도 국민의 적극적 권리구제 차원에서 처분의 개념을 확대하는 추세에 있다.

이와 관련하여 **'불문경고' 조치를 당한 경우에 그 불복방법이 논의되는데** 불문경고는 징계처분절차에서 발생하는 징계의 일종이고 실질적 측면에서 그 취지가 무혐의 처분을 내릴 사안임에도 불구하고 불문경고를 한 것이므로 징계절차에서 이를 다투어야 한다는 입장과 형식적 측면에서 불문경고는 징계처분이 아니고 소청인에게 인사상 불리한 처분이므로 인사소청이 가능하다는 견해가 대립되고 있다. 국방부 중앙군인사소청심사위원회 및 군무원인사소청심사위원회는 불문경고의 취소를 구하는 소청에 대하여 대상적격 흠결이라고 이를 각하하지 아니하고 본안에 대해 심의하여 위법·부당성을 판단하고 있다.[7]

행정규칙에 의한 불문경고조치가 비록 법률상의 징계처분은 아니지간 위 처분은 징계절차에서 발생하는 것이므로 **불문경고 자체를 다투는 것일 때**에는 **'징계불복절차'**

---

5) 행자부 소청심사위원회, 소청 및 고충심사 업무편람, 2003. 제13면.
6) 동지, 임천영, 위 석사학위 논문, 제101면
7) 국방부 중앙군인사소청심사위원회 2005-4호 사건 참조.

를 통하여 처리하고, **불문경고로 인한 인사상 불이익한 처분 자체를 다투면서 처분의 전제가 된 불문경고의 위법 부당성을 다투는 경우**에는 **'소청절차'**를 통하여 처리하는 것이 타당하다고 본다.

대법원 판례

항고소송의 대상이 되는 행정처분이라 함은 원칙적으로 행정청의 공법상 행위로서 특정 사항에 대하여 법규에 의한 권리의 설정 또는 의무의 부담을 명하거나 기타 법률상 효과를 발생하게 하는 등으로 일반 국민의 권리 의무에 직접 영향을 미치는 행위를 가리키는 것이지만, 어떠한 처분의 근거나 법적인 효과가 행정규칙에 규정되어 있다고 하더라도, 그 처분이 행정규칙의 내부적 구속력에 의하여 상대방에게 권리의 설정 또는 의무의 부담을 명하거나 기타 법적인 효과를 발생하게 하는 등으로 그 상대방의 권리 의무에 직접 영향을 미치는 행위라면, 이 경우에도 항고소송의 대상이 되는 행정처분에 해당한다.

행정규칙에 의한 '불문경고조치'가 비록 법률상의 징계처분은 아니지만 위 처분을 받지 아니하였다면 차후 다른 징계처분이나 경고를 받게 될 경우 징계감경사유로 사용될 수 있었던 표창공적의 사용가능성을 소멸시키는 효과와 1년 동안 인사기록카드에 등재됨으로써 그 동안은 장관표창이나 도지사표창 대상자에서 제외시키는 효과 등이 있다는 이유로 항고소송의 대상이 되는 **행정처분에 해당한다**(대법원 2002. 7. 26. 선고 2001두3532 판결).[8)]

다. 소청심사 대상 범위 확대 논의

현행의 소청심사대상은 위법 부당한 전역, 제적, 휴직, 직위해제, 강임, 면직 등 본인의 의사에 반한 불이익한 처분만 허용하고 있는데 소청의 대상이 법률적 문제에 국한되어 소청심사도 주로 법규의 해석에만 그치는 실정이다. 따라서 현행 소청제도는 그 대상이 되는 군인·군무원의 현재의 권익을 침해하는 행정처분의 취소 또는 변경을 구하는 소극적인 성격을 띠고 있을 뿐이며 널리 조직 내의 인간관계론에 입각한 고충을 전반적이고 포괄적으로 해결하는 데까지 미치지 못하고 있으므로 적극적으로 공무원의 사시앙양을 위한 근무조건의 개선을 구한다든가 근무성적 평정, 경력평정에 대한 소청이나 승진에 대한 불평과 같은 문제는 그대로 방치되어 있는 것이다. 그러므로 소청의 대상도 널리 그 범위를 확장하여 소위 고충의 합리적인 처리

---

8) 한편, **대법원 1991. 11. 12. 선고 91누2700 판결**은 "공무원이 소속 장관으로부터 받은 서면에 의한 경고가 공무원의 신분에 영향을 미치는 국가공무원법상의 징계의 종류에 해당하지 아니하고, 근무충실에 관한 권고행위 내지 지도행위로서 그 때문에 공무원으로서의 신분에 불이익을 초래하는 법률상의 효과가 발생하는 것도 아니므로 행정소송의 대상이 되는 행정처분이라고 할 수 없어 그 취소를 구할 법률상 이익이 없다"고 판시하고 있는데 이 판결은 불문경고 인한 인사상의 불이익한 조치가 수반되므로 처분성을 인정하여야 한다고 본다.

수단이 될 수 있도록 개선하자는 주장이다.[9)]

그러나 인사소청제도는 위법・부당한 전역・제적 및 휴직 등의 인사상 불이익한 구체적인 처분에 대한 불복방법으로써 필요적 전치주의에 따라 준사법적 성격의 특별행정심판작용이다. 그렇다면 소청의 대상 역시 강학상 행정행위로사 쟁송법상 '처분'의 개념에 국한되어 진다. 반면에 고충처리제도는 근무조건, 인사관리 기타 신상문제에 대하여 불만이 있는 공무원의 고충심사청구에 대한 심사와 인사담당을 통하여 그들이 겪고 있는 애로사항에 대한 적절한 해결책을 강구하는 제도이다. 그렇다면 이처럼 **제도 목적과 기능이 전혀 다름에도 불구하고 인사소청의 대상을 무분별하게 확대하는 논의는 받아들일 수 없다. 결국, 고충처리의 대상은 인사소청 또는 징계심의 등의 특별행정심판의 대상을 제외한 근무여건 전반에 관한 사항이라고 보여진다.** 현재 **'고충처리심사위원회의 운영례'**는 소청이나 징계심사 대상인 경우에는 고충처티심사의 대상적격을 상실하였다는 이유로 부적법 '각하'시키고 있다. 다만, **현행 군인사법 제51조의 3 제3항 및 군무원인사법 제36조 제4항**은 고충재심에 대하여 국방부 중앙군인사소청심사위원회 및 군무원인사소청심사위원회 관할로 하고 있으나, 이는 체계정당성 면에서 문제가 있어 **입법개선을 통하여 별도의 고충재심위원회를 두어야 한다**고 본다.

제 2 절 소청의 대상인 '처분'

1. 처분의 의의

가. 서 설

현행법하에서 일반공무원은 물론 군인・군무원의 인사소청의 경우에 있어서 행정처분의 존재를 전제로 하여 '처분'을 소청의 대상으로 하는 점에서 널리 공무원의 보수 기타 근무조건의 개선에 관한 사항까지도 소청을 제기할 수 있는 미국 등의 제도와 구별된다.

현역복무부적합전역, 제적, 직위해제, 면직 등의 인사소청의 대상이 되는 '처분'이란 행정청이 행하는 구체적 사실에 관한 법집행으로서 공권력의 행사 또는 그 거부[10)]와 그 밖에 이에 준하는 행정작용을 말한다(행정심판법 제2조 제1호).

---

9) 임천영, 전게논문, 제102면 ; 이환규, "우리나라의 소청심사제도", 법제월보(제12권 제2호・3호), 법제처, 1970. 제9면 참조,

이와 같은 행정심판법상의 처분의 개념은 강학상 최협의의 행정행위의 개념보다는 넓은 개념이라고 할 수 있다. 심판청구의 대상으로서 처분의 개념을 이와 같이 넓혀 비교적 구체적으로 규정한 것은 현대산업사회에서 행정작용의 광역화 및 행위형식의 다양화에 발맞추어 행정심판사항을 확대하고 규정형식을 가능한 한 해석상의 의문을 줄일 수 있도록 할 필요성에 기인한 것이다.[11] 행정법 학계에서 논의되는 행정행위 개념에 대하여는 다음 항을 바꾸어 서술한다.

나. 행정행위의 개념

행정행위는 공법상의 계약 또는 사실행위 등 다른 행정작용이나 사법행위와는 달리 행정청이 일방적으로 국민의 권리 의무에 구체적 변동을 가져오는 권력적 작용으로 강학상 개념이다. 실정법상으로 전역, 제적, 직위해제 등의 여러 가지 명칭으로 불리운다.

행정행위는 권력적 작용이라는 점에서 공정력, 강제력, 확정력과 같은 우월한 힘이 인정되고, 그에 대한 구제제도에도 사법상의 그것에 비하여 일정한 특수성이 인정된다.[12]

최광의	**'행정청이 행하는 모든 행위'**로써 사실행위, 법률행위 및 통치행위가 모두 포함된다.
광 의	**'행정청에 의한 공법행위'**를 의미하여 사실행위 및 사법행위가 배제된다. 구체적으로 입법행위, 권력적 비권력적 행위, 통치행위가 이에 포섭된다.
협 의	**'행정청이 법 아래서 구체적 사실에 관한 법집행으로서 행하는 공법행위'**로써 행정입법과 통치행위가 배제된다.
최협의	**'행정청이 법 아래서 구체적 사실에 관한 법집행으로서 행하는 권력적 단독행위인 공법행위'**로 공법상계약 및 합동행위가 제된다.

---

10)

소청 사례

행정심판법상 다툼이 대상이 되는 '거부처분'이 되기 위한 요건으로서 ① 법규상 조리상 신청권이 있는 국민의 신청이 있을 것, ② 신청인의 권리 또는 의무에 직접 관계가 있는 처분일 것, ③ 공권력행사로서의 거부가 있을 것이 요구된다. 그런데 소청인은 2010. 1. 31.부로 병과장 임기만료에 따른 법령상의 당연퇴직자로서 소청인이 주장하는 '10년도 명예전역 대상자 선발에 있어서 소청인의 신청 자체가 없었으므로 소청의 대상이 되는 피소청인의 거부처분 자체가 존재하지 아니한다. 따라서 이 사건 청구는 대상적격을 구비하였다고 볼 수 없다(국방부 중앙군인사소청심사위원회 2010-21호 명예전역거부처분 취소청구 사건 결정례 참조).

11) 국무총리행정심판위원회, 법제처, 위의 글, 제67면 참조.

12) 김동희, 행정법 Ⅰ, 박영사, 1999. 제215면 참조.

행정행위에 관하여 최협의설이 현재의 통설이다. 대법원도 1985년 개정 행정소송법 시행 전까지 구행정소송법상 처분의 개념을 원칙적으로 최협의의 행정행위와 같은 의미로 해석하고 있었다. 그러나 개정 행정심판법 및 행정소송법에는 '처분'의 관념을 넓게 정의하고 있고 현대산업사회에 따른 다양화된 행정행위가 요구되고 있어서 종전과 같은 최협의의 행정행위를 '처분'과 동의어로 볼 수 없다.

2. 처분에 관한 학설 및 판례

가. 관련법령의 규정

행정심판법은 '처분'의 개념을 공권력의 행사 또는 그 거부와 이에 준하는 행정작용으로 규정하고 있다(동법 제2조 제1항 제1호). 행정청의 공권력의 행사나 그 거부에 준하는 행정작용은 행정작용중 공권력 행사작용 또는 거부처분은 아니더라도 **행정청의 대외적 작용으로서 개인의 권리 의무에 구체적 영향을 미치는 작용**을 가리키는 것이라 할 수 있다.

행정심판법이 '처분'의 정의를 규정함에 있어 행정청의 공권력 행사 및 그 거부처분 외에 그에 준하는 행정작용을 포함시킨 것은 현대산업사회에 있어서의 행정작용의 광역화·다양화와 전문화·적극화 경향에 따라 미처 예상하지 못한 새로운 유형의 작용이 행정심판의 대상으로 다루어질 수 있도록 함과 동시에 엄격한 의미의 공권력행사작용 또는 그 거부처분으로 보기에는 해석상 의문이 있으나 현실적으로 행정구제의 필요성이 인식되는 행정작용을 행정심판의 대상으로 하려는 취지라고 볼 수 있다.13)

군인사법 및 군무원인사법은 인사소청의 대상을 장교, 준사관 및 부사관의 경우에는 "위법·부당한 전역·제적 및 휴직 **등 그 의사에 반한 불리한 처분**(징계처분을 제외)"에 대하여, 군무원의 경우에는 "위법 또는 부당하게 휴직, 직위해제, 강임 또는 면직된 경우"에 대하여 그 처분이 있음을 안 날로부터 30일 이내에 인사소청을 제기할 수 있다고 규정하고 있다(군인사법 제50조 및 군무원인사법 제34조). 인사소청의 경우에도 법문에 "등"을 명시하여 처분의 범주를 확장할 수 있는 여지를 남기고 있

13) 국무총리행정심판위원회, 법제처, 행정심판의 이론과 실제, 2002. 제67면 이하 참조.

다. 결국 행정심판작용에 있어 처분의 개념은 **실질적인 국민의 권리구제의 필요성이 있는지**에 그 종착점이 있다. 그러므로 처분의 개념은 추상적인 것으로 학문상의 행정행위 이외에 어떠한 것이 포함되는지에 대하여는 '그 밖의 이에 준하는 행정작용'의 해석에 대한 연구와 판례를 통하여 개척될 영역으로서 **국민의 권리구제의 기회를 보장한다는 측면에서** 다른 적절한 권리구제수단이 확보되지 아니한 경우에는 **이를 넓게 해석하는 방향으로** 나아가야 할 것이다.

나. 학설의 소개

행정심판법은 행정심판을 취소심판과 무효등확인심판 및 의무이행심판으로 나누고, 앞의 둘은 처분을 대상으로, 의무이행심판을 거부처분과 부작위를 대상으로 청구하도록 규정하고 있다. 거부처분은 처분의 일종이므로, 결국 행정심판의 대상은 처분과 부작위이다. 그런데 부작위는 "행정청이 당사자의 신청에 대하여 상당한 기간 내에 일정한 처분을 하여야 할 법률상 의무가 있음에도 불구하고 이를 하지 아니하는 것"이라고 정의되고 있으므로(행정심판법 제2조 제2호), 부작위의 개념은 처분의 개념을 전제로 하며, 부작위란 한 마디로 처분의 결여를 의미한다. 따라서 행정심판에 있어서도 그 핵심적인 대상은 처분이라고 할 수밖에 없다.

그런데 행정심판법은 처분을 행정소송법에서와 완전히 동일하게 정의하고 있다. 이는 행정심판과 행정소송의 대상, 당사자, 판단기준 등을 통일함으로써 전자를 후자의 전심절차화하려는 것이다. 그리고 이러한 의도는 행정심판은 재판의 전심절차이며 사법절차가 준용되어야 한다고 규정한 헌법 제107조 제3항의 정신을 충실히 따르는 것이기도 하다. 그러나 행정심판의 대상을 행정소송의 그것과 동일하게 함으로써, 행정심판이 행정소송으로는 다툴 수 없는 행정작용에 대해서도, 처분개념에 대한 전문적 식견 없이도, 손쉽게 이용할 수 있는 친숙한 구제제도가 될 수 있는 기회는 포기되었다.

이론적으로, 현행법하에서도 행정심판법상의 처분 개념에 해석이 행정소송법상의 그것과 일치하여야 할 필연적인 이유는 없다고 할 수 있다. 행정심판과 행정소송의 목적과 기능이 동일하지 않다면, 법문상 동일한 표현을 사용하고 있다고 하더라도, 제도의 목적과 기능에 따라 해석이 다를 수 있기 때문이다. 물론 그것이 반드시 바람직한 것이라고 할 수는 없다. 무엇보다도, 행정심판은 단일의 심급으로서, 행정심판위원회에 의한 법해석의 통일은 당사자의 소제기를 전제로 법원에 의하여 이루어질 수밖에 없기 때문에, 법원의 해석과 행정심판위원회의 해석이 다른 것은 바람직하지 않을 뿐만 아니라, 행정소송으로 이행되는 경우에 법원의 해석과 다른 행정심판위원회의 해석은 파기될 것이 거의 확실하기 때문이다. 그럼에도 불구하고 법원이 행정심판의 독자적 기능을 인정한다면, 행정소송법상의 처분개념이 아닌 행정심판법상의 처분 개념에 관하여 행정심판위원회의 독자적 해석권을 인정하는 것이, 논리적으로 불가능한 것은 아니다. 그러나 실제로 각급 행정심판위원회는 행정심판의 대상여부를 판단함에 있어서 행정소송법상의 처분개념에 관한 판례상의 해석기준을 맹목적으로 추종하고 있으며, 판례가 행정소송의 대상인 처분이 아니라고 보는 행정작용을 행정심판의 대상이 된다고 하는 예는 없다.[14]

현행 행정심판법 및 행정소송법상의 처분 개념이 ① 행정청, ② 구체적 사실에 관한 법집행행위, ③ 공권력의 행사[15] 또는 그 거부 및 ④ 그 밖에 이에 준하는 행정작용으로 구성되어 있음은 의문의 여지가 없다.

1) 실체법상 개념설

종래의 전통적인 견해로써 행위의 성질을 기준으로 실체법적으로 행정행위 개념을 정립하고 취소심판 및 취소소송은 공권력을 가진 행정행위를 매개로 하여 생긴 위법상태를 제거하여 상대방의 권익을 구제함을 목적으로 하는 쟁송상태로 보아 공정력이 인정되는 행정행위에 대하여서만 처분성을 인정하는 견해이다. 즉, 이 견해는 **처분을 '실체법적' 개념으로 파악하여 법률행위적 행정행위 이외에 준법률행위적 행정행위 및 권력적 사실행위**가 이에 포섭된다.

2) 쟁송법상 개념설

오늘날 국민생활의 행정의존도가 높아지고 행정기능이 확대됨에 따라 행정행위 이외에 행정계획, 행정지도, 공공시설이 설치 기타의 사실행위 등 행정목적 달성을 위한 행정의 행위태양이 다양화되어 국민의 권익이 처분뿐만 아니라 비권력적 행위에 의해

---

14) 최영규, "공법 · 처분 · 법률상 이익 -행정심판을 통한 권리구제의 확대를 위한 시론-", 청담 최송화 교수 화갑기념논문집, 2002. 462면 이하 참조.

15) 권력적 사실행위도 포함된다.

크게 영향을 받게 됨에 따라 취소심판 및 취소소송의 대상을 공정력을 가진 행정행위에 한정하는 경우 행정쟁송제도가 본래의 권리구제기능을 충분히 발휘할 수 없다.

이 견해는 전통적인 견해의 처분을 실체적 행정행위라고 칭하고 **행정기관의 행위로서 공권력행사의 실체는 갖지 않으나 일정한 행정목적을 위하여 국민의 법익에 계속적 사실상 영향력을 미치는 행위**를 법해석상 '**형식적 행정행위**'[16]라고 보아 쟁송의 대상으로 포섭한다.

3) 소 결

쟁송법상 처분개념론 내지는 형식적 행정행위론은 공권력행사에 비권력적 작용을 포함시키고 공권력행사에 해당여부를 '법적 효과'가 아닌 '사실상의 영향'을 기준으로 한다는 점에서 자칫 쟁송의 대상이 무한히 확대될 여지가 있다. 또한 쟁송법상 처분개념설은 쟁송대상에 대한 해석론의 범위를 넘어 입법론적 입장이라는 점에서 한계를 가지고 있다.

한편, 오늘날과 같은 다양한 행정행위가 존재하고 행정의존도가 높은 현실에서 행정청의 우월한 지위에서 행하는 행위에 의한 국민의 권익침해시 이를 구제하기 위한 쟁송의 대상을 공권력을 가진 실체법적 행정행위로 국한하는 것도 국민의 권리구제 차원에서 문제가 있다.

그렇다면 종래의 실체법적 행정행위설에 의해 일차적으로 행정행위 개념을 정립하고 국민의 권리구제 차원에서 다른 적절한 권리구제수단이 없는 경우에는 개별적이고 구체적인 사안에 따라 처분의 개념을 보다 넓게 해석하는 방향으로 나아가야 할 것이다.[17]

다. 판례 및 재결례의 동향

우리 판례 및 재결례는 처분의 개념에 관하여 기본적으로 실체법상 개념설에 입각하고 있다. 판례는 처분개념의 요소로서 첫째, 행정행위는 행정청의 우월한 지위에서 발하는 공권력발동으로서의 행위일 것(**공권력성**), 둘째, 국민에 대하여 권리설정 또는

---

16) **형식적 행정행위의 예**로는 권력적 사실행위, 일반적 기준설정행위, 사회보장적 급부결정, 보조금교부결정, 우해공공시설설치행위, 행정지도, 비권력적 행정조사 등이 있다.

17) 국무총리행정심판위원회, 법제처, '행정심판의 이론과 실제', 2002. 제67면 이하 참조.

의무부과 기타 법률상의 효과를 발생하게 하는 행위일 것(**법적 효과성**), 그리고 국민의 권리·의무에 직접 효과를 미치는 행위 즉, 행정의사를 구체화하기 위한 일련의 행정과정을 구성하는 행위중에서 최종적으로 직접적 효과를 발생시키는 행위단계라야 하며 당해 행위에 의하여 일반적 추상적인 법상태의 변동이 있는 것만으로는 부족하다(**사건의 성숙성**)를 요구하고 있다. 이로써 사법행위는 물론, 대부분의 사실행위가 처분에서 제외되고, 행정기관의 내부적 행위 또는 행정기관간의 협력 행위도 제외되며, 최종적으로 법적 효과를 발생하는 행위가 행해지기 전의 중간단계의 행위도 제외된다. 나아가 "법률상의 효과 발생"을 좁게 해석함으로써 토지대장 등 각종 공부에의 등재 또는 그 말소나 각종 신고의 수리거부에 대하여도 처분성을 부인하고 있다.

판례상 처분의 개념이 문제된 것은 거의 예외 없이 행정소송법상의 처분 개념이었고, 행정심판법상의 그것이 문제된 경우는 거의 없다. 다만, 근자에 체육시설의설치·이용에관한법률상 등록체육시설업에 대한 사업계획의 승인을 얻은 자가 제출한 사업시설의 착공계획서를 행정청이 수리하고 이를 통보하는 행위에 대하여 처분성이 문제되었고 특히 이 사건에서 행정심판의 대상 여부가 쟁점으로 되었던 것은, 행정청의 수리·통보행위 자체가 아니라 그에 대한 행정심판의 '**재결**'이 소송의 대상이 된 사안에서 대법원은 이를 처분으로 포섭하지 않았다.[18]

3. 당연퇴직의 대상적격 여부

【행정안전부 소청 2007-183 당연퇴직 무효확인 또는 취소】[19]

소청이유 : 소청인이 재직 중 금고 이상의 형을 받은 사실이 밝혀져, 2007. 6. 22. 피소청인은 국가공무원법 제69조(당연퇴직)의 규정에 따라 소청인에게 1997. 5. 29.자로 소급하여 '당연퇴직'을 통지하였는데 이는 수사기관의 업무상 착오로 **소청인에 대한 수사의 개시 및 종료가 소속기관에 통지되지 아니함으로써 당연퇴직이 되지 아니한 채, 계속 근무하다가 뒤늦게 10여년이 지나 이 사실을 알고 소급하여 당연퇴직 시킨 것**은 소청인의 신뢰 이익과 법적 안정성을 빼앗은 것으로 가혹하므로 무효 또는 취소되어야 한다고 주장한다.

결정요지 : 소청인에게 법원으로부터 형의 확정 판결을 받은 날인 1997. 5. 29.자로 당연퇴직 되었음을 통지한 행위는 법원으로부터 형의 확정판결을 받은 때부터 **당연퇴직 되었음을 통지하여 확인시켜 주는 것이지 별도의 행정처분이라 할 수 없어** 소청심사의 대상에 해당하지 않으므로 청구를 **각하한다.**

18) 대법원 2001. 5. 29. 선고 99두10292 판결.

군무원의 경우 당연퇴직사유로 국가공무원법 제33조 각호에 군무원으로 임용될 수 없다고 규정하고 있다(군무원인사법 제10조).[20] 군무원이 군무원인사법 제10조에 따른 결격사유에 해당하게 된 경우에는 당연히 퇴직한다. 당연퇴직은 결격사유가 있을 때 법률상 당연히 퇴직하는 것이지 공무원관계를 소멸시키기 위한 별도의 행정처분을 요하는 것이 아니다. 따라서 **당연퇴직의 인사발령은** 법률상 당연히 발생하는 퇴직사유를 공적으로 확인하여 알려주는 **'관념의 통지'에 불과하고**[21] 공무원의 신분을 상실시키는 형성적 행위가 아니므로 특별행정심판절차인 **인사소청의 대상이 되는 독립한 행정처분이라 할 수 없다.**[22]

이에 대하여 학계는 대부분 대법원의 입장에 있으나, 당연퇴직사유에 해당하는지 여부 및 그 시기가 명백한 것은 아니므로 이에 대한 다툼이 있을 수 있고 퇴직발령의 위법 부당한 경우에는 공무원은 불이익을 받게 될 것이므로 당연퇴직발령은 확인행위에 해당한다고 보아 소청의 대상이 된다는 견해도 있다.[23]

4. 위헌법률에 의해 당연퇴직한 자의 권리구제 문제

가. 문제의 소재

헌법재판소는 금고 이상의 형의 선고유예를 받은 경우에는 공무원직에서 당연퇴직하는 것으로 규정한 구 지방공무원법 제61조 중 제31조 제5호 부분에 대한 헌법소원사건에서 당해 조항이 헌법 제25조의 공무담임권을 침해하므로 위헌이하는 결정을 하였고[24] 같은 내용을 규정한 구 국가공무원법 제69조 중 제33조 제1항 제5호 부분에 대한 헌법소원사건에서도 마찬가지 이유에서 위헌결정을 내린 바 있다.[25] 그런데 이 경우에 있어 위헌결정이전에 형사사건에서 선고유예를 받았음을 이유로 당연퇴직된 공무원이 위헌 결정이후 위헌결정의 소급효를 이유로 하여 공무원의 신분회복을

19) 행정안전부 소청심사위원회, 소청결정사례집 제44집, 2007. 제481면 참조.
20) 국가공무원법 제33조 제5호에 해당하는 경우에는 제외된다(군무원인사법 제27조).
21) 대법원 1983. 2. 8. 선고 81누263 판결 참조.
22) 대법원 1995. 11. 14. 선고 95누2036 판결 참조.
23) 박윤흔, 최신행정법강의(하), 2001. 제237면 참조.
24) 헌법재판소 2002. 8. 29. 2001헌마788, 2002헌마173(병합).
25) 헌법재판소 2003. 10. 30. 2002헌마684, 2002헌마735,763.

주장할 수 있는지가 문제된다.[26)]

나. 사실관계

신청인은 충청남도 소재 초등학교 교감으로 재직 중, 1994. 2. 8. 특정범죄가중처벌등에관한법률위반(도주차량) 및 도로교통법위반(음주운전) 등의 범죄사실로 징역 6월의 선고유예 판결이 확정되었고 같은 날로 충남 당진교육청 교육감은 구 국가공무원법 제69조, 제33조 제1항 제5호를 근거로 신청인에게 당연퇴직 인사발령을 통지하였다. 이에 신청인은 교육부 교원징계재심위원회에 재심청구를 하였으나 기각되었고 대전고등법원에 교원지위향상을위한특별법 제10조에 의거하여 위 당연퇴직 처분취소소송을 하였으나 처분성이 인정되지 않는다는 이유로 소 각하 되었고 이에 다시 당연퇴직의 근거법률인 위 법률 조항에 대하여 헌법소원을 제기하였으나 청구기간 도과를 이유로 각하되었다. 신청인은 선고유예기간이 지난 후 초등교사 임용시험에 합격하여 근무하던 중 2002. 6. 19. 충청남도 교육감을 상대로 위 법률조항의 위헌을 들어 교감직 복직발령 내지 재임용신청을 하였으나 거부되었다. 이에 신청인은 같은 해 7. 23. 대전지방법원에 거부취소소송을 제기하였고 이 소송계속 중 위 법률조항에 대하여 위헌법률심판제청 신청을 하였으며 당해 법원은 위헌법률심판제청 결정을 하였다.

다. 헌법재판소 판단[27)]

당해 사건은 국가공무원법상의 당연퇴직 규정에 의하여 공무원 신분을 잃은 제청신청인의 복직신청에 대한 행정청의 거부행위에서 비롯된 소송이다. 그런데 이러한 행정청의 거부한 행위가 **항고소송의 대상이 되는 행정처분에 해당하기 위해서는, 그 신청한 행위가 공권력의 행사 또는 이에 준하는 행정작용이어야 하고, 그 거부행위가 신청인의 법률관계에 어떤 변동을 일으키는 것이어야 하며, 그 국민에게 그 행위발동을 요구할 법규상 또는 조리상의 신청권이 있어야 한다.**[28)]

국가공무원법상 당연퇴직은 법에 정한 결격사유가 있을 때 법률상 당연히 퇴직하

26) 법제처, 행정판례연구, 2006. 제91면 이하 참조.
27) 헌법재판소 2003. 10. 30. 2002헌가24 결정.
28) 대법원 2007. 10. 11. 선고 2007두1316 판결.

는 것이지 공무원관계를 소멸시키기 위한 별도의 행정처분을 요하는 것이 아니며, **당연퇴직의 인사발령**은 법률상 당연히 발생하는 퇴직사유를 **공적으로 확인하여 알려주는 이른바 관념의 통지에 불과**하다. 그렇다면, 과거에 이미 법률상 당연한 효과로서 당연퇴직 당한 제청신청인이 자신을 복직 또는 재임용시켜 줄 것을 요구하는 신청에 대하여 그와 같은 조치가 불가능하다는 통지를 보낸 이 사건 거부행위는 **당연퇴직의 효과가 법률상 계속하여 존재하는 사실을 알려주는 일종의 안내에 불과**한 것이므로 제청신청인의 실체상의 권리관계에 직접적인 변동을 일으키는 것으로 해석되기는 어렵다. 또한 이 사건 법률조항에 대하여 헌법재판소가 위헌결정을 선고함으로써 위 법률조항이 비록 규범으로서의 효력을 잃게 된다고 하더라도 제청신청인과 같이 **당연퇴직 된 이후 오랜 시간이 흘러 징계시효기간까지도 경과한 경우에 당연퇴직의 내용과 상반되는 처분을 해줄 것을 구하는 조리상의 신청권을 인정할 수 없다.** 따라서 당해사건은 이 사건 제청법원이 이 사건 법률조항이 헌법에 위반되는지의 여부와 관계없이 각하를 하여야 할 사건이라고 할 것이므로 이 사건 법률조항의 재판의 전제성은 인정될 수 없다.

결국, 법률에 대한 위헌제청이 적법하기는 법원에 계속중인 구체적인 사건에 적용할 법률이 헌법에 위반되는 여부가 재판의 전제로 되어야 한다. 그런데 **당해사건을 담당하는 법원이 당해 법률의 위헌 여부와 관계없이 각하를 하여야 할 사건이라면** 당해 법률이 헌법에 위반되는지의 여부에 따라 당해 사건을 담당하는 법원이 다른 내용의 재판을 하게 되는 경우라고 할 수 없으므로 **재판의 전제성[29]이 인정될 수 없다.**

5. 진급과 소청

가. 총 설

진급이란 장교 부사관으로서 최저근속기간 및 계급별 최저복무기간의 복무를 각각 마치고 상위 직책을 감당할 능력이 인정된 자를 1단계씩 상위 계급으로 진급시키

---

29) 헌법재판소법 제68조 제2항의 헌법소원에 있어서는 법원에 계속된 구체적 사건에 적용할 법률의 위헌 여부가 재판의 전제로 되어 있어야 하고, 이 경우 **재판의 전제가 된다고 함은** 문제되는 법률이나 법률조항이 당해 소송사건의 재판에 적용되는 것이어야 하며, 그 법률이나 법률조항의 위헌 여부에 따라 재판의 주문이 달라지거나 재판의 내용과 효력에 관한 법률적 의미가 달라지는 경우를 말한다(헌법재판소 1998. 7. 16. 96헌바56 결정).

는 것을 의미한다.[30]

진급은 진급선발위원회에서 진급대상자가 진급될 계급에서 부여받은 직책을 수행할 수 있는 능력의 유무를 심사하기 위하여 **경력**(경험한 직책, 군사교육, 군사적전문기능, 진급기록), **복무성과**(근무평정기록, 군사교육성적, 상벌사항), **기타**(품격, 신체조건, 연령, 민간에서의 학력 및 경력, 무보직기록 · 입원기록 및 기타 필요한 사항)을 종합평가하고 그 결과에 따라 선발하는 인사행정절차이다.

진급은 인사관리에 있어서 무엇보다도 중요한 문제로서 진급제도의 적부와 그 운영의 적정여부는 실로 인사행정 전체의 성패를 좌우하므로 군 내부의 갈등을 최소화하고 적정의 우수한 자원이 진급되도록 함으로써 우수한 인력자원을 확보하고 나아가 정예강군의 기초를 이루는 작업으로서 중요한 의미를 갖는 제도이다.

한편 개인적으로는 진급에 따라 책임과 의무가 증가함과 동시에 여러 가지 유형적 무형적 보상을 수반하게 되는데 보수가 늘어나며 심리적으로 성공 내지 성취감을 이룰 수 있다.

군은 과거 진급비리사건을 계기로 인사의 투명성과 공정성을 갖추기 위하여 21세기 선진정예 강군으로 발전하기 위해 인재육성의 차원에서 누구나 공감할 수 있는 공정하고 투명한 진급관리를 위한 다양한 인사관리제도를 발전시켜 왔다.

군은 진급을 통하여 군 조직의 활성화를 유지하기 위해서는 진급기준의 타당성, 진급기회의 공평성, 진급심사의 객관성, 진급속도의 적절성이 유지되어야 한다. 이를 위해 진급평가의 요소를 세분화 계량화하고 진급심사시 4개의 심사위원회를 통한 철저한 검증을 거쳐 인사작업이 이루어지도록 하고 있다.

4심제 진급심사제도는 선발위원회 구성시 추천위원회에서 각 2명씩 차출되고 선발위원회 위원장은 과거 갑 추천위원회 위원장이 되었던 것을 3개 추천위원회 위원장보다 상위 계급자로 임명하여 공정하고 객관성 있는 진급심사가 되도록 하고 있다.[31]

또한 기존의 단편적인 출력자료에 의한 1차원적 수준의 분석에 근거한 진급심사 형태에서 심사위원이 직접 컴퓨터를 이용해 대상자에 관한 모든 자료를 입체적으로 분석한 후 우수자원을 선발하는 방식의 디지털 진급심사 방법을 병행하고 있다.[32]

---

30) 임천영, 군인사법, 법률문화원, 2007. 제405면 참조.

31) 임천영, 위의 책, 제411면.

32) 디지털 진급심사에 관한 자세한 내용은 임천영, 위의 책, 제413면 이하를 참조하기 바란다.

나. 진급제도의 특징

진급은 반드시 진급선발위원회의 심의를 거쳐야만 하고 매년 진급선발위원회에서 선발된 장교를 진급권자의 승인을 얻어 발령에 앞서서 진급예정자로서 그 발령예정 순위와 함께 전군에 공표해 놓고 궐원이 생길 때마다 수시 진급발령하며 일단 진급 대상자로 선발된 자 중에서 선임순에 따라 진급을 발령한다.[33)]

다. 진급권자

진급권자는 법규에 따라 진급의 실질적 권한을 가지는 자를 말한다. 장교의 진급은 장교진급선발위원회의 심의를 거쳐 참모총장의 추천에 의하여 국방부장관의 제청심의위원회의 심의를 거친 후 대통령에게 제청하여 행하여진다. 다만, 대령 이하의 장교에 대해서는 국방부장관이 행할 수 있다. 이 경우에 전시·사변 등 국가비상시에 있어서는 전사자 및 순직자의 진급을 참모총장으로 하여금 행하게 할 수 있다. 대장의 진급은 국방부장관의 추천에 의하여 국무회의의 심의를 거쳐 대통령이 행한다. 부사관의 진급은 부사관진급선발위원회의 심의를 거쳐 참모총장 또는 참모총장으로부터 위임을 받은 장관급지휘관이 명한다(군인사법 제25조).

라. 장교진급선발대상권 공표

'장교진급선발대상권'이라함은 각군 참모총장이 장교진급선발위원회에 부의할 대상자의 범위를 말하며 그 대상자는 진급발령이 있는 날에 법 제26조제1항 또는 법 제26조제2항에 규정된 진급최저복무기간이 달하는 자로 한다. 다만, 참모총장은 진급경쟁 비율을 조절하기 위하여 법 제26조제1항에 규정된 진급최저복무기간을 경과한 자중에서 선임순에 따라 선발대상권의 범위를 정할 수 있다. 해병대 장교의 선발대상권에 관하여는 해군참모총장이 해병대사령관의 건의를 받아 이를 정한다(군인사법 시행령 제21조).

장교진급선발대상권 공표는 각군 참모총장이 발하는 것으로 일단 대상권에 포함된 자 중에서 선발이 되기 때문에 대상권에 불포함도 피선자에게는 불이익하게 작용한다. 그러나 대상권 공표는 진급최저복무기간이 달한 자를 원칙으로 하지만 진급경

---

33) 전재현, 이명구, 군인사법해설, 제31면 참조.

쟁 비율을 조정하기 위하여 진급최저복무기간을 경과한 자중에서 선임순에 따라 대상권의 범위를 정할 수 있으므로 재량권이 인정되고 나아가 처분성의 요건인 구체성 개별성을 결여한 것으로 법적 쟁송의 대상이 되는 **처분성을 인정할 수 없다**고 본다. 결국 장교선발대상권 공표행위는 인사소청의 대상이 되지 않는다. 부사관의 경우도 마찬가지라 할 것이다.[34]

마. 진급예정인원[35] 책정

각군 참모총장은 매년 다음 진급연도[36]의 계급별 진급예정인원을 국방부장관의 승인을 얻어 정하되, 해군참모총장은 해군과 해병대 장교를 구분하여 국방부장관의 승인을 얻어 정한다. 이 경우 준장이하의 장교에 대하여는 각군 진급선발위원회의 개최 30일전까지, 소장이상의 장관급장교에 대하여는 특별한 사유가 없는 한 각군 진급선발위원회의 개최 7일전까지 각각 승인을 얻어야 한다(군인사법 시행령 제22조 제1항).

참모총장은 국방부장관이 승인한 계급별 진급예정인원의 범위안에서 계급별 · 병과별 진급예정인원을 정하되, 해군참모총장은 해병대 장교의 계급별 · 병과별 진급예정인원을 해병대사령관으로 하여금 정하게 할 수 있다. 다만, 제15조제1항 제1호 및 제3호의 규정에 의한 전문인력직위에 대한 진급예정인원은 계급별 진급예정인원의 범위안에서 병과에 관계없이 따로 정할 수 있다(동법 시행령 제22조 제3항).

매 년도의 계급별 진급예정인원은 특별한 사유가 없는 한 안정적인 인력운영을 고려하여 일정수[37]로 정한다. 다만, 소장이상의 장관급장교의 계급별 진급예정인원은 궐원[38]에 따라 정한다(동법 시행령 제22조 제4항).

진급예정인원의 책정은 각군 참모총장이 안정적인 인력 운영을 고려하여 준장이하의 경우에는 일정수로 정하고 있는바 이는 대외적 개별적 구체적 법적 의미를 갖는 처분이라기보다는 진급선발위원회의 심의를 위한 일정한 범위를 책정하여 주는 것으로 **광범위한 인사재량권의 행사로서 '내부적인 행정절차'에 불과하여 쟁송의 대상**

34) 김방호, "인사소청의 의의와 대상적격에 관한 법적 검토-군인진급을 중심으로-", 군사법논문 2010. 제15면.
35) 실무상 '진급공석'과 같은 개념이다.
36) 진급 연도라 함은 1월 1일부터 12월 31일까지를 말한다(군인사법 시행령 제20조).
37) 1진급연도내에 있어서 계급별 정원에 대한 부족수를 말한다.
38) 5진급연도를 기준으로 국방부장관이 계급별 정원의 범위안에서 수립하는 국방중기인력운영계획기간중의 계급별 연평균궐원을 말한다.

이 되는 처분이 될 수 없고 결국 인사소청의 대상이 될 수 없다고 본다.

바. 진급선발추천, 낙천, 후보자 명단 공표

1) 의 의

진급선발위원회는 진급선발대상자중에서 진급예정인원수에 불구하고 차상위계급에 진급될 자격을 구비한 자를 선발한다. 이 경우 선발된 진급자격자가 진급예정인원수보다 부족하더라도 그 부족인원을 충원하지 아니하나, 이를 초과할 때에는 그 중에서 다시 진급예정인원수를 선발하여야 한다. 이 경우 장관급장교에 대한 진급추천자를 선발하는 때에는 진급예정인원수 외에 후보자를 선발하여야 한다. 후보자는 후보자간 순위를 부여하여 선발하되, 각군의 특성에 따른 병과 또는 장관급장교의 인력수급계획 등을 고려하여 순위를 부여하지 아니하고 선발할 수 있다. 이 경우 후보자로 선발된 자는 당해 진급연도의 진급예정자 공표시까지 후보자로서의 자격을 가진다.(동법 시행령 제32조 및 제32조의2).

선발위원회는 선발된 진급추천자 · 낙천자명단을 각각 선임순으로 작성하고 후보자의 명단은 후보자간 순위가 부여된 경우에는 그 순위에 따라, 후보자간 순위가 부여되지 아니한 경우에는 선임순으로 작성한다(동법 시행령 제34조). 참모총장은 진급낙천자에게 그 사실을 통고하고 동일계급에서 2회이상 진급낙천된 자는 진급선발대상이 될 수 없다(동법 시행령 제35조).

2) 명단 삭제 및 취소처분의 법적 성격과 그 사유

가) 의 의

진급낙천자는 처벌 등 특별한 사유로 인한 낙천사유 기준에 저촉되어 진급될 기본자격 조건이 결여된 자를 말하는데 군인사법은 진급낙천에 대하여 진급선발대상권에 포함된 대령 이하의 장교로서 장교진급선발위원회에서 진급될 자격이 없다고 인정되어 진급심사대상에서 제외된 자 및 법 제31조의 규정에 의하여 취소 또는 삭제된 자라고 규정하고 있다(동법 제32조).

【관련 규정】

군인사법 제31조(진급발령 및 삭제)

① 장교진급선발위원회에 의하여 선발된 자는 추천권자, 제청권자 또는 진급권자에 의하여 취소되지 아니하는 한 진급권자가 당해전군에 그 명단을 공표하고 궐원에 따라 선임순으로 수시로 진급발령한다.

② 제1항의 규정에 의하여 공표된 자라 할지라도 진급발령 전에 진급시킬 수 없는 사유가 발생하였을 때에는 진급권자는 이를 진급예정자 명단에서 삭제할 수 있다.

군인사법 제32조(진급낙천)

진급선발대상권에 포함된 대령이하의 장교로서 장교진급선발위원회에서 진급될 자격이 없다고 인정되어 진급심사대상에서 제외된 자 및 제31조의 규정에 의하여 취소 또는 삭제된 자는 진급낙천자로 한다.

군인사법 시행령 제38조(진급시킬 수 없는 사유)

① 법 제31조 제2항에 규정된 진급발령 전에 진급시킬 수 없는 사유라 함은 다음 각호의 1에 해당하는 경우를 말한다.

1. 군사법원에 기소되었을 경우(약식명령이 청구된 경우를 제외한다). 다만, 무죄판결된 자는 예정대로 진급시키며, 진급예정일이 경과한 때에는 그 무죄로 확정된 일자 이후의 첫 진급시에 발령한다.
2. 중징계의 처분을 받았을 경우. 다만, 항고에 따라 처분이 경징계로 경감 또는 면제된 때에는 제1호 단서의 규정을 준용한다.
3. 법 제37조 제1항 제1호 또는 제2호에 해당하는 자로서 전역심사위원회에 회부될 경우. 다만, 전역시키지 아니하기로 의결된 자는 제1호 단서의 규정을 준용한다.

② 참모총장은 제1항의 규정에 의한 사유로 말미암아 진급자명단에서 삭제할 필요가 있는 자에 대하여는 그 명단을 진급권자에게 보고하여야 한다.

그런데 군인사법은 위와 같이 진급선발위원회에서 진급될 자격이 없다고 인정되어 진급심사대상에서 제외된 자와 진급선발 예정자로 선발된 자 중에서 일정한 사유에 근거하여 진급선발이 취소 또는 삭제된 자를 동일한 조문에서 진급낙천자로 규정하고 있다. 그러나 진급선발되어 진급예정자로서 그 발령예정 순위와 함께 전군에 공표해 놓고 궐원이 생길 때마다 수시 진급발령하며 일단 진급대상자로 선발된 자 중에서 선임순에 따라 진급을 발령받을 법적 지위에 있는 **진급예정자와** 진급선발위원회에서 진급될 자격이 없다고 **처음부터 진급선발대상에서 제외한 자는 그 법적 지위가 같다고 볼 수 없으므로 같은 법조문에 위치하는 것은 체계정당성 차원에서 볼 때 문제가 있어** 개정되어야 할 사항이라고 본다.[39]

나) 명단 삭제처분의 법적 성격과 그 사유

행정행위는 취소는 일단 유효하게 성립된 행정행위를 그 행위에 위법 또는 부당한 하자가 있음을 이유로 소급하여 그 효력을 소멸시키는 별도의 행정처분이고 행정행위의 철회는 적법요건을 구비하여 완전히 효력을 발하고 있는 행정행위를 사후적으로 그 행위의 효력의 일부 또는 전부를 장래에 향하여 소멸시키는 행정처분이므로, 행정행위의 취소사유는 행정행위의 성립 당시에 존재하였던 하자를 말하고, 철회사유는 행정행위가 성립된 이후에 새로이 발생한 것으로서 행정행위의 효력을 존속시킬 수 없는 사유를 말한다.[40]

군인사법 시행령 제38조 제1항은 명단 삭제 처분의 사유로 군사법원에의 피소 또는 중징계의 처분, 전역심사위원회에의 회부를 열거하면서 약식명령 청구, 경징계 및 중징계의 면제 등은 그 사유가 아님을 명시하고 있다. 이와 같이 명단 삭제 처분의 사유를 중대한 비위사실로 인한 중징계 등에 한정하고 이유는 진급예정자 명단이 공표된 이후에는 특별한 사정이 없는 한, 선임 순으로 진급 발령되고 있어 위 명단에 등재된 것은 사실상 진급에 준하는 것이고 따라서 그 명단을 삭제하는 것은 사실상 진급된 자를 강등시키는 효과를 초래하므로 그 행사를 엄격하게 제한하려는 것이다. 즉, 진급예정자 결정 자체에 하자가 없고 적법하게 진급예정자 명단에 등재된 자의 경우에 한하여 그 지위를 두텁게 보호하려는 것이다. 따라서 명단 삭제 처분은 **하자 없이 진급예정자 명단이 공표된 후** 등재된 진급예정자가 **비위사실을 저질러 중징계, 기소 등을 당한 경우에 한하여** 행사할 수 있는 **'행정행위의 철회'**에 해당한다.

따라서 진급예정자 결정 이전에 이미 비위사실을 저지르고 위 결정 이후에 이로 인하여 **경징계**를 당한 경우에는 위 비위사실이 진급예정자 결정에 반영되지 않음으로써 위 결정에 하자가 있었던 것이므로 행정행위의 철회에 해당하는 명단 삭제 대상에 해당하지 않는다.

다) 진급예정자 결정 취소처분의 법적 성격과 그 사유

일반적으로 행정처분을 한 행정청은 그 행위에 하자가 있는 경우에는 원칙적으로 별도의 법적 근거가 없더라도 스스로 이를 직권으로 취소할 수 있고 직권취소의 원

---

39) 김방호, 위의 글, 제17면.

40) 대법원 2003. 5. 30. 선고 2003다6422 판결 참조.

인이 되는 하자에는 행정행위의 위법 사유뿐만 아니라 부당한 사유도 포함된다. 다만, 행정청의 직권취소권은 그 행정행위가 국민에게 권리와 이익을 부여하는 이른바 수익적 행정행위인 때에는 그 행위를 취소하여야 할 공익상 필요와 그 취소로 인하여 당사자가 입을 기득권과 신뢰보호 및 법률생활 안정의 침해 등 불이익을 비교 교량한 후 공익상 필요가 당사자의 기득권침해 등 불이익을 정당화할 수 있을 만큼 강한 경우에 한하여 행사할 수 있다.[41)]

군인사법 제31조 제1항 및 동법 시행령 제39조에 의하면, 장교진급의 추천권자, 제청권자, 진급권자는 장교진급 선발위원회에 의하여 진급추천자로 선발된 자에 대하여 취소권을 가지는 것은 법문상 명백하다고 할 것이고 그 취소권을 행사할 수 있는 시기가 진급예정자 명단 공표 전까지로 제한된다고 해석할 근거는 없다. 다만, 장교 진급예정자 결정은 수익적 행정행위로서 이를 취소하기 위하여는 수익적 행정행위에 대한 직권취소에 관한 제한 법리가 적용된다. 따라서 하자 있는 진급예정자 선발 결정에 대한 직권취소는 그 행위를 취소하여야 할 공익상의 필요와 그 취소로 인하여 당사자가 입을 기득권과 신뢰보호 및 법률생활의 안정의 침해 등 불이익을 비교 교량한 후 공익상 필요가 당사자의 기득권 침해 등 불이익을 정당화할 수 있을 만큼 강한 경우에 한하여 할 수 있다.

그렇다면 진급예정자 결정 이전에 이미 비위사실을 저지르고 위 결정 이후에 이로 인하여 **경징계**를 당한 경우에 진급예정자 결정을 취소할 수 있는지가 문제된다.

군인사법령에 의하면 명단 삭제처분의 사유가 명시적으로 규정되어 있는 반면, 진급예정자 결정 취소처분에 대하여는 위와 같은 명시적 제한 규정이 없다. 명단 삭제처분의 사유를 제한하고 있는 이유는 적법하게 진급예정자로 결정된 자를 보호하기 위한 것인 반면에 진급예정자 결정 자체에 하자가 있는 진급예정자를 적법한 진급예정자와 동일하게 보호할 필요가 없다. 명단 삭제처분의 사유를 명단 공표 후 중대한 비위행위를 저질러 중징계, 기소를 당한 경우에 한정한다면 적법한 진급예정자에 대한 보호의 실효성은 충분히 보장된다고 보여진다. 진급예정자 결정취소의 사유를 명단 삭제의 사유와 동일하게 진급예정자 명단 공표 전의 비위사실로 중징계 또는 기소, 전역심사위원회의 회부로만 한정한다면 징계권자가 징계처분을 할 당시 그 상대

---

41) 대법원 1995. 9. 15. 선고 95누6311 판결, 대법원 1986. 2. 25. 선고 85누664 판결 등 참조.

방이 장교 진급예정자 지위에 있음을 이유로 신분에 영향을 미치는 중징계 처분을 꺼리고 경징계 처분을 할 가능성이 있는데 이러한 결과는 매우 자의적이고 부당하다. 설사 징계권자의 경징계 처분이 적정하다고 하더라도 징계권자와 진급권자가 다르기 때문에 그 징계처분만으로 징계 원인인 비위사실과 관련하여 진급예정자의 지위를 유지하고자 하는 진급권자의 의사가 있었던 것으로 간주할 수 없고 진급예정자 결정 취소 사유를 명단 삭제 사유와 동일하게 제한하지 않는 해석이 하자있는 진급예정자 결정을 한 진급권자로 하여금 이를 바로 잡을 법적 가능성을 열어 줄 수 있다는 점 등을 종합해 볼 때 진급예정자 명단 공표 전의 비위사실로 인하여 경징계 처분을 받은 경우에도 진급예정자 결정에 대한 취소가 가능하다고 본다.

다만, 이 경우에도 하자 있는 행정처분으로서 이를 취소할 공익적 필요와 당사자가 입게 될 기득권, 신뢰보호, 법률생활의 안정의 침해 등의 불이익을 비교 형량하여 신중하게 판단하여야 할 것이다.

3) 처분성(소청의 대상적격) 인정 여부

그렇다면 **진급낙천이 처분성이 인정되어 소청의 대상적격을 인정할 수 있는지에 관하여 살펴보기로 한다.**

소청의 대상적격의 문제 역시 각자 구분하여 논의할 수밖에 없다. 즉, 진급선발되어 진급예정자의 지위에 있다가 일정한 사유로 선발 취소 또는 삭제의 경우와 처음부터 진급선발위원회에서 자격미달을 이유로 진급선발대상에서 제외된 경우를 구분하여 소청의 대상적격 여부를 살펴보기로 한다.

먼저 진급선발위원회에서 자격미달을 이유로 진급선발대상에서 제외하는 것이 처분성이 인정되는지를 검토해 본다. 진급선발위원회는 인사검증위원회[42] 등의 활동으로 획득한 다면평가의 결과, 각종 개인첩보의 사실 여부, 진급공석의 적절성 등 진급관련 자료를 제공받아 진급자격이 미달이라고 판명되는 사람을 진급선발대상에서 제외하는 진급낙천자 명단을 선임순으로 작성하고 이러한 사실을 각군 참모총장은 진

42) 인사검증위원회는 진급의 공정성과 투명성을 확보하기 위하여 참모총장 직속기구로서 장교 및 군무원에 대한 다면평가를 실시하고 개인해명서를 접수한 후 법적 타당성을 검토하여 원본과 사실확인 결과를 진급자료과 및 진급공석 및 자료판단위원회, 진급선발위원회에 제공한다(육군의 인사검증위원회, 2003. 7. 7. 육방침03-26호, 육군본부, 2008년도 장교 진급지침, 39면, 해군본부, 2007년도 장교 진급지침, 22면, 공규206(2006. 8. 1)장병 및 군무원 진급관리 제23조). 이에 관한 자세한 내용은 임천영, 군인사법, 법률문화원, 2007. 제442면 이하를 참조하기 바란다.

급낙천자에게 진급낙천의 사실을 통고하도록 하고 있다(군인사법 시행령 제34조 및 제35조 참조).

가) '**진급선발대상 제외**'의 처분성 인정 여부

이때 **진급선발위원회의 진급자격 미달을 이유로 진급선발대상에서 제외하는 것이 인사소청의 대상이 되는지**이다. 이에 관하여 처음부터 진급선발대상에서 제외시킨 것은 인사상의 불이익한 처분으로써 인사소청의 대상이 될 수 있다는 견해가 있으나, 진급선발위원회의 진급낙천자 결정은 대외적으로 법적인 효력을 갖는 행정처분이 아닌 내부적인 의사결정에 불과하고 재량행위에 해당하므로 인사소청의 대상이 될 수 없다고 본다.[43]

【행정안전부 소청 2007-249 6급 승진임용 이행청구】[44]

소청이유 : 2007. 8. 17.자 ○○대학교 보통승진심사위원회에서 소청인을 승진임용(교육행정주사) 예정자로 결정하였으나 **임용권자인 ○○대학교 총장은 특별한 사유없이 동 심사위원회 심사결과에 대해 재심사를 요구하여 같은 달 22. 재차 보통승진심사위원회를 개최하여 다른 사람을 최종승진임용 예정자로 결정한 바,** 피소청인이 특별한 사유없이 2007. 8. 17.자 보통승진심사위원회의 심사결과를 거부한 행위는 인사관련법령 등을 위반한 것이므로 최초 보통승진심사위원회에서 결정한 대로 승진 임용을 요한다고 주장한다.

결정요지 : 보통승진심사위원회의 **승진임용예정자 심사의결은 대외적으로 법적인 효력을 갖는 행정처분이 아닌 내부적인 의사결정에 불과하고** 재량행위에 해당하므로 소청심사의 대상인 '기타 그 의사에 반하는 불이익 처분'에 해당하지 않으며 소청인이 교육행정주사로의 승진임용을 위한 요건이 모두 충족되었다 하더라도 이를 이유로 임용권자에게 자신이 **승진임용 되도록 요구할 수 있는 권리가 존재하지 않고** 임용권자도 소청인을 **승진임용 예정자로 결정해야 할 법률상 의무가 없으므로** 국가공무원법 제9조 제1항의 규정에 의한 소청심사의 대상이 될 수 없어 이 청구를 **각하한다.**

나) '진급낙천 취소 및 삭제'의 처분성 인정 여부

한편 진급선발위원회에서 진급선발되어 대외적으로 진급선발이 공표된 진급예정자가 일정한 사유로 진급선발이 취소되거나 삭제[45]된 경우에 있어 인사소청의 대상적격에 대하여는 이론이 없고 대법원 역시 아래에서 살펴보는 바와 같이 행정소송의 대상적격을 인정하여 실체 판단을 하고 있다.

---

43) 김방호, 위의 글, 제18면.
44) 행정안전부 소청심사위원회, 위의 글, 제485면 참조.
45) 삭제는 강학상 처분행위 이후에 발생한 사유에 의한 행정행위의 '철회'를 의미한다.

(1) 인사소청 예

【2004-41 진급낙천처분취소】

군인사법 제31조, 제32조 규정의 취지상 진급예정자 명단의 공표 전의 진급낙천처분은 취소, 명단 공표 후의 진급낙천처분은 삭제라는 용어를 구분하여 사용하고 있으나, 그 법적 성격은 모두 행정행위의 '직권취소'에 해당한다. 그렇다면 직권취소의 법리상 행정행위를 한 처분청은 그 행위의 하자가 있는 경우에는 별도의 법적 근거가 없더라도 스스로 이를 취소할 수 있는 것이고, 진급예정처분을 한 국방부장관은 진급예정처분에 하자가 있었음이 사후적으로 발견하였을 때에는 행정행위의 직권취소 일반론에 의하여 이를 취소할 수 있다.

다만, 수익적 행정행위에 대한 직권취소는 처분 상대방의 신뢰보호원칙에 의하여 보호할 가치가 있는 신뢰가 형성되었을 때에는 그 직권취소가 제한된다고 할 것인데 소청인의 경우 뇌물수수 등으로 기소유예 처분 및 징계처분이 심사에 반영되었다면 진급선발 심사시 감점 등의 불이익이 있어 대령진급 선발이 불가능하였을 고도의 개연성이 있고(육방침 03-26, '03. 6. 30. 육군인사검증위원회 운영에 의거 진급심사위원회에서 금전부조리 등의 비위관련자를 통보하여 진급에 불이익을 받도록 한 사실), 비선된 진급대상자들과의 형평성, 진급낙천으로 인해 소청인에게 입게 될 기득권과 신뢰보호 및 법률생활 안정성의 침해 등의 불이익보다 장교단 정신에 배치되는 금전부조리 전과자를 진급시키지 않음으로 해서 얻는 군조직의 공익상의 필요가 훨씬 더 크다고 할 것이므로 이 사건 장교진급선발 취소처분은 위법 부당하다고 할 수 없어 본건 소청은 이유없어 기각한다(국방부 중앙군인사소청심사위원회 2005. 6. 13. 진급낙천처분취소).

(2) 행정소송 예

대법원 판례 - 부작위위법확인의소 -

원고는 2004. 9. 30. 00광역시소청심사위원회에 '피고는 원고를 지방부이사관(3급)으로 승진임용하라'는 취지의 소청심사청구를 하였는데, 위 소청심사위원회는 2006. 2. 20. 원고의 소청심사청구를 기각하였고, 원고는 그 무렵 그 결정문을 송달받은 사실, 원고는 위 결정문을 송달받은 날부터 적법한 제소기간 내인 2006. 3. 8. 이 사건 제2 예비적 청구를 청구취지로 한 이 사건 부작위위법확인의 소를 제기한 사안에서

4급 공무원이 당해 지방자치단체 **인사위원회의 심의를 거쳐 3급 승진대상자로 결정되고 임용권자가 그 사실을 대내외에 공표까지 하였다면,** 그 공무원은 승진임용에 관한 **법률상 이익을 가진 자로서** 임용권자에 대하여 3급 승진임용을 신청할 **조리상의 권리가 있고,** 이러한 공무원으로부터 소청심사청구를 통해 승진임용신청을 받은 행정청으로서는 상당한 기간 내에 그 신청을 인용하는 적극적 처분을 하거나 각하 또는 기각하는 등의 소극적 처분을 하여야 할 **법률상의 응답의무가 있다.** 그럼에도, 행정청이 위와 같은 **권리자의 신청에 대해 아무런 적극적 또는 소극적 처분을 하지 않고 있다면 그러한 행정청의 부작위는 그 자체로 위법하다** (대법원 2009.7.23. 선고 2008두10560 판결).

이 경우 진급선발 취소 및 삭제는 수익적 행정행위의 취소 내지 직권취소에 해당하므로 공익 침해의 진지성이 사익을 제한하는데 정당화 할 수 있는 정도로 커야 한다는 비교교량의 결과가 있어야 하고, 불이익한 처분에 따른 당사자의 의견제출의 기회 및 적법한 고지절차가 준수되어야 한다는 것이 대법원의 일관된 입장이다.

대법원 판례 - 진급낙천처분취소 -

원고는 2003. 7. 6. 혈중알콜농도 0.17%의 음주운전을 한 바가 있는 사실이 알려지지 아니한 상태에서 원고에 대한 진급심사가 이루어졌고, 원고는 2003. 9. 29. 대령진급예정자로 선발・공표된 이후인 2003. 12. 30. 피고는 군인사법 제31조와 법 시행령 제38조, 제39조 등을 관련 근거로 적고 '진급심사 전의 음주운전 사실 은폐로 부정선발'을 처분의 사유로 하여 원고를 진급낙천자로 결정한 사안에서

군 진급인사의 적정성 및 중요성 등에 비추어 볼 때, 비록 진급예정자 명단이 공표되었다고 하더라도 그 명단 공표 이전 내지 이후에 발생한 사정이 진급선발을 유지할 수 없게 하는 사정에 해당하거나 중대한 공익상 필요가 생긴 경우에는 그 **진급선발을 취소**할 수 있는 것이지 **법 시행령 제38조 제1항 소정의 사유가 있어야만 이를 이유로 진급선발을 취소할 수 있는 것은 아니라 할 것이므로,** 피고가 진급예정자 명단 공표 이후 법 시행령 제38조 제1항 소정의 사유가 아닌 '진급심사 전의 음주운전 사실 은폐로 부정선발'을 이유로 이 사건 대령진급 선발을 취소하는 이 사건 처분을 하였다 하여 그 자체로 위법하다고 할 수 없다.

수익적 행정처분을 취소할 때에는 이를 취소하여야 할 공익상의 필요와 그 취소로 인하여 당사자가 입게 될 기득권과 신뢰보호 및 법률생활 안정의 침해 등 불이익을 비교・교량한 후 공익상의 필요가 당사자가 입을 불이익을 정당화할 만큼 강한 경우에 한하여 취소할 수 있는바(대법원 2006. 5. 25. 선고 2003두4669 판결 등 참조), 이 사건 처분은 진급예정자로서 가지는 원고의 이익을 침해하는 **수익적 행정행위의 직권취소의 경우**에 해당하고, 따라서 위 법리에 따라 이 사건 대령진급 선발을 취소하여야 할 공익상 필요와 그 취소로 인하여 원고가 입을 기득권과 신뢰보호 및 법률생활 안정의 침해 등 불이익을 비교・교량한 후 **공익상 필요가 원고의 기득권 침해 등 불이익을 정당화할 수 있을 만큼 강한 경우라야만 이 사건 처분이 적법하다.**

진급예정자명단 공표 이후의 진급선발취소는 실질적으로 중징계의 일종인 강등과 유사한 효과가 있는 점, 원고가 이 사건 음주운전사실이 진급심사과정에 반영되지 않도록 부정한 방법으로 이를 은폐하였다고 보기 어려운 점, 음주운전을 하였다는 사정만으로 언제나 진급대상에서 제외된다고 할 수 없고 이 사건 음주운전사실이 진급심사 과정에 반영되었다고 하더라도 원고의 진급이 불가능하였다고 단정하기는 어려운 점, 이 사건 대령진급 선발 이후 원고는 이 사건 음주운전을 이유로 법 시행령 제38조 제1항 소정의 진급시킬 수 없는 사유에 해당하지 아니하는 약식명령 및 징계유예 결정을 받음으로써 원고에게는 자신에 대한 진급선발이 취소되지 아니하리라는 신뢰가 형성된 점 등에 비추어 보면, **군 진급인사의 적정성 등 이 사건 대령진급 선발을 취소하여야 할 공익상의 필요가 원고가 입게 될 기득권과 신뢰 및 법률생활 안정의 침해 등 불이익을 정당화할 만큼 강한 경우에 해당한다고 보기 어렵다**고 할 것이므로 결국 이 사건 처분은 **위법하다**(대법원 2007. 9. 20. 선고 2005두13971 판결).

다) 절차상 하자를 이유로 한 확정판결에 대한 후속조치

각군 참모총장으로 하여금 진급낙천자에게 통고하도록 하고 있는 것은 진급낙천의 사실을 통고받을 절차적 기본권의 하나로써 참모총장은 반드시 진급낙천자에게 통고하여야 하고 이를 위반한 경우 절차위법으로써 이를 이유로 한 인사소청은 가능하다고 본다.

절차상 하자를 이유로 진급발령 취소처분이 취소되어 확정된 경우 진급발령의 시기 및 절차상 하자를 보완하여 원래의 진급낙천사유와 동일한 사유로 진급낙천 처분을 할 수 있는지가 문제된다.

대법원 판례 - 진급낙천처분취소 -

진급예정자 명단에 포함된 자는 진급예정자명단에서 삭제되거나 진급선발이 취소되지 않는 한 진급예정자 명단 순위에 따라 진급하게 되므로, 이 사건 처분과 같이 **'진급선발을 취소'하는 처분은 진급예정자로서 가지는 원고의 이익을 침해하는 처분이라 할 것이고,** 한편 군인사법 및 그 시행령에 이 사건 처분과 같이 진급예정자 명단에 포함된 자의 진급선발을 취소하는 처분을 함에 있어 행정절차에 준하는 절차를 거치도록 하는 규정이 없을 뿐만 아니라 위 처분이 성질상 행정절차를 거치기 곤란하거나 불필요하다고 인정되는 처분이라고 보기도 어렵다고 할 것이어서 이 사건 처분이 **행정절차법의 적용이 제외되는 경우**[46]**에 해당한다고 할 수 없으며,** 나아가 원고가 수사과정 및 징계과정에서 자신의 비위행위에 대한 해명기회를 가졌다는 사정만으로 이 사건 처분이 행정절차법 제21조 제4항 제3호, 제22조 제4항에 따라 원고에게 **사전통지를 하지 않거나 의견제출의 기회를 주지 아니하여도 되는 예외적인 경우에 해당한다고 할 수 없으므로,** 피고가 이 사건 처분을 함에 있어 원고에게 **의견제출의 기회를 부여하지 아니한 이상, 이 사건 처분은 절차상 하자가 있어 위법하다**(대법원 2007. 9. 21. 선고 2006두20631 판결).

(1) 진급발령 시기

행정소송에서 판결이 확정되는 경우 그 효력으로서 기판력, 형성력, 기속력이 생기게 되는데 기판력에 의하여 당사자와 법원은 더 이상 다투지 못하게 되는 효과가 발생하고 형성력에 의하여 진급취소 처분은 취소 처분시로 소급하여 효력이 상실하게 되고, 기속력에 의하여 당사자인 행정청은 확정판결의 취지에 따라 절차적 하자를 반복하여서는 아니 될 의무와 법원의 확정판결의 취지에 따라 진급 취소 처분의

---

46) 행정절차법 제3조 제2항 제9호, 같은 법 시행령 제2조 제8호에 의하면 '학교 · 연수원 등에서 교육 · 훈련의 목적을 달성하기 위하여 학생 · 연수생 등을 대상으로 행하는 사항'에 대하여는 행정절차법을 적용하지 아니하도록 규정되어 있다. 여기에는 각급 학교 학생 및 연수생의 입학, 퇴학, 졸업, 수료, 성적평가 등과 교육 훈련의 목적을 달성하기 위한 징계결정 등이 포함된다고 할 것인바 이와 같은 처분에는 행정절차법이 적용되지 않는다고 보아야 한다(대구지방법원 2010. 11. 17. 선고 2010구합810 판결).

절차상 하자를 치유해야 하는 의무가 발생한다.

진급예정자 명단 공표와 진급발령은 별개의 처분으로서 행정소송에 있어 판결의 기속력은 당행 진급 취소처분에 대해서만 판결의 확정일로부터 장래에 향하여 발생하게 되므로 진급발령 취소처분에 대한 취소소송에서 절차적 하자를 이유로 한 원고승소 확정판결이 있다 하더라도 이 확정판결에 의하여 진급발령 의무까지 발생하는 것은 아니다. 결국 확정판결에 의해 진급취소 처분시로 소급하여 진급취소 처분의 효력이 없어져 진급예정자의 신분으로 되돌아 가게 되고 진급발령 시기는 **판결 확정 이후 가장 빨리 도래하는 진급발령일**이라고 할 것이다.[47]

(2) 동일한 사유로 다시 진급취소처분을 할 수 있는지

행정소소에 있어서 판결의 효력 중 기속력에 의하여 항정청이 법원의 확정판결에 취지에 따라 진급취소 처분상의 절차적 하자를 반복하여서는 아니 될 의무와 이를 치유해야 하는 의무의 범위는 판결에 나타난 절차적 하자 즉, 처분의 사전통지와 의견청취에만 국한되는 것이고, 그 외 진급취소처분의 실체적 하자가 진급 취소처분에 대한 취소판결의 이유가 아니므로 처분의 절차상 하자를 보완한 후 동일한 내용의 처분을 하더라도 기속력에 의한 반복금지효에 위반하지 않는다.

대법원 판례 - 절차하자 치유 -

과세처분시 납세고지서에 과세표준, 세율, 세액의 산출근거 등이 누락되어 있어 이러한 절차 내지 형식의 위법을 이유로 과세처분을 취소하는 판결이 확정된 경우에 그 확정판결의 기판력은 확정판결에 적시된 절차 내지 형식의 위법사유에 한하여 미친다고 할 것이므로 과세처분권자가 그 **확정판결에 적시된 위법사유를 보완하여 행한 새로운 과세처분은 확정판결에 의하여 취소된 종전의 과세처분과는 '별개의 처분'으로서 확정판결의 기판력에 저촉되는 것은 아니다**(대법원 1986.11.11. 선고 85누231 판결).

4) 진급비선발

다음으로 진급선발위원회에서 진급선발이 안되는 경우 즉 진급비선의 경우에 인사소청의 대상적격이 있는지가 문제된다. 소청인이 차상위 계급으로의 진급을 위한 요건이 모두 충족되었다 하더라도 이를 이유로 진급권자에게 자신이 **진급될 수 있도록 요구할 수 있는 권리가 존재하지 않고** 진급권자도 소청인을 진급선발하여 **진급예**

47) 국방부 법무팀-5512(2007. 10. 16.) '진급발령 시기 관련 재질의'에 대한 회신; 2008. 5. 8. 육군본부 법무실 법제과, '진급낙천처분 취소 관련 법령질의' 회신 참조.

정자로 결정해야 할 법률상 의무가 없으므로 군인사법에 의한 소청심사의 대상이 될 수 없다고 봄이 타당하다.[48]

【소청 선결례】

승진은 법령에 규정된 절차와 요건에 따라 임용권자가 행하는 것이며, 특별승진의 경우에도 사전에 특별승진의 실시를 공약한 경우 등 **특별한 사정[49]이 없는 한 당해 공적의 타당성, 적정성, 비중, 대상자의 업무수행능력 및 기관의 인력수급사정 등을 종합적으로 평가하여 행정발전의 공헌 등이 인정될 때 이루어지는 것임을 감안할 때**, 본 건 소청인의 경우 범인을 검거한 공적은 있으나 경위로의 특별승진 공적에는 미흡하다고 판단하여 피소청인이 소청인을 특별승진 임용하지 않은 것은 **재량행위에 해당되므로**, 피소청인이 소청인에 대하여 **그 의사에 반하는 불리한 처분을 하였거나 부작위가 있었다고 볼 수 없어** 이를 각하한다(사건 04-627).[50]

대법원도 **시험승진후보자 명부에서의 삭제행위**는 결국 그 명부에 등재된 자에 대한 승진 여부를 결정하기 위한 **행정청의 내부의 준비과정에 불과**하고, 그 자체가 어떠한 권리나 의무를 설정하거나 법률상 이익에 직접적인 변동을 초래하는 별도의 행정처분이 된다고 할 수 없다고 판시한 바 있다.[51]

【행정안전부 소청 2007-249 6급 승진임용 이행청구】[52]

소청이유 : 2007. 8. 17.자 ○○대학교 보통승진심사위원회에서 소청인을 승진임용(교육행정주사) 예정자로 결정하였으나 **임용권자인 ○○대학교 총장은 특별한 사유없이 동 심사위원회 심사결과에 대해 재심사를 요구하여 같은 달 22. 재차 보통승진심사위원회를 개최하여 다른 사람을 최종승진임용 예정자로 결정한 바,** 피소청인이 특별한 사유없이 2007. 8. 17.자 보통승진심사위원회의 심사결과를 거부한 행위는 인사관련법령 등을 위반한 것이므로 최초 보통승진심사위원회에서 결정한 대로 승진 임용을 요구하고 있다.

결정요지 : 보통승진심사위원회의 **승진임용예정자 심사의결은 대외적으로 법적인 효력을 갖는 행정처분이 아닌 내부적인 의사결정에 불과하고** 재량행위에 해당하므로 소청심사의 대상인 '기타 그 의사에 반하는 불이익 처분'에 해당하지 않으며 소청인이 교육행정주사로의 승진임용을 위한 요건이 모두 충족되었다 하더라도 이를 이유로 임용권자에게 자신이 **승진임용 되도록 요구할 수 있는 권리가 존재하지 않고** 임용권자도 소청인을 **승진임용 예정자로 결정해야 할 법률상 의무가 없으므로** 국가공무원법 제9조 제1항의 규정에 의한 소청심사의 대상이 될 수 없어 이 청구를 **각하한다.**

---

48) 김방호, 위의 글, 제23면 ;이에 관한 자세한 것은 위 인사소청 선결례, 행정안전부 소청 2007-249 6급 승진임용 이행청구를 참고하기 바란다.

49) 광주지방법원 2002. 8. 22. 선고 2002구합844 판결 참조.

50) 행정안전부 소청심사위원회, 소청 및 고충심사 업무편람, 2010. 제44면 참조.

51) 대법원 1997. 11. 14. 선고 97누7325 판결.

52) 행정안전부 소청심사위원회, 소청결정사례집 제44집, 2007. 제485면 참조.

사. 부 작 위

1) 군인사법 및 군무원인사법은 인사상의 불리한 처분에 대하여 소청을 제기할 수 있다고 규정하여 부작위를 포함한 광범위한 대상적격을 인정할 여지를 갖게 한다(군인사법 제5조, 군무원인사법 제34조). 그런데 일반법적 성격을 가지는 국가공무원법은 부작위에 대한 소청의 대상적격에 관하여 보다 명확하게 규정하고 있다. 행정기관 소속 공무원의 징계처분, 그 밖에 그 의사에 반하는 불리한 처분이나 **부작위에 대한 소청**을 심사·결정하게 하기 위하여 행정안전부에 소청심사위원회를 두고, 위법 또는 부당한 거부처분이나 **부작위에 대하여 의무 이행을 구하는 심사 청구**가 이유 있다고 인정되면 지체 없이 청구에 따른 처분을 하거나 이를 할 것을 명한다고 각 규정하여.(국가공무원법 제9조, 제14조 제3항 제5호) 부작위위법확인소송만을 인정하고 있는 행정소송법과 달리 위법 부당한 부작위에 대한 의무이행을 구하는 청구를 인정하고 있는바 군인 및 군무원의 인사소청에도 마찬가지로 적용된다할 것이므로 **신청인에게 법규상 조리상 신청권이 있다면 당연히 부작위 의무이행청구를 할 수 있다**고 봄이 타당하다.

2) 부작위의 대상적격 성립요건

행정심판법은 제2조 제2호에서 부작위의 개념을 "행정청이 당사자의 신청에 대하여 상당한 기간 내에 일정한 처분을 하여야 함에도 불구하고 이를 하지 아니하는 것"으로 정의하고 있다. 그렇다면 소청의 대상이 되는 부작위 역시 ① 당사자의 신청권, ② 상당한 기간, ③ 처분을 하여야 할 법률상의 의무, ④ 처분을 하지 아니하였을 것이라는 네 가지 요건을 충족할 필요가 있다. 진급과 관련하여 논의되는 것은 주로 당사자에게 처분청에 진급시킬 것을 요구할 수 있는 법규상 조리상 신청권이 있는지 여부에 관한 것이다.

일반적으로 당사자의 신청권에 대하여 살펴보면, 신청은 법령에 명시된 경우뿐만 아니라[53] 헌법상의 기본권과 관련하여 법 해석상 당해 규정이 특정인의 신청을 전제로 하는 것이라고 인정되는 경우의 신청 즉, 조리상 신청권이 있어야 한다.[54] 예를 들어 일정한 건축을 하고자 하는 경우에는 건축허가를 받아야 하다는 건축법 제11조

---

53) 여권법 제9조 제1항에 의한 여권의 발급 신청권, 광업법 제15조 제1항에 의한 광업권설정출원권
54) 행정안전부 소청심사위원회, 소청 및 고충심사 업무편람, 2010. 제42면 참조.

의 규정은 **해석상** 건축허가신청권의 근거가 된다.

반면에 독점규제및공정거래에관한법률 제49조 제2항에 의한 공정거래위원회에 대한 위반행위 신고와 같은 단순히 행정청의 직권발동을 촉구하는 당사자의 신청은 조리상 신청권을 인정할 수 없다. 또한 오로지 행정청의 판단에 따라 그 책임하에 일방적으로 이루어지는 대집행을 할 것인지 여부 또는 도시계획결정을 할 것인지의 여부 등과 같은 일방적 행정행위에 대하여는 비록 그에 대한 신청이 있더라도 그것은 법령에 의한 적법한 신청이라고 할 수 없다.[55)]

진급 및 승진에 대하여 군인사법, 동법 시행령·시행규칙 및 각군 진급규정 및 진급방침 어디에도 진급에 관하여 그 진급권자에게 진급 등에 관하여 어떠한 신청을 할 수 있다는 규정이 없으므로 **법규상 신청권은 존재하지 않는다.**

또한 조리상 신청권이 인정되는지에 관하여 살펴보면, 추천위원회는 진급대상자 종합서열 명부에 의한 서열이 진급공석의 2배수 이내인 자를 심사대상자로 선정한 후 일정 기준에 의한 일부 심사대상자를 추천하고, 선발위원회는 1·2추천위원회가 모두 추천한 자는 확인선발을, 부분 추천한 자는 투표로써 심의선발 한다. 따라서 종합서열 명부상 심사대상자로 선정되었다 하더라도 각 추천위원회 및 선발위원회에 의하여 진급선발에 탈락할 수 있으므로, 종합서열명부상 진급공석 내에 포함되어 있다는 사정만으로는 원고가 진급선발을 기대할 수 있는 사실상의 지위를 넘어 그 진급선발에 관한 법률상 이익을 갖게 되었다고 보기 어려울 뿐만 아니라, 피소청인이 소청인에 대하여 반드시 소청인을 진급선발하겠다는 자기구속적 약속 내지 확약을 하였다고 볼 수도 없으므로 소청인에게 진급선발에 관한 **조리상 신청권도 인정될 수 없다**고 본다.

【소청 선례】 [56)]

소청취지 : 소청인은 '09년도, '10년도 해병대부사관진급심사결과 소청인의 **진급탈락에 대하여 불복한다.**

판 단 : 소청인의 소청취지가 불분명하나 진급거부처분 취소소청과 부작위위법확인 소청으로 선해하여 판단한다. 그런데 소청인이 피소청인에 대하여 진급처분을 구할 권리가 있는지 여부에 대하여 보건대, 부사관 진급에 관하여 규정한 군인사법, 동법 시행령·시행규칙 및 해군진급규정, 해병대사령부부사관진급방침 어디에도 부사관이 진급에 관하여

55) 국무총리행정심판위원회, 법제처, 전제서, 제140면 참조.

그 진급권자에게 진급 등에 관하여 어떠한 신청을 할 수 있다는 규정이 없으므로 **법규상 신청권은 존재하지 않는다.**

나아가 조리상 신청권이 인정되는지에 관하여 보건대, 추천위원회는 진급대상자 종합서열 명부에 의한 서열이 진급공석의 2배수 이내인 자를 심사대상자로 선정한 후 일정 기준에 의한 일부 심사대상자를 추천하고, 선발위원회는 1·2추천위원회가 모두 추천한 자는 확인선발을, 부분 추천한 자는 투표로써 심의선발 한다. 따라서 종합서열 명부상 심사대상자로 선정되었다 하더라도 각 추천위원회 및 선발위원회에 의하여 진급선발에 탈락할 수 있으므로, 종합서열명부상 진급공석 내에 포함되어 있다는 사정만으로는 원고가 진급선발을 기대할 수 있는 사실상의 지위를 넘어 그 진급선발에 관한 법률상 이익을 갖게 되었다고 보기 어려울 뿐만 아니라, 피소청인이 소청인에 대하여 반드시 소청인을 진급선발하겠다는 자기구속적 약속 내지 확약을 하였다고 볼 수도 없으므로 소청인에게 진급선발에 관한 **조리상 신청권도 인정될 수 없다.**

그렇다면 소청인은 피소청인이 소청인에 대하여 진급선발을 하지 않은 행위에 대하여 이를 거부처분이라 하여 그 취소를 구할 수 없을 뿐만 아니라, 위 행위를 피소청인의 부작위로 보고 그 부작위의 위법확인을 구할 법률상 이익이 없다할 것이므로 거부처분취소소청 및 부작위위법확인소청 **모두 부적법하여 각하**한다.

대법원 판례

4급 공무원이 당해 지방자치단체 인사위원회의 심의를 거쳐 3급 승진대상자로 결정되고 **임용권자가 그 사실을 대내외에 공표까지 하였다면, 그 공무원은** 승진임용에 관한 법률상 이익을 가진 자로서 **임용권자에 대하여 3급 승진임용을 신청할 조리상의 권리가 있고,** 이러한 공무원으로부터 소청심사청구를 통해 승진임용신청을 받은 **행정청으로서는** 상당한 기간 내에 **그 신청을 인용하는 '적극적 처분'을 하거나 각하 또는 기각하는 등의 '소극적 처분'을 하여야 할 법률상의 응답의무가 있다.** 그럼에도, 행정청이 위와 같은 권리자의 신청에 대해 아무런 적극적 또는 소극적 처분을 하지 않고 있다면 그러한 행정청의 부작위는 그 자체로 위법하다(대법원 2009. 7. 23. 선고 2008두10560 판결).

6. 임기제 진급

임기제 진급이란 진급최저복무기간의 복무를 마친 영관급 장교 이상의 자에 대하여 인력운영상 필요하거나 전문인력을 필요로 하는 분야로서 대통령령이 정하는 직위에 보하기 위하여 필요한 경우에는 임기를 정하여 1계급을 진급시키는 것을 말한다(군인사법 제24조의2 제1항). 이는 군의 전문화 및 현대화 추세에 부응하기 위하여 국방전문분야별 전문인력의 육성 및 활용이 가능하도록 군인사관리체계를 마련함

56) 2010. 4. 12.자 해군인사소청심사위원회 10-1호 '진급비선발 인사소청' 소청심사의결서 참조.

으로써 군 인력운영의 효율화를 도모하기 위한 것이다.[57)]

임기제 진급제는 군 인력운용상의 탄력성을 부여하여 인력운용상의 효율화를 도모하기 위하여 임기제로 진급된 자의 임기는 **진급 후 최초 보직된 직위에서 진급일을 기준으로 2년**이며 그 임기가 만료되는 때에는 전역된다. 원칙적으로 2년의 임기를 마치고 전역하나, 1회에 한하여 그 보직에 다시 보직되거나(재보직), 당해 임기제 진급자와 병과가 같거나 동일한 전문분야의 직무를 수행하는 직위로서 유사한 계통의 직위에 전직된 경우에는 2년의 범위내에서 국방부장관이 정하는 기간동안 근무할 수 있다(군인사법 제24조의2 제2항 참조).

【군인사법 시행령】 제25조의2(임기제 진급대상 직위 등)

① 법 제24조의2 제1항에서 "인력운영상 필요하거나 전문인력을 필요로 하는 분야로서 대통령령이 정하는 직위"라 함은 다음 각호의 1에 해당하는 직위를 말한다.

1. 별표 1에서 정하는 직위[58)]
2. 기타 인력운영상 필요하거나 전문인력을 필요로 하는 분야로서 임기제 진급대상 직위로 정하여야 할 불가피한 사유가 있다고 판단되어 국방부장관이 기획재정부장관 및 행정안전부장관과 협의하여 정하는 직위[59)]

임기제 진급자의 임기 2년은 원칙적으로 보장된다고 할 것이나 임기 만료전에 그 직위에서 해면되는 경우 또는 스스로 전역지원서를 제출한 경우에는 잔여 임기가 보장되는 것은 아니다.[60)] 또한 임기제 진급자의 임기에 대하여 국방부장관이 재보직

---

57) 임천영, 군인사법, 법률문화원, 2007. 제484면 ; 육군본부 법무실 법제과-78(2004. 6. 18.) '임기제 진급 관련 법령질의 회신' 참조.

58)

[별표 1] 〈개정 2009.12.21〉

임기제 진급대상직위(제25조의2 관련)

	직 위	
육군	· 국군기무사령관 · 국군기무사령부 참모장 · 국군기무사령부 제100부대장 · 국방시설본부장	· 합동참모본부 지휘통신참모부장 · 육군종합군수학교장 · 육군사관학교 교수부장 · 국군의무사령관
해군	· 국군기무사령부 제102부대장 · 해군본부 감찰실장 · 해군본부 작전훈련처장	· 국방대학교 부총장 · 해군본부 해병보좌관 · 해군교육사령부 참모장
공군	· 국군기무사령부 제103부대장 · 공군방공포병사령관	· 공군군수사령부 군수관리단장 · 방위사업청 계획지원부장

59) 이 직위로는 국방무관 20개 직위가 있다. ; 임천영, 군인사법, 법률문화원, 2007. 제486면 각주 124) 참조.

수행한도를 정한 기간은 당해 진급자가 최대로 보직을 수행할 수 있는 기간으로 보아야 할 뿐, 위 기간내에 임기제 진급자의 임기가 절대적으로 보장되는 것은 아니다. 그런데 합참의장이나 각군 참모총장은 그 직에서 해면되면 현역에서 전역되는 명문의 규정이 있으나,[61] 이들 이외의 **임기제 진급자의 경우에는 이와 같은 규정이 없어 이들에 대한 보직이 해임된 경우**에 문제가 발생한다. 즉, 보직해임이 이루어진 때에 바로 별도의 절차를 거치지 않고 당연전역 되는 것인지, 전직 재보직 된 경우 국방부장관이 정한 기간 내에 다시 재보직 또는 전직이 가능한지 등의 문제가 발생한다.

이에 대하여 **1설은** 합참의장 또는 각군 참모총장 이외의 임기제 진급자의 경우 보직해임 된 경우 당연 전역된다는 명문의 규정이 없어 일반적인 전역절차에 의하여야 한다. 다시 말해서 군인사법 시행령 제17조의2에 의하면 임기전에 보직해임 된 장교로서 3개월이 경과하여도 보직되지 못하면 현역복무부적합심사의 대상이 되는 바, 이 절차를 통하여 전역시기가 결정된다고 한다.[62] **그러나 이러한 해석은 임기제 진급제도의 취지 및 관계 법령을 잘못 해석한 것으로 받아들일 수 없다.** 이 논의는 두 가지로 경우를 나누어야 한다. 첫째 임기제 진급을 통하여 1차 보직을 부여받은 자가 보직해임된 경우와 둘째, 재보직 또는 유사한 계통에 전직된 자가 보직해임된 경우로 나누어 설명되어져야 한다.

먼저 1차 보직을 부여받은 자가 보직해임 된 경우이다. 임기제 진급지도는 국방전문분야별 전문인력의 육성 및 활용화를 통한 군 인력운영의 효율화를 도모하는 한편, 군 인력운용상의 탄력성을 부여하기 위하여 그 임기를 2년으로 한정하고 있지만 1회에 한하여 재보직 또는 유사계통에 전직될 수 있는 예외를 인정하고 있는 점을 종합해 볼 때 1차 보직을 부여받은 자는 비록 일정한 사유로 인하여 1차 보직이 해

60) 육군본부 법무감실, 법제과-18501-030059(2003. 4. 12.) '임기제 진급에 관한 질의 회신'

61)

> 【군인사법】 제18조
> ④ 합참의장에 대하여는 임기동안 제8조 제1항 제1호의 규정에 의한 연령정년을 적용하지 아니하며, 그 직에서 해면되거나 그 임기가 종료된 때에는 현역에서 전역된다.
> 【군인사법】 제19조
> ④ 참모총장은 그 직에서 해면되거나 그 임기가 종료된 후 합참의장으로 전직되지 아니하는 한 전역된다.

62) 육군본부 법무감실 법제과-78(2004. 6. 18.) '임기제 진급관련 법령결의 회신'

임된 경우 1회에 한정되지만 재보직 또는 전직의 인사기회가 있다. 따라서 인사권자는 보직을 다시 부여하지 않음으로써 자동전역하도록 할 것인지, 2년의 범위내에서 기간을 정하여 재보직 또는 전직을 통하여 보직을 부여할 것인지 인사선택권이 주어져 있다고 본다. 후자의 경우에도 그 기간이 만료되면 당연히 전역되는 것으로 별도의 현역복무부적합심사위원회 등의 절차를 거칠 필요가 없다.

다음으로 재보직 또는 전직된 자가 보직해임 된 경우를 살펴보자. 이 경우에는 임기제 진급자의 경우 1회에 한하여 재보직 또는 전직이 가능하므로 재보직 또는 전직된 자가 보직 해임된 경우에는 비록 잔여기간이 있더라도 더 이상 다시 보직을 부여하거나 유사 계통으로 전직시킬 수 없으므로 자동전역된다고 보아야 한다. 그러므로 이 경우에도 별도의 현역복무부적합심사위원회와 같은 별도의 절차를 거칠 필요없이 자동 전역된다할 것이다.

7. 현역복무부적합전역

가. 서 설

현역복무부적합제도란 능력의 부족으로 당해 계급에 해당하는 직무를 수행 할 수 없는 자와 같이 대통령령으로 정하는 일정한 사유로 인하여 형역복무에 적합하지 아니한 자를 전역심사위원회의 심의를 거쳐 현역에서 전역시키는 제도를 말한다(군인사법 제37조). 이 제도는 군인의 직무를 수행할 적격을 갖추지 못한 자를 직무수행에서 배제함으로서 군조직 운영의 효율성을 높이고자 하는 인사상의 제도로서 일반사회질서를 해친 자에 대한 형사적 처벌이나 군 내부에서 군율을 어긴 자에 대한 제재적 성격을 가지는 징계제도와는 그 제도적 취지에 있어서 차이가 있다.

현역복무부적합제도는 위 규정에 열거된 경우 해당 공무원이 직무를 수행하는 것이 부적합하다고 판단되는 경우 신분을 박탈하여 직무를 담당하지 못하게 함으로써 공무의 공정성과 적정성을 도모하고, 공무원 개인은 물론 국민에 대한 봉사조직인 군에 대한 국민의 신뢰를 잃지 않도록 규정한 것이다. 그런데 군인사법 제37조 및 동법 시행규칙 제57조 규정에 의하면 약식명령의 경우가 아닌 한 정식재판에 의한 선고유예나 벌금형을 받은 경우에도 현역복무부적합조사위원회에 필요적으로 회부하여 현역복무부적합자 기준에 해당여부를 조사하게 되어 있는 바, 허당 공무원이 **어떤 유형의 범죄를 저질렀는지를 불문하고 일률적으로 그 신분을 박탈할 수 있는 현역복무부적합조사위원회에 회부되어야 하는 것은 문제가 있다.**[63)]

예를 들면 어느 한적한 시골의 도로를 운전하는 모 상사가 해 질 무렵 길 건너 이웃집에 놀러가기 위해 무단 횡단하는 할머니를 미처 발견하지 못하고 치어 16주의 상해를 발생하였다. 마침 그 상사는 과거 다방에 다니던 배우자가 이혼을 요구하며 고액의 위자료 청구 소송에 계류 중이고 초등학교 2학년, 5학년, 그리고 이제 4살 된 아들이 있어 생활고에 허덕이고 있다. 물론 그가 이용하던 차는 산골에서 근무하는 동생을 안타까워하며 그 형이 준 18년 된 부보되지 않은 차이다. 생활고에 허덕이는 그에게 합의는 물론 불가능했고 결국 그는 전방주시의무태만으로 인한 업무상 과실치상인 교통사고처리특례법위반으로 벌금형을 선고 받고 확정되었다. 과연 이 상사를 현역복무부적합조사위원회에 회부하는 것이 타당한지, 나아가 신호위반이라는 10대 과실에 포함되어 교통사고처리특례법위반으로 정식재관에서 벌금 100만원을 선고 받고 확정된 것과 국토수호라는 군의 본연의 기능을 수행하는 것과 무슨 연관이 있는지 의문이다.

현대사회를 살아가면서 자동차는 생활의 필수품이라고 해도 과언이 아닐 것이다. 그리고 자동차를 이용하는 사람은 언제 어디서나 자동차와 관련된 가해자 또는 피해자로 될 개연성을 가지고 있다. 그렇다면 우리 가운데 누구든지 현역부적합조사위원회에 회부 될 개연성을 가지고 있다. 과연 타당한 규정인지를 고민해 볼 여지가 있다. 범죄유형과 죄질의 경중, 그 범죄와 공무와의 관계, 그 범죄로 인한 공직사회의 기강에 미칠 파장, **국토수호라는 특수한 임무를 수행하는 군이라는 조직의 특수성 등을 고려하지 않고 일률적으로 조사위원회에 회부하는 것은 직업공무원지도의 본질을 침해하고 공무원의 직업의 자유, 행복추구권 등을 침해하는 위헌적 요소를 가지고 있는 규정으로서 실체적 적법성 결여로서 적법절차원칙**[64)]**에도 위반될 여지가 있다**고 본다.

---

63) 이에 관한 자세한 내용은 김방호, 2006. 4분기 군사법논문, “현역복두부적합제도에 대한 법적 검토”를 참조하기 바란다.

64) 적법절차원칙과 관련하여 헌법재판소는 “헌법 제12조 제3항 본문은 동조 제1항과 함께 적법절차원리의 일반조항에 해당하는 것으로서, 형사절차상의 영역에 한정되지 아니하고 입법, 행정 등 국가의 모든 공권력의 작용에는 절차상의 적법성뿐만 아니라 법률의 실체적 내용도 합리성과 정당성을 갖춘 실체적인 적법성이 있어야 한다는 것을 헌법의 기본원리로 명시하고 있다.”고 누차 판시하였다(헌법재판

이를 위해 **입법론으로** 유죄판결을 받은 자를 현역복무부적합심사위원회에 **필요적 회부하기 보다**는 일정한 범죄 예를 들면 뇌물수수, 업무상 횡령, 강도, 강간 등 직무와 관련된 범죄이거나, 간부로서 자질이 없다고 인정되는 범죄로 한정하여 현역복무부적합심사위원회에 회부하는 방안과 지휘관이 죄의 유형, 동기 등을 참작하여 현역복무부적합 조사 여부를 결정할 수 있도록 개정하는 것이다.[65]

나. 관련 규정

1) 군인사법 제37조(원에 의하지 않은 전역 및 제적)

군인사법 제37조는 제1항에서 심신장애로 인하여 현역복무에 부적합한 자, 대통령령으로 정하는 현역복무에 적합하지 아니한 자, 동일 계급에서 2회 진급낙천당한 장교, 병력 감축 또는 복원시에 있어서 병력 조정상 전역시킬 필요가 있다고 인정된 자[66]를 현역부적합 대상자로 규정하고 있다.

2) 군인사법 시행령 제49조(현역복무에 적합하지 아니한 자의 전역)

동법 시행령 제49조 제1항은 법 제37조 제1항 제2호에 규정된 현역복무에 적합하지 아니한 자를 크게 네 가지로 세분화하고 있다. 다시 말해서 ① 능력의 부족으로 당해 계급에 해당하는 직무를 수행할 수 없는 자, ② 성격상의 결함으로 현역에 복무할 수 없다고 인정되는 자, ③ 직무수행에 성의가 없거나 직무수행을 포기하는 자, ④ 기타 군 발전에 저해되는 능력 또는 도덕상의 결함이 있는 자로 규정하고 또한

소 1992. 12. 24. 선고 92헌가8 결정 등 참조).

65) 임천영, "군인의 신분보장제 개선방안에 관한 연구", 경희대 경영대학원 석사학위논문, 2006. 제122면, : 김근환, "우리나라의 지방공무원 신분보장제도에 관한 연구", 청주대 석사학위논문, 1991. 제69면 참조.

66) 이는 국가공무원법 제70조 제1항 제3호의 조직의 개편 등 불가피한 경우에 한하여 공무원의 귀책사유 없이 직권면직을 인정한 것이 임명권자의 자의에 의한 면직을 인정한 것이 되어 입법형성권을 벗어나 직업공무원제도의 본질을 침해하는 위헌적인 규정이 아닌지에 대하여 우리 헌법재판소는 1989.12. 18. 89헌마32 국가보위입법회의법 등의 위헌여부에 관한 헌법소원 등에서 "소속 공무원의 기책사유 또는 조직의 운영 및 개편상 불가피한 경우 외에 임명권자의 자의적 판단에 의하여 불이익한 인사조치를 하는 것은 직업공무원제도의 본질적 내용을 침해하는 것이다"고 결정함으로써 국가공무원법 제70조 제1항 제3호를 위헌의 입장이 아니다.

그러나 제도보장의 헌법적 의미가 기본권보장과 다르게 제도의 본질적 내용을 침해하지 않은 최소한의 보장임을 고려하더라도 공무원의 지위를 박탈하는 효과를 가져오는 현역복무부적합제도는 국가조직의 구조조정이 더 경미한 수단인 감봉이나 전보 등을 통해서도 불가능한 경우에 한하여 모든 수단을 강구해 보고 최후의 수단으로서 활용되어야 하고 그 과정에서 인사권자의 자의가 개입하지 말아야 한다.

제2항에서 현역복무에 적합하지 아니한 자의 기준 및 심사 기타 필요한 사항은 국방부령으로 다시 위임하고 있다. 동법 시행규칙 제56조에서는 현역복무부적의 기준에 대하여 시행령 제49조를 다시 보다 구체적으로 세분화하고 있으며 시형규칙 제57조는 현역복무부적합 사유에 대하여 열거하고 있다.

다. 현역복무부적합제도와 직업의 자유

현역복무부적합조사위원회에 필요적 회부사유에 정식재판에서 벌금형, 자격정지, 자격상실의 선고를 받은 자로 모든 범죄를 포함하고, 누구에게나 상존하는 교통사고에 대한 과실범에 대해서까지도 당해 공무원에게 일률적으로 현역복무부적합조사위원회에 회부하도록 한 것은 헌법 제37조 제2항의 비례의 원칙에 위반되어 직업의 자유를 과도하게 침해하고 있는지를 살펴보기로 한다.

비록 공무원에게는 일반국민에 비하여 더 높은 윤리성과 준법성이 요구되며 공무집행 및 행정의 공정성과 그에 대한 국민의 신뢰 등의 관점에서 현역복무부적합제도가 일반적으로 필요하고 그 당위성이 인정된다고 하더라도, 그로 인한 기본권의 침해는 목적을 달성하기 위하여 필요한 최소한의 범위에 그쳐야만 합헌성이 인정될 수 있다. 그럼에도 불구하고 형사사건의 성격을 묻지 아니하고, 즉 고의범이든 과실범이든, 법정형이 무겁든 가볍든, 범죄의 동기가 어디에 있든지를 가리지 않고, 생계의 수단이자 개성을 발휘하고 있는 삶의 터전인 평생직장을 박탈할 수 있는 필요적으로 현역복무부적합조사위원회에 회부하도록 규정하고 있다. 이로써 당사자가 공무원으로서 계속적인 업무활동을 하는데 문제가 있는지 혹은 공무의 공정성을 저해하고 국민의 불신을 불러일으킬 우려가 있는지 등 임면권자가 현역복무부적합처분을 행함에 있어서 구체적인 경우에 따라 개별성과 특수성을 고려할 수 있는 여지를 완전히 없애 버렸다.

따라서 본 규정은 방법의 적정성, 피해의 최소성, 법익의 균형성을 갖추고 있지 못하므로 헌법 제37조 제2항의 비례의 원칙에 어긋나서 헌법 제15조의 직업선택의 자유를 침해할 여지가 있다고 본다.[67]

---

67) 우리 헌법재판소도 입법자가 임의적 규정으로도 법의 목적을 실현할 수 있는 경우에 구체적 사안의 개별성과 특수성을 고려할 수 있는 가능성을 일체 배제하는 필요적 규정을 둔다면 이는 비례의 원칙의 한 요소인 "최소침해성의 원칙"에 위배된다는 것을 이미 여러 차례 확인하였다(헌법재판소 1995. 2.

라. 평등권 침해 여부

우리 헌법 제11조는 인간으로서의 존엄과 가치를 그 핵으로 하는 기본권의 동화적 통합효과를 증대시키기 위해서 누구든지 성별, 종교, 또는 사회적 신분에 의하여 정치 경제적 사회 문화적 생활의 모든 영역에서 차별을 받지 아니한다고 규정하고, 모든 생활 영역에서 균등하게 참여할 수 있는 기회를 보장함으로서 기본권실현의 방법적 기초가 어디에 있으며, 기본권 실현의 방향이 어떠해야 하는지를 제시하고 있다. 즉 평등권이라 함은 모든 국민에게 여러 생활영역에서 균등한 기회의 보장과 자의금지를 그 내용으로 한다.[68]

헌법에 규정된 차별대우사유와 생활영역은 하나의 예시규정에 불과하고, 차별대우금지의 효과는 구체적으로 차별입법의 금지, 행정재량권의 한계, 조세평등의 원칙, 교육의 기회균등, 종교 평등, 병역 평등 등으로 나타난다. 그러나 차별대우금지는 합리적인 사유와 기준에 의한 차별 대우까지 금지하는 것은 아니다. 그렇다면 직업군인을 타 직역의 공무원과 달리 정식재판에 의한 벌금형이나 선고유예가 내려지면 필요적으로 현역복무부적합자로 조사 받아야 하는 것이 합리적인 사유와 기준에 의한 것인지가 문제된다.

평등위반 여부를 심사함에 있어 엄격한 심사척도에 의할 것인지, 완화된 심사척도에 의할 것인지는 입법자에게 인정되는 입법형성권의 정도에 따라 달라지게 될 것이나, 헌법에서 특별히 평등을 요구하고 있는 경우와 차별적 취급으로 인하여 관련 기본권에 대한 중대한 제한을 초래하게 된다면 입법형성권은 축소되어 보다 엄격한 심사척도가 적용되어야 할 것이다.[69] 분설하면, 첫째 헌법이 차별의 근거로 삼아서는 아니되는 기준 또는 차별을 금지하고 있는 영역을 제시하고 있음에도 그러한 기준을 근거로 한 차별이나 그러한 영역에서의 차별의 경우, 둘째 차별적 취급으로 인하여 관련 기본권에 대한 중대한 제한을 초래하게 되는 경우를 들고 있는바[70] 군인이라는 공무원이 다른 직역의 공무원과 다르게 정식재판에 의해 벌금이나 선고유예가 확정

---

23. 93헌가1, 판례집 7-1, 제130면 및 1995. 11. 30. 94헌가3, 판례집 7-2, 제550면 참조).

68) 이러한 평등의 원칙은 일체의 차별적 대우를 부정하는 절대적 평등을 의미하는 것이 아니라 입법과 법의 적용에 있어서 합리적인 근거가 없는 차별을 하여서는 아니된다는 상대적 평등을 뜻하고 따라서 합리적인 근거가 있는 차별 또는 불평등은 평등의 원칙에 반하는 것이 아니다(헌법재판소 1998. 9. 30. 98헌가7 등).

69) 헌법재판소 1999. 12. 23 - 헌재공보 제41호 98헌마363 - 제대군인지원에관한법률제8조제1항등위헌확인.

70) 헌법재판소 1999. 12. 23. 98헌마363, 판례집 11-2, 770, 787. 참조.

된 경우 필요적으로 현역복무부적합 심사의 대상이 되고 나아가 심의를 거쳐 부적합이라는 처분은 직업을 박탈하는 직업의 자유라는 기본권의 중대한 제한을 초래하게 되는 경우에 해당된다. 따라서 평등위반심사에 있어 엄격한 심사척도가 적용되어야 할 것이다.

일반 근로자 및 타 직역의 공무원과 달리 현역인 군인의 경우, 현역복무부적합조사위원회에 필요적 회부사유에 정식재판에서 벌금형, 자격정지, 자격상실의 선고를 받은 자로 모든 범죄를 포함하고, 누구에게나 상존하는 교통사고에 대한 과실범에 대해서까지도 당해 공무원에게 일률적으로 현역복무부적합조사위원회에 회부하도록 한 것은 차별취급을 통하여 달성하려는 입법목적인 군인의 직무를 수행할 적격을 갖추지 못한 자를 직무수행에서 배제함으로서 군조직 운영의 효율성을 높이고자 하는 공익의 비중에 비하여 차별로 인한 불평등의 효과가 극심하므로 본 제도는 차별취급의 비례성을 상실하고 있다. 이로 인하여 헌법이 강도 높게 보호하고자 하는 직업공무원제도 및 신분보장이라는 헌법적 가치를 침해하고 있다. 그러므로 법익의 일반적, 추상적 비교의 차원에서 보거나, 차별취급 및 이로 인한 부작용의 결과가 위와 같이 심각한 점을 고려한다면 본 제도는 법익균형성을 현저히 상실한 제도라는 결론에 이르지 아니할 수 없다.

마. 위임입법상의 문제

위임명령이라 함은 헌법을 근거로 법률에서 위임한 사항에 관하여 구율하는 법규명령을 말한다. 위임명령은 법률에서 위임받은 사항에 관하여 국민의 권리의무에 관해서도 규율할 수 있고 대외적 일반적 효력을 갖는 법규범이기 때문에 국민의 기본권에 매우 심각한 영향을 미칠 수 있다. **위임명령의 제정에 있어 본질성이론**에 따라 일반적 포괄적 위임입법이 금지되는 이유도 여기에 있다. 우리 헌법 제75조는 위임명령은 "구체적으로 범위를 정한" 개별적 구제체적인 사항에 관한 것이어야 한다고 위임명령의 한계를 명시하고 있다.

국민주권주의, 권력분립주의 및 법치주의를 기본원리로 하고 있는 우리 헌법하에서 국민의 헌법상 기본권 및 기본의무와 관련된 중요한 사항 내지 본질적인 내용에 대한 정책형성기능은 원칙적으로 주권자인 국민에 의하여 선출된 대표자들로 구성되는 입법부가 담당하여 법률의 형식으로 이를 수행하여야 함이 원칙이다. 그리고 법률에 이미 대통령령으로 규정될 내용 및 범위의 기본사항이 구체적으로 규정되어 있어야 함이 원칙이다. 포괄위임 판정여부의 기준이 되는 예측가능성의 유무는 당해 특정조항 하나만을 가지고 판단할 것은 아니고 관련 법 조항 전체를 유기적, 체계적으로 종합 판단하여야 할 것이며, 법률조항과 법률의 입법취지를 종합적으로 고찰할 때 합리적으로 그 대상을 예측할 수 있는 경우라면 위임입법의 한계를 일탈하였다고 볼 수 없을 것이다.[71]

군인사법 제37조 제1항은 대통령령이 전하는 현역복무에 적합하지 아니한 자 등에 대해서는 심사위원회의 심의를 거쳐 전역할 수 있다고만 규정하고 있을 뿐 법상 특별히 전역절차에 관한 규정은 두고 있지 아니하고, 동법 시행규칙 제57조 제1항에서는 일정한 경우에 해당하는 자들에 대해서 조사위원회에 회부하여 현역복무부적합자 기준에의 해당여부를 조사하여야 한다고 규정하고 있다. 이 규정의 취지는 동법 제37조 제1항 제2호의 위임을 받아 현역복무에 적합하지 아니하여 전역명령처분의 대상이 되는 자들에 대해 규정하고 있는 동법 시행령 제49조 제1항 각호 소정의 추상적인 기준들을 동법 시행규칙 제56조가 각 사유별로 구체화하여 규정하고 있지만, 이 역시 본질적인 성격상 "발전성"이나 "책임감" 등과 같은 추상적인 문구의 포함을 배제할 수 없어 개별적 구체적인 사안별로 동법 시행규칙 제56조가 정한 기준들을 판단하기가 어렵다는 점을 고려하여 동법 시행규칙 제56조에의 해당여부가 문제가 되는 사안에 대해서 심사위원회의 심의에 앞서 우선 조사위원회의 조사를 거치도록

71) 헌법재판소는 1997. 10. 30. 96헌바92,97헌바25 · 32 법인세법제18조의3 제1항 제1호 위헌소원에서 "입법을 위임할 경우에는 법률에 미리 대통령령으로 규정될 내용 및 범위의 기본사항을 구체적으로 규정하여 둠으로써 행정권에 의한 자의적인 법률의 해석과 집행을 방지하고 의회입법과 법치주의의 원칙을 달성하고자 하는 헌법 제75조의 입법취지에 비추어 볼 때, '구체적으로 범위를 정하여'라 함은 법률에 대통령령 등 하위법규에 규정될 내용 및 범위의 기본사항이 가능한 한 구체적이고도 명확하게 규정되어 있어서 누구라도 당해 법률 그 자체로부터 대통령령 등에 규정될 내용의 대강을 예측할 수 있어야 함을 의미한다고 할 것이고, 그 예측가능성의 유무는 당해 특정조항 하나만을 가지고 판단할 것은 아니고 관련 법조항 전체를 유기적 · 체계적으로 종합 판단하여야 하며, 각 대상법률의 성질에 따라 구체적 · 개별적으로 검토하여야 한다. 그리고 이와 같은 위임의 구체성 · 명확성의 요구 정도는 그 규율대상의 종류와 성격에 따라 달라질 것이지만 특히 처벌법규나 조세법규와 같이 국민의 기본권을 직접적으로 제한하거나 침해할 소지가 있는 법규에서는 구체성 · 명확성의 요구가 강화되어 그 위임의 요건과 범위가 일반적인 급부행정의 경우보다 더 엄격하게 제한적으로 규정되어야 하는 반면에, 규율대상이 지극히 다양하거나 수시로 변화하는 성질의 것일 때에는 위임의 구체성 · 명확성의 요건이 완화되어야 한다."고 결정함으로써 위임입법의 한계를 명확히 제시한 바 있다.

함으로써 심사위원회의 심의에 보다 신중을 기함과 아울러 심의에 필요한 자료를 충분히 마련할 수 있도록 하자는 데 그 취지가 있다.[72)]

동법 시행령 제49조 제2항은 현역복무에 적합하지 아니한 자의 기준 및 심사 기타 필요한 사항은 국방부령으로 정한다고만 규정하고 있으며, 이에 그 위임을 받아 시행규칙 제57조가 일정한 경우 조사위원회의 조사를 거치도록, 그리고 시행규칙 제58조 제2항이 그 중 일부의 경우 조사위원회의 조사를 생략할 수 있도록 각각 규정하고 있을 뿐임을 고려하면 시행규칙 제57조와 제58조 제2항은 상위법령인 시행령 제49조 제2항의 위임을 받아 현역복무에 적합하지 아니한 자의 심사에 필요한 사항을 규정해 둔 것으로서 위 두 조항의 효력상에 어떠한 우열이 있는 것이 아니므로 시행규칙 제58조 제2항이 일정한 경우 법 시행규칙 제57조의 적용을 배제할 수 있다는 취지로 규정하고 있더라도 이것이 위임의 범위를 벗어난 것이라고 볼 수 없다고 판시한 서울행정법원 2002. 2. 8. 2001구33853 전역처분취소소송에 대한 판결은 간접적으로 법 시행규칙 제57조 역시 상위법에 위임의 범위를 벗어난 것으로 볼 수 없다고 판단하고 있음을 보여 주고 있다.

그러나 위임의 구체성 · 명확성의 요구 정도는 그 규율대상의 종류와 성격에 따라 달라진다하더라도 처벌법규나 조세법규와 같이 국민의 기본권을 직접적으로 제한하거나 침해할 소지가 있는 법규에서는 구체성 · 명확성의 요구가 강화되어 그 위임의 요건과 범위가 일반적인 급부행정의 경우보다 더 엄격하게 제한적으로 규정되어야 하기 때문에 신분박탈이라는 국민의 기본권을 직접적으로 제한하는 군인사법 및 그 시행령, 그리고 시행규칙을 살펴보면, 현역복무부적합조사위원회에 필요적으로 회부되어야 하는 사유는 중요한 사항 내지 본질적 내용에 해당하고 이에 관하여는 원칙적으로 법률에 명확하게 규정되어야 할 것이고, 그 필요성이 인정되어 하위 법규에 위임하는 경우에도 하위 법령에서 규정할 대강의 내용에 대해서는 법률에서 규정하여야 할 것이다. 그런데 대강의 기준에 관하여 아무런 규정도 두고 있지 않으며, 위 규정과 관련하여 법률의 다른 조항이나 다른 세법들의 규정을 살펴보아도 위와 같은 사유를 제시하는데 도움을 줄 만한 내용을 일체 발견할 수 없으므로 위임된 하위 법규에 규정될 내용이 어떠한 것인지에 관하여 예측하는 것이 전혀 불가능하여 위임입

72) 서울행정법원 2002. 2. 8. 2001구33853 전역처분취소; 임천영, 군인사법, 법률문화원, 2004. 제569면 참조.

법의 한계를 규정하고 있는 헌법 제75조에 위반될 여지가 있다고 본다.

바. 공무담임권

기본권의 보장 등 공익실현이라는 국가작용을 현실적으로 수행하는 공무원은 직무의 내용인 공무수행 그 자체가 공공의 이익을 위한 활동이라는 근무관계의 특수성 때문에 국가의 공적사무를 수행할 권리와 이에 따른 신분상·재산상의 부수적 권리를 향유함과 동시에 이에 상응하는 고도의 윤리·도덕적 의무를 부담한다. 따라서 헌법 제7조 제2항은 공무원이 정당한 이유없이 해임되지 아니하도록 신분을 보장하여 국민전체에 대한 봉사자로서 성실히 근무할 수 있도록 하기위한 것임과 동시에, 공무원의 신분은 무제한 보장되는 것이 아니라, 공무의 특수성을 고려하여 헌법이 정한 신분보장의 원칙 아래 법률로 그 내용을 정할 수 있도록 한 것이다. 그러나 헌법 제25조는 '모든 국민은 법률이 정하는 바에 의하여 공무담임권을 가진다.'고 하여 공무담임권을 보장하고 있고, 공무담임권의 보호영역에는 공직취임의 기회의 자의적인 배제 뿐 아니라, 공무원 신분의 부당한 박탈도 포함되는 것이다.

금고 이상의 형의 선고유예를 받은 경우에 그 유예기간 중에 있는 자는 공무원이 될 수 없고 또한 위 규정에 해당 할 때에는 당연퇴직 규정인 지방공무원법 제31조 제5호 등 위헌확인사건에 관한 헌법재판소는 합헌으로 보았다가[73] 그 후 입장을 변경하여 "공무원이 금고 이상의 형의 선고유예를 받은 경우에는 공무원직에서 당연히 퇴직하는 것으로 규정하고 있는 이 사건 법률조항은 금고 이상의 선고유예의 판결을 받은 모든 범죄를 포괄하여 규정하고 있을 뿐 아니라, 심지어 오늘날 누구에게나 위험이 상존하는 교통사고 관련 범죄 등 과실범의 경우마저 당연퇴직의 사유에서 제외하지 않고 있으므로 최소침해성의 원칙에 반한다. 오늘날 사회구조의 변화로 인하여 '모든 범죄로부터 순결한 공직자 집단'이라는 신뢰를 요구하는 것은 지나치게 공익만을 우선한 것이며, 오늘날 사회국가원리에 입각한 공직제도의 중요성이 강조되면서 개개 공무원의 공무담임권 보장의 중요성이 더욱 큰 의미를 가지고 있다. 일단 공무원으로 채용된 공무원을 퇴직시키는 것은 공무원이 장기간 쌓은 지위를 박탈해 버리는 것이므로 같은 입법목적을 위한 것이라고 하여도 당연퇴직사유를 임용결격사유와

73) 헌법재판소 1990. 6. 25. 89헌마220 결정 참조.

동일하게 취급하는 것은 타당하다고 할 수 없다. 결국, 지방공무원법 제61조 중 제31조 제5호 부분은 헌법 제25조의 공무담임권을 침해하였다고 할 것이다."[74]고 결정한 바 있다.[75]

우리 헌법 제7조 제2항은 직업공무원제를 규정한 것으로서 공무원으로 하여금 정권교체에 영향을 받지 아니하게 함과 동시에 동일한 정권 아래에서도 정당한 이유없이 해임되지 아니하도록 신분을 보장하여 국민 전체의 봉사자로서 흔들림없이 성실하게 공무를 수행할 수 있도록 하기 위한 규정이다. 한편, 공무원의 신분은 무제한 보장되는 것이 아니고 공무원의 지위 및 공무의 특수성을 고려하여 헌법이 정한 신분보장의 원칙 아래 법률로 그 내용을 정할 수 있다.

그러나 공무원의 지위 및 공무의 특수성을 고려하여 법률로서 헌법이 보장하고 있는 신분보장의 원칙 아래 법률로서 그 내용을 정한다하더라도 그 한계가 있다. 다시 말하면 제도보장이라는 측면과 기본권보장이라는 양 측면에서 헌법 제7조 제2항을 접근해야 한다는 것이다. 따라서 그 내용을 정함에 있어 반드시 직업공무원제도를 본질적 내용을 침해하여 제도를 형해화하는 입법이나. 공무담임권, 행복추구권, 인간다운 생활을 할 권리, 근로의 권리 등 직업공무원제도가 수반하는 기본권에 대한 제한이 아닌 침해하는 입법은 직업공무원제도를 규정하는 헌법정신에 반하여 위헌 법률이 될 수밖에 없을 것이다.

당연퇴직사유로서, 오늘날 누구에게나 위험이 상존하는 교통사고 관련 범죄 등 과실범의 경우나, 모든 범죄를 포괄하는 것은 비례의 원칙 중 분명히 최소침해성의 원칙에 반한다고 볼 수 있으며, '모든 범죄로부터 순결한 공직자 집단'이라는 신뢰를 요구하는 것은 지나치게 공익만을 우선한 것이며, 사회국가원리에 입각한 공직제도의 중요성이 강조되면서 개개 공무원의 공무담임권 보장의 중요성이 더욱 큰 의미를 가지는 것을 고려할 때 본 규정에 대한 헌법재판소의 태도 변화는 당연한 시대적 흐름에 순응하는 결정이었다고 판단되고 나아가 정식재판에 회부에 되어 선고유예 이상의 판결을 받은 경우 일률적 획일적으로 현역복무부적합의 사유에 포함시키는 것은 공무담임권과 충돌할 여지를 가지고 있다고 본다.

---

74) 헌법재판소 2000. 12. 14. 99헌마112 등, 판례집 12-2, 399 헌법재판소 1997. 3. 27. 96헌바86, 판례집 9-1, 325 나. 헌법재판소 1997. 3. 27. 94헌마196 등 판례집 9-1, 375 헌법재판소 1998. 5. 28. 96헌가5 판례집 10-1, 541 참조.

75) 헌법재판소 2002. 8. 29. 2001헌마788, 2002헌마173 결정.

사. 현역복무부적합제도와 해고

근로계약이란 근로자가 사용자에게 근로를 제공하고 사용자는 이에 대하여 임금을 지급함을 목적으로 체결된 계약을 말하고, 공무원인 군인도 근로기준법상의 근로자임에 틀림없다. 다만 공무원인 경우 공무의 특성상 국민의 봉사자로서 영리를 목적으로 하는 사적 단체에 속하는 일반의 근로자와 구분되어 예컨대 공무원의노동조합설립및운영등에관한법률 등 특별법이 적용되고 있지만 그 근본에는 근로기준법의 원칙적인 정신이 반영되어 있는 것이다. 현역복무부적합제도는 공법상 계약을 종료하는 것으로 사법상 근로계약을 해지하는 "사업주가 일방적으로 행하는 해고"와 유사하다고 볼 수 있다. 사법상 근로관계를 규율하고 있는 근로기준법 제30조 제1항은 "사용자는 정당한 이유없이 해고, 휴직, 정직, 감봉 기타 징벌을 하지 못한다"고 규정하여 사용자가 해고할 경우에도 근로자에게 귀책사유가 있고 그에 따른 합리적인 기준 및 일관성이 요구되는 정당한 이유를 요구하고 있다. 그렇다면 현역복무부적합처분을 하기 위해서도 그 사유와 처리기준이 일관성과 합리성을 구비해야 함은 두말할 필요가 없다.

징계해고가 정당성을 부여받기 위하여는 구체적인 사안에서 사회통념상 근로계약을 존속시킬 수 없을 정도로 근로자에게 책임 있는 사유가 있음을 요하는 것이기는 하나, 일단 해고사유에 해당되는 이상 원고의 과실 정도, 피해의 경중, 평소의 소행, 징계사유 발생 이후의 정황 등을 종합적으로 보아 해고의 상당성 여부를 판별할 수 있는 것이다.[76)]

---

76) 대법원 1991. 3. 22. 선고 90다18944 판결 참조. 유사 판례로 운수회사의 인사관리규정 또는 취업규칙에 해고사유로 규정된 '과실로 인한 중대한 사고'의 의미는 중대한 과실로 인하여 교통사고를 야기하거나 교통사고로 인하여 인명피해로서 사망자 또는 다수의 중상자가 발생하거나 물적 피해로서 피해금액이 상당한 정도에 이르는 등 그 결과가 중한 사고 등을 말한다고 봄이 상당하므로, 시내버스 운전사가 회사 주차장에서 브레이크 대신 가속페달을 밟아 동료를 사망케 하고 여러 대의 차량을 파손시킨 행위가 위 해고사유에 해당하고, 징계해고가 정당성을 부여받기 위하여는 구체적인 사안에서 사회통념상 근로계약을 존속시킬 수 없을 정도로 근로자에게 책임있는 사유가 있음을 요하는 것이기는 하나, 일단 해고사유에 해당되는 이상 근로자의 과실 정도, 피해의 경중, 평소의 소행, 징계사유 발생 이후의 정황 등을 종합적으로 보아 해고의 상당성 여부를 판별할 수 있는 것이며, 운수사업의 특성상 종사원의 중대하거나 전적인 과실로 인한 경우에만 해고사유에 해당한다고 한정하거나, 임금협정서 또는 단체협약상 해고와 직접 관련이 없는 특정 규정의 취지를 임의로 해석하여 사망사고 또는 물적 피해는 아무리 중대하더라도 독립하여 해고사유에 해당되지 않는다고 단정할 수 없고, 설사 사망사고 또는 물적 피해가 독립하여 해고사유에 해당되지 않는다고 보더라도 그러한 피해가 복합된 것이라면 이에 대한 법적 평가도 달라질 수밖에 없다고 판시한 다수 판례가 있다.

이에 대하여 대법원은 회사의 징계권의 남용 에 관하여 여부를 판단하면서 여부에 대하여 근로자의 단체협약이나 취업규칙의 위반행위 뿐만 아니라, 기타 피고 회사나 관리자들의 태도 및 피해의 정도 등을 참작하여 사회 통념상 원고와의 근로계약관계를 계속시킬 수 없을 정도로 원고에게 책임 있는 사유가 있어야 한다는 일관된 입장이다.[77]

그렇다면 회사의 취업규칙이나 인사규정에서 '고의 및 과실로 인하여 중대한 사고를 야기하여 회사에 재산상 손해를 야기한 자'를 해고할 수 있다고 규정하고 있다하더라도 근로자의 운전 중의 교통사고를 징계사유로 삼기 위하여는 단순히 그 교통사고의 결과가 중대하다는 사유뿐 아니라 교통사고를 야기한 사람의 과실의 정도, 사고의 경위, 피해상황 등을 종합하여 판단하여야 하고, 징계의 종류 중에서도 특히 해고사유로 삼기 위하여는 징계의 원인이 된 교통사고가 전적으로 또는 주로 근로자의 고의, 과실에 의하여 발생하였으며, 그것이 근로자의 업무부적격성의 징표가 되어 그 근로자로 하여금 회사에 계속 근무하게 하는 것이 다른 근로자에 대한 교육효과 및 직장의 규율과 질서유지의 측면에서 현저하게 부적당한 경우 등 그 해고를 정당화할 사정이 존재하는 경우에야 정당한 이유가 있다.

결국 교통사고처리특례법위반의 경우와 같이 공무와 직접적인 관련성도 없는 범죄행위 더군다나 고의 중과실이 아닌 경우로 인하여 정식재판에 의한 벌금형이나 선고유예를 받은 경우 필요적으로 현역복무부적합조사위원회에 회부되어 현역복무부적합으로 처리되는 것은 그 정당성을 찾기 어렵다고 판단된다.

8. 보직해임제도

가. 보직해임의 의의

1) 개 념

보직해임이란 국가공무원중 군인에게만 있는 제도로써 군인으로서의 신분은 보유하면서 보직만을 해임하는 것을 말한다.[78] 육군에서는 보직해임을 "인사권자가 부하의 비위나 직무능력 부족을 이유로 해당직위의 직무담임을 강제로 해제하는 인사조

77) 대법원 1991. 5. 28. 선고 90누6927 참조.

78) 서울행정법원 2002. 8. 23. 선고, 2002구합9919 판결.

치"라는 의미로 사용하고 있다. '보직해임'이란 용어는 군인사법 제17조 제2항 제2호의 "당해 직무를 수행할 능력이 없다고 인정되었을 경우(징계성 인사조치)"에만 사용하며, 심신장애 등 기타사유(비징계성 인사조치)로 인한 보직변경은 육규 113 제32조(전속 및 재보직의 한계)를 적용한다.[79] 장교의 보직에 대하여는 임기이전에 해임되지 않고 그 임기를 보장하는 것이 원칙이나, 보직을 감당할 수 없는 특별한 사유가 있는 경우에는 임기 이전이라도 해임할 수 있도록 하려는 것이다. 그런데 군인사법은 장교의 보직해임에 대해서만 명문의 규정이 있을 뿐 **부사관의 보직해임에 대한 아무런 규정이 없다.** 때문에 현재 부사관 보직해임에 있어서는 각군 규정에 근거하여 군인사법상의 장교보직해임절차를 유추적용하여 운영되고 있다. 그런데 군인사법은 군인의 신분을 장교와 준사관, 그리고 부사관, 각 후보생, 병으로 신분을 명확히 구분하고 있다(군인사법 제2조). 따라서 부사관의 보직해임을 장교의 보직해임의 명문규정을 유추적용하여 보직해임절차를 운영하는 현행의 인사실무는 문제가 있다고 본다. 조속하게 **입법적으로 해결되어야 할 문제이다.**[80]

관련법규로는 군인사법 제17조 동법 시행령 제17조의2, 사고처리신상필벌기준(국방부훈령 제702호, 2002. 3. 19.) 각군 규정[81] 장교보직해임시행방침(육방침 06-43호 2006. 8. 18.), 공군의 보직해임자 인사관리 지침[82] 등이 있다.

2) **법적성질**

현행 군인사법상 징계처분에 대하여는 징계벌목이 법정화 되어 있으므로 **보직해임은 징계처분의 일종은 아니다.** 즉 보직해임은 징계처벌이 아니라, 인사권자에게 비위자에 대한 적시적인 인사조치를 보장하는 수단이며, 징계나 형사처벌 전후에 행하는 인사권자의 인사조치다. 따라서, 인사권자는 보직해임 조치와 별도로 보직해임된 자의 비위사실에 대하여는 형사처벌, 징계 또는 현역복무 부적합 사유에 해당될 경우에는 현역복무 부적합 조사위에 회부하여야 한다. 일반적으로 보직해임은 징계 또는

---

79) 임천영, '군인사법상 보직해임', 법조, 제53권 제3호, 2004. 247면.

80) 준사관의 경우도 마찬가지이나 준사관은 장교의 신분에 준하는 법적 지위를 가지는 바 부사관의 경우와는 다른 측면이 있다.

81) 육군규정 113 장교보직관리규정(2006. 7. 1.) ; 육군규정 118 부사관보직관리규정 ; 공군규정2-7 장병 및 군무원 인사관리(2006. 8. 1.) ; 해군규정3-11 보직규정(2006. 10. 24.)

82) 공군 인사관 33144-5082('99. 8. 4.) 보직해임자 인사관리 지침.

형사처벌, 현역복무부적합조사위원회에 회부되기 전의 사전단계에서 행해지는 경우가 대부분이다.

보직해임 처분은 징계와 휴직과는 다른 처분이다. 보직해임과 징계는 법적 기초·사유·절차 등에 있어서 차이가 있다. 보직해임은 특별한 사전절차를 거침이 없이 일시적으로 보직을 해임하여 직무에 종사하지 못하도록 하는 처분이나, 징계는 군인의 비위행위에 대하여 행정질서유지를 목적으로 소정의 절차를 거쳐 과하여지는 징벌이라는 점에서 구별된다. 따라서 **보직해임을 한 후에 징계처분을 하여도 일사부재리의 원칙이나 이중처벌금지의 원칙에 저촉되지 아니한다.** 보직해임과 휴직은 군인의 신분은 유지하면서 직무수행의 의무를 해제하는 외형적 효과는 같으나, 그 법적기초·절차·복직보장 등에 있어서 차이가 있다. 보직해임 처분은 보직권자의 재량행위이다. 또한 보직해임 처분은 진급과 보직에 있어서 불이익을 당하기 때문에 대표적인 침익적(侵益的) 행정행위로서 불이익처분에 속한다.[83]

보직해임제도는 징계제도와 달리 시효제도에 대한 특별한 규정을 두고 있지 않다. 그렇다면 **보직해임사유에도 시효제도가 적용되는지 문제된다.** 징계처분의 경우에는 징계사유가 있어도 일정기간이 경과되면 징계를 할 수 없다는 징계시효제도를 특별히 규정하고 있는 반면에 보직해임제도는 시효에 관한 규정이 없는 것으로 보아 보직해임 사유에 대하여는 **시효가 적용되지 않는다**(대법원 1968. 1. 11. 선고 67구174 판결)고 보는 것이 타당하다.

대법원 판례

직위해제는 일반적으로 공무원이 직무수행능력이 부족하거나 근무서적이 극히 불량한 경우, 공무원에 대한 징계절차가 진행중인 경우, 공무원이 형사사건으로 기소된 경우 등에 있어서 당해 공무원이 장래에 있어서 계속 직무를 담당하게 될 경우 예상되는 업무상의 장애 등을 예방하기 위하여 일시적으로 당해 공무원에게 직위를 부여하지 아니함으로써 직무에 종사하지 못하도록 하는 잠정조치로서의 보직의 해제를 의미하므로 과거의 공무원의 **비위행위에 대하여 기업질서 유지를 목적으로 행하여지는 징벌적 제재로서의 징계와는 그 성질이 다르다**(대법원 2003. 10. 10. 선고 2003두5945 판결).

83) 임천영, 군인사법, 법률문화원, 2007. 제249면, 참조.

나. 보직해임의 사유

1) 관련 규정

【군인사법】 제17조(임기)

제2항 장교는 임기 이전에 보직변경 또는 보직해임되지 아니한다. 다만, 다음 각호의 어느 하나에 해당하는 경우에는 그러하지 아니하다. 〈개정 1994.12.31, 2005.3.31〉

1. 상위의 직위에 보직되는 경우
2. 심신장애로 인하여 직무를 수행하지 못하게 되었을 경우
3. 당해 직무를 수행할 능력이 없다고 인정되었을 경우
4. 전투작전상 필요한 경우

군인사법 제17조 제2항에서는 보직해임의 사유로 심신장애로 인하여 직무를 수행하지 못하게 되었을 경우와 당해 직무를 수행할 능력이 없다고 인정되었을 경우를 정하고 있다. 보직해임 된 자는 진급시 감점 적용대상자가 되고 본인의 의사에 반하여 직위를 부여하지 않음으로써 직무에 종사하지 못하도록 하기 때문에 **진급과 보직에 있어서 불리한 '처분'이므로 보직해임처분은 인사소청의 대상이 된다.** 따라서 보직해임 처분이 있음을 안 날로부터 30일 이내에 이에 대한 심사를 청구할 수 있다. 직무수행능력 유무에 대한 판단은 **재량행위**에 속하지만 재량행위가 남용되거나 일탈된 경우에는 위법의 문제가 발생할 수 있다.

보직해임 사유에 해당하는지의 여부에 대하여는 보직권자의 판단에 맡길 수밖에 없으나 주로 사건사고와 관련되거나 본인이 업무상 과오로 인하여 보직해임 될 수 있다.

그렇다면 앞에서 살펴본 보와 같이 일정한 사유에 근거한 보직해임을 어느 시기에 할 수 있는지가 문제된다. 예를 들어 구속 기소되어 휴직된 장교에 대해 어느 시점에서 보직권자는 대상자를 보직해임심의위원회에 회부하여 보직해임을 결정할 수 있는지가 문제된다. **원칙적으로 인사권자가 보직해임을 할 필요가 있다고 판단하는 시점에 언제든지 보직해임을 할 수 있으나,** 보직해임은 진급과 보직에 있어서 불리한 처분이고 보직해임에 있어서도 '무죄추정의 원칙'을 완전히 배제할 수 없는 바, 검찰의 기소처분은 형사피고인의 범죄가 유죄판결의 정도는 아니나 어느 정도 객관화되는 단계에 이르렀다고 판단되고 구속기소된 경우 재판의 확정 전까지 업무수행의 공백은

불가피하므로 이러한 업무수행의 공백을 방지하기 위하여 인사권자의 적시적인 인사조치를 보장하여야 한다는 점에서 **검찰의 기소단계 후에는** 보직해임 여부를 결정하는 것이 바람직하다.[84)]

【보직해임의 사유 구체적인 예】
① 현역복무 부적합자 처리 기준에 해당될 경우 ② 군인사법 제48조의 휴직사유 중 행방불명된 자와 형사사건으로 기소된 자 ③ 국방부 훈령 사고처리신상필벌기준에 의하여 사고대책위원회로부터 보고 및 통보를 받은 관할 부대장은 사고자 또는 사고 관련자에 대하여 보직해임을 할 필요가 있다고 판단된 경우,[85)] ④ 징계혐의자, 형사사건으로 수사 중인 자, 감사원 감사로 인하여 비리 혐의가 인정되어 지휘관이 보직해임의 필요성이 인정된 경우 ⑤ 기타

보직해임처분은 공무원의 공무담임권을 제한하는 침익적 행정행위이므로 신중하고 엄격한 절차를 의해 이루어져야 한다. 그런데 보직해임제도가 종종 파견명령제도를 통하여 무의미해지는 경우가 있다. 다시 말해서 **형식은 파견명령이나 실질적으로는 보직해임인 경우가 있다.** 일정한 직위에 종사하는 사람에게 비편제 직위에 파견명령을 내고 후임자를 직무대리 또는 파견명령을 통해 직위를 수행하게 하는 경우가 있다. 그러나 이는 보직해임해임제도를 형해화하여 공무담임권을 보장하는 헌법정신을 무시하고 나아가 개인의 기본권을 침해하는 것으로 위법 부당한 처분에 해당하여 취소 또는 무효사유에 해당한다고 본다.

다만, 당사자가 자발적으로 전역지원 및 직업보도반 입교 신청서를제출한 상태에서 지휘관이 파견명령제도를 통하여 비편제 보직을 부여한 것으로 대대장직을 유지

84) 육군본부 법무실 법제과, 2010. 5. 14.자 '보직해임관련 법무질의 회신'.

85) **사고처리신상필벌기준**(국방부훈령 제702호, 2002. 3. 1)에 의하면 안전사고, 군기사고, 보안사고 발생시에는 사고대책위원회를 설치하며 사고대책위원회에서는 사고자와 사고관련자에 대하여 문책범위를 심의할 수 있고 사고자 및 사고관련자에 대하여 문책범위를 심의할 수 있다. 심의과정에서 이들에게 소명의 기회가 보장된다. 사고대책위원회로부터 심의결과를 통보받은 관할부대장은 사고자와 사고관련자에 대하여 보직해임 결정을 할 수 있도록 규정하고 있다. 사고대책위원회는 사고발생부대보다 2단계 이상의 상급부대(2단계 이상의 부대가 없는 경우에는 차 상급부대, 차 상급부대가 없는 경우에는 당해 부대)에 설치하고 위원장 및 위원은 4인 이상 7인 이내로 구성한다. 위원회 설치부대장은 위원장 및 위원을 임명하고 법무장교가 있는 부대에서는 위원 중 1인을 반드시 법무장교로 하여야 한다.

한 상태로 실질적인 대대장직을 수행하지 못하지만 대대장직과 비편제 보직을 겸임한 상태로 보직해임에 따르는 인사상의 불이익을 수반하지 않으며 정상적인 부대관리를 위한 지휘관의 인사재량권의 범위내라고 평가할 수 있을 것이다. 그러나 전역지원 및 직업보도반 입교 신청서 제출과정에서 당사자를 기망하였다거나 강요한 경우에는 실질적인 보직해임으로 보아야 할 것이다.

【소청 사례】 86)

소청취지 : 피소청인이 소청인에게 한 2010. 3. 8.자 보직해임처분을 취소한다.

소청이유 : 소청인은 2009. 12. 3.부로 00사단 00대대장으로 보직되어 근무해오던 중 지휘관이 대대장 임무수행의 어렵다고 자의적으로 판단 대대장직을 그만두고 편제에 없는 사단 연구관으로 보함으로써 보직해임을 하기 위해서는 **보직해임심의위원회의 심의 의결절차를 거쳐야 하는바 이러한 절차를 위반하고 보직을 해임하였고** 이미 대대장직을 그만 둔 이후의 비행사실에 근거하여 현재의 보직인 연구관이 아닌 대대장직위의 보직을 해임한 것은 중대한 절차의 위법이 있어 무효 또는 취소되어야 한다고 주장한다.

결정 : 파견근무명령이 보직해임에 해당하는지에 관하여

소청인은 대대장직을 사단장이 비편제 사단 연구관(유해발굴요원)으로 파견한 것은 결국 실질적인 대대장에 대한 보직해임이며 결국 이러한 경우 보직해임후 7일 이내에 보직해임심의위원회의 심의 의결을 거쳐야 하는데 피소청인은 2010. 3. 22. 보직해임심의위원회를 거친 것으로 군인사법 제17조 제3항을 위반한 것이라고 주장한다.

이에 대하여 살펴보건대, 소청인은 2010. 3. 5. **전역지원 및 직업보도반 입교신청을 자진하여 이미 제출한 상태에서** 직업보도반 입교시까지 소청인의 편의를 위하여 사단 연구관으로 파견하여 사회적응을 돕기위한 배려 차원에서 이루어진 파견명령은 소청인에게 보직해임이라는 인사상 불이익이 수반하지 않는 **겸임상태**라고 판단되고 이 상태에서 이루어진 대대장에 대한 보직해임조치는 지휘관이 부대관리를 위한 **적정한 인사재량권의 범위 내**라고 판단되고 달리 보직해임으로 볼 수 있는 사정에 관한 입증이 없어 이에 대한 소청인의 주장은 이유없다.

관련 판례

사례 1. 대대장이 소속 군단장에게 개인적인 고충과 더불어 연대장에 대한 불만을 토로하면서 군 발전을 위하여 연대장의 전역이 바람직하다는 내용을 기재한 서신을 제출하자 군단장은 감찰조사를 시켜 확인한 결과 직속상관에 대한 중상모략과 지휘체계를 문란시켜 현 상태로는 정상적인 지휘체계 확립이 어려우며 해당 직무를 계속 감당할 능력이 없다는 이유로 대대장을 보직해임 하였다(서울행정법원 2001. 10. 30. 선고 2001구25227).

사례 2. 신병교육대 중대장이 복장불량, 지연출근, 중대장으로서의 지휘감독소홀 등 성실의무를

---

86) 국방부 중앙군인사소청심사위원회 10-19호, '보직해임처분무효확인 및 취소청구' 참조.

위반하고, 독선적이고 비협조적이며 이해타산적인 언행과 돌출행동으로 부대원 화합을 저해하고 특히 업무를 수행하면서 자기의 의사가 관철되지 않으면 상급자인 대대장 및 참모장에게 불손한 언어와 행동을 하여 부대의 단결과 엄정한 군 기강을 저해하는 등 복종의무를 위반하였으며, 소속대 훈련병 구타사고 발생시 구타사실을 은폐토록 강요하고 상황이 자신에게 불리하게 되자 부적법한 절차에 의한 언론접촉 및 인터넷 게재 등을 시도하였다는 이유로 보직해임을 하였다(서울행정법원 2002. 8. 23. 선고 2002구합9919).

다. 절 차

1) 일반절차

장교를 보직을 해임할 때에는 보직해임심의위원회의 의결을 거쳐야 한다. 다만, 직무와 관련된 부정행위로 인하여 구속되어 직무를 수행할 수 없는 경우와 같은 불가피한 사유가 발생한 경우에는 먼저 보직해임 조치를 하고 7일 이내에 보직해임심의위원회에 의결을 거칠 수 있다(군인사법 제17조 제3항). 장교의 권익보호를 위해 원칙적으로 보직해임심의위원회의 의결을 거친 후 보직해임을 하도록 하였으나 불가피한 경우에는 '선 보직해임, 후 보직해임심의위원회의 의결'을 거치도록 하는 예외규정을 두고 있다. 여기서 '불가피한 사유'라 함은 ① 직무와 관련된 부정행위로 인하여 구속되어 직무를 수행할 수 없는 경우, ② 감사결과 중대한 직무유기 또는 부정행위가 발견되어 즉시 보직해임이 필요한 경우, ③ 중대한 군 기강 문란, 도덕적 결함 등으로 즉시 보직해임이 필요한 경우를 말한다(군인사법 시행령 제17조의4).

인사권자가 부하를 보직해임 할 경우, 보직해임 심의위원회 심의절차를 거침을 원칙으로 하며, 다만, 비위자의 혐의가 명백하고 보직해임 심의를 거칠 시간과 여건이 제한될 경우에 한하여 인사권자 직권판단으로 보직해임이 가능하나, 보직해임 후 징계위원회 회부 또는 현역복무 부적합 조사위 회부 등 후속조치를 취하여 한다.

보직해임심의위원회는 회의개최 전에 회의일시, 장소 및 심의사유 등을 심의대상자에게 통보하여야 하고, 심의대상자는 보직해임심의위원회에 출석하여 소명하거나 소명에 관한 의견서를 제출할 수 있다. 다만, 심의대상자가 정당한 사유없이 소명기일에 출석하지 아니하거나 의견서를 제출하지 아니한 경우에는 소명기회를 주지 아니하고 의결할 수 있다. 또한 보직해임심의위원회는 필요하다고 인정하는 경우에는 관계인의 출석 또는 증거물의 제출을 요구할 수 있고, 이 경우에는 그 내용을 심의대상자에게 **서면으로** 통보하여야 한다(군인사법 시행령 제17조5).

2) 보직해임심의위원회

보직을 해임하기 위해서는 보직해임심의위원회의 심의 의결을 거쳐야 하는 바 이러한 절차를 거치지 않아 해당자에게 **충분한 소명의 기회를 박탈한 절차의 위법이 있는 경우** 그에 대한 보직해임처분의 효력이 문제된다. 즉 이는 침익적 행정처분을 하면서 당사자의 변명의 기회를 부여하여야 하는 절차적 기본권을 침해하는 것으로써 절차적 하자를 이유로 당해 처분을 취소 또는 무효사유에 해당된다 할 것이다.

보직해임 심의는 제대별 인사심의위원회에서 행한다. **보직해임 심의위원회는 심의대상자보다 2단계 및 대령급 이상의 상급지휘관(부서장)의 승인 또는 지시에 의거 설치한다.**[87] **보직해임심의절차는 징계위원회 심의절차를 준용한다.** 보직해임 심의시 간사는 인사실무자가 담당하며, 보직해임 심의시 보직해임 대상자에게 소명기회를 부여하여야 한다. 보직해임심의위원회는 **위원장 1인을 포함한 3인 이상 7인 이내의 위원**으로 구성하되, 법무장교가 보직되어 있는 부대는 위원 중 1인을 법무장교로 한다. 보직해임심의위원회의 위원은 보직해임 **심의대상자보다 상급자 또는 선임자** 중에서 보직해임심의위원회가 설치된 부대의 장이 임명하고, 위원장은 위원 중 선임자가 된다. 보직해임심의위원회는 **구성원의 3분의 2 이상의 출석과 무기명투표에 의한 출석위원 과반수의 찬성으로 의결한다.** 보직해임심의위원회의 운영에 관하여 필요한 사항은 국방부 및 국방부 직할부대의 경우에는 국방부장관이, 각군의 경우에는 참모총장이 정하도록 규정하고 있다(군인사법 시행령 제17조의3).

【소청 사례 1】 – 심의절차의 위배

1. 사실관계

피소청인은 시간외 근무수당 부당수혜로 인한 개인 도덕성 및 지시불이행, 교육시간내 핸드폰 과다 사용과 관련 교관임무수행과 관련 직무태만, 개인 건강상의 문제로 인한 잦은 출타로 정상적인 교육중대장 임무수행이 제한된다는 이유로 소청인에 대하여 보직해임을 선조치하고 보직해임심의위원회에 회부하였다. 그런데 1차 보직해임심의위원회에서 개최보고에서 심의대상자의 최후진술까지 마치고 심의를 거쳐 투표한 결과 위원장을 포함한 4표 모두 '보직해임없이 징계위원회 회부'로 나오자 위원장이 보직해임을 지시한 지휘관의

87) 군인사법 시행령 제17조의3 제1항.

결정에 반한다고 임의로 결론짓고 재투표를 실시하기로 하고 휴정한 뒤, 다음 날 소청인이 출석하지 않은 상태에서 2차 보직해임심의위원회를 속행하여 소청인에 대한 보직해임여부를 심리한 후 '보직해임후 징계위원회 회부'로 의결한 것이다.

2. 판 단

보직해임처분을 하기 위해서는 인사권자가 보직해임심의위원회에서 적법한 절차에 따라 심리 및 의결을 거쳐야 한다. 이때 보직해임심의위원회가 사실조사와 증거조사를 마치고 심의대상자의 최후진술을 거쳐 평의를 한 뒤 투표를 실시한 것이라면 비록 그 투표결과가 인사권자의 보직해임 선조치와 상반되는 결과가 나왔다하더라도 그 표결행위는 유효하고 인사권자는 그 의결에 기속되어야 할 것이다. 그런데 위원장이 이러한 법리를 오해하고 임의로 기존의 표결행위를 없었던 것으로 하고 2차 보직해임심의위원회를 속행하여 실시한 재투표행위는 중대하고 명백한 하자로 무효사유에 해당한다. 그렇다면 피소청인의 소청인에 대한 보직해임처분은 유효한 1차 보직해임심의위원회의 투표결과에 따라 그 효력을 상실한다 할 것이다.[88)]

【소청 사례 2】

- 징계의결을 거쳐 결정선언을 한 후 재투표하여 징계양정을 다르게 결정한 경우의 효력

징계양정을 위한 최초 투표결과 견책 2표, 기각 계고 3표로 나와 이에 대한 결정선언이 있었음에도 동 징계위원회 간사가 "경찰공무원징계양정등에관한규칙 제6조(징계의 감경 및 가중사유) 제1항에 해당하는 감경사유가 없으므로 임의적으로 감경하는 것은 절차에 하자가 있다"는 이유로 재투표를 주장하자 징계위원장이 이를 받아들여 재투표를 실시한 결과 전원일치 견책으로 의견제시가 있었고 이를 근거로 소청인에 대한 징계양정을 견책으로 의결한 것은 중대하고 명백한 하자가 있는 위법한 징계의결이므로 이에 근거한 견책처분도 위법하여 무효이다.[89)]

교육기관에서는 보직해임심의위원회의 명칭이 아닌 **'교육운영위원회'**에서 교수의 직위를 결정하는 심의를 담당하고 있는 경우가 있다.[90)] 이에 대하여 교수 해임처분을 함에 있어 보직해임심의위원회의 심의 및 의결을 거쳐야 하는데, 교육기관의 교육운영위원회는 학교 내에 설치된 **학교장의 자문기관에 불과하므로** 교육운영위원회의 심의 및 의결을 거쳤다하더라도 이를 보직해임심의위원회의 심의 및 의결을 거친 것으로 볼 수 없어 교육운영위원회의 의결을 거친 보직해임처분은 **무효라는 견해가 있다.**

그러나 교육기관에 설치된 교육운영위원회는 군인사법 제 17조 제3항, 같은 법 시

88) 국방부 중앙군인사소청심사위원회 10-23호 '보직해임처분 취소청구' 참조.

89) 행정안전부, 소청 및 고충심사 업무편람, 2010. 제94면 참조.

90) 공군사관학교 교육운영위원회는 군인사법 제17조 제3항, 같은 법 시행령 제17조의3 제5항, 공군규정(2-61) 제27조 등 관련규정에 따라 교육운영위원회가 보직해임심의위원회를 대체하고 있다.

행령 제17조의3 제5항에 따라 각군 참모총장이 정하도록 하고 있어 이에 따라 공군 규정을 통하여 공군사관학교에 보직된 장교의 보직해임심의를 위해 설치된 기구로서 명칭만 다를 뿐 **그 기능과 실질이 보직해임심의위원회와 동일한 것으로 평가할 수 있으므로** 교육운영위원회의 심의 및 의결을 거친 **보직해임처분은 적법 유효하다** 할 것이다.[91]

【국방부 중앙군인사소청심사위원회 09-14, 17(병합)】

보직해임심의위원회는 그 명칭이 반드시 '보직해임심의위원회'여야 하는 것이 아니며, 법 규정 및 보직해임을 의결하는 기관의 실제 기능을 중심으로 판단하여야 한다. 군인사법 제17조 제3항은 "장교를 보직해임할 때에는 보직해임심의위원회의 의결을 거쳐야 한다"고 규정하고 있다. 이때 군인사법 시행령 제17조의3 제5항은 보직해임심의위원회의 운영에 관하여 필요한 사상은 "각군의 경우에는 참모총장이 정한다."고 규정하고 있다. 이를 근거로 군사교육(공군규정 2-61)은 교관에 대해서는 교육부대장이 "부대 교육운영위원회 심의를 거쳐 해임할 수 있다"고 규정하면서 교관해임의 기준을 규정하고 있고 일반학 교관 인사관리(공사예규 2-151)는 위 공군규정을 다시 구체화하고 있다. 따라서 **공군사관학교의 '교육운영위원회'는 군인사법 및 동법 시행령에서 위임된 군인사법상의 '보직해임심의위원회'로 판단된다.**[92]

부사관의 보직해임에 있어서는 아무런 명문의 규정이 없고 단지 군인사법 제16조 제4항에서 "보직에 관하여 이 법에 특히 규정된 것을 제외하고는 대통령령으로 정한다."고 규정하고 동법 시행령 제14조의2에서는 "법 제16조 제4항의 규정에 의한 군인의 보직에 관하여는 법 및 이 영에 규정된 것을 제외하고는 참모총장이 정하는 바에 의한다. 다만, 국방부 및 그 직할기관과 방위사업청에 근무하는 자에 대하여는 국방부장관이 정하는 바에 의한다."고 규정하여 부사관의 보직에 관한 수권규정을 찾을 수 있다. 그러나 이는 부사관의 공무담임권의 실질적인 내용인 보직을 규정함에 있어 보직 및 그 해임에 대한 기본적 사항과 그 대강을 모법에 규정하지 않고 모두 하위 법령 또는 행정규칙에 위임하는 것은 헌법 제75조 **'포괄위임금지원칙'과 관련하여 문제가 있다.** 이에 관하여는 항을 바꾸어 자세히 살펴보기로 한다.[93]

---

91) 서울행정법원 2010. 7. 15. 선고 2010구합5813 부교수지위확인 등 판결 참조.

92) 공군은 향후에 이러한 논란을 불식시키기 "교관에 대한 보직해임심의위원회는 교육운영위원회로 대체한다"는 내용으로 공군규정을 개정하였다.

93) 3) 부사관의 보직해임절차를 참고하기 바란다.

【군인사법 시행령】 제17조의3(보직해임심의위원회의 구성 등)

① 법 제17조제3항의 규정에 의한 보직해임심의위원회는 보직해임 심의대상자보다 2단계 이상의 상급지휘관인 대령급 이상의 장교가 지휘하는 부대에 설치한다.
② 보직해임심의위원회는 위원장 1인을 포함한 3인 이상 7인 이내의 위원으로 구성하되, 법무장교가 보직되어 있는 부대는 위원 중 1인을 법무장교로 한다.
③ 보직해임심의위원회의 위원은 보직해임 심의대상자보다 상급자 또는 선임자 중에서 보직해임심의위원회가 설치된 부대의 장이 임명하고, 위원장은 위원 중 선임자가 된다.
④ 보직해임심의위원회는 제2항의 규정에 의한 구성원의 3분의 2 이상의 출석과 무기명투표에 의한 출석위원 과반수의 찬성으로 의결한다.
⑤ 보직해임심의위원회의 운영에 관하여 필요한 사항은 국방부 및 국방부 직할부대의 경우에는 국방부장관이, 각군의 경우에는 참모총장이 정한다.

보직해임심의위원회와 관련하여 크게 두 가지가 논의된다. 먼저 보직해임심의위원회가 설치되는 2단계 이상의 상급지휘관인 대령급 이상의 장교가 지휘하는 부대가 **'계급'을 기준으로 2단계 이상인지 '편제'를 기준으로 2단계 이상인지**가 문제된다. 이에 대하여 편제기준설과 계급기준설이 대립하고 있다. **편제기준설**은 단계와 계급은 문언상으로 구분되며 법문언(法文言)에 의할 때 '대령급 이상'으로 규정하고 있으므로 단계를 계급으로 해석하는 것은 맞지 않다는 점, 단계를 계급으로 볼 경우 같은 편제에 속한 심의대상자라하더라도 계급에 따라 각각 보직해임심의위원회 설치 부대가 달라지게 되어 다수의 보직해임심의위원회가 설치되어야 하는 운영상의 어려움이 발생할 수 있다는 점, 단계가 계급을 의미한다면 심의대상자가 속해 있는 편제의 부대에서 보직해임심의위원회가 설치되는 경우가 있을 수 있으므로 공정성을 해할 우려가 있다는 점에서 단계는 편제를 의미한다고 주장한다.

이에 대하여 **계급기준설**은 군에서 '단계'는 '계급'을 의미하는 것이고 계급을 기준으로 할 경우 보직해임심의위원회 설치부대가 명확해 진다는 점, 단계를 편제로 이해할 경우 최상급 편제부대의 경우 보직해임심의위원회를 설치할 수 없다는 모순이 발생한다는 점에서 단계는 계급을 의미한다고 주장한다.

살펴보건대, 법문언상으로 '단계'라고 되어 있어 이를 편제로 볼 것인지 계급으로 볼 것인지는 법해석의 문제이다. 그런데 '편제'는 조직된 부대 또는 기관에 임무 및 기능을 부여하고 부서 또는 예하부대를 편성하며 정원 및 장비의 책정과 지휘관계 등을 정하는 것으로서 하나의 조직체를 살아 숨쉬는 유기체로 전환하는 행위(行爲)를 의미하는 것으로써 군인사법 시행령 제17조의3 제1항의 '단위'에 등가시키는 것은 한계가 있다고 본다. 그렇다면 법문언(法文言)에 의할 때에도 2단계 이상이라는 비교의 대상이 **'심의대상자'**이므로 심의대상자를 단위부대로 해석하는 것보다 계급으로 해석하는 것이 보다 적합하고,[94] 단계를 계급으로 볼 경우 같은 편제에 속한 심의대상자라하더라도 계급에 따라 각각 보직해임심의위원회 설치 부대가 달라지게 되어 다수의 보직해임심의위원회가 설치되어야 하는 운영상의 어려움이 발생할 수 있다는 점은 대령급 이상의 장교가 지휘하는 부대이어야 하므로 일정한 제대급 이상의 부대에 설치되어야 하는 점에서 보직해임심의위원회가 난립하는 등의 운영상의 난점도 있다고 볼 수 없으며 오히려 위관급 장교의 보직을 해임하는 것과 영관급 장교의 보직을 해임하는 것을 그 보직이 갖는 중요성에 비추어 볼 때 동일한 편제를 기준으로 동일한 제대에 심의위원회의 설치하는 것보다 계급에 따라 차등을 두어 심의위원회를 구성하는 것이 인사실무 감각에 더 부합하고[95] 심의대상자가 속해 있는 편제의 부대에서 보직해임심의위원회가 설치된 경우 사건을 가장 잘 파악하는 이들이 보직해임심의위원회에 위원이 되어 오히려 보직해임 여부에 대한 보다 많은 정보를 바탕으로 판단을 할 수 있다는 점에서 **계급기준설이 타당**하다고 본다.

다음으로 보직해임심의위원회에 법무장교가 보직되어 있는 경우에 보직해임심의

94) 같은 견해 : 국방부 법무담당관실 법령해석, 중앙군인사소청심사위원회

【국방부 중앙군인사소청심사위원회 10-22, 교수직위해임처분 및 전역처분 취소청구】

소청인은 보직해임심의위원회는 보직해임 심의대상자보다 2단계 이상의 상급지휘관인 대령급 이상의 장교가 지휘하는 부대에 설치하여야 하므로 여기서 '지휘관'이란 '중대이상의 단위부대의 장'을 의미하는데 공군사관학교라는 단위부대의 장은 학교장이고 교수부장은 부서장일 뿐 지휘관이 아니므로 교육운영위원회는 소청인에 대한 보직해임을 심의 · 의결할 권한이 없다고 주장하나, 동규정이 의미하는 2단계 이상은, 비교의 대상이 '심의대상자'이므로 심의대상자(-즉, '단위부대'가 아닌 '계급'-)를 기준으로 2단계 이상의 상급지휘관인 대령급 이상의 장교가 지휘하는 부대이면 족하다.

95) 심의대상자가 사단직할대의 중대장인 대위라고 가정할 때 계급기준설에 따를 경우 연대 또는 사단의 보직해임심의위원회에서 심의 의결을 거쳐 사단장이 보직해임 여부를 결정하면 된다. 반면에 편제기준설에 따를 경우 군사령부 보직해임심의위원회의 심의 의결을 거쳐 사령관 내지 사단장이 보직해임 여부를 결정해야 한다는 결과가 나온다. 그런데 사단의 대대장을 보직해임하기 위하여 사단사령부 보직해임심의위원회의 심의 의결을 거쳐 사단장이 보직을 해임할 수 있는데, 사단직할대의 중대장을 보직해임하기 위하여 군사령부 보직해임심의위원회를 거쳐야 한다는 것이 인사실무 감각에 부합하지 않는다는 것이다.

위원회에 반드시 위원 중 1인을 법무장교로 하도록 하고 있는데 이 때 **법무장교가 보직해임심의 대상자보다 상급자 또는 선임자이어야 하는지**가 문제된다. 이에 관하여 학설은 크게 두 가지로 나뉜다.

군인사법 시행령 제17조의3 제2항과 3항은 서로 우열관계가 없는 것으로써[96] 이러한 경우 원칙적으로 양자를 모두 충족하는 법해석 및 법적용이 타당하고 군법무관 또는 법률적 소양이 있는 자를 필수 위원으로 하는 징계항고심사위원회의 경우에는 특별히 상급자 또는 선임일 것을 요하는 명문의 규정이 없는 점으로 보아[97] 법무장교도 보직해임심의 대상자보다 상급자 또는 선임이어야 한다는 견해와 군법무관은 법률전문가로서 보직해임절차라는 침익적 행정행위에 대한 심의절차에서 절차의 적법성을 보장하고 법치행정을 담보하기 위한 것으로 필수 위원으로 한 것이므로 보직해임 심의 대상자보다 상급자 또는 선임자일 필요가 없다는 견해로 대립하고 있다.

보직해임심의위원회의 위원인 법무장교는 징계항고심의회와 달리 필수위원으로 보기 어렵다. 왜냐하면 법무장교를 위원으로 임명하는데 있어서 '법무장교가 보직되어 있는 부대'라는 조건이 붙어 있기 때문이다. 현재 법무장교는 사단급 이상 제대에 보직되어 있으므로 그 이하의 제대 또는 사단급 제대이더라도 법무장교가 보직되어 있지 않는 부대의 보직해임심의위원회의 경우 법무장교는 필수위원이 아니다. 또한 징계항고심의위원회는 반드시 위원 중 1인을 군법무관으로 임명하도록 하면서 상급자 또는 선임자일 것을 규정하고 있지 않다. 또한 보직해임은 비록 침익적 행정행위일지라도 신분상실의 효과를 수반하는 파면 또는 해임과 같은 징계처분과는 달리 최장 3개월 정도의 범위내에서 당해 직무전념의무에서 해방하는데 불과한 보직권자의

---

96) 법률의 우열관계는 일반법과 특별법의 관계, 신법과 구법의 관계, 본문과 단서의 관계에 의해서 정해지는 것이 원칙이다. 그러나 이와 같은 관계에 있지 않는 입법 취지 및 관련 조항 전체를 유기적 · 체계적으로 살펴보아 법해석에 의하여 우열관계를 정할 수밖에 없다.

97)

> **【군인사법】 제60조의2(항고심사위원회)**
>
> ① 징계처분에 대한 항고를 심사하기 위하여 장관급장교가 지휘하는 징계권자의 차상급 부대 또는 기관에 항고심사위원회를 둔다. 다만, 국방부장관이 징계권자인 경우와 제60조제2항의 규정에 의하여 국방부장관에게 항고한 경우에 이를 심사하기 위한 항고심사위원회는 국방부에 둔다. 〈개정 2006.4.28〉
>
> ② 항고심사위원회는 장교 5인이상 9인이내의 위원으로 구성한다. 이 경우 위원 중 1인은 군법무관 또는 법률에 소양이 있는 장교로 하여야 한다.

광범위한 인사재량권의 영역 내에 있다. 그런 점에서 볼 때 징계와 보직해임절차에 있어 법무장교의 위원 임명의 의미를 등가(等價)하여 상급자 또는 선임자의 요건에 포섭하는 것은 문리적 해석상 무리가 있다고 본다.

현재 인사실무상 보직해임심의위원회에서 법무장교는 심의대상자보다 상급자 또는 선임이 아닐 경우에는 위원이 아닌 '자문' 형식으로 보직해임심의위원회에 참가하여 절차의 적법성을 담보하고 있다. 그런데 행정행위의 정당성과 적법성을 담보하여 군내 법치행정을 구현하기 위해서는 보직해임심의원회에서도 징계항고심의회와 마찬가지로 법무장교를 필수위원으로 하는 입법 개선이 바람직하다고 본다. 그렇다면 **법률자문으로 참석한 법무장교가 위원으로 표결하거나 심의대상자보다 하급자인 법무장교가 위원으로 참석한 경우에 그 의결에 기초한 보직해임처분의 법적 효력을 인정할 수 있는지**가 문제된다. 위원의 자격이 없는 자가 위원회에 구성되어 심의 및 의결한 경우에는 그 의결은 **절차상 하자가 있는 것으로 무효 또는 취소 사유에 해당**될 것이다.[98][99]

【관련 법령】

【군사법원법】 제28조(재판관의 계급)

① 재판관은 피고인보다 동급(同級) 이상인 사람이어야 한다. **다만, 군판사인 재판관은 그러하지 아니하다.**
② 피고인이 군무원일 때에는 그 등급에 따라 제1항에 준한다.
③ 피고인이 포로일 때에는 제1항 및 제2항에 준한다.
④ 계급 또는 등급을 달리하는 공동피고인에 대하여는 그 계급 또는 등급이 최상급인 사람을 기준으로 재판관의 계급을 정한다.

---

98) 육군본부 법무실 법제과-9(2006. 1. 3.) '보직해임심의위원회 구성관련 법적검토 회신'도 **동일한 입장이다.** ; 동 회신서는 위원회 구성에 있어서 법무장교가 보직된 상비사단급 이상의 부대는 보직해임과정에 법무장교 참여로 행정의 적법성을 보장할 수 있으나, 동원사단급 이하 부대는 이를 곤란하게 하고 계급구조가 취약한 법무장교의 경우 심의대상자와 관계에서 상급자 또는 선임자 규정의 예외를 인정하지 않을 경우 위원회 구성 자체를 곤란하게 하거나, 타부대의 지원을 받아야 하는 운영상의 어려움이 있다. 따라서 개인의 신분보장에 직접적으로 영향을 미치는 보직해임에 있어서 법무장교의 보직 및 계급 여하를 불문하고 필수위원으로 법무장교를 포함시킬 필요가 있다. 다만, 재판 및 인사소청심사위원회의 구성과 같이 법무장교의 경우 심의대상자보다 상급자 또는 선임자에 대한 예외규정을 두는 군인사법 시행령 제17조의3에 대하여 조속한 개정이 필요하다.

99) 임천영, 군인사법, 법률문화원, 2007. 제322면 각주 143) ; 인사소청심사위원회의 구성방법인 법 시행령 제55조 제1항 단서와 같이 「다만, 군법무관인 장교를 위원으로 임명하는 경우에는 그러하지 아니하다」라는 예외규정을 두고 있지 않는 한 법무장교도 심의대상자보다 선임이어야 한다.

【군인사법 시행령】 제55조(인사소청심사위원회의 구성 등)
① 법 제51조제1항의 규정에 의한 중앙군인사소청심사위원회의 위원은 국방부장관이, 군인사소청심사위원회의 위원은 당해 군참모총장이 각각 임명하되, 위원 중 군인은 소청인보다 상급자인 장교로 한다. **다만, 군법무관인 장교를 위원으로 임명하는 경우에는 그러하지 아니하다.** 〈개정 1998.2.19, 2005.9.27〉

【소청 사례 1】

- 징계심의대상자와 같은 직(계)급인 자가 징계위원인 경우 -

경찰공무원징계령 제6조 제2항에 따르면 징계위원회의 위원은 **징계심의대상자보다 상위계급의 경위 이상의 소속 경찰공무원 중에서** 당해 경찰기관의 장이 임명하도록 규정하고 있는바, 징계의결 당시 00경찰서 징계위원 대상자 명단을 보면 경정 0명, 경감 0명이 있어 소청인의 계급보다 상위계급인 경찰공무원으로 징계위원회를 구성할 수 있었음에도 불구하고, 소청인에 대한 징계의결 요구를 심의·의결하는 징계위원회에 **소청인과 계급이 같은 경위 2명을 징계위원으로 포함시킨 것은 경찰공무원징계령 제6조 제2항의 규정을 위반한 중대하고도 명백한 하자가 있는 경우에 해당된다** 할 것이므로 소청인에 대한 본건 징계처분은 위법한 징계의결을 근거로 이루어진 처분으로서 그 효력을 인정하기 어렵다고 판단되므로 국가공무원법 제14조(소청심사위원회의 결정) 제3항 제3호 규정에 따라 **절차상 무효를 이유로 취소한다.**[100]

【소청 사례 2】

- 정당한 절차에 따라 임명된 위원이 아닌 자가 위원회에 참여한 경우 -

'98. 7. 20. 경찰징계위원회 위원장에 경정 甲, 위원 乙, 丙, 丁, 戊를 위원으로 임명하여 징계위원회를 구성하였으나 같은 징계위원회 위원장에게 통보된 문서에는 戊가 A로 바뀌어 있고 바뀐 명단대로 징계위원회가 소집 개최되었다. A는 정당한 절차에 의하여 임명된 위원이 아니므로 징계위원회 의결에 참여할 권한이 없는 자이고 이와 같이 하자있는 구성원이 참여한 징계위원회는 적법하게 구성된 것으로 볼 수 없으므로 원처분은 무효이다.[101]

보직해임 심의위원회는 ① 보직해임 후 징계위원회 회부, ② 보직해임 후 현역복무 부적합 조사위 회부, ③ 보직해임없이 징계위원회 회부, ④ 보직해임없이 불문경고 또는 무혐의 조치 중 1개 방안을 의결하여 지휘관에게 건의하고, 지휘관은 심의결과를 참고하여 보직해임 여부를 승인한다. 보직해임 명령은 보직해임권 부대(서) 인사명령으로 발령하고 후임자 보충이 곤란할 경우, 보충시까지 대티 또는 직무대리를 임명할 수 있다. 다만, 대령급 이상은 동일한 보직해임 심의절차를 거쳐, 2차 상

100) 행정안전부 소청심사위원회, 소청 및 고충심사 업무편람, 2010. 제84면 참조.
101) 행정안전부 소청심사위원회, 소청 및 고충심사 업무편람, 2010. 제84면~제85면 참조.

급지휘관이 육군본부에 보직해임을 건의하고 참모총장 승인시, 육군본부 인사명령으로 발령한다. 보직해임 기록변경은 보직해임 후 10일 이내 육군본부(인사운영실)에 보고한다. 이때, 기록변경보고서, 심의의결서, 소명내용, 조사기관 조사보고서를 첨부한다. 보직해임 된 자는 보직해임 처분에 대하여 인사소청 심사를 청구할 수 있으며, 심사결과 소청이 인용될 경우, 인사관리상 불이익을 받지 아니한다.

보직해임은 상대방 있는 의사표시에 의하여 행하여지는 행정처분이다. 따라서 **보직해임은 상대방에게 '도달'되어야 한다.** 보직해임 처분에 관한 통지는 보직해임심의위원회의 결과를 '서면'으로 통보하도록 규정하고 있다(군인사법 시행령 제17조의5 제3항). 실무에서는 **보직해임처분장 내지는 '심의결과서' 교부행위**를 통하여 당사자에게 통보하고 있다.[102]

관련 판례

부하장교를 통하여 자신에 대한 보직해임사실을 전해 듣고 보직해임일자인 2000. 7. 8.부터 직무대리자에게 지휘권을 인계하였으며, 소속 군단 법무참모와의 면담과정에서 보직해임 사유를 전해 듣는 한편, 전출명령에 따른 전출신고를 마쳤을 뿐만 아니라 그 후 군단장과의 면담과정에서 보직해임의 재고를 요청하였다가 받아들여지지 않자 새로운 보직을 부여받지 못한 채 타 부대에서의 대기명령에 따라 종전의 소속 부대를 떠났는바, 위와 같이 이 사건 처분 이후 보인 태도나 행동 등에 비추어 볼 때, 원고가 이 사건처분 당시 인사권자인 피고로부터 직접 보직해임명령을 받거나 보직해임 인사명령장을 교부받지는 아니하였더라도, 군단장의 지시에 따라 연대장으로부터 보직해임사실을 통보 받은 부하장교들을 통하여 자신에 대한 보직해임사실을 전해들은 2000. 7. 7. 내지 직무대리자에게 지휘권을 인계한 같은 달. 8. 또는 늦어도 군단장과 면담을 마친 같은 달. 11.에는 이 사건 처분이 있었음을 알고 있었다고 봄이 상당하다(서울행정법원 2001. 12. 11. 선고 2001구25227 판결).

보직해임처분은 상대방에게 불리한 행정처분의 일종으로 보직해임에 대한 인사소청 및 행정소송 제기를 위해서도 문서로서 통지하도록 관련 규정을 개정할 필요성이 있다. 행정절차법 제24조에는 "행정청이 처분을 하는 때에는 다른 법령에 특별한 규정이 있는 경우를 제외하고는 문서로 하여야 한다"라고 하여 **행정행위의 형식은 문서로 하는 원칙으로 하고 있다.** 이는 행정행위는 공공생활의 법적 안정성을 기여하여야 한다는 의미에 있어서나 이해관계인의 권리의무관계의 보장이라는 면에서도 필요하다.

102) **보직해임심의결과서 서식례.**

3) 부사관의 보직해임절차

부사관의 보직해임의 경우 장교와는 달리 상위 법령에 구체적인 대강을 규정하지 아니한 채, 단순히 보직에 관하여 대통령 및 국방부장관 그리고 각군 참모총장에게 위임하고 있을 뿐이다.[103] 이에 따라 육군의 경우 **육규 112 '부사관 인사관리 규정'** 제10절에서 보직해임을 규정하고 있다. 그런데 야전부대에서 부사관에 대하여 무분별한 보직변경 등으로 인해 폐해가 있어 부사관의 보직해임에 대한 심의 및 기준 설정의 필요성이 제기되어 왔다. 육군은 해임사유 등 각종 기준 및 절차 등을 설정화함으로써 부사관의 권익을 증진시키고 나아가 주임원사 등 임기가 정해진 일부 직위에 대하여도 비리가 있는 경우 적법한 절차에 의해 보직의 중지 및 변경이 가능하여 지휘

육군훈련소 00연대

연징서 제10-1호 2010. 10. 1.

심 의 결 과 서

소 속 : 육군훈련소 00연대
계 급 : 대 위
군 번 : 06-00000 성 명 : **김 갑 동**
병 과 : 보 병

상 기 자 를 보 직 해 임 에 처 함.

1. 심의건명 : 보직 임무수행 제한으로 보직해임(성실의무, 청렴의무 위반)

2. 심의사실 : 심의대상자는 소속대 중대장으로 근무하는 자로서,
훈련병들의 안전과 훈련에 책임져야 할 책임과 의무가 있음에도 불구하고 이를 소홀히 하고 일과시간에 교육훈련 현장지도는 하지 않고 개인적인 용무로 스마트폰과 일반폰을 장시간 수회 사용한 사실이 있으며, 영내 헬스장에서 개인 체력단련을 실시하면서 시간 외 초과근무를 신청하여 총 20시간의 초과근무수당을 부당 수령하였음. 이에 병사들에게 무관심하고 간부로서 무능하여 부하로부터 신뢰를 받지 못하는 부적합한 행동으로 성실의무 위반(근무태만) 및 청렴의무 위반한 사실임.

3. 처분이유 : 장교인사관리규정 제62조의 규정에 의하여 보직해임사유로 인정됨

육 군 훈 련 소 0 0 연 대 연 대 장 대 령 김 을 동 직인

본 처분이 타당하지 아니하다고 생각하는 경우에는 처분의 통지를 받은 날로부터 30일 이내에 군인사법 제50조에 따라 인사소청을 제기할 수 있습니다.

103) 군인사법 제16조 제4항, 동법 시행령 제14조의2 참조.

권 을 보장하기 위해 **'부사관 보직해임제도 시행 지시'**를 예하부대에 하달하였다.[104]

부사관의 보직해임 사유 및 절차는 군인사법상 장교의 보직해임 사유 및 절차와 대동소이하다. **보직해임이란 '인사권자가 부하의 부사관의 비위나 직무수행능력 부족 등의 이유로 해당직위의 직무담임을 강제로 해제하는 인사조치'로 임기만료 전에 보직을 해임하거나 변경하는 것을 말한다**고 정의하면서 보직해임의 사유로 ① 사고 관련 보직해임은 육군 징계규정에 명시된「사건처리관련 지휘·감독자 문책기준」계량화 벌점이 71(감봉)이상으로 차후 지휘통솔 및 부대관리에 악영향이 우려 될 경우, ② 육군 징계규정「징계 규정 및 처벌기준」에 해당하는 사유로 인해 현 보직에서 계속 직무수행을 할 수 없다고 판단된 경우, ③ 기타, 현 보직에서 계속 직무수행이 곤란하다고 인사권자가 판단한 경우로 들고 있다.

보직해임심의는 인사권자가 부하를 보직해임 할 경우 **보직해임심의위원회** 의결을 거쳐 시행한다.[105] 다만, ① 직무와 관련된 부정행위로 인하여 구속되어 직무를 수행할 수 없는 경우, ② 감사결과 중대한 직무유기 또는 부정행위가 발견되어 즉시 보직해임이 필요한 경우, ③ 중대한 군기강 문란, 도덕적 결함 등으로 즉시 보직해임이 필요한 경우에 해당하는 경우에는 인사권자는 심의위원회 의결전에 대상자를 보직해임할 수 있다. 이 경우 보직해임된 날로부터 7일 이내에 보직해임심의위원회의 의결을 거쳐야 한다. 보직해임심의위원회는 보직해임 심의대상자가 소속된 대령급 이상의 장교가 지휘하는 부대에 설치 운영한다. 다만 주임원사가 보직해임 심의대상자일 경우에 한하여 장성급 부대에 설치 운영한다(육규 112. 제67조).[106]

대 상	위원회 설치제대	승인권자
주임원사	**장관급** 부대장이 지휘하는 부대	장관급 지휘관
주임원사를 제외한 전 부사관	**연대급 이상 대령급 이상**의 부대장이 지휘하는 부대	연대장 이상 대령급 이상의 지휘관

보직해임심의위원회는 위원장을 포함하여 **3인 이상 7인 이하로** 구성하되, 위원 중

104) 육지시 제08-1067호〈발령일자 : 2009. 1. 1. 유효기간 2010. 12. 31.(2년)〉

105) 부사관의 보직해임에 관한 보직해임심의위원회는 **대령급 이상의 장교가 지휘하는 연대급 이상 제대**에 설치된 합의체 기구이다.

106) 육지시 제08-1067호〈발령일자 : 2009. 1. 1. 유효기간 2010. 12. 31.(2년)〉도 동일한 내용을 규정하고 있다.

1인은 보직해임심의대상자보다 선임인 부사관으로 하고, 그 밖의 위원은 장교로 하며(주임원사가 심의대상자인 경우에는 전원 장교로 구성한다), 다만 법무장교가 보직되어 있지 아니한 부대는 해당 상급부대 법무장교의 법적 자문을 구할 수 있다. 심의위원회는 2/3이상의 출석과 무기명 투표에 의한 출석위원 과반수의 찬성으로 의결한다. 또한 회의개최 전 회의일시, 장소 및 심의사유 등을 심의대상자에게 통보하고 소명기회를 주어야 한다. 다만 정당한 사유없이 미출석 또는 의견서를 제출하지 아니한 때에는 소명기회 없이 의결할 수 있다. 간사는 인사관계관이 담당한다.

보직해임심의위원회는 ① 보직해임 후 징계위원회에 회부, ② 보직해임 후 현역복무부적합 조사위 회부, ③ 보직해임 없이 징계위원회 회부, ④ 보직해임 없이 불문경고 또는 무혐의 조치 중 1개 방안을 의결하여 지휘관에게 건의하고 지휘관은 심의결과를 참고하여 보직해임 여부를 승인한다. 심의결과 보직해임으로 의결된 경우 최종 승인권자의 결재를 통하여 최종 보직해임으로 결정된다. 보직해임 기록변경은 보직해임권 부대에서 인사명령으로 발령하고 후임자 보충이 곤란한 경우에는 보충시까지 대리 또는 직무대리를 임명할 수 있다. **보직해임권자는 보직해임심의위원회의 의결에 기속되는지가 문제된다.** 다시 말해서 심의위원회에서 보직해임을 의결하였음에도 불구하고 보직권자가 해임하지 않을 수 있는지 그 반대로 보직해임심의위원회에서 보직해임없이 불문경고 또는 무혐의 조치를 의결하였음에도 보직권자가 심의대상자를 보직해임할 수 있는지가 문제된다.[107)]

보직해임심의위원회는 심의 대상자의 보직변경 또는 해임을 심의 의결하는 합의체 기구이다. **장교의 보직해임의 경우**에는 군인사법은 반드시 보직해임심의위원회의 심의를 거쳐 보직해임을 하도록 명문화하여 보직해임심의위원회를 필수절차로 규정하고 있는 점으로 볼 때 보직해임심의위원회에서 보직해임이 부당하는 의결한 경우

---

107)

【부사관 보직해임 심의결과 지휘관 승인 관련 법령해석】

보직해임심의위원회의 보직해임 여부 외의 사항(예:징계위원회 회부, 현역복무부적합 조사위 회부 등)에 대한 의결은 지휘관에게 보직해임절차 후 후속절차에 대한 건의의 측면으로 판단됨. 따라서 인사권자는 보직해임심의위원회 보직해임 여부 외의 사항에 대한 의결에는 구속되지 않으므로 보직해임심의위원회의 의결과 상이한 방안으로 결정할 수 있다고 사료됨(육군본부 법무실 법제과 2010. 10.).

에는 보직해임권자는 대상자에 대하여 보직해임을 할 수 없다고 보아야 한다. 반대로 보직해임심의위원회에서 보직해임을 의결하였다하더라도 보직권자는 광범위한 인사재량권을 가지고 여러 정황 및 정상을 참작하여 대상자에게 보직해임을 하지 않을 수 있다고 본다.[108)]

그런데 **부사관에 대한 보직해임의 경우**에는 보직해임심의위원회는 장교와 달리 법령상의 합의체 기구가 아닌 단순한 행정규칙인 육군규정 또는 각군 참모총장의 지시에 의한 기구에 불과하다. 그것이 군인사법 시행령과 결합하여 대외적 규범력을 가지는 법령보충적 행정규칙으로 보더라도 동 규정의 내용을 살펴볼 때 보직권자는 보직해임심의위원회의 의결을 참고하여 결정할 수 있도록 하고 있다. 그렇다면 보직권자는 관할 보직해임심의위원회의 의결과 다른 결정을 할 수 있다는 해석이 가능하다. 즉, 보직해임심의위원회에서 보직해임이 부당하는 의결을 하더라도 보직권자는 대상자를 보직해임할 수 있다는 것이다. 이런 연유에서 군인사법에 부사관에 대한 보직해임절차를 명문화하는 입법작업의 필요성이 더욱 절실한 것이다.

보직해임 기록변경은 보직해임 후 15일 이내 육군본부 인사과에 보고한다. 이때 기록변경보고서, 심의의결서, 소명내용, 조사기관, 조사보고서를 첨부한다(육규 112 부사관 인사관리 규정, 제67조). 보직해임 된 자는 징계위원회에 회부 등 비위에 대한 행정적 조치가 만료되기 전에 보직을 부여할 수 없으나, 행정조치가 완료된 직후 바로 신보직을 부여한다. 이때 보직해임권자는 신보직 발령시까지 보직해임된 자가 근무할 장소와 임무를 부여해야 하며, 별도의 장소 선정이 곤란한 경우에는 사단급 이하는 사단 보충대, 군단급 이상은 해당 군 보충대에서 근무할 수 있도록 한다. 보직해임 된 자가 해당 비위사실로 징계처분을 받은 경우 징계처분에 부과되는 감점과 말소기간만 적용되며, 2중의 불이익을 부여하지 아니한다. 보직해임 된 자의 신보직은 연대장급 이상 지휘관 판단하 사단내에서 타 대대 및 연대에 보직이 가능하다. 단, 소수직군으로 사단내 조정이 제한 될 경우 군사령부에서 조치할 수 있다(육규 112 부사관 인사관리 규정, 제68조).

---

108) 부사관의 보직해임절차도 장교의 보직해임절차를 유추적용하여야 하므로 보직해임심의위원회의 의결 중 보직해임 부적합 의결에는 비록 보직해임권자라 하더라도 이에 기속되어 대상자를 보직해임할 수 없다는 견해가 다수설이다.

보직해임된 부사관의 경우에도 군인사법 시행령 제17조의2가 적용되는지가 문제된다.[109] 이에 대하여 부사관의 경우에도 장교의 보직해임규정을 유추적용하여 보직이 해임된 후 3개월이 경과하여도 재보직 되지 않거나 동일계급에서 2회 보직해임 된 경우 현역복무부적합심의위원회에 조사사유로 해석될 여지가 있다. 그러나 현역복무부적합심의위원회 조사회부는 당사자에게 불이익한 침익적 행정행위로써 법적지위가 다른 장교에 대한 보직해임의 불이익한 효과를 법령의 근거없이 유추적용하는 것은 행정의 법률유보원칙 및 기본권제한의 법률유보원칙에 위배된다. 따라서 **명문의 규정이 없는 부사관의 보직해임과 관련된 필요적 현역복무부적합심의위원회 조사회부는 장교의 보직해임절차와 달리 적용되지 않는다.**[110]

그런데 부사관의 경우 장교와 달리 보직관리 및 운영 면에서 법 제도적으로 정치하게 마련되지 못해 여러 가지 면에서 어려움이 있었다. 현재 전투병과에 한하여 필수직위를 선정하여 경력을 평가하고 기술 · 행정 · 특수병과의 경우에는 필수직위가 없이 근무한 기간과 경험위주로 경력을 평가하고 있다. 이에 따라 특정 제대나 선호직위 위주로 반복하여 보직하는 현상이 발생하고 있고 또한 국방환경의 변화에 따라 부사관의 인력이 점진적으로 확대되고 있으며 소부대 전투지휘 및 무기 · 장비운용 전문가로서의 중요성이 증가되고 있어 미래 국방환경에 부응하는 부사관의 역할 확대가 요구되고 있다. 무기체계의 변화에 따라 부사관의 경우 보병이 점진적으로 감소되는 반면, 첨단장비 운용 및 기술병과 인력이 증가되고 있어 미래 부사관 편성 및 병과세부특기 운용에 부합된 계급별 경력관리모델 설정이 필요하게 되었다. 이에 따라 육군은 **'부사관 경력관리모델 적용 지시'**[111]를 발하여 미러 기술 · 과학군에 부합하

---

109)

【군인사법 시행령】 제17조의2(보직해임 된 자에 대한 조치)
법 제17조제2항 제3호의 규정에 의하여 임기 전에 보직해임 된 장교로서 3월이 경과하여도 보직되지 못하거나 동일계급에서 2회 이상 보직해임 된 자에 대하여는 제49조의 규정에 의한 현역복무에 적합하지 아니한 자에 해당하는지의 여부를 조사하고, 그 조사결과 이에 해당하지 아니한다고 인정되는 자에 대하여는 지체없이 보직하여야 한다.

110) 육지시 제08-1067호〈발령일자 : 2009. 1. 1. 유효기간 2010. 12. 31.(2년)〉 행정사항 라호는 "본 지시는 적용대상인 부사관에 대해서는 군인사법 시행령 제17조의2(보직해임 후 3개월간 보직되지 못하거나 동일 계급 2회 보직해임시 현역복무부적합 조사)를 적용하지 아니한다."고 규정하고 있다.

111) 육지시 제10-1054호,〈발령일자 2010. 11. 1. 유효기간 2012. 10. 30.(2년)〉

는 다기능 · 고효율의 능력을 구비한 부사관을 육성하기 위해 병과세부특기별 경력관리모델을 설정하여 2011. 1. 1.부터 시행한다.[112)]

이와 같이 각군이 부사관 보직에 대한 불안정한 제도를 개선하고 있지만, 여전히 문제점을 내포하고 있다. 보직은 공무원의 공무담임권의 구체적인 내용으로써 그 기본권을 제한하는 경우에도 반드시 법률로써 또는 법률에 근거하여 이루어져야 한다. 그럼에도 불구하고 국가공무원법상의 특별법인 군인사법은 장교의 보직해임의 경우

병과세부특기	병과내에서 특정기술 및 기능별로 세분화한 특기를 말하며 부사관은 병과세부특기별로 인사관리를 시행하며 과거의 '직군'을 의미한다.
필수직위	병과세부특기별 · 계급별 직무수행 비중이 높은 직위를 말하며 경력평가시 반드시 이수해야 하는 직위
선택직위	병과세부특기별 필수직위를 제외한 계급별 편제표에 명시된 모든 직위
보수교육	계급 · 직책에 상응하는 임무수행 능력구비를 위해 반드시 이수해야 하는 교육과정
직무보수교육	부대계획 및 각종 전력화계획 등과 연계하여 병과세부특기별 · 계급별로 직무수행 능력배양을 위해 필요시 운영하는 교육과정

기본지시는 모든 육군 부사관에게 적용하며, 병과세부특기별, 계급별 경험해야 할 필수직위와 보직기간의 기준을 제공한다. 병과세부특기별, 계급별 직무수행의 비중이 높은 직위 위주로 필수직위를 선정하고, 필수직위를 제외한 계급별 편제표에 명시된 모든 직위를 선택직위로 관리한다. 경력평가 기준은 병과세부특기별, 계급별 필수직위와 선택직위의 이수여부에 따라 상, 중상, 중, 하로 4개 등급으로 구분하여 평가한다. 이를 위해 인사사령부에 경력평가를 위한 '경력평가심의위원회'를 구성하여 운영한다고 규정하고 있다.

112) **부사관의 병과세부특기별 경력관리 모델**

계 급	하 사	중 사	상 사	원 사
정규 군사교육	초급반	중급반	고급반	관리자반
직무 보수교육	급양담당관반 → 훈련부사관반(소대장 : 편제화기 전문 교관반/참모부 담당관반 Ⅰ) → 전문상담과정, 참모부 담당관반(Ⅱ) → 훈련부사관반(중대장)			
보 직	분대장, 부소대장, 포반장, 담당관, 교관 등	부소대장, 대대급 참모부담당관 등	중대 행정보급관, 연/대대급 참모부 담당관, 군단급 인사교육담당관 등	연대 참모부 담당관, 사단급 참모부 담당관, 군단급 이상 참모부 담당관, 주임원사
필수직위	분대장, 포반장, 반장/조장(12개월 이상)	반장/소대장/부소대장(24개월이상)	중대 행정보급관, 소대장(36개월이상)	주임원사, 연대급이상 참모부 담당관, 대대본부행정보급관(24개월이상)
		훈련부사간, 교관, 구대장, 선발직Ⅰ, Ⅱ형(기본임기)	훈련부사관, 교관, 구대장, 선발직 Ⅰ,Ⅱ형(기본임기)	선발직 Ⅰ,Ⅱ형(기본임기)
선택직위	전 직위	전 직위	전 직위	전 직위

와 다르게 부사관의 경우 아무런 명문의 규정이 없다. 이는 **기본권제한의 법률유보원칙, 공무담임권, 평등권, 행복추구권, 근로권** 등에서 많은 문제가 있다. 또한 현행의 군인사법 시행령 제14조의2에 따른 각군 참모총장이 '지시'로 이루어지는 부사관의 보직해임은 헌법 제75조상의 **포괄위임금지원칙과 관련하여 볼 때에도 위헌 위법의 소지가 있다.**

대법원 판례

법률의 시행령이나 시행규칙은 그 법률에 의한 위임이 없으면 개인의 권리·의무에 관한 내용을 변경·보충하거나 법률에 규정되지 아니한 새로운 내용을 정할 수는 없지만, 법률의 시행령이나 시행규칙의 내용이 모법의 입법 취지 및 관련 조항 전체를 유기적·체계적으로 살펴보아 모법의 해석상 가능한 것을 명시한 것에 지나지 아니하거나 모법 조항의 취지에 근거하여 이를 구체화하기 위한 것인 때에는 모법의 규율 범위를 벗어난 것으로 볼 수 없으므로, 모법에 이에 관하여 직접 위임하는 규정을 두지 않았다고 하더라도 이를 무효라고 볼 수는 없다(대법원 2009. 6. 11. 선고 2008두13637 판결).

그런데 부사관의 보직 변경 및 해임에 관한 규정은 기본법인 군인사법에 장교와 달리 아무런 규정이 없다. 각군 참모총장의 지시 또는 육군규정으로 규율되는 부사관의 보직 변경 및 해임에 관한 사항은 군인사법의 입법 취지 및 관련 조항 전체를 유기적·체계적으로 살펴보아 모법의 해석상 가능한 것을 명시한 것에 지나지 아니하거나 모법 조항의 취지에 근거하여 이를 구체화하기 위한 것으로 볼 수 없다. 이런 점에서 볼 때, **부사관에 대한 보직 변경 및 해임의 경우에도 장교와 마찬가지로 반드시 군인사법에 기본적인 사항을 규정하는 입법적 개선이 반드시 필요하다**고 본다.

4) 사전통지 및 의견청취 절차

오늘날은 의회입법의 원리 내지는 법치주의가 여러 가지 한계를 나타내어 행정에 대한 민주적 통제기능을 제대로 수행하지 못하고 있다는 인식 아래서 행정절차를 행정에 대한 민주적 통제를 실현하기 위한 국민의 행정에의 능동적 참여수단으로 필요하다.[113] 특히 행정절차법의 제정은 국민의 행정참여로 행정의 공정성·투명성·신뢰성을 확보하고 국민의 권익을 보호하는 획기적인 계기가 되었다. 이와 관련하여 **장교의 보직해임 처분은 '공무원 인사관계법령에 의한 징계 기타 처분'에 해당되어 행정**

113) 박윤흔, 행정법강의(하), 박영사, 2002. 제471면.

절차법의 적용대상이 아니라고 보고 있었다(행정절차법 제3조 제2항 제9호, 동법시행령 제2조 제3호).114) **그러나** 행정절차법 제3조 제2항은 '이 법은 다음 각호의 1에 해당하는 사항에 대하여는 적용하지 아니한다'고 규정하면서 그 제9호에서 '병역법에 의한 징집 · 소집, 외국인의 출입국 · 난민인정 · 귀화, 공무원 인사관계 법령에 의한 징계 기타 처분 또는 이해조정을 목적으로 법령에 의한 알선 · 조정 · 중재 · 재정 기타 처분 등 당해 행정작용의 성질상 행정절차를 거치기 곤란하거나 불필요하다고 인정되는 사항과 행정절차에 준하는 절차를 거친 사항으로서 대통령령으로 정하는 사항'을 행정절차법의 적용이 제외되는 경우로 규정하고 있고 그 위임에 기한 행정절차법 시행령 제2조는 '법 제3조 제2항 제9호에서 "대통령령으로 정하는 사항"이라 함은 다음 각호의 1에 해당하는 사항을 말한다'라고 규정하면서 그 제3호에서 '공무원인사관계법령에 의한 징계 기타 처분에 관한 사항'을 규정하고 있는바, 행정과정에 대한 국민의 참여와 행정의 공정성, 투명성 및 신뢰성을 확보하고 국민의 권익을 보호함을 목적으로 하는 행정절차법의 입법목적과 행정절차법 제3조 제2항 제9호의 규정 내용 등에 비추어 볼 때 **공무원인사관계법령에 의한 처분에 관한 사항 '전부'에 대하여 행정절차법의 적용이 배제되는 것이 아니라 '성질상 행정절차를 거치기 곤란하거나 불필요하다고 인정되는 처분이나 행정절차에 준하는 절차를 거치도록 하고 있는 처분의 경우에만' 행정절차법의 적용이 배제되는 것으로 보아야 한다.**

【소청 사례】 115)

소청취지 : 피소청인이 소청인에게 한 2010. 1. 25.자 보직해임처분을 취소한다.

소청이유 : 소청인은 2008. 12. 12. 제00사단 제00대대 대대장으로 근무중 소속대 본부중대장 대위 000이 육군본부 법무실 인권과에 제출한 투서를 통해 인지된 불법적 영내대기, 연속 당직근무, 주말 출근 강요, 폭언 · 욕설행위 등 직권남용 및 권리행사방해 및 가혹행위가 인정된다는 이유로 2010. 1. 20. 소속대 보직해임심의위원회의 심의 의결을 거쳐 보직해임을 당하였다. 그러나 소청인은 사전에 보직해임심의위원회 개최 통지를 받지 못하였고 보직해임심의위원회에 참석하여서도 제대로 변명하지 못하였으며 최종적인 보직해임심의위원회의 심의 결과를 서면으로 받지 못하였므로 절차상 중대한 하자가 있다. 또한 이 이 사건 보직해임처분은 재량권을 일탈 · 남용한 것으로 위법 부당하여 취소되어야 한다고 주장한다.

결정 : 1. 사전통지해태에 관하여

보직해임심의위원회 출석통지서를 사전에 발하는 이유는 보직해임처분이 당사자로 하

114) 육법제18500- 030168(2003. 8. 21) 인사소청 관련 법령질의(회신).

여금 신분상의 중대한 영향을 주는 침익적 행정처분이므로 개최일시, 장소, 사유 등에 관하여 사전에 통지를 함으로써 스스로 충분한 방어활동을 보장하기 위한 것이다. 그런데 이 사건 보직해임의 경우 보직해임심의 전날 유선으로 출석을 요구하고 심의 당일 출석요구서를 교부한 점, 심의위원회에서 소청인에게 구체적인 사실관계 확인과정이 없이 대략적인 심문이 이루어진 점으로 보아 절차상의 하자가 존재한다.

그러나 당사자가 보직해임심의위원회에 출석하여 이에 대한 아무런 이의를 제기하지 않은 점, 이 사건 보직해임과 관련하여 육군본부 법무실 인권과 및 사단 소속대 감찰참모부, 법무참무부로부터 비위사실에 대한 조사를 받고 이에 대한 후속조치의 일환으로 보직해임이 이루어져 당사자가 충분히 보직해임 또는 징계라는 인사상 조치와 관련된 절차라는 것을 인지하고 방어할 수 있었던 점, 이 사건 보직해임심의위원회는 소청인으로부터 부당한 대우 및 피해를 받은 관련자들을 다수 참고인으로 소환하여 진술을 받아 확인하여 소청인에 대한 대략적인 심문으로도 사실인정 포섭에 충분하다고 판단하여 이루어진 점, 소청인이 당 심의위원회에서 자신의 최후진술 기회를 부여받아 자신의 입장을 밝히면서 깊이 반성하고 자숙하겠다라는 취지로 태도를 보였던 점을 종합하면 이러한 절차상의 하자는 치유되었다.

결정 : 2. 사후통지해태에 관하여

행정절차상 문서주의 내지 이유부기제도의 취지는 처분결과에 대한 명확한 근거와 사유를 제시함으로써 당사자로 하여금 처분에 대한 불복여부, 쟁송방법을 결정할 수 있도록 하는 당사자의 방어활동을 보장하기 위한 절차적기본권 보장수단을 담보하기 위한 것이다. 그렇다면 보직해임심의 결과에 대한 통지해태는 군인사법 시행령 제17조의5 제3항 서면통보를 위반한 것으로 절차상 하자가 존재한다. 한편, 보직해임처분장이 발행된 점, 처분청의 입장에서 소청인이 대대장이라는 지휘관이었던 점, 이 사건 발단이 소청인이 지휘하는 부대의 부하가 제보하여 이루어진 것으로 대대분위기 등을 고려하여 교부절차를 생략하고 위원장이 직접 소청인에게 보직해임 결과를 설명하고 통보한 사실이 인정되는바 이러한 절차상 하자가 치유된 것으로 판단한다.

가) 관련규정

【행정절차법】 제21조(처분의 사전통지)

① 행정청은 당사자에게 의무를 과하거나 권익을 제한하는 처분을 하는 경우에는 미리 다음 각호의 사항을 당사자등에게 통지하여야 한다.

1. 처분의 제목
2. 당사자의 성명 또는 명칭과 주소
3. 처분하고자 하는 원인이 되는 사실과 처분의 내용 및 법적 근거
4. 제3호에 대하여 의견을 제출할 수 있다는 뜻과 의견을 제출하지 아니하는 경우의 처리 방법

115) 국방부 중앙군인사소청심사위원회 10-02호 '보직해임처분 취소청구' 참조.

5. 의견제출기관의 명칭과 주소
6. 의견제출기한
7. 기타 필요한 사항

② 행정청은 청문을 실시하고자 하는 경우에 청문이 시작되는 날부터 10일전까지 제1항 각호의 사항을 당사자등에게 통지하여야 한다. 이 경우 제1항제4호 내지 제6호의 사항은 청문주재자의 소속·직위 및 성명, 청문의 일시 및 장소, 청문에 응하지 아니하는 경우의 처리방법 등 청문에 필요한 사항으로 갈음한다.

③ 제1항 제6호에 의한 기한은 의견제출에 필요한 상당한 기간을 고려하여야 한다.

④ 다음 각호의 1에 해당하는 경우에는 제1항의 규정에 의한 통지를 아니할 수 있다.
1. 공공의 안전 또는 복리를 위하여 긴급히 처분을 할 필요가 있는 경우
2. 법령 등에서 요구된 자격이 없거나 없어지게 되면 반드시 일정한 처분을 하여야 하는 경우에 그 자격이 없거나 없어지게 된 사실이 법원의 재판 등에 의하여 객관적으로 증명된 때
3. 당해 처분의 성질상 의견청취가 현저히 곤란하거나 명백히 불필요하다고 인정될 만한 상당한 이유가 있는 경우

【행정절차법】 제22조(의견청취)

① 행정청이 처분을 함에 있어서 다음 각호의 1에 해당하는 경우에 청문을 실시한다.
1. 다른 법령 등에서 청문을 실시하도록 규정하고 있는 경우
2. 행정청이 필요하다고 인정하는 경우

② 행정청이 처분을 함에 있어서 다음 각호의 1에 해당하는 경우에 공청회를 개최한다.
1. 다른 법령 등에서 공청회를 개최하도록 규정하고 있는 경우
2. 당해 처분의 영향이 광범위하여 널리 의견을 수렴할 필요가 있다고 행정청이 인정하는 경우

③ 행정청이 당사자에게 의무를 과하거나 권익을 제한하는 처분을 함에 있어서 제1항 또는 제2항의 경우 외에는 당사자등에게 의견제출의 기회를 주어야 한다.

④ 제1항 내지 제3항의 규정에 불구하고 제21조제4항 각호의 1에 해당하는 경우와 당사자가 의견진술의 기회를 포기한다는 뜻을 명백히 표시한 경우에는 의견청취를 아니할 수 있다.

⑤ 행정청은 청문·공청회 또는 의견제출을 거친 때에는 신속히 처분하여 당해 처분이 지연되지 아니하도록 하여야 한다.

⑥ 행정청은 처분후 1년이내에 당사자등의 요청이 있는 경우에는 청문·공청회 또는 의견제출을 위하여 제출받은 서류 기타 물건을 반환하여야 한다.

보직해임절차와 관련된 사전통지제도는 인사실무에서 '출석요구서'로 대체하고 있다. 그러나 당사자의 실질적인 방어권을 보장하기 위해서는 단순한 보직해임심의위원회의 출석요구에 그치지 않고 보직해임심의위원회에 개최 일시, 장소, 사유 등을

자세하게 명시하여야 할 필요가 있다. 보직해임심의위원회 개최 전날 유선으로 단순히 출석할 것을 통보하거나 사유 등을 적시하지 않는 단순한 출석통지서는 사전통지제도의 취지에 반하는 것으로 당사자의 절차적기본권을 침해하여 자칫 절차상의 하자에 해당할 수 있다.

나) 대법원 판례

대법원 판례 - 진급낙천처분취소 -

대령 진급선발을 취소하는 과정에서 따로 의견제출 기회나 소명기회 등을 전혀 부여받지 못한 사안에 대하여 군인사법 및 그 시행령의 관계 규정에 따르면 진급예정자명단에 포함된 자는 진급예정자명단에서 삭제되거나 진급선발이 취소되지 않는 한 진급예정자명단 순위에 따라 진급하게 되므로 진급선발을 취소하는 처분은 이른바 **침익적 처분**이라 할 것이다. 따라서 이 사건 처분을 함에 있어 행정절차에 준하는 절차를 거치도록 하는 규정이 없을 뿐만 아니라 위 처분의 성질상 행정절차를 거치기 곤란하거나 불필요하다고 인정되는 처분이라고 보기도 어렵다고 할 것이어서 이 사건 처분이 행정절차법의 적용이 제외되는 경우에 해당한다고 할 수 없다. **수사과정 및 징계과정에서 자신의 비위행위에 대한 해명기회를 가졌다는 사정만으로 이 사건 처분이 행정절차법 제21조 제4항 제3호, 제22조 제4항에 따라 사전통지를 하지 아니 않거나 의견제출의 기회를 주지 아니하여도 되는 예외적인 경우에 해당한다고 할 수 없으므로 의견제출의 기회를 부여하지 아니한 이상, 절차상 하자가 있어 위법하다**(대법원 2007. 9. 21. 선고 2006두20631 판결).

5) 처분사유설명서 교부제도 도입

【행정절차법】 제23조(처분의 이유제시)

① 행정청은 처분을 하는 때에는 다음 각호의 1에 해당하는 경우를 제외하고는 당사자에게 그 근거와 이유를 제시하여야 한다.

1. 신청내용을 모두 그대로 인정하는 처분인 경우
2. 단순·반복적인 처분 또는 경미한 처분으로서 당사자가 그 이유를 명백히 알 수 있는 경우
3. 긴급을 요하는 경우

② 행정청은 제1항 제2호 및 제3호의 경우에 처분 후 당사자가 요청하는 경우에는 그 근거와 이유를 제시하여야 한다.

제24조(처분의 방식)

① 행정청이 처분을 하는 때에는 다른 법령 등에 특별한 규정이 있는 경우를 제외하고는 문서로 하여야 하며, 전자문서로 하는 경우에는 당사자등의 동의가 있어야 한다. 다만, 신속을 요하거나 사안이 경미한 경우에는 구술 기타 방법으로 할 수 있으며 이 경우 당사자

> 의 요청이 있는 때에는 지체없이 처분에 관한 문서를 주어야 한다.
> ② 처분을 하는 문서에는 그 처분행정청 및 담당자의 소속 · 성명과 연락처(전화번호 · 모사전송번호 · 전자우편주소 등을 말한다)를 기재하여야 한다.

처분의 **이유부기제도**는 행정청이 행정처분을 하면서 당해 처분의 사실적, 법적 이유를 구체적으로 명시하여야 한다는 것을 의미한다. 이유부기를 함으로써 행정청으로 하여금 보다 신중하고 공정하게 처분하도록 하는 **자기통제의 기능**이 있고, 처분의 상대방에게 당해 처분에 대해 다툴 수 있도록 하는 판단근거를 제공함으로써 국민의 **권리구제기능**이 있다. 즉, 처분의 이유제시절차는 첫째, 사전통지절차와 함께 행정절차의 기본이념인 투명성, 공정성과 신뢰보호 이념을 처분절차에 있어서 구체화하는 기능 둘째, 행정청과 국민간에 공감대를 형성하는 기능 셋째, 국민의 권리구제에 기여하는 기능 넷째, 행정청에게 스스로 투명하고 공정한 행정을 할 것을 요구하는 기능을 갖는다. 행정절차법 제23조에는 '행정청은 행정처분을 하는 경우에는 당사자에게 그 근거와 이유를 제시하여야 한다'라고 하여 처분의 이유제시절차에 대해 규정하고 있다. 또한 국가공무원법 제75조에는 "공무원에 대하여 징계처분을 행할 때나 강임 휴직 직위해제 또는 면직처분을 행할 때에는 그 처분권자 또는 처분제청권자는 처분의 사유를 기재한 설명서를 교부하여야 한다. 다만, 본인의 원에 의한 강임 휴직 또는 면직처분은 그러하지 아니하다"라고 하여 인사상 불이익처분에 대하여는 처분의 사유를 기재한 설명서를 교부하도록 하고 있다.

보직해임의 경우 보직해임심의위원회의 심의 의결을 거친 결과를 서면으로 통보하도록 규정하고 있다(군인사법 시행령 제17조의5 제3항). 그런데 보직해임을 하는 처분청에서 주로 당사자를 배려한다는 차원에서 **보직해임처분장을 교부함이 없이 구두로 보직해임사실을 알린다거나 단순한 인사명령을 통하여 보직해임의 통지를 대신하는 경우**가 왕왕 발생하고 있다. 그러나 이는 보직해임 통지에 관한 명문규정을 위반한 것으로 당해 **행정처분이 위법하다**는 점에 의문이 없다. 다만, 위법성의 정도가 취소사유인지 무효사유인지가 문제될 뿐이다. 이는 통설과 판례에 따라 중대명백설의 기준에 따라 판단되어야 할 것이다. 현행 행정절차법은 이유부기를 필요적 절차로 규정하고 있으므로 이유부기의 흠결이 있으면 이는 **행정절차법 제23조 제1항을 위반**

한 행정처분이므로 중대한 하자에 해당한다. 그런데 이유부기의 하자가 일반 제3자의 관점에서 명백한 하자인지 여부는 구체적인 경우에 따라 달라질 수 있을 것이다.[116] 보직해임처분장의 교부를 통한 보직해임처분의 이유부기는 처분의 근거와 처분사유를 구체적으로 기재하여 서면으로 통보하여야 한다. 그럼에도 불구하고 구두로 통지한 것은 분명 중대한 하자가 있다. 그런데 **당사자의 입장을 고려하여 구두로 보직해임의 사유와 근거를 설명하고 충분한 입장을 전달하여 서면에 갈음하는 것은 그 하자가 명백하다고 볼 수 없을 것이다.**

법치주의의 관점에서 볼 때 하자가 있는 행정행위의 치유는 원칙적으로 허용될 수 없지만, 예외적으로 행정행위의 무용한 반복을 피하고 당사자의 법적 안정성을 기한다는 취지에서 국민의 권익침해가 없는 한도에서 허용될 수 있다. 그러나 **당연무효인 처분은 하자의 치유가 허용되지 않는다.** 취소사유에 해당하는 이유부기의 하자가 **예외적으로 인정된다 하더라도 이는 국민의 권익을 침해하지 않는 한도내에서** 인정된다. 또한 시간적 한계로서 처분에 대한 불복 여부의 결정 및 불복신청에 지장을 초래하지 않는 상당한 기간 내에, 늦어도 **당해 처분에 대한 행정쟁송을 제기 이전**에는 하자가 치유되어야 한다.

대법원 판례 - 재산세부과처분취소 -

조세법률주의에 따라 처분청으로 하여금 그 자의를 배제하고 신중하고 합리적인 처분을 행하게 함으로써 조세행정의 공정을 기함과 동시에 납세의무자에게 부과처분의 내용을 상세히 알려서 불복여부의 결정과 그 불복신청에 편의를 주려는 취지에서 나온 것이므로 이 규정들은 **강행규정**이라 할 것이고 따라서 **세액산출근거가 기재되지 아니한 납세고지서에 의한 납세고지는 위법하여 취소대상이 된다.**

또 위 하자의 치유를 허용하려면 **늦어도 과세처분에 대한 불복여부의 결정 및 불복신청에 편의를 줄 수 있는 상당한 기간내에 하여야** 한다고 할 것이므로 위 과세처분에 대한 전심절차가 모두 끝나고 이 사건 소송이 계류중인 1982.11.13 세액산출근거의 통지가 있었다고 하여 이로써 위 과세처분의 하자가 치유되었다고는 볼 수 없다(대법원 1984. 4. 10. 선고 83누393 판결).

6) 고지제도의 도입

고지제도란 행정청이 처분을 함에 있어서 처분의 상대방이 법적 구제방법을 사용

---

116) 이병철, 행정법강의, 유스티니아누스, 2002. 제425면 참조.

하려고 하는 경우에 필요한 사항(불복행정청, 불복기간, 불복절차)을 구체적으로 상대방에게 알리는 **비권력적 사실행위**를 말한다. 고지제도는 처분의 상대방으로 하여금 행정불복의 기회를 보장하고 처분을 보다 신중하게 하여 행정의 적정화를 기하는데 그 목적이 있다. 행정절차법 26조에는 "행정청이 처분을 하는 때에는 당사자에게 그 처분에 관하여 행정심판을 제기할 수 있는지 여부, 기타 불복을 할 수 있는지 여부, 청구절차 및 청구기간 기타 필요한 사항을 알려야 한다"라고 하여 고지제도에 관하여 규정하고 있다. 보직해임은 진급 및 인사관리면에 있어서 상대방에게 불이익을 주는 처분이다. 따라서 보직해임 처분의 상대방에게 법적 구제방법을 알려주는 고지제도의 도입은 권리구제 측면에서 그 의의가 있다. 그러나 현재 실무 운영을 보면 보직해임이 된 경우에 있어서는 인사명령의 형태로 상대방에게 통보될 뿐이며 불복의 방법 등에 대하여는 별도로 고지하지 않고 있지 않다.

라. 효 과

1) 현역복무부적합조사위원회 회부 사유

군인사법 시행령 제17조의2에서는 법 제17조 제2항 제3호의 규정에 의하여 임기전에 보직해임 된 장교로서 3월이 경과하여도 보직되지 못하거나 동일계급에서 2회 이상 보직해임 된 자에 대하여는 군인사법 제49조의 규정에 의한 현역복무부적합심의위원회에 회부하도록 하고 있다. 보직해임 된 자라 할지라도 현역복무부적합 조사위원회에서 복무가능한 자로 결정된 경우에는 지체 없이 보직을 주어야 한다(동법 시행령 제17조의2).

2) 진급심사시 감점사유

육군규정 126 장교진급관리규정 제22조에서는 임기이전 보직해임자에 대하여는 -3점을 부과하며, 제23조에서는 **보직해임을 받은 자가 '2년'을 경과한 때에는 보직해임 기록을 말소하며, 기록말소 된 자는 진급선발에서 감점 규정을 적용하지 않는다**고 규정하고 있다. 공군의 경우에는 보직해임 기간이 2개월 이상인 경우에는 -4점을, 보직해임기간이 1개월 이상 2개월 미만인 경우에는 -2점을 감점하고 있다.

3) 보직해임 된 자의 인사관리

보직해임 된 자는 징계위원회 회부 등 비위에 대한 행정적 조치가 만료되기 전에 보직을 부여할 수 없으며, 보직해임일로부터 새로운 보직 명령시까지 "무보직"으로 자력표에 기록 · 유지한다. 다만, 보직해임 된 자가 해당 비위사실로 징계처분을 받았을 경우에는 징계처분에 부과되는 감점과 말소기간만 적용하며 2중 불이익을 방지한다.

4) 보직해임 된 자의 재보직 통제

지휘책임으로 보직해임 된 자는 그 책임이 중한 경우, **지휘관 직위** 재보직을 불허한다. 개인비위로 보직해임 된 자는 반드시 현역복무부적합심사위원회에 회부하여 심의결과에 따라 인사조치 하되, 현역복무 적합자로 판정되더라도 지휘관 직위 재보직은 불허하고 기타 직위에 보직한다. **중대장**은 반기 단위 육군본부 인사심의에 의거 중대장 재보직 가능자로 결정되었을 경우, 보직해임일로부터 1년 이상 경과 후 인사권이 다른 부대 중대장 직위에 보직한다. **대대장, 연대장**은 보직해임 된 익년도 지휘관 가용자 심의에 포함하여 지휘관 보직 가능자로 결정되었을 경우, 지휘관 직위에 보직한다. 지휘관 재보직시 임기는 보직해임 전 전 브직기간을 가산한 잔여기간으로 하되, 잔여임기가 1년 미만일 경우에는 최소 1년 이상으로 한다. **참모 직위**에서 보직해임된 자도 동일한 시행절차와 인사관리체계를 적용하며, 비위관련 보직해임시에는 교관 · 훈육직위, 이권직위 보직을 제한한다.117)

마. 보직해임 후 새로운 보직을 부여 받은 자의 '소의 이익'

1) 보직해임처분을 받은 후 일반적으로 3개월 이내에 새로운 보직을 부여 받는다.

왜냐하면 3개월이내에 보직을 부여받지 못하면 결국 현역복무부적합심의위원회에 회부되어 처리되기 때문이다. 따라서 보직해임은 단기간에 새로운 보직을 부여받아 보직해임 자체에 대한 위법한 상태는 단기간 내에 회복된다. 그렇다면 **새로운 보직을 부여받은 자가 인사소청 내지 행정소송을 제기한 경우에 권리보호의 이익을 인정되는지가 문제된다.**

117) 장교보직해임시행방침(육방침 03- 43호 2003. 11. 1)

2) 학설의 소개

이 경우 보직해임된 자가 새로운 보직을 받은 후에 보직해임은 진급시 감점사항이며, 보직해임사실이 인사기록에 남게 되어 인사상 불이익을 받고 또한 전역시 직업보도반 입교 등에 있어서 불이익을 받게 되므로 이러한 위법상태를 제거하기 위한 **권리보호의 이익이 존재한다는 입장**과, 인사규정상 보직해임 종료일로부터 2년이 경과한 때에는 보직해임 기록을 말소하도록 되어 있어 그 기간동안 보직해임의 전력이 없는 사람보다 인사고과 등에서 불이익을 당할 가능성이 있기는 하나 이는 사실상의 불이익에 불과할 뿐 법률상 이익에 해당한다고 볼 수 없기 때문에 **권리보호의 이익이 없다는 입장**이 있다.

육군규정인 **장교진급관리규정**에 따르면, 직위해제처분을 받은 일반공무원과 달리 보직해임을 당한 경우 일정한 점수의 감점을 부여하고 인사고과에 반영된다. 위 규정은 행정규칙이지만, 군인사법 및 시행령 시행규칙과 결합하여 보충적으로 법규성이 인정되는 **법령보충적 행정규칙**의 지위를 갖는다. 그리고 동일계급에서 2회 이상 보직해임된 자는 현역복무부적합조사사유로 하고 있다. 그렇다면 보직해임을 당한 자가 갖는 보직해임을 당함으로써 인사고과에 반영되는 불이익은 사실상의 불이익으로 볼 수 없고 **법률상의 불이익으로 이를 제거하기 위한 권리보호의 이익이 존재한다**고 할 것이다.[118]

3) 판례 소개

관련 판례

2001. 7. 25. 신병교육대 중대장으로 근무하다가 보직해임을 당하고 그 후 2001. 8. 17. 다른 사단의 동원장교로 재보직되어 근무하던 중 사단장을 상대로 보직해임처분 취소소송을 제기한 사안에서

"공무원이 보직해임처분을 받았다가 얼마 후에 새로운 보직을 부여받았다면 **그 보직은 이미 회복되었다고 볼 수 있어 현재 어떠한 권리를 침해당하였거나 불이익을 받은 상태에 있다고 할 수 없다.** 물론 보직해임처분이 행정청 스스로 자진하여 취소하거나 판례에 의하여 취소 등이 되지 아니하는 한 그 후에 보직을 부여받았다하여 위법한 보직해임처분에 의하여 신분적 또는 재산적으로 받은 불이익한 결과가 처분 당시에 소급해서 제거되고 그와 같은 처분이

118) **국방부 중앙군인사소청심사위원회**도 같은 입장으로써 '보직해임된 자가 다시 보직을 부여받은 경우'에도 **인사소청을 통하여 보직해임처분을 다툴 수 있도록** 하고 있다.

없었던 것과 마찬가지의 법적 상태가 되는 것은 아니다. 그러나 이 경우에 있어서도 행정처분에 의하여 **박탈된 신분적 또는 재산적 이익의 회복 '그 자체'를 '직접' 목적으로 하는 소송**에서 그 전제로서 그 처분의 효력의 존부를 다툴 수 있을 때에는 박탈된 이익의 회복을 직접 목적으로 하는 소송에 의하여 능히 구제받을 수 있으므로 **그 전제가 되는 당해 처분의 효력의 존부만을 따로 독립하여 소송에 의하여 다툴 실익은 없다**(서울행정법원 2002. 8. 23. 선고, 2002구합9919 판결).

대법원 판례

포병여단 예하부대인 포병대대 대대장으로 근무 중인 자가 회식자리에서 같은 부대 작전과장 처인 이00을 성희롱하였다는 등의 이유로 소속대 지휘관은 2004. 6. 3. 보직해임처분을 하였는데 위 보직해임처분의 집행이 정지되지 아니한 채 2년의 기간이 경과되어 보직해임 기록이 말소된 상황에서 보직해임처분의 하자를 다투는 사안에서

"위법한 행정처분의 취소를 구하는 소는 위법한 처분에 의하여 발생한 위법상태를 배제하여 원상으로 회복시키고, 그 처분으로 침해되거나 방해받을 권리와 이익을 보호·구제하고자 하는 소송이므로, 처분 등의 효력이 존속하고 있어야 하고, 처분 후의 사정에 의하여 권리와 이익의 침해 등이 해소된 경우에는 그 처분의 취소를 구할 소의 이익이 없다"(대법원 2007. 3. 29. 선고 2005두2155 판결 등 참조).

"군인사법령에 따른 보직해임처분은 받은 장교는 진급심사시 감점을 받게 되고 현역복무부적합 조사 대상자가 되며 명예진급 및 명예전역 대상에서 제외되는 등 불이익을 받게 되지만, 육군본부 장교진급관리규정 등에 따르면 장교가 보직해임처분을 받은 날로부터 2년이 경과한 때에는 보직해임 기록을 말소하게 되고 이 경우 말소된 보직해임 기록을 이유로 진급, 전속, 보직, 교육이나 명예전역 등 인사관리상 불리한 처우를 하지 아니하도록 규정되어 있으므로, 장교에 대한 **'보직해임처분일로부터 2년이 경과한 경우' 보직해임처분의 취소를 구할 소의 이익이 없다**"(대법원 2008. 4. 11. 선고 2006두9733 판결).

대법원 판례

직위해제 처분은 그 근로자로서의 지위를 그대로 존속시키면서 다만 그 직위만을 부여하지 아니하는 처분이므로 만일 어떤 사유에 기하여 근로자를 직위해제 한 후 그 직위해제 사유와 동일한 사유를 이유로 징계처분을 하였다면 뒤에 이루어진 징계 처분에 의하여 그 전에 있었던 직위해제 처분은 그 효력을 상실한다고 할 것이고(대법원 1997. 9. 26. 선고 97다25590 판결 등 참조), 이와 같이 직위해제 처분이 효력을 상실한 경우에는, 인사규정 등에 의하여 승진·승급에 제한이 가하여지는 등의 특별한 사정이 없는 한, 그 무효확인을 구할 이익은 없다고 할 것이다(대법원 1993. 9. 10. 선고 93다10743 판결 등 참조).

위 법리와 기록에 비추어 살펴보면, 원심이 제1심판결의 이유를 인용하여, 이 사건 직위해제 처분은 이 사건 정직 처분으로 인하여 효력을 상실하였고, 피고 법인 인사규정상 직위해제 종료일로부터 3년이 지난 후 비로소 직위해제에 관한 기록을 말소하도록 되어 있어 원고가 그 기간 동안 직위해제 처분을 받은 전력이 없는 사람보다 인사고과 등에 있어서 불이익을

당할 가능성이 있기는 하나 이는 '사실상'의 불이익에 불과할 뿐, 법률상의 불이익에 해당한다고 볼 수 없고, 직위해제에 따른 봉급 감소로 인한 불이익과 관련하여는 직위해제 처분 무효확인을 구하는 것이 '가장 유효 · 적절한 수단이 될 수 없다'는 취지에서, 이 사건 **직위해제 처분 무효확인을 구하는 부분의 소가 '부적법'**하다(대법원 2007. 12. 28. 선고 2006다33999).

헌법재판소 결정

위헌제청이 적법하기 위해서는 이 사건 규정이 당해 소송사건에 적용될 법률이어야 하고, 그 위헌여부에 따라 재판의 주문이 달라지거나 재판의 내용과 효력에 관한 법률적 의미가 달라져야 한다. 그렇다면 이 사건 규정의 위헌여부가 당해 소송사건의 해결을 위하여 필요불가결한 선결문제가 되어야 하는데, 제청신청인들은 이미 1995. 1. 3. 복직발령을 받았으므로 직위해제처분의 취소를 구할 소의 이익이 있는가 하는 것에 대한 의문이 있을 수 있다.

제청신청인들은 개정법률 부칙 제2호에 의하여 1995. 1. 3. 복직발령을 받았으나, 직위해제처분은 여전히 유효하기 때문에, 승진소요최저연수의 계산에 있어서 직위해제기간은 산입되지 않으며(공무원임용령 제31조 제2항) 직위해제 기간중 봉급의 감액을 감수할 수밖에 없는(공무원보수규정 제29조) 등 제청신청인들에게 법적으로 불리한 효과가 그대로 남아 있다. 그러므로 **제청신청인들에게는 승급이나 보수지급 등에 있어서의 불리함을 제거하기 위하여 '직위해제처분의 취소를 구할 소의 이익'이 인정되고,** 이로써 제청법원은 당해사건의 본안에 관하여 판단해야 할 필요성이 있다고 하겠다. 따라서 개정법률 부칙 제2호의 규정에도 불구하고 이 사건 규정은 당해사건에서 적용되는 규정이고, 이 규정의 위헌여부에 따라 직위해제처분의 취소 여부, 즉 재판의 결과가 달라지므로 재판의 전제성이 인정된다(헌법재판소 1998. 5. 28. 선고 96헌가12 결정).

9. 휴 직

가. 정 의

휴직이란 공무원으로서의 신분을 보유하면서 직무담임을 일시적으로 해제하는 행위이다. 일정한 사유가 있는 경우는 본인의 의사에 불구하고 휴직을 명할 수 있다. 휴직에는 행정기관이 직권으로 행하는 직권휴직과 본인의 원에 의하여 휴직하게 되는 청원휴직이 있다.

휴직제도는 행정기관의 입장에서는 휴직기간 동안 면직 후 재임용하는 등의 복잡한 절차가 필요 없어 인사운영의 효율성을 도모할 수 있고 공무원 본인에게도 안심하고 타 직무에 종사할 수 있는 여건을 제공할 수 있다는 점에서 직업공무원제도를 표방하고 있는 대부분의 국가에서 채택하고 있는 신분보장제도이다.

휴직은 공무원의 신분을 계속 가지고 있으면서 직무에 종사하지 않은 점에서 직위해제 및 정직처분과 같으나 본인의 원에 의하여 휴직할 수 있고 제재적인 효과가 없다는 점에서 직위해제와 구별되고 징계의 종류가 아니며 그 기간도 비교적 길다는 점에서 정직처분과도 다르다.

국가공무원법의 휴직제도와 그 취지와 종류에 있어서는 동일하지만 그 휴직사유에 있어서는 크게 차이가 있다. 군인사법에서는 형사사건으로 기소된 경우 휴직사유에 해당하지만 국가공무원법에서는 직위해제사유로 보고 있다. 이와 같이 직위해제를 할 수 있도록 하는 이유는 범죄사실이 확정되어 검사가 기소할 경우에 이르면 직무수행 자체를 사실상 수행하기 곤란할 뿐만 아니라 당해 공무원에게 계속 공무집행의 공정성을 확보하기 위한 조치의 일면이 있는 반면에 기소된 당해 공무원의 입장에서도 공판과정상의 개인적인 변호권을 충분히 부여하기 위하여 직무수행의 부담을 덜어 줄 필요가 있기 때문이다.[119]

휴직제도는 징계와는 법적 기초를 달리하고 있으므로 휴직의 원인과 동일한 사유로 징계를 하여도 일사부재리의 원칙에 반하지 않는다.[120]

대법원 판례

직위해제처분이 공무원에 대한 불이익한 처분이긴 하나 징계처분과 같은 성질의 처분이라 할 수 없으므로 동일한 사유로 직위해제 처분을 하고 다시 감봉처분을 하였다 하여 일사부재리원칙에 위배된다 할 수 없다(대법원 1983. 10. 25. 선고 83누184 판결).

나. 휴직 사유

1) 직권휴직의 경우

장교·준사관 및 부사관이 전공상을 제외한 심신장애로 인하여 6월 이상 근무하지 못하게 되는 때, 행방불명된 때에는 반드시 필요적으로 임용권자는 휴직을 명하여야 한다(군인사법 제48조 제1항). 또한 장교·준사관 및 부사관이 형사사건으로 기소된 때(약식명령이 청구된 경우를 제외한다)에는 임용권자는 휴직을 기소휴직제도의 취지에 맞추어 휴직을 명할 수 있다(동조 제2항).

---

119) 김중양, 한국인사행정론, 법문사, 2004. 제380면.
120) 임천영, 군인사법, 법률문화원, 2007. 제749면~제750면.

공무원이 신체 · 정신상의 장애로 장기 요양이 필요할 때, 병역법에 따른 병역 복무를 마치기 위하여 징집 또는 소집된 때, 천재지변이나 전시 · 사변, 그 밖의 사유로 생사 또는 소재가 불명확하게 된 때, 그 밖에 법률의 규정에 따른 의무를 수행하기 위하여 직무를 이탈하게 된 때, 공무원의 노동조합 설립 및 운영 등에 관한 법률 제7조에 따라 노동조합 전임자로 종사하게 된 때에는 임용권자는 본인의 의사에도 불구하고 필요적으로 휴직을 명하여야 한다(국가공무원법 제71조 제1항).

2) 청원휴직의 경우

임용권자는 장기복무장교, 준사관 및 장기복무부사관이 국제기구 또는 외국기관에 임시로 채용된 때, 자비로 해외유학을 하게 된 때, 참모총장이 지정하는 연구기관이나 교육기관 등에서 자비로 연수하게 된 때, 만 6세 이하의 초등학교 취학 전 자녀를 양육하거나 여자군인이 임신 또는 출산하게 되어 필요한 때, 사고 또는 질병 등으로 장기간의 요양을 필요로 하는 부모 · 배우자 · 자녀 또는 배우자의 부모의 간호를 위하여 필요한 때에는 휴직을 명할 수 있다(군인사법 제48조 제3항). 그리고 단기복무중인 여자군인이 육아휴직을 원하는 경우에는 업무수행 및 인력운영상 지장을 초래하지 아니하는 범위안에서 휴직을 명할 수 있다. 다만, 여자군인이 육아휴직을 신청한 경우에는 대통령령이 정하는 특별한 사정이 없는 한 휴직을 명하여야 한다.

또한 임용권자는 국제기구, 외국 기관, 국내외의 대학 · 연구기관, 다른 국가기관 또는 대통령령으로 정하는 민간기업, 그 밖의 기관에 임시로 채용될 때, 국외 유학을 하게 된 때, 중앙인사관장기관의 장이 지정하는 연구기관이나 교육기관 등에서 연수하게 된 때, 만 6세 이하의 초등학교 취학 전 자녀를 양육하기 위하여 필요하거나 여자공무원이 임신 또는 출산하게 된 때, 사고나 질병 등으로 장기간 요양이 필요한 부모, 배우자, 자녀 또는 배우자의 부모를 간호하기 위하여 필요한 때, 외국에서 근무 · 유학 또는 연수하게 되는 배우자를 동반하게 된 때에는 공무원이 휴직을 원하면 휴직을 명할 수 있다. 다만, 육아휴직의 경우에는 대통령령으로 정하는 특별한 사정이 없으면 휴직을 명하여야 한다(국가공무원법 제71조 제2항).

다. 휴직기간

군인사법 제49조에서는 휴직사유에 따라 휴직기간을 구분하여 규정하고 있다. 다시 말해서 전공상 이외의 심신장애로 인한 휴직에는 1년, 형사사건 기소되어 휴직된 때에는 당해 사건의 계속기간이다. 여기서 **당해 사건의 계속기간이란 기소되어 휴직된 날로부터 그 사건에 대한 재판이 확정된 날까지의 기간을 말한다.**[121] 그런데 기소휴직시 '종기'의 의미를 '그 사건에 대한 재판이 확정된 날까지'로 해석하는 것은 여러 가지 면에서 문제가 있다고 본다. 형사사건 절차는 기소시 1심법원의 절차 및 항소 및 상고에 이르기까지 1년의 소요기간을 필요로 하거나 그 이상의 기간을 필요로 할 경우가 있다. 그렇다면 과연 기소휴직 기간을 확정판결시까지로 해석하는 경우 오히려 당사자에게 충분한 방어권보장이라는 긍정적 측면보다는 장기간의 직무로부터 배제되고 조직의 연대성을 상실하게 되어 결국 장기간의 형사 분쟁을 통하여 조직으로 복귀하였을 때 업무적응기간이 필요하고 당사자에게도 조직내 인간관계 회복을 위한 기간이 그만큼 길어질 것이다. 또한 1심법원에서 무죄 또는 공소기각 결정을 할 경우에까지 당사자를 기소휴직하여 직무로부터 배제한다는 것은 직무의 공정성 내지 청렴성을 위한 직무로부터 배제적 의미도 크게 상실된다. 따라서 **기소휴직의 종기는 원칙적으로 '1심법원의 판결시까지'로 입법적으로 해결하는 것이 바람직하다**고 본다.

국제기구 채용으로 인한 휴직시에는 그 채용기간으로 하고, 자비 해외유학 및 자비 연수시에는 각각 2년 이내, 자녀 양육 및 부모 등 요양 및 간호시에는 1년으로 한다.

라. 휴직권자

휴직권자는 임용권자가 된다. 장교 · 준사관 및 부사관이 형사사건으로 기소된 때에는 임용권자는 휴직을 명할 수 있고 장교의 휴직 및 휴직되었던 자의 복직은 참모총장의 건의에 의하여 국방부장관이 행한다. 다만, 대령이하의 장교에 대한 휴직 및 복직에 관한 권한은 참모총장 또는 국외 파견부대의 장관급 지휘관에게 이를 위임할 수 있다(군인사법 제48조 제2항 및 동법 시행령 제53조). 부사관에 대한 휴직 및 복직권자는 심신장애로 인한 대상자인 경우에는 통합 병원장 또는 동급 이상의 병원장, 형사사건으로 인한 대상자는 군사법원 설치권자, 행방불명으로 인한 대상자는 참모총장(인사사령관), 청원휴직자는 장관급 지휘관, 그 이외의 경우에는 장관급 부대장이 된다(육군규정 116 부사관복무규정 제20조).

121) 임천영, 위의 책, 제754면.

마. 휴직의 효력

휴직 중인 공무원은 신분은 보유하나 직무에 종사하지 못한다. 따라서 군인의 의무 중 그 신분상 당연히 지게 되는 비밀엄수 등의 **신분상 의무**는 부담되나 직무에는 종사하지 못하기 때문에 **직무상 의무**(직장이탈금지 등)는 원칙적으로 부담하지 않는다. 따라서 휴직 중이라도 신분상 의무를 위반한 경우에는 징계처분의 대상이 된다. 다만 휴직 중 정직처분을 받은 경우에는 직무에 종사하지 않는다는 점에서 처분상 효력이 같으므로 휴직기간 내에서 보수만 감액될 뿐이다. 직무수행을 전제로 하는 자격요건 산정기간에는 포함하지 않는다.

대법원 판례

직위해제처분은 공무원의 신분관계는 그대로 존속시키면서 그 직위만을 부여하지 아니하는 처분으로서 직위해제기간 중에는 직무를 수행할 권한도 의무도 없는 것이므로, 그 기간 동안은 세무사법 제5조의 2 소정의 국세에 관한 행정사무에 종사한 기간의 계산에 산입되지 아니한다(대법원 1983. 5. 24. 선고 82누410 판결).

휴직 중에도 별도의 인사발령이 없는 한 휴직 당시 직위를 그대로 보유하고 있으므로 전보가 가능하다. 휴직 기간 중 그 사유가 없어지면 30일 이내에 임용권자 또는 임용제청권자에게 신고하여야 하며, 임용권자는 지체 없이 복직을 명하여야 한다. 휴직 기간이 끝난 공무원이 30일 이내에 복귀 신고를 하면 당연히 복직된다(국가공무원법 제73조). 그런데 직권휴직의 경우 휴직권자가 그 휴직기간이 만료될 때까지 복직되지 아니할 때에는 당연전역이 된다(군인사법 제49조 제1항). 직권휴직기간에는 봉급의 반액을 지급하고, 청원휴직기간에는 봉급을 지급하지 아니한다. 다만, 기소휴직된 자가 무죄의 선고를 받은 때에는 그 봉급의 차액을 소급하여 지급한다(군인사법 제48조 제4항). 또한 기소휴직된 자가 무죄의 선고를 받는 때에는 휴직을 이유로 진급·보직 등 이 법의 적용에 있어서 불리한 처우를 받지 아니한다(동조 제5항). 육아휴직의 경우에도 마찬가지로 불리한 처우를 하여서는 아니된다.

바. 육아휴직과 진급발령 보류

'휴직제도'란 일정기간 동안 직무에 종사할 수 없는 사유가 발생한 경우 공무원관계는 계속 유지하되 본인의 신청 또는 행정기관의 직권으로 직무수행의무만을 해제하는 것을 말한다. 그 중 '육아휴직'은 만6세 이하의 자녀를 양육하기 위해 본인의 신청에 의해 시행되는 휴직하는 것이다(군인사법 제48조 제3항 제4호). 이는 일종의 청원휴가이지만 헌법 제11조 평등원칙, 헌법 제36조 가족제도의 보존, 모성 보호를 위한 것으로 군인사법은 신청이 있는 경우에는 법이 특별한 사유가 없는 한, 휴직을 명하도록 하고 있으며, 육아휴직을 이유로 어떠한 인사상의 불이익한 처우를 하여서는 안된다(군인사법 제48조 제6항)고 규정하여 육아휴직권을 최대한 보장하고 있다.

그런데 군인사법 시행령 제40조는 진급예정자가 휴직된 때에는 복직될 때까지 진급의 발령을 보류한다고 규정하여 휴직의 종류를 불문하고 일률적으로 진급발령을 보류하도록 하고 있어 육아휴직을 이유로 어떠한 인사상의 불리한 처우를 금지하고 있는 모법과 저촉여부가 문제된다. '진급발령'은 진급선발위원회에 의하여 선발된 자는 추천권자, 제청권자 또는 진급권자에 의하여 취소되지 않는 한 진급권자가 당해 전군에 그 명단을 공표하고 궐원에 따라 선임순으로 수시로 진급발령을 하도록 하고 군인사법 시행령 제37조는 진급예정자로서 당해 연도내에 진급되지 못한 자는 그 순위에 따라 다음 진급연도의 진급예정자에 우선하여 진급시키도록 하고 있다. 비록 진급예정자로 할지라도 휴직으로 인하여 직무수행상태에서 벗어난 사람에게 진급을 발령한다는 것은 인사원칙에 어긋나는 것으로 **육아휴직된 자에게 진급발령을 보류한다하더라도 인사상 불이익한 조치로 볼 수 없다.**

다만, 군인사법 시행령 제40조상의 진급발령 보류는 당해 계급의 진급(상위 계급의 진급 및 임시계급의 정계급에 관한 진급발령)에 대한 발령에 대한 보류에 국한되고 육아휴직기간동안 비록 진급발령을 받지 못하였다하더라도 **차상위 계급 진급선발 대상 선정에 있어 진급최저복무기간을 근무한 것으로 보아 진급선발 대상에 포함시켜야 한다**(군인사법 제49조 제4항).[122)]

10. 직위해제

군무원의 경우 휴직, 직위해제, 강임 또는 면직처분 등을 받은 경우가 인사소청의 주요 대상인데 이들 행정행위는 공무원관계의 내용을 불리하게 변경하는 것이므로 형의 선고, 징계처분 기타 법정사유가 있는 경우에만 행할 수 있다. 이하에서는 직위

122) 국방부, 국방관계법령해석질의응답집 제28집, 제84면, 제85면 참조.

해제에 대하여 살펴보기로 한다.

가. 근거 규정

【군무원인사법】 제29조(직위해제)

① 임용권자는 다음 각 호의 어느 하나에 해당하는 군무원에 대하여는 직위(「국가공무원법」 제5조제1호에 따른 직위를 말한다. 이하 같다)를 해제할 수 있다.
  1. 직무수행 능력이 부족하거나 근무성적이 극히 나쁜 사람
  2. 파면·해임 또는 정직에 해당하는 징계의결이 요구 중인 사람
  3. 형사사건으로 기소된 사람(약식명령이 청구된 사람은 제외한다)

② 제1항 제1호에 해당하는 사람의 직위를 해제하는 경우에는 3개월 이내의 기간 동안 대기를 명하고, 대기기간 중 직무수행 능력 회복 또는 근무성적 향상을 위한 교육훈련을 실시하거나 특별한 연구과제를 주는 등 필요한 조치를 하여야 한다.

③ 제1항 제1호와 제2호 또는 같은 항 제1호와 제3호의 직위해제 사유가 겹치는 경우에는 같은 항 제2호 또는 제3호에 따라 직위해제를 하여야 한다.

④ 임용권자는 제1항 제3호에 해당하는 사람에 대한 직위해제에 관한 권한을 참모총장·국방부직할부대장 또는 장관급부대장에게 위임할 수 있다.

⑤ 제1항에 따라 직위해제를 한 경우 그 사유가 소멸된 때에는 임용권자는 지체 없이 직위를 부여하여야 한다.

나. 직위해제의 의의

직위해제란 일정한 사정하에서 당해 근로자가 장래에 있어 계속 직무를 담당하게 될 경우 예상되는 업무상의 장애 등을 예방하기 위하여 일시적으로 당해 근로자에게 직위를 부여하지 아니함으로써 직무에 종사하지 못하도록 하는 잠정적인 조치로서의 보직의 해제이다.[123] 다시 말해서 직무수행능력이 부족하거나 근무성적이 극히 불량한자, 징계의결이 요구중인 자, 형사사건으로 기소된 자 등 공무원법이 정하고 있는 사유에 해당되어 직위를 계속 유지시킬 수 없을 때 당해 공무원의 직위를 해제시키는 것으로서 휴직과는 달리 제재적인 의미를 내포하고 있는 처분이다. **직위해제처분에 대한 인사소청의 심사대상은** 징계의결 요구된 사실 또는 형사사건으로 기소된 **'사실이 있었느냐의 여부' 등에 한정되고** 징계나 형사벌의 원인이 된 사실은 심사대상이 아니다.

123) 대법원 1997. 9. 26. 선고 97다25590판결 참조.

직위해제사유 중 "직무수행능력이 부족하거나 근무성적이 극히 불량한 자"의 사유로 직위해제된 자가 추후 징계의결 요구되거나 형사기소된 경우에는 처분청에서는 선행 직위해제처분 대신에 그 사유를 변경하여 새로 직위해제 처분을 하여야 한다. 직위해제처분에 의한 당연 퇴직은 직위해제상태의 일정기간 존속 사실에 대한 효과로서 발생하는 것이고 별도의 당연 퇴직의 행정처분이 있는 것은 아니므로 행정소송의 대상이 될 수 없다.124)

직위해제처분을 할 만한 사유가 없음에도 오로지 교원을 학교에서 몰아내려는 의도하에 고의로 명목상의 직위해제사유를 내세우거나 만들어 직위해제처분을 한 경우나, 징계의결이 요구된 사유가 사립학교법의 규정 등에 비추어 국가공무원법 제33조 제1항 제7호 · 제8호에 정한 파면이나 해임 등을 할 만한 사유에 해당한다고 볼 수 없거나 기소된 형사사건에 대하여 국가공무원법 제33조 제1항 제3호 내지 제6호에서 정한 당연퇴직의 사유가 될 정도가 아닌 판결이 선고될 것임이 객관적으로 명백하고, 또 조금만 주의를 기울이면 그와 같은 사정을 쉽게 알아볼 수 있는데도 그것을 이유로 직위해제처분에 나아간 경우와 같이, 직위해제처분이 우리의 건전한 사회통념이나 사회상규상 용인될 수 없음이 분명한 경우에는 그 직위해제처분은 재량권의 범위를 일탈하거나 재량권을 남용한 위법한 처분으로서 그 효력이 부정될 뿐만 아니라 위법하게 상대방에게 정신적 고통을 가하는 것으로서 그 교원에 대한 관계에서 불법행위를 구성한다.125)

다. 다른 제도와의 구별

1) 징계처분

직위해제는 일반적으로 직무수행능력이 부족하거나 근무성적이 극히 불량한 경우, 또는 근무태도가 심히 불성실한 경우, 징계절차가 진행중인 경우, 형사사건으로 기소된 경우 등에 있어서 장래에 있어서 계속 직무를 담당하게 될 경우 예상되는 업무상의 장애 등을 예방하기 위하여 일시적으로 직위를 부여하지 아니함으로써 직무에 종사하지 못하도록 하는 잠정적인 조치로서의 보직의 해제를 의미하므로 비위행위에

124) 대법원 1981. 1. 13. 선고 79누279 판결 참조.
125) 대법원 2008. 6.26. 선고 2006다30730 판결 참조.

대하여 기업질서 유지를 목적으로 행하여지는 징벌적 제재로서의 징계와는 그 성질이 다르다.[126]

2) 대기발령

대기발령은 회사의 경영상 사정에 의해 일정기간 보직을 부여하지 못하거나 적절한 인사배치를 위한 전보대기와 근로자의 귀책사유로 인하여 일정기간 근로를 시키지 않는 징계성 대기 및 기타 직무부여가 곤란한 경우의 대기발령이 있다. 직위해제 후에는 직무에 종사하지 못하는 대기발령을 명하여 일체적(一切的)인 처분으로 행하는 일반적이다.[127]

3) 휴 직

휴직은 근로자가 상당한 기간에 걸쳐 직무에 종사하는 것이 불능하거나 또는 부적당한 사유가 발생한 경우, 주로 근로자의 신청에 의해 근로관계는 유지하면서 일정기간 동안 근로제공의무를 면제하거나 취업을 정지시키는 것으로 업무상의 장애를 예방하기 위한 인사권자의 직권으로 행해지는 잠정적인 보직해제와는 구별된다.[128]

라. 직위해제의 사유

헌법 제27조 제4항은 형사피고인은 유죄의 판결이 확정될 때까지는 무죄로 추정된다고 규정하고 있고, 군무원인사법상에 의한 직위해제 제도는 유죄의 확정판결 또는 징계의결을 받아 당연퇴직되기 전단계에서 형사소추 또는 징계의결 요구를 받아 계속 직위를 보유하고 직무를 수행한다면 공무집행의 공정성과 그에 대한 국민의 신뢰를 저해할 구체적인 위험이 생길 우려가 있으므로 이를 사전에 방지하고자 하는데 그 목적이 있는바, 헌법상의 무죄추정의 원칙이나 위와 같은 직위해제제도의 목적에 비추어 볼 때, 형사사건으로 기소되었다거나 징계의결의 요구를 받았다는 이유만으로 직위해제처분을 하는 것은 정당화될 수 없고, 당해 교원이 사립학교법 제57조의 규정에 의하여 당연퇴직 사유로 되는 국가공무원법 제33조 제1항 제3호 내지 제6호에 해당하는 유죄판결을 받거나 같은 조항 제7호 · 제8호에 해당하는 파면 · 해

126) 대법원 2003.10. 10. 선고 2003두5945 판결 참조.
127) 이희자, "직위해제(또는 대기별령)를 중심으로 한 법률문제", 노동법률 제93호 참조.
128) 이희자, "직위해제(또는 대기발령)를 중심으로 한 법률문제", 노동법률 제93호 참조.

임 등의 처분을 받을 고도의 개연성이 있는지 여부, 당사자가 계속 직무를 수행함으로 인하여 공정한 공무집행에 위험을 초래하는지 여부 등 구체적인 사정을 고려하여 그 위법 여부를 판단하여야 한다(대법원 1999. 9. 17. 선고 98두15412 판결 참조).

마. 직위해제처분이 불법행위를 구성하는 경우

군무원인사법에 의한 직위해제처분은 승급·보수지급 등의 면에서 **인사상 불이익한 처분**에 해당하고, 또 **기한의 제한도 없이** 형사판결 또는 징계의결이 확정될 때까지로 되어 있으므로, 형사재판 또는 징계의결절차가 장기화하여 직위해제처분을 받은 때부터 3월이 초과하게 되면 **징계처분으로 행하는 3월 이하의 정직처분보다 더 가혹하며, 경우에 따라서는 그 실질이 해임에 버금가는 불이익처분**이 될 수 있다.[129] 다만, 일반적으로 사용자의 근로자에 대한 해고 등의 불이익처분이 정당하지 못하여 무효로 판단되는 경우에 그러한 사유 만에 의하여 곧바로 그 해고 등의 불이익처분이 불법행위를 구성하게 된다고 할 수는 없고,[130] 앞에서 본 직위해제처분의 특성을 고려하여 직위해제처분이 불법행위를 구성하는지의 판단은 통상의 징계처분보다 신중할 필요가 있다.[131]

그러나 직위해제처분을 할 만한 사유가 없음에도 오로지 교원을 학교에서 몰아내

---

129) 헌법재판소 1998. 5. 28. 선고 98헌가12 결정 참조.
130) 대법원1996. 2. 27. 선고 95다11696 판결 참조.
131)

> 【직위해제의 정당 및 해고할 만한 사유의 확정을 요건】
>
> **직위해제 또는 대기발령 기간의 만료에 의한 당연퇴직(면직)이 정당하기 위해서는 직위해제 등의 자체가 정당하여야 한다는 필요조건 이외에 직위해제나 대기발령시 또는 그 기간 동안 해당 근로자를 해고할 만한 정당한 사유가 확정되어야 한다.**
>
> 또한 직위해제처분 등이 정당한 인사권의 행사에 의한 것이라 하더라도 당연퇴직으로 이어지기 위해서는 직위해제처분시 등에 해당 근로자에게 사회통념상 근로관계를 계속할 수 없을 정도로 귀책사유가 있어 일반해고 또는 정리해고의 요건에 해당되었거나 직위해제기간 또는 대기기간 만료시까지 구속 등의 이유로 근로제공의 불가능 상태가 치유되지 않아서 앞으로 계속하여 근로제공이 불가능한 경우라는 요건이 충족되어야 한다(중앙노동위원회, 1994. 4. 25. 판정, 94부당해고)

직위해제 또는 대기발령처분을 받은 후 일정기간이 지나고도 복직되지 아니할 때에는 자동퇴직으로 본다는 취업규칙이 있는 경우에는 근로기준법과 관련하여 해고에 준하는 효력이 있는 것이므로 해고의 정당성이 있느냐 여부에 따라 판단하여야 한다. 직위해제에 뒤이은 당연퇴직이 그 정당성을 인정받기 위해서는 우선 그 직위해제처분이 정당하여야 할 것으로서 직위해제나 대기발령의 사유가 정당하지 못하다면 해고에 해당하는 당연퇴직 역시 정당성이 없다(노동부 행정해석-해고로서 정당성 여부에 따라 판단, 1981. 4. 7. 법무811-10692).

려는 의도하에 **고의로 명목상의 직위해제사유를 내세우거나 만들어 직위해제처분을 한 경우**나, 징계의결이 요구된 사유가 사립학교법의 규정 등에 비추어 국가공무원법 제33조 제1항 제7호 · 제8호에 정한 **파면이나 해임 등을 할 만한 사유에 해당한다고 볼 수 없거나** 기소된 형사사건에 대하여 국가공무원법 제33조 제1항 제3호 내지 제6호에서 정한 **당연퇴직의 사유가 될 정도가 아닌 판결이 선고될 것임이 객관적으로 명백하고, 또 조금만 주의를 기울이면 그와 같은 사정을 쉽게 알아볼 수 있는데도 그것을 이유로 직위해제처분에 나아간 경우**와 같이, 직위해제처분이 우리의 건전한 사회통념이나 사회상규상 용인될 수 없음이 분명한 경우에는 그 직위해제처분은 **재량권의 범위를 일탈하거나 재량권을 남용한 위법한 처분으로서** 그 효력이 부정됨에 그치지 아니하고, 위법하게 상대방에게 정신적 고통을 가하는 것이 되어 **그 교원에 대한 관계에서 불법행위를 구성한다**(대법원 2008. 6. 26. 선고 2006다30730 판결).

바. 직위해제 기간 중의 근로관계

1) 출근의무 유무

원칙적으로 직위해제 후 대기발령을 통하여 대기장소가 자택대기, 총무처 인사과 대기, 군인의 경우 보충대 대기, 사령부 연구실 대기 등의 대기가 있는데 자택대기가 아니라면 당연히 출근의무가 있다. 대기명령을 함께 받은 경우 임용권자 등의 교육훈련 또는 특별한 연구과제 부여 등의 조치에 응하기 위하여 근무처에 출근하여야 할 의무가 있다. 따라서 직위해제 기간 중에 결근한 경우에는 이를 이유로 별도의 징계가 가능하다.[132)]

---

132)

대법원 판례

경영상 부득이한 필요에서 단행된 판매국의 인원감축이 불가피하고 이에 따라 원고를 관리국으로 전보하여 대기발령한 것이 수긍이 되는 인사조치였다고 보여지는데도 원고는 **상사로부터 3차에 걸쳐 경고까지 받고도 원심이 적법히 인정한 바와 같이 1985.1.30 위와 같이 대기발령 받은 이후 처음 5일간은 사무실에 출근만 한 뒤 돌아갔고 그 후 3, 4일간은 원고의 처가 병원에 입원하여 출근할 수 없다는 내용의 전화연락만 하고 출근하지 아니하다가 그 후부터는 아무 연락없이 출근하지 아니하였다면** 이는_피고의 인사규정에서 정한 해임사유에 해당되고 인사규정이 근로기준법에 위반되어 무효라고 볼 근거도 없다. 원고의 비위들은 고용계약을 계속시킬 수 없을 정도의 근로자에게 책임이 있는 사유로서 피고가 원고를 **해고함에는 정당한 이유가 있다**(대법원 1987. 4. 14. 선고 86다카1875 판결).

사. 보론 – 직위해제제도의 문제점

직위해제제도는 유죄의 확정판결을 받아 당연퇴직되기 전 단계에서 형사소추를 받은 공무원이 계속 직위를 보유하고 직무를 수행한다면 공무집행 및 행정의 공정성과 그에 대한 국민의 신뢰를 저해할 구체적인 위험이 생길 우려가 있으므로, 이를 사전에 방지하고자 하는 잠정적이고 가처분적 성격을 가진 제도임에 틀림없다.133)

그러나 이 사건 규정이 당사자에게 가져오는 불이익의 정도와 그 진지성을 살펴본다면, 직위해제처분은 기한의 제한이 없이 경우에 따라 징계처분으로 행하는 3월 이하의 정직처분보다 더 가혹하며, 그 실질이 해임에 버금가는 불이익처분이 될 수도 있다. 따라서 필요한 최소한의 범위에 그쳐야만 할 것이다.

그런데 군무원인사법 제29조는 형사사건으로 기소된 경우에는 형사사건의 성격을 묻지 아니하고, 즉 고의범이든 과실범이든, 법정형이 무겁든 가볍든, 범죄의 동기가 어디에 있든지를 가리지 않고 직위해제처분을 할 수 있도록 규정하고 있고 인사실무상 형사사건으로 기소된 경우 검찰업무처리지침에 의한 필요적 휴직 내지 직위해제 요청에 의한 기계적인 직위해제처분이 내려지거나 처분권자의 아무런 기준없는 징벌적 내지 제재적 차원의 직위해제처분이 이루어지는 경우가 왕왕 발생하고 있음을 부인할 수 없다.

그러므로 직위해제처분제도는 필요적 직위해제처분을 지양하고134) 공소제기로 인하여 당사자가 공무원으로서 계속적인 업무활동을 하는데 문제가 있는지 혹은 공무의 공정성을 저해하고 국민의 불신을 불러일으킬 우려가 있는지 등 임면권자가 직위해제처분을 행함에 있어서 구체적인 경우에 따라 개별성과 특수성을 고려할 수 있는 **임의적 직위해제처분으로 전환되어야** 하며, 형사사건으로 기소되는 경우에도 직위해제권자의 재량권을 일응의 기준을 보다 구체화하여 국가공무원법 제33조 제1항 제3호 내지 제6호에 해당하는 즉 **당연퇴직사유가 되는 유죄판결을 받을 고도의 개연성이 있는 경우로 국한되어야** 하고 나아가 직위해제처분은 그 기간을 사건의 계속기간으로 하고 있는바 이는 인권보호 증진 및 인사운영의 합리성 제고 차원에서 **적어도 1심법원으로부터 무죄 판결 또는 공소기각을 받거나 그 밖의 사유로 직위해제가 불필요**

133) 헌법재판소 1990. 11. 19. 90헌가48, ; 1994. 7. 29. 93헌가3 등 ; 헌법재판소 1998. 5. 28. 선고 98헌가12 결정 참조.

134) 헌법재판소 1995. 2. 23. 93헌가1, ; 1995. 11. 30. 94헌가3 참조

한 경우에는 직위해제처분을 해제하고 다시 직위를 부여하도록 법제화[135]하여 직위해제기간을 제한할 필요성이 있다.

아. 직위해제의 효과

복직발령을 받았으나, 직위해제처분은 여전히 유효하기 때문에, 승진소요최저연수의 계산에 있어서 직위해제기간은 산입되지 않으며(공무원임용령 제31조 제2항) 직위해제기간중 봉급의 감액을 감수할 수밖에 없는(공무원보수규정 제29조) 등 제청신청인들에게 법적으로 불리한 효과가 그대로 남아 있다. 그러므로 제청신청인들에게는 승급이나 보수지급 등에 있어서의 불리함을 제거하기 위하여 **직위해제처분의 취소를 구할 소의 이익이 인정된다.**

신분 · 복무	보수 · 퇴직급여
* 승진관련제한 : 직위해제기간 - 승진소요최저연수에서 제외 - 승진임용제힌기간에 해당 - 특별승진임용제한기간에 해당 - 경력평정대상기간에서 제외 * 연가일수 공제[136] - 직위해제로 인하여 직무에 종사하지 못하는 일수가 있는 연도에는 이를 당해 연도의 잔여연가일수에서 공제함	* 승급제한 : 직위해제기간 * 초임호봉 및 호봉 재획정시 승급제한기간을 감하여 획정 * 봉급의 8할 지급 - 3호, 4호 : 3월경과후부터는 5할지급 * 연봉적용자는 연봉월액의 7할 지급 - 3호, 4호 : 3월경과후부터는 5할지급 * 각종 수당지급 제한 - 정근수당은 지급대상기간 중 실제 근무한 기간만큼 일할 계산하여 지급 - 대우공무원수당, 정근수당 가산금, 가족수당 가산금, 자녀학비보조수당, 주택수당 등은 20∼50%감액 - 모범공무원수당 미지급 * 퇴직수당 지급을 위한 재직기간 계산시 직위해제기간의 1/2을 감함

135) 국방부는 군인의 기소 휴직과 관련하여 휴직기간의 문제점을 개선하는 방안으로 군인사법 개정 작업 중에 있다. 참고로 개정 군인사법 제49조(휴직기간) 제2항 단서는 다만, 무죄판결, 공소기간을 받거나 그 밖의 사유가 있는 경우에는 해당 사건의 계속기간중임에도 불구하고 복직되는 경우 그 휴직기간은 판결일, 결정일 또는 복직일의 전 날까지로 한다고 규정하고 있다.

136) 직위해제 후 대기발령이 회사의 출근의무가 있는 경우라면 출근유무에 따라 통상 근로자와 동일하게 적용하면 된다. 다만, **근로자의 귀책사유로 정직을 받아 출근율이 법정기준에 미치지 못하여 연·월차 휴가를 받지 못하게 된 경우에도 근로기준법 위반이라고 볼 수 없다. 자택대기의 경우에도 이를 유추적용할 수 있을 것이다.** : 이희자, "직위해제(또는 대기별령)를 중심으로 한 법률문제", 노동법률 제93호 참조.

자. 선후관계에 있는 불이익처분의 승계 등 문제

직위해제의 사유가 경합하는 경우 선후의 면직처분간의 관계에서는, 각 직위해제 사유는 개별사유에 따라 독립하여 처분되므로 선행 직위해제의 적법여부를 가지고 후행 면직처분의 타당성을 판단할 수 없다.137)

대법원은 구 경찰공무원법상 소청심사청구 없이 직위해제 처분의 위법을 다툴 수 있는지 여부에 대하여, "구 경찰공무원법(1982.12.31 법률 제3606호로 개정되기 전의 법) 제50조 제1항 제1호(직무수행능력의 부족) 제2호(소속부하에 대한 지휘감독 능력의 현저한 부족)에 대한 지휘감독능력의 현저한 부족) 소정의 부적격사유가 있는 자에 해당한다 하여 직위해제 처분을 받은 자가 그 처분에 대하여 동법 제52조의 규정에 따라 소청심사위원회에 심사청구를 한 바 없다면 그 처분에 설사 위법사유가 있다 하더라도 그것이 당연무효 사유가 아닌 한 다툴 수 없다고 하였다. 또한 **선행 직위해제 처분의 위법사유를 들어 후행 면직처분의 효력을 다툴 수 있는지** 여부에 대하여는 구 경찰공무원법 제50조 제1항에 의한 직위해제처븐과 같은 제3항에 의한 면직처분은 후자가 전자의 처분을 전제로 한 것이기는 하나 **각각 단계적으로 별개의 법률효과를 발생하는 행정처분이어서** 선행 직위해제 처분의 위법사유가 면직처분에는 **승계되지 아니한다** 할 것이므로 선행된 직위해제 처분의 위법사유를 들어 면직처분의 효력을 다툴 수는 없다.138)

【소청 사례】 국방부 09-04 직위해제처분 취소

소청취지 : 피소청인이 소청인에게 한 2009. 5. 4.자 직위해제처분 및 2009. 11. 17.자 직위부여무효처분을 각 취소한다.

소청이유 : 소청인은 소속대 동대장으로 근무하던 중 무단골프사건으로 인지되어 형사소추되어 처분청으로부터 2009. 5. 4. 직위해제(1차처분)되었던바, 소속대에서 결재권을 제외한 동대장으로서 제반업무를 하겠다는 동의서를 작성케 하고 실질적으로 직무를 수행하였으며 같은 해 10. 26. 직위부여 인사명령까지 발해진 상황에서 중앙경리단의 회신에 따라 기계적으로 같은 해 11. 17. 동일자부로 직위부여 무효명령(2차처분)을 내린 바 이는 위법 부당한 처분으로 취소되어야 한다고 주장한다.

주 문 : 피소청인이 소청인에게 한 2009. 5. 4.자 직위해제처분에 대한 청구는 각하하고, 같은 해 11. 17.자 직위부여무효처분은 이를 취소한다.

---

137) 대법원 1993. 2. 23. 선고 92누16096 판결.

138) 대법원 1984. 9. 11. 선고 84누191 판결 ; 대법원 1971. 9. 28. 선고 71누96 판결.

> **판　단** :
>
> 1차 처분에 대한 판단
>
> 군무원인사법 시행령 제90조에 따르면 '청구는 처분사유설명서를 받은 날 또는 당해 처분의 통지를 받은 날로부터 30일 이내에 제기하여야 한다'고 규정하고 있는 바 소청인은 당해 처분의 통지를 받은 2009. 5. 4.로부터 30일을 도과함이 역수상 분명한 2009. 12. 16. 청구를 한 것으로 부적법 각하한다.
>
> 2차 처분에 대한 판단
>
> 소청인은 2009. 7. 6. 소속대 작성의 '……본인의 자유의사에 의하여 직위해제 전 근무부대로 출근하여 의사결정권을 제외한 동원/예비군 분야 및 상근예비역 신상관리 등에 있어 보조적인 업무를 담당할 의향이 있습니다.'라는 내용의 '동의서'를 자필서명하고 이후 부대에 정상 출근하여 근무한 사실, 피소청인이 소청인에게 2009. 10. 29. 인사명령 제17호에 의거 직위해제 예비군지휘관 복직명령을 통보하고 직위를 부여한 사실, 같은 해 11. 17. 피소청인이 소청인에게 육군중앙경리단 급여운영과 작성의 '기소휴직된 자의 상고심 답변요지'에 의거 인사명령 제18호를 통하여 소청인에 대한 직위부여를 동일부 무효처분을 한 사실, 소청인이 같은 해 7. 6.부터 정년퇴직일인 같은 해 12. 31.까지 정상출근하여 동대장으로서 업무를 수행하여 온 사실 등을 인정할 수 있는바,
>
> 직위해제된 자는 직무종사의무에서 면제되고 출근의무가 없음에도 불구하고(서울고등법원 1969. 2. 27. 선고 68구464판결) 소속대 작성의 '동의서'를 근거로 종전의 직무에 종사한 것이 인정됨. 비록 결재권을 제외한 보조업무에 국한된다 할지라도 사실상 소청인의 동대장 업무의 전반적인 임무를 수행한 사실이 인정된다. 처분청은 자발적인 의사에 의해 이루어진 것이라고 항변하나, 형사사건으로 기소된 소청인에게 형사절차에서 '지휘관의견서' 등의 양형인자를 결정하는 요소가 존재하는 이상 부대의 제안을 거부할 기대가능성이 없다고 판단됨. 처분청이 정상 근무하고 있는 소청인에게 사후적으로 직위를 부여하였다가 처분권자의 독자적인 위법 부당성을 치유하기 위한 반성적 고려에서 이루어진 것이 아니라 단순히 급여기관의 의견에 따라 기계적으로 이루어진 것으로 위 처분은 재량권의 일탈 남용으로 위법 부당성이 인정된다.

이 사안에서 소청심사위원회는 피소청인이 소청인에게 한 2009. 11. 17.자 직위부여무효처분은 이를 취소 결정을 하였다. 이때 소청인이 **국가배상이나 민사소송을 통하여 직위해제로 말미암은 경제적 손실을 보전 받아야 하는지**가 문제된다.

이에 대하여 소청비용 및 보상제도의 도입을 주장하는 견해가 있다.[139] 즉, 소청을 제기한 주장이 타당하다고 판단되었을 때에는 행정권의 불이익처분으로 인한 경제적 손실을 입을 뿐만 아니라 이에 부수되는 경비를 부담하게 되는바, 이에 관하여 아무런 대책이 없어 문제이다. 만일 국가와 군인 사이에 대한 분쟁이 있게 되거나

139) 임천영, 군인의 신분보장제 개선방안에 관한 연구, 경희대 경영대학원 석사학위논문, 2006. 제102면 참조.

또는 국가가 **당연히 취하여야 할 행위를 하지 아니함으로써 생기는 불이익상태로 인하여 받은 피해에 대하여는 현행의 소청제도의 구체적 규정이 없으므로 결국 소청에 의한 권리의 구제는 장래에 대하여만 실효성이 있을 뿐이다.**

그러나 이 견해에는 동의할 수 없다. 처분청에서는 행정심판의 기속력에 따라 소청심사위원회의 **결정취지에 따라 재처분을 할 의무가 있다.** 처분청의 재처분의무에는 이와 같은 직위부여무효처분이 취소됨으로써 그 해당 기간동안 직위해제로 인한 경제적 손실보전을 위한 정산의 의무가 포함되어 있다. 따라서 굳이 소청인이 **별도의 국가배상이나 민사소송을 제기하지 않더라도 경제적 손실에 대하여 구제될 수 있다**는 것이다. 그러므로 소청에 의한 권리구제는 장래에 향해서만 실효성이 있다는 것은 기속력의 범위를 너무 좁게 해석하는 것으로써 분쟁의 일회적 해결, 당사자에 대한 신속한 권리구제, 행정경제적 측면에서 볼 때 동의할 수 없다.

그런데 **임기가 만료된 자가 그에 임박하여 받은 직위해제 또는 면직처분을 받은 경우 처분의 무효확인을 구할 이익이 있는지**가 논의될 수 있다. 다시 말해서 파면, 해임과 같은 중징계의 경우에는 일정기간 공직에 임할 수 없는 공무담임권의 제한이 따르는데 **직위해제 또는 면직된 경우**에는 징계에 의하여 파면 또는 해임된 경우와는 달리 공직이나 교원으로 임용되는 데에 있어서 법령상의 아무런 제약이 없을 뿐만 아니라, 위와 같은 전력이 있으면 공직 또는 교원으로 임용되는 데에 있어서 그러한 전력이 없는 사람보다 **'사실상' 불이익한 장애사유로 작용하는 경우에 그 무효확인을 구할 이익이 있는지 문제된다.** 이에 대하여 우리 대법원은 전원합의체 판결을 통하여 **무효확익을 구할 소의 이익이 없다**고 그 입장을 변경하였다.

그러나 직위해제 및 면직 처분의 존속은 임용기간이 만료된 교원이 누릴 수 있는 재임용에 관한 절차적인 권리를 침해하는 것일 뿐만 아니라, 그의 사회적인 명예를 손상하고 나아가 그가 교원으로 다시 임용되는 데 있어서도 불이익한 장애사유로 작용하여 그의 인격적 이익에 관한 권리나 교원으로 임용될 스 있는 **법률상의 지위에도 현실적으로 영향을 미치고 있으므로 무효확인의 즉시 확정의 이익이 있다고 보아야** 한다고 본다.[140]

---

140) 대법원 2000. 5. 18. 선고 95재다199 전원합의체 판결, 반대의견 참조.

대법원 판례 - 직위해제 및 면직무효확인청구 -

구 사립학교법(1990. 4. 7. 법률 제4226호로 개정되기 전의 것) 제53조의2 제2항의 규정에 의하여 **기간을 정하여 임용된 사립학교 교원**이 임용기간 만료 이전에 해임 · 면직 · 파면 등의 불이익 처분을 받은 후 그 임용기간이 만료된 때에는 그 불이익 처분이 무효라고 하더라도 학교법인의 정관이나 대학교원의 인사규정상 임용기간이 만료되는 교원에 대한 재임용의무를 부여하는 근거규정이 없다면 임용기간의 만료로 당연히 교원의 신분을 상실한다고 할 것이고, 따라서 임용기간 만료 전에 행해진 직위해제 또는 면직 처분이 무효라고 하더라도 교원의 신분을 회복할 수 없는 것으로서 그 무효확인청구는 과거의 법률관계의 확인청구에 지나지 않는다고 할 것이며, 한편 **과거의 법률관계라 할지라도 현재의 권리 또는 법률상 지위에 영향을 미치고 있고 현재의 권리 또는 법률상 지위에 대한 위험이나 불안을 제거하기 위하여 그 법률관계에 관한 확인판결을 받는 것이 유효적절한 수단이라고 인정될 때에는 그 법률관계의 확인소송은 즉시확정의 이익이 있다**고 보아야 할 것이고, 또 이렇게 보는 것이 확인소송의 **분쟁해결 기능과 분쟁예방 기능에도 합치**하는 것이라 할 것이지만, **직위해제 또는 면직된 경우에는 징계에 의하여 파면 또는 해임된 경우와는 달리 공직이나 교원으로 임용되는 데에 있어서 법령상의 아무런 제약이 없을 뿐만 아니라,** 현행 사립학교법과 같이 교원의 임기 만료시에 교원인사위원회의 심의를 거쳐 당해 교원에 대한 재임용 여부를 결정하도록 하는 의무규정도 없었던 구 사립학교법 관계하에서 임기가 만료된 사립학교 교원에 대하여는 **위와 같은 전력이 있으면 공직 또는 교원으로 임용되는 데에 있어서 그러한 전력이 없는 사람보다 '사실상' 불이익한 장애**사유로 작용한다 할지라도 그것만으로는 법률상의 이익이 침해되었다고는 볼 수 없으므로 **그 무효확인을 구할 이익이 없다**(대법원 2000. 5. 18. 선고 95재다199 전원합의체 판결).

직위해제 후 새로운 사유로 다시 직위해제 처분을 받은 경우 또는 직위해제와 동일한 사유로 파면 또는 해임과 같은 징계처분을 받은 경우에는 새로운 직위해제사유에 기한 직위해제처분으로 인하여 그 이전에 한 직위해제처분은 묵시적으로 이를 철회하였다고 보아야 하고 직위해제사유와 동일한 사유로 파면 또는 해임된 경우에도 마찬가지로 이로 인하여 원래의 직위해제 처분은 그 효력을 상실하게 된다. 그러나 직위해제처분의 효력이 파면 또는 해임처분에 의하여 효력을 상실하는 경우에도 확인의 이익이 있는 한 직위해제처분의 무효확인을 구할 수 있다.[141)]

비위와 관련하여 형사사건으로 기소 중인 때, 징계위원회에 중징계의결 요구 중인 때, 감사원, 검찰, 경찰 및 그 밖의 수사기관에서 비위와 관련하여 조사 또는 수사 중

141) 대법원 1996. 10. 15. 선고 95누8119, 대법원 1997. 9. 26. 선고 97다25590, 대법원 1981. 1. 13. 선고 79누279 판결 등 참조.

인 때, 각급 행정기관의 감사부서 등에서 비위와 관련하여 내사중인 대에는 임용권자 또는 임용제청권자는 의원면직을 신청한 공무원에 대하여 의원면직을 허용하여서는 아니된다고 규정하고 있다(비위공직자의 의원면직 처리제한에 관한 규정 제3조). 그럼에도 불구하고 임용권자가 비행사실이 있는 공무원에 대하여 징계처분을 하지 아니하고 그가 제출한 사직원을 수리하여 절차에 따라 의원면직처분을 한 후에 직권으로 의원면직처분을 취소하고 직위해제 후 파면처분을 할 수 있는지가 문제된다. 이에 대하여 하급심 판례에 따르면, "비행사실이 있는 공무원에 대하여 징계처분을 하지 아니하고 그가 제출한 사직원을 수리하여 의원면직처분을 한 것에 하자가 있다고 볼 수 없으므로, 그 후 직권으로 의원면직처분을 취소하고 직위해제 후 파면처분을 하였다면 위 의원면직처분을 취소한 처분은 아무런 하자도 없는 행정행위를 취소한 것이 되어 위법하고, 직위해제처분과 파면처분은 그 대상인이 공무원의 신분을 유지하는 것을 전제로 하므로, 위 의원면직취소처분이 위법하여 그 취소청구를 인용하는 이상 위 직위해제처분과 파면처분 역시 위법하다."고 판시하고 있다.[142)]

직무수행능력이 부족하거나 근무실적 또는 근무태도 등이 불량하다는 등의 **직위해제처분에 대한 정당성에 입증책임은 이를 주장하는 사용자 즉, 국가측에 있다.** 직위해제기간 동안 직무수행능력의 회복이나 근무태도 개선 등 직위해제 사유가 소멸되었다거나 **직위를 부여할 합리적인 사유가 있는데도 불구하고 직위를 부여하지 아니하였다는 입증책임은 이를 주장하는 근로자에게 있다.**[143)]

---

142) 광주고등법원 1991. 5. 16. 선고 90구911 판결 참조.
143) 이회자, "직위해제(또는 대기별령)를 중심으로 한 법률문제", 노동법률 제93호 참조.

대법원 판례

지역의료보험조합 운영규정에 의한 직위해제 처분과 당연퇴직 처리의 관계를 살펴보면, 그 운영규정상 직위해제 처분을 받은 자는 직위해제 처분 자체의 효력에 의하여 일정한 조건하에 당연퇴직 처리를 당할 수 있는 상당한 개연성을 가지게 되고, 반면 당연퇴직 처리는 직위해제 후 3월간 직위를 부여받음이 없이 직위해제 상태가 계속됨으로 인하여 이루어지는 처분이므로 **일단 직위해제 처분이 정당하게 내려진 경우라면 그 후 3월의 기간 동안 직무수행 능력의 회복이나 근무태도 개선 등 직위해제 사유가 소멸되어 마땅히 직위를 부여하여야 할 사정이 있음에도 합리적인 이유 없이 직위를 부여하지 아니하는 등의 경우가 아닌 한**, 당연퇴직 처리 그 자체가 인사권 내지 징계권의 남용에 해당한다고 볼 수는 없다(대법원 1995. 12. 5. 선고 94다43351 판결).

11. 강임처분

가. 강임의 의의

강임이란 동일한 직열 내에서 하위계급의 직위에 임명되거나, 하위계급이 없어 다른 직열의 하위계급에 임명되거나 고위공무원단에 속하는 일반직공무원을 고위공무원단 직위가 아닌 하위 직위에 임명하는 것을 말한다(국가공무원법 제5조 제4호). 강임은 불이익처분이므로 본인의 의사에 반하여 할 수 없는 것이 원칙이다. 단지 직제와 정원의 감소에 의하여 직위가 폐지되거나 감등되었을 때 본인이 동의한 경우에 한하여 할 수 있다. 이 경우 강임된 자는 상위계급에 결원이 있을 때에는 시험없이 우선적으로 승진된다(국가공무원법 제73조의4).[144] 폐직 또는 강등으로 과원이 된 경우의 강임은 해당공무원의 동의를 반드시 필요로 하지 않으므로 임용권자가 일방적으로 강임 조치를 할 수 있으며, 공무원은 불복심사청구를 할 수 있다.

나. 근거 규정

【군무원인사법】 제30조(강임)

① 임용권자는 다음 각 호의 어느 하나의 경우에는 해당 군무원을 강임할 수 있다.
  1. 직제 또는 정원의 변경 등으로 직위가 없어지거나, 강등되어 인원이 정원을 초과한 경우
  2. 본인이 동의한 경우

② 제1항에 따라 강임된 군무원은 상위 직급에 결원이 생긴 경우에는 제15조에도 불구하고 우선 승진임용된다.

다. 강임의 사유

1) 직제 또는 정원의 변경 등으로 직위가 없어진 경우

대법원 판례

비진의 의사표시에 있어서의 '진의'란 특정한 내용의 의사표시를 하고자 하는 표의자의 생각을 말하는 것이지 표의자가 진정으로 마음속에서 바라는 사항을 뜻하는 것은 아니므로, 표의자가 의사표시의 내용을 진정으로 마음속에서 바라지는 아니하였다고 하더라도 당시의 상황에서는 그것을 최선이라고 판단하여 그 의사표시를 하였을 경우에는 이를 내심의 효과의사가 결여된 비진의 의사표시라고 할 수 없다.

---

144) 김동희, 행정법Ⅱ, 박영사, 1999. 제123면.

전쟁기념사업회의 직원들이 회사의 조직정비 방침에 따라 강임 동의서를 제출한 사안에서, 전쟁기념사업회는 국방부장관의 상위직을 축소하라는 조직 및 인원정비 지시를 따르지 않을 수 없고, 그 인사규정상 직제와 정원의 개폐 또는 예산의 감소 등에 의하여 폐직 또는 감원이 되었을 때에는 임용권자인 회장이 직권에 의하여 직원을 면직시킬 수 있는 터라, 그 직원들이 강임이라는 사실 자체를 진정 마음속으로 원하는 바는 아니지만 누군가는 감원대상자로 선정되지 않을 수 없는 상황에서 객관적으로 타당한 심사기준에 의하여 자신이 감원대상자로 선정될 경우에는 **직권면직을 당하기보다는 강임되는 것이 더 좋다고 판단하여 강임 동의의 의사표시를 하였다고 할 것이므로,** 이를 두고 강임 동의의 내심의 효과의사가 결여된 **비진의 의사표시라고 할 수 없다**(대법원 1996. 12. 20. 선고 95누16059 판결).

2) 강등되어 인원이 정원을 초과한 경우

가) 강등의 의의

강등이란 당해 계급에서 1계급 내림을 말한다. 다만 장교로부터 준사관, 부사관으로부터 병으로 강등시키지 못한다(군인사법 제57조 제1항 제2호). 여기서 당해 계급에는 임시계급은 포함하지 아니한다(군인징계령 제2조). 군무원에 있어 강등은 군무원 신분은 보유하나 3개월 동안 직무에 종사할 수 없으며, 그 기간 동안 보수의 3분의 2에 해당하는 금액을 감액한다(군무원인사법 제39조 제2항). 그런데 군인의 경우 강등에 효과에 있어 군인사법은 1계급 내린 것 외에는 아무런 규정이 없음에도 불구하고 강등처분을 당한 경우에 1계급 내림과 동시에 부수적으로 보수의 3분의 2를 감액하고 있다. 그러나 이는 기본권을 제한하려면 적어도 입법권자가 적법절차에 따라 제정하는 법률에 의하거나, 법률의 근거가 있어야 한다는 헌법정신인 **기본권(재산권)의 법률유보원칙**에 위반되는 위헌 · 위법적인 소지를 안고 있다. 결국 군인사법을 개정하여 강등의 효과를 보다 구체화시키는 것이 시급하다고 본다.

헌법재판소 결정 - TV수신료 결정 -

오늘날 법률유보원칙은 단순히 행정작용이 법률에 근거를 두기만 하면 충분한 것이 아니라, 국가공동체와 그 구성원에게 기본적이고도 중요한 의미를 갖는 영역, 특히 국민의 기본권실현과 관련된 영역에 있어서는 국민의 대표자인 입법자가 그 본질적 사항에 대해서 스스로 결정하여야 한다는 요구까지 내포하고 있다(의회유보원칙). 그런데 텔레비전방송수신료는 대다수 국민의 재산권 보장의 측면이나 한국방송공사에게 보장된 방송자유의 측면에서 국민의 기본권실현에 관련된 영역에 속하고, 수신료금액의 결정은 납부의무자의 범위 등과 함께 수신료에 관한 본질적인 중요한 사항이므로 국회가 스스로 행하여야 하는 사항에 속하는 것임에도 불구하고 한국방송공사법 제36조 제1항에서 국회의 결정이나 관여를 배제한 채 한국방송공사로 하여금 수신료금액을 결정해서 문화관광부장관의 승인을 얻도록 한 것은 법률유보원칙에 위반된다.[145]

【군인사법】 제57조(징계의 종류)

① 장교·준사관 및 부사관에 대한 징계처분은 중징계와 경징계로 하고, 중징계는 파면·해임·강등 또는 정직으로, 경징계는 감봉·근신 또는 견책으로 구분하되, 징계종류별 내용은 다음 각 호와 같다.

1. 파면 또는 해임은 장교·준사관 또는 부사관의 신분을 박탈함을 말한다.
2. **강등**은 당해 계급에서 1계급 내림을 말한다. 다만, 장교로부터 준사관으로, 부사관으로부터 병으로는 강등시키지 못한다.

【군무원인사법】 제39조(징계의 종류와 효력)

① 징계는 파면, 해임, 강등, 정직, 감봉 및 견책으로 구분한다.

② **강등**은 해당 계급에서 1계급을 내리고, 강등처분을 받은 사람은 군무원의 신분은 보유하나 3개월 동안 직무에 종사할 수 없으며, 그 기간 동안 보수의 3분의 2에 해당하는 금액을 감액한다.

나) 준사관 등의 강등 여부

군인사법은 강등의 효과로써 1계급 내린다하더라도 장교에서 준사관으로, 부사관에서 병으로 강등시키지 못하도록 하고 있다. 그런데 별개의 신분체계인 준사관의 경우에는 아무런 언급이 없어 준사관의 경우 강등처분을 할 수 있는지 그 집행은 어떻게 해야 되는지에 대하여 학설이 나뉘고 있다.[146]

당연무효설은 준사관에 대하여는 강등시킬 수 없기 때문에 징계처분로서 강등처분은 **당연무효**라는 입장이다. 왜냐하면 군인사법은 장교에서 준사관, 부사관에서 병으로 강등하지 못하도록 하고 있는데 이는 준사관에서 부사관으로가 생략된 것으로 문의상 당연히 준사관에서 부사관으로 강등시키지 못한다는 것이다. 그렇다면 준사관에 대한 징계심사위원회의 강등의결 내지 징계권자의 강등처분은 그 하자가 중대 명백하여 당연무효라는 것이다.

145) 헌법재판소 1999. 5. 27. 98헌바70 전원재판부 결정.

146) 이러한 문제는 예비군 동대장과 같은 별정직 5급 군무원에 대하여 강등처분에 있어서도 동일한 논의가 되고 있다. 비록 군무원인사법은 이러한 제한을 두고 있지 않지만 동대장의 신분은 별정직 5급 군무원에서 시작하기 때문이다.

집행가능설은 준사관에서 부사관으로 강등시키지 못한다는 문구가 없기 때문에 준사관에 대하여 당연히 강등처분을 할 수 있으며 그 집행은 **준위에서 원사로** 1계급을 내리면 된다는 입장이다.

집행불가설은 군인사법 제57조 제1항은 장교 · **준사관** 및 부사관에 대한 징계처분은 중징계와 경징계로 하고, 중징계는 파면 · 해임 · **강등** 또는 정직으로 한다고 규정하여 준사관에 대하여도 징계벌목으로써 강등처분을 할 수 있다고 보아야 한다. 다만 동항 제2호 단서의 **입법취지는 신분변경을 금지하는 것으로** 그 집행은 준위에서 원사로 집행하지 못한다는 것이다.

먼저 이러한 문제 해결을 위해 **준사관의 신분을 무엇으로 볼 것인지** 살펴본다. 준사관은 부사관 및 민간 자원중 특수한 기술분야에 복무하게 하기 위하여 소정의 고시를 거쳐 각군 **사관학교**[147]에서 교육훈련을 받고 **'장교'**로 임관된다. 이러한 경우 부사관의 신분은 제적되고(군인사법 제41조) 준사관으로서 새로이 군번을 부여받고 **'장교인사명령'**에 의해 임관되는 등 준사관의 신분은 부사관 신분과는 전혀 별개의 새로운 신분이다.[148] 그렇다면 준사관은 '장교'로 보아야 함이 분명하다.

다음으로 준사관에 대하여 징계종류로서 **강등을 의결할 수 있는지**를 살펴보자. 군인사법 제57조 제1항은 준사관에 대하여 대하여도 징계벌목으로서 강등을 명백히 규정하고 있는바, **동법 제57조 법문에 따라 강등을 의결 및 처분할 수 있다**고 본다.[149] 이점에서 준사관에서 부사관으로 강등하지 못한다는 동조 제1항 제2호 단서와 유기적으로 해석하여야 한다고 보아 준사관에 대한 강등처분은 중대 명백한 하자있는 처분이라는 당연무효설은 수긍할 수 없다. 동조 제1항 제2호 단서의 의미는 이등병, 하사, 준사관, 소위의 경우에 있어 강등처분에 따른 1계급 내릴 수 없도록 그 집행방법을 제시하는 것으로 보아야 할 것이다.

그렇다면 준사관에 대하여 강등처분이 내려진 경우 그 **집행방법을 어떻게 할 수 있는지**에 대하여 살펴본다. 국가공무원법은 2008. 12. 31. 강등처분을 징계종류에 추가

---

147) 각 군 사관학교 및 육군3사관학교, 간호사관학교 등은 장교를 양성하기 위한 교육기관이고 부사관을 양성하기 위한 교육기관으로 별도로 부사관학교가 있다.

148) 국방부, 국방관계법령해석질의응답집 제28집, '준사관의 퇴직금 산정방법(부사관임용취소시)', 제128면, 국방부, 국방관계법령해석질의응답집 제28집, '부사관 임용취소시 준사관 호봉산정' 제136면, 참조.

149) 같은 입장 : 국방부 법령해석 (국방부 법무담당관-3483 '준사관 징계(강등)관련 재질의에 대한 회신')

하면서 그 효과에 대하여도 강등은 1계급 아래로 직급을 내리고 공무원신분은 보유하나 3개월간 직무에 종사하지 못하며 그 기간 중 보수의 3분의 2를 감한다고 규정하면서 동시에 **고위공무원단에 속하는 공무원은 3급으로 임용하고, 연구관 및 지도관은 연구사 및 지도사로 한다**고 하여 명확하게 규율되어 있다(동법 제80조 제1항).

이에 대하여 군인사법은 장교에서 부사관으로, 부사관에서 병으로 강등하지 못한다는 단서 규정만 두고 있어 준사관에 대한 강등처분에 대한 집행방법에 관하여 1계급 아래인 원사로 내려야 한다는 견해 및 정직으로 감경하여 집행하여야 한다는 견해, 그로고 준사관은 장교로서 그 신분을 변경할 수 없다는 동조 제1항 제2호 단서의 입법취지에 따라 이등병, 하사, 소위의 경우와 같이 강등처분이 내려진 경우 그대로 계급을 유지한다는 집행불능설이 대립하고 있다.

집행가능설은 먼저 군인사법이 장교에서 부사관으로, 부사관에서 병으로 강등하지 못한다고 규정되어 있고 '준사관에서 부사관으로'이란 부분이 없기 때문에 이는 법문해석상 부사관으로 강등할 수 있다는 것이다. 또한 동조 제1항 제2호 단서의 취지는 소위에서 강등하여 준위로 강등할 경우 오히려 보수체계 등에서 피징계자에게 유리하게 되는 것을 방지하고 하사에서 병장으로 강등할 경우 징병제하에서 모순이 막기 위한 것이라는 주장이다.

그러나 집행가능설은 다음과 같은 점에서 찬성할 수 없다. 첫째 소위와 준사관의 보수체계를 비교하여 볼 때 강등에 따른 감액처분 등이 있어 유리하다고 볼 수 없고 하사에서 병장으로 강등된 경우에도 일정한 기간이 지난다하여 전역되는 것이 아니고 다시 하사로 진급하여 복무를 계속하는 것이므로 징병제와 관련된 문제도 전혀 없다 다만, 이와 같이 금지시키는 근본적인 이유는 강등처분에 따른 각 신분이 갖는 상징 및 명예에 대한 정당성을 훼손을 방지하여 엄격한 위계질서에 따른 계급구조하의 상명하복 명령체계를 유지하여 전투력을 보존하기 위한 것으로 보아야 한다. 다시 말해서 장교와 부사관의 혼재를 막고 부사관과 병의 혼재를 막아 장교로서의 부사관으로서의 신분에 따른 위엄과 명예를 존중하여 계급체계를 유지하려는데 근본적인 이유가 있는 것이다. 비록 법문에서 명백히 '준사관에서 부사관으로' 강등하지 못한다는 규정이 없다하더라도 이는 준사관이 장교에 속하는 것이고 또한 법문의 유기적인 해석상 '장교에서 부사관으로, 부사관에서 병으로' 사이에 '준사관에서 부사관으로'라는 반복적인 문구를 생략하는 입법기술상의 문제로 보아야 할 것이다.

또한 집행가능설에 따르면 민간 자원 출신의 준사관의 경우 갑자기 원사가 되는 인사원칙상 이해할 수 없는 기이한 현상이 되기 때문에 동의할 수 없을 뿐만 아니라 준사관과 부사관의 관계는 **'진급'이 아닌** 별도의 새로운 신분으로 '임용'이기 때문에 더욱더 집행가능설의 논리는 받아들일 수 없다.

나아가 강등할 수 없기 때문에 정직으로 감경하여 집행하여야 한다는 견해는 육군 '징계실무 해설서'상 '징계권자의 감경은 1단계에 한한다. 다만, 소위, 준사관, 하사가 징계위원회에서 해임으로 의결된 경우에는 강등으로 감경할 수 없고, 그 2단계 아래인 정직으로 감경한다'는 명문의 규정에 근거한다.[150] 그러나 이는 원심징계위원회가 해임의결한 것을 징계항고심사우원회에서 강등을 의결할 수 없다거나, 징계위원회가 강등 의결한 것을 그대로 확인할 수 없다고 해석할 수 없고 이는 오로지 징계위원회에서 해임의결된 것을 징계권자가 감경하고자 할 때 그 집행방법을 규정하고 있을 뿐이라고 보아야 한다. 육군 징계실무 해설서는 상위 법령과 결합하여 대외적으로 법적 효과를 수반하는 법령보충적 행정규칙이 실질을 가지고 있지단, 본질적으로 행정청 내부의 사무처리기준에 불과한 행정규칙에 불과할 뿐이므로 이 자체를 가지고 대외적 구속력을 인정하기는 곤란하다고 본다. 즉, 이 규정의 이념적 전제는 준사관의 경우 강등은 하지 못한다는 데서 출발하고 있는데 이는 상위 법령에 대한 잘못된 해석에서 나온 지침이라고 보여진다.

따라서 준사관의 경우에도 징계위원회나 징계권자는 강등 의결 및 처분을 할 수 있고 다만, 준사관에 대한 강등은 신분변경금지에 따라 1단계 아래의 계급인 원사로 집행할 수 없다는 것으로 보아야 한다. 비록 원사로 강등 집행은 하지 못한다하더라도 인사기록상 강등으로 기록되고 그에 따른 1계급을 내릴 수 없지만, 그가 법적으로 비난받아야 할 비행정도는 강등에 비례하는 것이고 그에 따른 부수적 불이익[151]

150) 육군본부 법무실, '징계실무 해설서', 2007. 제85면 참조.

151) 강등에 대한 부수적 불이익에 대하여는 국가공무원법 또는 군무원인사법과 다르게 직무금지 기간 내지 보수 **감액에 대하여 아무런 규정이 없다. 그럼에도 불구하고 징계실무는 정직에 해당하는 경우 보수 감액을 하고 있다.** 그러나 이는 당사자에게 불이익한 처분으로서 반드시 법령에 근거하여야 한다. 비록 국가공무원법이 군인사법의 일반법으로서의 성격을 가진다 하더라도 특별법에 특별히 강등의 효력을 규정하고 있는 것으로 **특별법의 흠결 영역이 아니기 때문에 일반법 적용 근거는 없다**고 보여진다. 그럼에도

도 강등에 의하여 적용되어야 함이 타당하다.

【유권해석】 -준사관 징계(강등) 관련 재질의에 대한 회신[152]

1. **질의요지**

준사관에 대한 중징계로서 강등의 적법성 여부 및 적법하다면 집행방법은 무엇인지 여부

2. **답변내용**

가. 강등의 적법성 여부

군인사법 제57조(징계의 종류) 제1항에서는 준사관에 대한 징계처분은 중징계와 경징계로 하고, 중징계는 파면 · 해임 · 강등 또는 정직으로 한다고 하여, 강등을 준사관에 대한 징계종류로 명시하고 있으며, 같은 항 제2호에서는 강등은 당해 계급에서 1계급 내림을 말한다고 하며, 다만, 장교로부터 준사관으로, 부사관으로부터 병으로는 강등시키지 못한다고 규정하고 있다.

이와 같이 법률상으로는 준사관에 대하여도 강등을 징계의 한 종류로 규정하고 있으며, 제2호 단서에서 이를 제한하는 규정도 두고 있지 아니하므로 준사관에 대한 중징계로서 강등은 적법하다.

나. 집행방법

법률상 준사관에 대하여 강등이 적법하다고 한다면, 이에 대한 집행방법 등 인사처리방안을 마련하는 것이 법규정에 부합하는 해석일 것이며, 구체적인 방안은 인사정책적인 결정이므로 법령질의의 답변사항이 아니라고 판단된다.

다. 결론

현행 법령상 준사관에 대한 강등처분은 적법하고, 이에 대한 집행방법은 인사정책적으로 결정할 사안이라고 판단되고, 향후 국가공무원법 제80조와 같이 입법적으로 개선할 필요성이 있다고 본다.

(참고방안)

1. 군인사법 제57조 제1항 제2호 단서에서 준사관으로부터 부사관으로의 강등은 제한하지 않은 점, 군인사법 제제3조 및 제4조에 규정된 계급과 서열에 의할 때 준사관에 대한 1계급 아래에 해당하는 계급은 원사인 점을 근거로 준위에서 원사로 강등하는 방안(질의부서의 견해와 같이 상사로 강등하는 것은 제한됨)
2. 준사관은 준위라는 단일 계급으로 운영되므로, 준위 계급은 유지된 사태로 징계를 인사기록에 반영한 후 현역복무부적합 심사 등 다른 효과를 부과시키는 방안

다) 원징계처분이 징계항고심사위원회에서 강등으로 감경되었을 경우 집행방법

피징계자가 원징계처분으로써 해임을 받아 징계항고를 제기하였고 징계항고심사

불구하고 아무런 법령의 근거없이 일정기간 동안 보수를 감액하는 것은 **법치행정에 반하는 재산권 침해라고 본다.** 또한 동일한 내용의 비행사실에 두 번 징계할 수 없으며 두 종류 이상의 징계를 병과하여서는 아니 된다는 국방부 군인 · 군무원 징계업무처리 훈령 제4조 **이중징계금지 원칙에도 반한다**고 본다.

152) 2010. 6. 18. 국방부 법무담당관-3483 '준사관 징계(강등)관련 재질의에 대한 회신',

위원회에서 원징계처분을 강등으로 감경하였을 경우에 그 집행은 군인징계령 제34조에 의하면 징계권자는 항고심사권자로부터 항고심사결정을 통보받은 때에는 그 내용에 따라 지체없이 결정을 시행하여야 한다고 하여 항고심사권자의 결정의 기속력을 규정하고 있다. 항고심사위원회가 원징계처분을 감경하는 의결을 하고 항고심사권자가 이를 확인하는 결정을 한 경우 원징계처분일자로 소급하여 감경된 내용으로 변경되므로 정정명령을 발하는 등 감경된 내용에 따른 집행을 하여야 한다. 따라서 해임이라는 원징계처분이 항고심사위원회에서 강등으로 감경된 경우 원징계처분일자로 소급하여 해임의 효력은 없어지고 동시에 강등처분을 받은 것이므로 이에 따라 집행하여야 한다.[153)]

12. 인사이동

인사이동에는 동일 또는 상이한 계급(직급)간의 이동이 있다. 전자의 경우에는 전보와 전직이 있고 행정기관간의 인사이동인 인사교류, 파견, 전입 및 겸임이 있으며 후자는 승진과 강임이 있다. 이러한 인사이동 역시 공무원 당사자에는 법률상 직접적이고 구체적인 영향을 미치는 것으로써 **인사소청절차**의 대상이 될 수 있다. 또한 법률상 직접적이고 구체적인 영향을 미치는 정도가 아닌 **단순한 고충민원**의 경우에는 **고충처리절차로** 진행된다.

＊고충 사례 [154)]

① **고충 96-3 〈타 부처 전출요망〉**

- **청구취지**

청구인은 00부 비상계획관리실에서 근무하는 자로서, 청구인의 주소와 가까운 타부처로 전출을 희망하여 총무처에서 시행하는 부처간 인사교류시행시 신청하고자 하였으나 96년 상반기 중에 이미 실시되었고 부처 총무과에서 구두로 타부처 전출에 관한 협조를 요청하였으나 받아들여지지 않았으므로 청구인의 고충을 해결해 달라는 것임

- **결 정**

공무원의 부처간 전출입은 상호 희망하는 부사간의 동의가 이루어져야만 가능한 사안으로, 특히 개별적인 전출입은 직무상 필요한 경우 이외에는 어려운 사항이라고 보여지므로 따라서 부처간 인사교류의 기회를 이용할 수밖에 없고 피청구인측에서도 청구인을 위해 여러 부처들을 대상으로 전출동의 여부를 문서에 의해 요청하였으나 청구인의 고충이 해소되지

153) 국방부 법무담당관-6140(2010. 9. 27.) '징계항고심에서 처분변경시 집행방법 재질의에 대한 회신'
154) 행정안전부 소청심사위원회, '소청 및 고충심사 업무편람', 2010. 제168면, 제169면 참조.

못하고 있는 실정이므로 본건 고충은 현재로서는 받아들이기 어려움

② **고충 2002-6〈주사승진 요망〉**

- **청구취지**

청구인은 00교육대학 부속초등학교 급식소에서 영양사(급식관리담당)으로 근무하는 자로서 청구인이 현재 근무하고 있는 00교육대학의 보건관련 직원의 정원이 보건주사 1명, 식품위생주사보 1명으로 조정되어 현재 식품위생주사보인 청구인은 정원책성미비로 승진할 수 없으므로 청구인의고충을 해결해 달라는 내용임

- **결 정**

동 교육대학의 보건주사 1명 정원은 동 대학본부에 보건직으로 배정된 인원으로 보건원 8급으로 특채되어 대학본부 양호실에 근무하던 직원이 승진하였고 이는 대학의 인사업무를 관장하고 있는 임용권자인 대학총장의 지침에 의한 것으로 이 조치가 법규에 어긋나거나 재량권을 벗어난 것으로 보이지 않으며 피청구인은 청구인의 고충을 해결하기 위하여 교육부에 식품위생주사보를 식품위생주사로 상향조정을 요구하는 내용의 문서를 보낸 사실이 확인되고, 청구인의 고충은 관계기관에서 정원상향조정 등이 이루어진 후라야 비로소 해소될 수 있는 사항이므로 현재로서는 본건 청구인의 고충을 받아들이기 어렵다.

가. 전 보

1) 의 의

전보는 동일한 직렬내에서의 직급으로 수평적 이동을 말한다. 전보는 시험을 그 요건으로 하지 않는다. 전보는 인력을 효율적으로 활용하기 위한 임용수단이므로 행정의 능률화와 민주화에 공헌될 수 있는 방법으로 이용되어야 한다. 즉, ① 전직에 대한 부적응의 해결, ② 업무량과 기술의 변동에 따른 배치조정, ③ 인관관계의 개선, ④ 공직의 침체 및 권태방지, ⑤ 순환보직관리를 통한 공무원의 훈련, ⑥ 승진의 기회 제공 등이다.[155]

2) 보직관리원칙

임용권자 또는 임용제청권자는 소속공무원을 보직함에 있어서는 그 직위의 직무요건과 소속공무원의 인적 요건을 고려하여 적재적소에 배치하도록 임용하여야 한다. 또한 직무의 곤란성과 책임도에 따라 직위를 등급화하고 소속 공무원의 경력과 실적 등에 따라 능력을 적절히 발전시킬 수 있도록 보직하여야 한다(공무원임용령 제43조 제2항 및 제3항).

155) 김중양, 한국인사행정론, 법문사, 2004. 제145면 참조.

【공무원임용령】 제43조 제2항

1. **직위의 직무요건** : 직위의 종류 및 전문성, 직무에 필요한 능력 수준, 직무에 필요한 인격 특성, 직무가 조직에서 차지하는 비중, 그 밖에 해당 직무수행에 필요한 조건
2. **공무원의 인적요건** : 직류, 경력·학력 및 전공분야, 훈련 실적, 정책판단 또는 업무추진 능력, 통솔능력, 성품 및 신망도, 청렴도, 건강, 그 밖의 특기사항

3) 특별요건소지자의 보직관리

국외훈련 또는 국내위탁훈련 등 특별훈련을 받거나 6월 이상의 교육훈련을 받은 공무원은 특별한 사정이 없는 한 그 교육훈련내용과 관련되는 직위에 보직하여야 한다(공무원교육훈련법 시행령 제35조 제1항). 특수한 자격증을 소지한 공무원은 특별한 사정이 없는 한, 그 소지한 자격증과 관련되는 직위에 보직되어야 한다. 중앙행정기관 외에 소속기관 또는 지방행정기관에 근무하는 공무원은 특별한 사정이 없는 한 연고지를 고려하여 보직하여야 한다(공무원임용령 제43조).

나. 전 직

1) 의 의

전직이란 직렬을 달리하는 임명을 말한다. 승진이 주로 동일 직렬내에서의 종적인 이동인데 반하여 전직은 동일계급내에서의 횡적인 이동을 의미한다. 현행법에서는 인사행정의 전문화를 위하여 전직요건 및 절차를 엄격화하고 있다.[156)]

대법원 판례 - 부당인사발령구제재심판정취소 -

근로자에 대한 **전직이나 전보처분은** 근로자가 제공하여야 할 근로의 종류·내용·장소 등에 변경을 가져온다는 점에서 **근로자에게 불이익한 처분**이 될 수도 있으나, **원칙적으로 인사권자인 사용자의 권한에 속하므로** 업무상 필요한 범위 안에서는 상당한 재량을 인정하여야 하고, 그것이 근로자에 대하여 정당한 이유 없이 해고·휴직·정직·감봉 기타 징벌을 하지 못하도록 하는 **구 근로기준법(2007. 4. 11. 법률 제8372호로 개정되기 전의 것) 제30조 제1항에 위배되거나 권리남용에 해당하는 등 특별한 사정이 없는 한 무효라고는 할 수 없고,** 전직처분 등이 **정당한 인사권의 범위 내에 속하는지의 여부는 당해 전직처분 등의 업무상의 필요성과 전직에 따른 근로자의 생활상의 불이익을 비교·교량하고,** 근로자가 속하는 노동조합(노동조합이 없으면 근로자 본인)과의 협의 등 그 전직처분을 하는 과정에서 **신의칙상 요구되는 절차를 거쳤는지 여부를 종합**적으로 고려하여 결정하여야 한다.

156) 김중양, 한국인사행정론, 법문사, 2004. 제148면 참조.

은행이 노동조합과 합의하여 조직경쟁력을 강화하고 연공서열 중심의 고연령, 고비용 인력구조를 개선하기 위하여 직급별 근속년수를 중요한 기준으로 삼아서 명예퇴직 및 후선발령 대상 근로자를 선정하여 인사발령한 사안에서, 은행이 노동조합과 직급별 근속년수를 후선발령 대상자 선정기준으로 합의한 점 등에 비추어 그 선정기준이 합리성과 공정성을 결여한 것으로 볼 수 없으므로, 인사발령이 정당한 인사권의 범위 내에서 행사된 것으로 적법하다(대법원 2009. 4. 23. 선고 2007두20157 판결).

2) 요　건

전직 예정직과 관련있는 직무에 6월이상 근무 또는 교육훈련경력이 있거나, 담당직무와 관련된 전문적인 학교교육을 받은 자와 국가에서 인정하는 자격증을 가진 자를 현재의 계급과 동일한 계급의 직위에 전직시키고자 하는 경우, 직제나 정원의 개폐로 인하여 해당 직의 인원을 조정할 필요가 있는 경우, 해당 직렬의 최상위 직급에 재직하고 있거나 그 기관에 같은 직렬의 상위 직급의 직위가 없는 직위에 근무하고 있는 사람을 승진임용하는 경우, 전에 재직한 직렬로 전직하는 경우에는 임용권자는 전직시험을 거쳐 소속 공무원을 전직시킬 수 있다(공무원임용령 제29조 제1항).

다. 겸　임

임용권자 또는 임용제청권자는 임용예정 직위에 관련되는 전문인력의 확보가 필요한 경우와 각급 교육훈련기관의 교관요원을 임용하는 경우에 한하여 공무원을 당해 보직과 함께 겸임하게 할 수 있다(공무원임용령 제40조 제1항). 겸임은 본직의 직무수행에 지장이 없는 범위에서 이루어져야 한다. 겸임기관의 장이 본직기관의 장의 동의를 받아 임용 또는 임용제청하여야 한다.

겸임기간은 2년 이내로 하며, 특히 필요한 경우 2년의 범위에서 연장할 수 있다.

【공무원임용령】 제40조 제2항 – 직무수행에 지장이 없는 범위

1. 고등학교 이상의 각급 학교의 교육공무원과 직무 내용이 유사한 일반직공무원 간
2. 연구직렬 공무원과 직무 내용이 유사한 다른 일반직공무원 간
3. 일반직공무원과 직무 내용이 유사한 사립의 전문대학·대학(대학원) 및 그 부설연구소의 교수(전임강사를 포함한다), 「공공기관의 운영에 관한 법률」 제4조제1항 각 호에 규정된 기관의 임직원 간

겸임된 공무원에 대한 복무에 대한 지휘감독기관은 본직기관의 장이 된다. 다만, 겸임업무 관련복무는 겸임기관의 장의 지휘감독을 받는다. 겸임업구관련 징계사유가 발생한 경우에는 겸임기관의 장은 본직기관의 장에게 통브한다(공무원복무규정 제6조의2).

라. 파 견

각 행정기관의 장은 다음의 경우에는 소속 공무원을 일정기간 파견할 수 있다.[157] 국가기관 외의 기관·단체에서 국가적 사업을 수행하기 위하여 특히 필요한 경우, 다른 기관의 업무 폭주로 인한 행정지원의 경우, 사무의 소관이 명백하지 아니하거나 관련 기관 간의 긴밀한 협조가 필요한 특수업무를 공동수행하기 위하여 필요한 경우, 국내의 연구기관, 민간기관 및 단체에서의 관련 업무수행·능력개발이나 국가정책수립과 관련된 자료수집 등을 위하여 필요한 경우에는 파견기간은 2년 이내로 하되, 필요한 경우에는 총 파견기간이 3년을 초과하지 않는 범위에서 파견기간을 연장할 수 있다.

또한 「공무원교육훈련법」에 따른 소속 공무원의 교육훈련을 위하여 필요한 경우와 국제기구, 외국의 정부 또는 연구기관에서 업무수행 및 능력개발을 위하여 필요한 경우에는 파견기간은 그 교육훈련·업무수행 및 능력개발을 위하여 필요한 기간으로 한다. 그리고 「공무원교육훈련법」에 따른 공무원교육훈련기관의 교수요원으로 선발되거나 그 밖에 교육훈련 관련 업무수행을 위하여 필요한 경우에는 파견기간은 1년 이내로 하되, 필요한 경우에는 총 파견기간이 2년을 초과하지 않는 범위에서 파견기간을 연장할 수 있다(공무원임용령 제41조).

소속 공무원을 파견하려면 파견받을 기관의 장이 미리 요청하여야 하며, 파견의 발령은 해당 공무원의 전보권 또는 전보제청권을 갖고 있는 기관의 장이 한다. 파견 등으로 인한 결원 보충은 파견기간이 1년이상인 경우에는 파견하는 공무원의 직급

---

157) **근로자파견**이라 함은 파견사업주가 그에 의하여 고용된 근로자를 타인(사용사업주)을 위하여 노무를 제공할 목적으로 그 타인의 지위명령체계에 편입하는 것을 말한다. 파견근로자와 파견사업주간의 근로계약은 통상의 근로계약과는 그 성질을 달리하므로 파견근로자를 보호하고 그의 법적 지위를 명확하게 하기 위하여 **파견근로자보호등에관한법률**은 근로자파견계약체결시에 필요적 기재사항을 명시할 것을 요구하고 있으며, 파견에 앞서 파견사업주가 당해 근로자에게 필요적 기개사항을 주지시키도록 규정하고 있다(동법 제20조 참조).

또는 고위공무원단 직위에 해당하는 정원이 따로 있는 것으로 보고 결원을 보충할 수 있다. 이 경우 소속 장관은 미리 행정안전부장관과 협의하여야 한다(공무원임용령 제42조).

다른 기관에서 파견근무하는 자는 복무에 관하여 파견받은 기관의 장의 지휘·감독을 받는다. 다른 기관에서 파견근무하는 자가 그 파견기간중에 징계사유에 해당하게 된 때에는 파견받은 기관의 장은 당해 파견근무자의 소속기관의 장에게 그 사실을 통보하여야 한다(국가공무원복무규정 제7조).

13. 면직제도

공무원관계의 소멸사유로는 당연퇴직과 면직의 두 가지의 경우가 있다. 면직은 공무원 본인의 의사표시에 의하여 공무원관계가 소멸되는 의원면직이 있고, 일정한 법정사유에 해당하면 본인의 의사와는 관계없이 임용권자가 직권으로 면직시키는 직권면직이 있다. 또한 징계절차에 따라 파면 또는 해임을 통하여 공무원을 특별권력관계에서 배제시키는 징계면직이 있다. 그리고 20년 이상 근속한 공무원의 경우에는 정년 전에 자진퇴직하는 명예퇴직제도가 있다.

가. 당연퇴직

당연퇴직이란 임용권자의 처분에 의해서가 아니라 일정한 사유가 발생한 경우 법률의 규정에 의하여 공무원관계가 자동소멸되는 것이다. 이때 법률이 정한 퇴직사유에 해당되는지의 여부에 대한 **임용권자의 '확인행위'가 있으면 법률의 규정에 의하여 사유발생시에 퇴직된다.** 실무상 당연퇴직사유가 발생한 때에는 퇴직발령통지를 하는데 이러한 통지는 확인행위에 불과하다.

당연퇴직은 국가공무원법 제69조 및 제33조, 지방공무원법 제66조 및 제31조의 공무원임용 결격사유가 발생하면 성립하는 것으로 그 효력 발생에 행정기관의 처분 등 다른 특별한 조치를 필요로 하지 아니하며, 당연퇴직의 발령통지 및 행위는 **사실행위에 불과하므로 소청심사의 대상이 아니다.**[158]

또한 임용 결격자를 공무원으로 임용하였다면, 그 임용행위는 당연 무효이므로, 처

---

158)

분청에서 **임용결격자에 대하여 신규 임용된 날로 소급하여 임용 취소하는 인사발령**은 임용이 당연 무효임을 **확인시켜 주는 행위에 불과하므로 소청심사의 대상이 아니다.**

그리고 임용결격사유에 의한 **당연퇴직의 통지의 해석과 관련하여** 지방소방사시보 임용 당시에는 관련 규정이 정한 임용결격자에 해당하였으나 정규공무원인 지방소방사 임용 당시에는 임용결격자에 해당하지 아니한 지방공무원에 대하여 임용권자가 임용결격자에 해당한다는 이유로 지방소방사시보 발령을 취소한다는 인사발령통지에 대한 해석과 관련하여 대법원은 그 지방공무원도 임용결격공무원등에대한퇴직보상금지급등에관한특례법에 따라 퇴직보상금 지급 및 특별채용 신청을 하여 특별채용되었으나, 그 인사발령통지서에는 위 지방공무원에 대한 지방소방사시보 발령을 취소한다고만 기재되어 있으므로, 위 지방공무원이 그 통지에 대하여 이의를 제기하지 않았다고 하더라도 위 인사발령통지서에 지방소방사 임용행위까지 취소한다는 취지가 포함되어 있다고 볼 수 없다고 판시하였다.

대법원 판례

행정절차법 제24조 제1항이 행정청이 처분을 하는 때에는 다른 법령 등에 특별한 규정이 있는 경우를 제외하고는 문서로 하도록 규정한 것은 처분내용의 명확성을 확보하고 처분의 존부에 관한 다툼을 방지하기 위한 것이라 할 것인바, 그와 같은 행정절차법의 규정 취지를 감안하여 보면, **행정청이 문서에 의하여 처분을 한 경우** 그 처분서의 문언이 불분명하다는 등의 특별한 사정이 없는 한, 그 문언에 따라 어떤 처분을 하였는지 여부를 확정하여야 할 것이고, **처분서의 문언만으로도 행정청이 어떤 처분을 하였는지가 분명함에도 불구하고 처분경위나 처분 이후의 상대방의 태도 등 다른 사정을 고려하여 처분서의 문언과는 달리 다른 처분까지 포함되어 있는 것으로 확대해석하여서는 아니 된다** 할 것이다(대법원 2005. 7. 28. 선고 2003두469 판결).

당연퇴직사유로는 국가공무원법 제33조의 결격사유의 1에 해당하는 때와 사망·

관련 판례

군인사법 제8조에 근거하여 공군사관학교 부교수인 자(교수 연령정년:60세)가 교수면직처분을 당하여 소령 계급 연령정년(45세)에 해당하여 퇴역처분을 한 사안에 대하여

이 사건 퇴역처분은 군인사법 제41조 제2호를 근거로 하고 있는바, 군인사법 제41조 제2호에 의한 연령정년에 달한 자에 대한 퇴역의 경우에는 **연령정년에 달하면 법률상 당연히 퇴역되는 것이지 별도의 퇴역을 위한 행정처분을 요하지 아니하고**, 위와 같은 사유로 퇴역명령을 발하였다고 하더라도 이는 **퇴역사실을 알리는 이른바 '관념의 통지'에 불과하므로 행정소송의 대상이 되지 아니한다**(서울행정법원 2010. 7. 15. 선고 2010구합5813 판결).

임기만료 · 정년도달 등이 있다.159) 이와 관련하여 우리 대법원은 국가가 과실로 임용결격사유를 밝혀내지 못하였다하더라도 그러한 임용행위는 당연무효라고 보고 있다. "경찰공무원법에 규정되어 있는 경찰관임용 결격사유는 경찰관으로 임용되기 위한 절대적인 소극적 요건으로서 임용 당시 경찰관임용 결격사유가 있었다면 비록 임용권자(국가)의 과실에 의하여 임용결격자임을 밝혀내지 못하였다 하더라도 그 임용행위는 당연무효로 보아야 한다"고 판시하였다.160)

국가공무원으로 임용되어 근무 중 임용전에 발생한 공무원임용결격사유가 발견되었을 때 임용행위는 공무원으로 임용될 수 없는 자에 대한 행한 것이므로 **당연무효**이며 이를 확인하는 행위로서 당초의 임용행위를 소급하여 취소하게 된다. 소급면직된 경우 그가 받았던 과거 보수는 회수할 수 없다.161) 임용행위가 당연무효가 된 공무원의 경우 퇴직금 수급요건을 충족하지 못하기 때문에 퇴직금을 수령할 수 없다. 그러나 비록 임용결격사유에 해당하는 자가 20년이상을 공직에 임하면서 사실상 공무원으로서 활동하였던 이에게 퇴직금을 주지 않는다는 것이 불합리한 면이 있어 **'임용결격공무원 등에 대한 퇴직보상금지급 등에 관한 특례법'**을 제정하여 일정한 경우 임용결격공무원에게 퇴직금 상당의 퇴직보상금을 지급하는 방안을 마련하였다.

나. 면직제도

1) 근거 규정

【군무원인사법】 제28조(직권 면직)

① 임용권자는 군무원이 다음 각 호의 어느 하나에 해당하면 직권으로 면직시킬 수 있다.
1. 신체 · 정신상의 장애로 직무를 감당할 수 없는 경우
2. 근무성적이 매우 나쁜 경우
3. 직제가 개정 또는 폐지되어 정원이나 예산의 감소 등으로 인원이 정원을 초과한 경우
4. 휴직기간이 끝나거나 휴직사유가 소멸된 후에도 직무에 복귀하지 아니하거나 직무를 감당할 수 없는 경우

---

159) 김중앙, 한국인사행정론, 법문사, 2004. 제365면 참조.

160) 대법원 2005. 7. 28. 선고 2003두469 판결 참조.

161) **소급면직된 경우 이미 지급한 보수의 회수 여부** : 국가공무원으로 임명되어 복무중 20개월 후 국가공무원에 의한 임용결격사유가 발견되어 당연면직된 경우 사실상 공무원으로서 복무한 기간에 지급한 보수는 이미 제공한 노무의 대가로서의 일면도 있으므로 회수할 수 없다(1963. 11. 20. 내무부 질의에 대한 총무처 해석).

> 5. 제29조제2항에 따라 대기명령을 받은 사람이 그 기간 중 직무수행 능력을 향상시키거나 근무태도를 개선하려는 뜻이 없다고 인정되는 경우
> 6. 전직시험에서 두 차례 이상 불합격한 사람으로서 직무수행 능력이 부족하다고 인정되는 경우
>
> ② 제1항에 따른 직권 면직은 인사위원회의 심의를 거쳐야 한다.

2) 면직의 의의

공무원관계의 소멸사유로 퇴직과 면직이 있다. 그 중 면직은 공무원 본인의 의사표시에 의하여 공무원관계가 소멸하는 '의원면직'이 있고 일정한 법정사유에 해당하면 본인의 의사에 관계없이 임용권자가 직권으로 면직시키는 '직권면직'이 있다.[162] 이하에서 자세히 살펴보기로 한다.

3) 의원면직

가) 의 의

의원면직이란 공무원 본인의 사의(辭意) 표시에 의하여 공무원관계를 소멸시키는 행위이다. 의원면직은 임용과 마찬가지로 통설은 공무원의 신청을 전제르 하는 **쌍방적 행정행위**라고 보고 있다. 따라서 사의표시만으로 공무원관계가 소멸되는 것이 아니고 임용권자에 의한 면직행위가 있을 때까지 공무원관계는 존속하므로 **출근 및 직무수행의 의무가 존재한다.**

대법원 판례

순경이 전투경찰대 근무발령을 받고도 3일간 지연부임하였을 뿐더러 지연부임한 당일 가정사정을 이유로 제출한 **'사직원이 수리되기 전'**에 귀가하여 무단이탈한 행위에 대하여 파면처분한 것을 정당하다(대법원 1971. 3. 23. 선고 71누7 판결).

의원면직의 경우 사직원을 제출과정에서 하자있는 의사표시에 기한 사직원의 법적 효과에 대하여 많은 분쟁이 일어나고 있다. 이에 대한 우리 대법원의 입장을 개략적으로 살펴보면 다음과 같다. 먼저 의원면직과 관련하여 사직의 의사표시에 **민법 제107조 비진의의사표시규정이 적용되는지** 관하여 살펴보면 우리 대법원은 **"공무원이**

---

162) 공무원 본인의 의사와 관계없이 국가의 일방적인 의사에 의하여 공무원의 신분관계를 소멸시키는 점에서 징계종류인 파면 및 해임과 같으나 그 처분의 사유 및 절차 그리고 효과면에서 차이가 있다.

사직의 의사표시를 하여 의원면직처분을 하는 경우 그 사직의 의사표시는 그 법률관계의 특수성에 비추어 외부적 · 객관적으로 표시된 바를 존중하여야 할 것이므로, 비록 사직원제출자의 내심의 의사가 사직할 뜻이 아니었다고 하더라도 **진의 아닌 의사표시에 관한 민법 제107조는 그 성질상 사직의 의사표시와 같은 사인의 공법행위에는 준용되지 아니하므로 그 의사가 외부에 표시된 이상 그 의사는 표시된 대로 효력을 발한다.**"고 판시하고 있다. 나아가 사직서의 제출이 감사기관이나 상급관청 등의 강박에 의한 경우에는 그 정도가 의사결정의 자유를 박탈할 정도에 이른 것이라면 그 의사표시가 무효로 될 것이고 그렇지 않고 의사결정의 자유를 제한하는 정도에 그친 경우라면 그 성질에 반하지 아니하는 한 의사표시에 관한 민법 제110조의 규정을 준용하여 그 효력을 따져보아야 할 것이나, 감사담당 직원이 당해 공무원에 대한 비리를 조사하는 과정에서 사직하지 아니하면 징계파면이 될 것이고 또한 그렇게 되면 퇴직금 지급상의 불이익을 당하게 될 것이라는 등의 강경한 태도를 취하였다고 할지라도 **그 취지가 단지 비리에 따른 객관적 상황을 고지하면서 사직을 권고 · 종용한 것에 지나지 않고 위 공무원이 그 비리로 인하여 징계파면이 될 경우 퇴직금 지급상의 불이익을 당하게 될 것 등 여러 사정을 고려하여 사직서를 제출한 경우라면 그 의사결정이 의원면직처분의 효력에 영향을 미칠 하자가 있었다고는 볼 수 없다.**[163]

다음으로 여군 단기복무하사관이 복무연장지원서와 함께 전역지원서를 동시에 제출한 경우와 같은 **조건부 사직의사표시의 경우**에 있어 우리 대법원은 "군인사정책상 필요에 의하여 복무연장지원서와 전역(여군의 경우 면역임)지원서를 동시에 제출하게 한 방침에 따라 위 양 지원서를 함께 제출한 이상, **그 취지는 복무연장지원의 의사표시를 우선으로 하되, 그것이 받아들여지지 아니하는 경우에 대비하여 원에 의하여 전역하겠다는 조건부 의사표시를 한 것이므로 그 전역지원의 의사표시도 유효**한 것으로 보아야 한다."고 판시하였다.[164]

대법원 판례

국가공무원법 제14조 제6항은 "소청심사위원회가 징계처분을 받은 자의 청구에 의하여 소청을 심사할 경우에는 원징계처분에서 부과한 징계보다 무거운 징계를 부과하는 결정을 하

---

163) 대법원 1997. 12. 12. 선고 97누13962 판결 참조.
164) 대법원 1994. 1. 11. 선고 93누10057 판결 참조.

지 못한다"고 규정하고 있는바, 이는 소청심사결정에 있어서 당초의 원처분청의 징계처분보다 청구인에게 불리한 결정을 할 수 없다는 의미라고 할 것인데, 소청인들이 의원면직처분에 대한 소청심사청구를 하자, 소청심사위원회가 의원면직처분의 전제가 된 사의표시가 감찰조직의 강요에 의하여 이루어졌을 개연성이 높다는 이유로 이들에 대한 의원면직처분을 취소하는 결정을 하였고, 그 효력은 의원면직처분을 취소하여 당해 공무원으로 하여금 공무원으로서의 신분을 유지하게 하는 것에 그치는 것이고, 이에 징계권자가 징계절차를 열어 이들에 대하여 각 파면처분을 하였는바 **징계절차는 소청심사위원회의 의원면직처분 취소결정과는 '별개의 절차'로서 여기에 불이익변경의 원칙이 적용될 여지가 없으므로, 그 징계절차에서 원고들에게 의원면직처분보다 사실상 불리한 처분인 해임이나 파면처분**이 내려졌다고 하더라도, 이것이 **불이익변경금지의 원칙에 위배되는 것이라고 할 수 없다**(대법원 2008. 10. 9. 선고 2008두11853, 11860 판결).

나) 비위공직자의 의원면직 제한

임용권자 또는 임용제청권자는 의원면직을 신청한 공무원이 ① 비위와 관련하여 형사사건으로 기소중인 때, ② 징계위원회에 중징계의결 요구중인 때, ③ 감사원, 검찰, 경찰 및 그 밖의 수사기관(이하 "조사 및 수사기관"이라 한다)에서 비위와 관련하여 조사 또는 수사중인 때, ④ 각급 행정기관의 감사부서 등에서 비위와 관련하여 내사중인 때에는 의원면직을 허용하여서는 아니된다(**비위공직자의 의원면직 처리제한에 관한 규정** 제3조). 다만, 징계와 관련하여서는 당해 공무원이 공무원징계령 제1조의2 제1호에 규정된 중징계에 해당한다고 판단되는 경우에 한한다.

그런데 수사기관에서 **수사중에 있는 관계로 의원전역이 제한되고 있는 자가** 국군수도병원에서 의무조사 결과 장애등급 8급을 부여받고, 전공상 확인심사 결과에서도 동상 8급으로 최종 확정되어 **군인사법 시행규칙 제53조에 따라 심신장애전역의 대상에 포함시킬 수 있는지**가 문제된다. 전역의 종류에는 의원면직과 같은 본인의 자발적인 의사에 기한 원에 의한 전역과 정년전역, 그리고 현역복무부적합전역 또는 심신장애전역과 같은 원에 의하지 않는 전역이 있다. 심신장애전역은 심신상의 장애로 인하여 더 이상 군복무가 불가능한 자에 대하여 **장애의 발생사실 자체를 평가하여 강제로 전역을 시키는 제도로써 본인의 의사에 의한 전역과는 제도적 취지를 달리한다.** 또한 비위공직자의 의원면직 처리제한에 관한 규정인 대통령훈령 제3조의 취지는 비위공직자가 비위가 발각되어 수사 또는 감사기관의 조사가 진행되어 형사처벌이나 중징계를 면치 못할 상황에서 공직자가 스스로 공직에서 벗어나 중징계 등을 면하려는 수단으로 악용되는 방지하고자 함에 있으므로 **면직의 제한의 범위를 취지에 부합하게 '의원면직'에 국한하여 해석하여야** 할 것이다. 결국, 비위공직자의 의원면직 처리제한에 관한 규정 제3조 면직제한은 원에 의한 전역의 경우에만 적용되고 **원에 의하지 않는 전역 내지 정년전역에는 적용되지 않는다**고 본다.[165)]

【군인사법 시행규칙】 제53조(전역 등의 기준)

① 장교·준사관 및 부사관의 심신장애로 인한 전역·퇴역 또는 제적의 기준은 다음과 같다.

1. 심신장애자의 정도가 별표 1 및 별표 2에 의한 1급 내지 7급에 해당되고, 그 심신장애가 전상 또는 공상으로 인하여 생긴 때에는 퇴역
2. 심신장애의 정도가 별표 1 및 별표 2에 의한 1급 내지 7급에 해당되고, 그 심신장애가 비전공상으로 인하여 생긴 때에는 전역심사위원회의 심사를 거쳐 퇴역 또는 제적
3. 심신장애의 정도가 별표 1 및 별표 2에 의한 8급 또는 9급에 해당되는 때에는 예비역 편입.

다) 의원면직에 대한 소청 결정례[166)]

사건명	소청요지	결정요지	결정
98-589 의원면직취소 청구	방범과장이 3년 전의 비리가 다 드러났다. 지금 사표쓰지 않으면 바로 사법처리하겠다는 등의 말을 하면서 사직서 제출 강요함.	당시 상황이 소청인의 의사결정의 자유를 박탈할 정도였다고 보기는 어려우며, 소청인이 자필로 작성하고 우무인을 날인한 점을 볼 때 소청인은 스스로의 판단에 의해 사직서를 제출한 것이며 이를 근거로 한 의원면직처분은 적법함.	기각
98-235 의원면직취소 청구	감찰계장이 사직원을 수리하지 않을 것을 전제로 사직원 제출을 요구하였고 동인이 소청인의 행위가 변호사법에 위반된자고 하자 압박감을 느껴 사직원을 제출함.	소청인에게 사직의 의사가 없었다고 보기는 어려우며, 감찰계장의 강요가 소청인의 의사결정의 자유를 박탈할 정도는 아니었으므로 원처분은 적법함.	기각
95-192 의원면직취소 청구	교통사고 선처명목으로 30만원을 수수한 혐의로 사표를 내면 형사입건을 보류하겠다면서 사표를 강요함.	소청인이 강압이나 협박을 받았다는 증거가 없으므로 소청인의 자필사직서를 근거로 한 의원면직처분은 적법함.	기각
94-30 의원면직취소 청구	경찰대상업소를 임대경영한다는 이유로 비연고지인 타서로 전출시키고 사표를 강요함.	소청인이 외부로부터 협박이나 강요를 당하였다는 주장을 인정할 만한 증거가 없고 사직원제출 여부를 놓고 자신의 이익을 비교교량한 후에 제출한 사직원을 근거로 한 의원면직처분은 적법함.	기각

165) 국방부, 규제개혁법제과, 2010. 8. 19. 법령해석질의 회신 내용 참조.
166) 김중양, 한국인사행정론, 법문사, 2004. 제371면 참조.

4) 직권면직

직권면직이란 공무원이 일정한 사유에 의하여 해당되었을 경우에 본인의 의사와는 관계없이 임용권자가 그의 공무원신분을 박탈하여 공직으로부터 배제하는 제도를 말한다.[167] 공무원이 **'국가공무원법상 법정사유'**에 해당하는 경우에는 본인의 의사에 불구하고 임용권자는 직권에 의하여 면직시킬 수 있다. 즉, ① 직제와 정원의 개폐 또는 예산의 감소 등에 따라 폐직 또는 과원이 되었을 때 ② 휴직 기간이 끝나거나 휴직 사유가 소멸된 후에도 직무에 복귀하지 아니하거나 직무를 감당할 수 없을 때 ③ 국가공무원법 제73조의3 제3항에 따라 대기 명령을 받은 자가 그 기간에 능력 또는 근무성적의 향상을 기대하기 어렵다고 인정된 때 ④ 전직시험에서 세 번 이상 불합격한 자로서 직무수행 능력이 부족하다고 인정된 때 ⑤ 징병검사·입영 또는 소집의 명령을 받고 정당한 사유 없이 이를 기피하거나 군복무를 위하여 휴직 중에 있는 자가 군복무 중 군무를 이탈하였을 때 ⑥ 해당 직급에서 직무를 수행하는데 필요한 자격증의 효력이 없어지거나 면허가 취소되어 담당 직무를 수행할 수 없게 된 때 ⑦ 고위공무원단에 속하는 공무원이 국가공무원법 제70조의2에 따른 적격심사 결과 부적격 결정을 받은 때에는 임용권자는 직권으로 면직시킬 수 있다.

임용권자는 직권면직조치를 할 경우에는 미리 관할 징계위원회의 의견을 들어야 한다. 다만, 직무능력부족으로 인한 3개월 대기명령을 받은 자에 대한 면직의 경우에는 징계위원회의 동의를 받아야 한다. 임용권자나 임용제청권자는 소속 공무원을 면직시킬 때에는 임용 형태, 업무 실적, 직무수행 능력, 징계처분 사실 등을 고려하여 면직 기준을 정하여야 한다. 면직 기준을 정하거나 면직 대상자를 결정할 때에는 임용권자 또는 임용제청권자(임용권자나 임용제청권자가 분명하지 아니하면 중앙인사관장기관의 장을 말한다)별로 심사위원회를 구성하여 **그 심사위원회의 심의·의결을 거쳐야 한다.** 심사위원회의 위원장은 임용권자 또는 임용제청권자가 되며, 위원은 면직 대상자보다 상위 계급자 또는 고위공무원단에 속하는 일반직공무원 중에서 위원장이 지명하는 **5명 이상 7명 이내로 구성하되, 면직 대상자의 상위 계급자 또는 고위공무원단에 속하는 일반직공무원을 우선하여 지명하여야** 한다. 다만, 상위 계급자 또는

---

167) 김중양, 한국인사행정론, 법문사, 2004. 제372면 참조.

고위공무원단에 속하는 일반직공무원이 부족하면 4명 이내로 구성할 수 있다(국가공무원법 제70조). 직제 또는 정원의 개폐 등으로 소속공무원을 직권면직시킬 때에는 당해 폐직 직위만을 대상으로 할 것이 아니라 전체 소속직원을 대상으로 하여 면직기준과 절차에 따라 직권면직시키는 것이 타당하다.

5) 징계면직

징계면직에는 파면과 해임 두 가지 종류가 있다. 모두 징계위원회의 징계절차를 거쳐 행하여져야 한다. **그 중 파면은** 신분을 박탈하여 특별권력관계인 군조직으로부터 배제하는 것을 말한다(군인사법 제57조 제1호, 군무원인사법 제40조 제1항). 파면은 관직이 없는 병에게는 적용되지 않으나 부사관급 이상의 장교, 준사관, 부사관 및 군무원에게 적용된다. 징계파면된 자는 군인사법상의 임용결격사유에 해당하며 병적에서 제적된다. 제적된 경우에는 보충역이나 제2국민역에 편입되고, 그 계급은 당해 계급으로 한다.[168]

또한 파면된 자는 군사원호대상자로서의 임용, 고용, 정착대부, 보상 등 여러 특별한 지원에서 제외되고 5년간 공직에 취임할 수 없다.[169] 군인연금법에 의한 퇴직급여 및 퇴직수당이 50퍼센트 감액된다. 군무원의 경우 파면되면 당연퇴직되고(군무원인사법 제27조), 공무원연금법에 의한 퇴직급여가 감액된다. 재직기간이 5년미만인 경우에는 퇴직금이 25퍼센트가 감액되며 5년이상인 경우에는 군인과 마찬가지로 50퍼센트가 감액된다.[170]

해임은 장교, 준사관 또는 부사관의 신분을 박탈하는 징계처분을 말한다. 해임된 경우에는 3년간 공직에 취임할 수 없다.[171] 다만, 퇴직금은 파면과 달리 전액지급된다. 그러나 금품 및 향응수수 또는 공금의 횡령 내지 유용으로 해임된 경우에는 퇴직금의 퇴직금의 25퍼센트를 반환해야 한다(군인연금법 제33조, 동법 시행령 제70조 제2호, 군인군무원 징계업무처리규정 제5조). 종전까지는 군인사법상 징계처분에 해임이 포함되어 있지 않아 그동안 군인의 경우 일반공무원과 달리 퇴직금의 삭감없이

---

168) 병역법 제39조 제1항, 동법 시행령 제58조 참조.
169) 국가공무원법 제33조 제7호 참조.
170) 이상철, 국방행정법원론, 도서출판 봉명, 2008. 제709면, 제710면 참조.
171) 국가공무원법 제33조 제8호 참조.

징계처분으로 강제 퇴직시킬 방법이 없었는데 군인사법의 일부 개정으로 2006년 10월 29일부터 군인에게도 적용되고 있다.[172)]

그 밖의 장교, 준사관 및 부사관 및 군무원에 대한 징계처벌의 종류와 내용을 개괄하면 아래의 표와 같다.[173)]

※ 장교, 준사관, 부사관의 경우

구분	종류	내 용
중징계	파면	- 제적, 관직 및 예우박탈(군인사법 제57조, 제40조) - 5년간 공직취임 불가(법 제10조) - 퇴직금 50퍼센트 감액(군인연금법 제33조, 동법 시행령 제70조)
	해임	- 제적, 관직 및 예우박탈(군인사법 제57조, 제40조) - 3년간 공직취임 불가(국가공무원법 제33조) - 5년간 장교, 준사관 및 부사관 임용결격(군인사법 제10조) - 퇴직금 전액지급, 단 금품수수 등의 경우 25퍼센트 감액
	강등	- 당해 계급에서 1계급 내림(당해 계급에 임시계급은 포함하지 아니하며 장교에서 준사관으로, 부사관에서 병으로 강등은 불가, 법 제57조) - 진급시킬 수 없는 사유에 해당, 임시계급은 원계급으로 복귀(법 제31조 및 제34조) - 현역복무부적합 심사대상(법 제37조)
	정직	- 1개월 이상 3개월 이내 기간동안 직무종사 금지(법 제57조) - 정직기간 중 현역복무기간 불산입(진급관리규정 게5조) - 호봉승급 18개월 지연(보수규정 제17조) - 정직기간 중 봉급의 2/3감액조치(법 제57조) - 진급시킬 수 없는 사유에 해당, 임시계급은 원계급으로 복귀(법 제31즈 및 제34조) - 현역복무부적합 심사대상(법 제37조)
경징계	감봉	- 1개월 이상 3개월 이내 기간동안 봉급의 1/3 감액(법 제57조) - 호봉승급 12개월 지연(보수규정 제17조)
	근신	- 10일 이내 기간동안 평상근무 후 징계권자가 지정한 영내의 일정한 장소에서 비행을 반성 - 호봉승급 6개월 지연(보수규정 제17조)
	견책	- 과오를 규명하여 장래를 훈계 - 호봉승급 6개월 지연(보수규정 제17조)
징계유예		- 근신, 견책에 한하여 6월동안 조치의 유예 - 중징계를 경징계로 감경 후 유예 불가 - 과사실 통보대상

172) 육군본부 법무실, 징계실무해설서 2007. 제37면 ~ 제38면 ; 임천영, 군인사법, 법률문화원, 2007. 998면 참조.

173) 임천영, 군인사법, 법률문화원, 2007. 제997면 참조.

※ **군무원의 경우**

구분	종류	내 용
중징계	**파면**	- 관직의 박탈(군무원인사법 제39조) - 5년간 공직취임 불가(국가공무원법 제33조) - 퇴직금 재직기간 5년 미만은 1/4, 5년 이상은 1/2 감액 (공무원연금법 제64조)
	해임	- 관직의 박탈(군무원인사법 제39조) - 3년간 공직취임 불가(국가공무원법 제33조)
	정직	- 1개월 이상 3개월 이내 기간동안 직무종사 금지(법 제39조) - 호봉승급 18개월 지연(공무원보수규정 제14조) - 정직기간 중 봉급의 2/3감액조치(법 제39조) - 승진임용 18개월 제한(군무원인사법 시행령 제40조)
경징계	**감봉**	- 1개월 이상 3개월 이내 기간동안 봉급의 1/3 감액(법 제39조) - 호봉승급 12개월 지연(공무원보수규정 제14조) - 승진임용 12개월 제한(군무원인사법 시행령 제40조)
	견책	- 과오를 규명하여 장래를 훈계(법 제39조) - 호봉승급 6개월 지연(공무원보수규정 제14조) - 승진임용 6개월 제한(군무원인사법 시행령 제40조)

※ 군무원의 경우 징계종류에 근신이 없고, 징계유예도 불가하다.

6) 명예퇴직(전역)

가) 명예퇴직(전역)의 의의

명예퇴직제도는 평생봉직을 요건으로 하는 직업공무원제도하에서는 정년까지 재직하는 것이 전제되어 있으나 장기근무로 인한 조직의 침체와 행정능률 저하를 방지하기 위하여 정년이 되기 전에 자진하여 공무원 신분을 종료하는 자에게 국가가 별도의 금전적 혜택을 부여하는 것이다(국가공무원법 제74조의2, 국가공무원명예퇴직수당지급규정 등 참조).[174] 그리고 **명예전역수당지급제도**[175]는 인사적체를 해소하기 위하여 장기근속자에게 전역수당을 지급함으로써 조기전역을 유도하자는 데 그 입법취지가 있다.[176] 즉, 정년까지 남아있는 헌법상의 공무담임권과 이를 통한 향후의 보수

174) 군인사법 제53조의2, 제8조, 제21조, 제24조의2, 군인 명예전역수당지급 규정(대통령령 제20675호, '08. 2. 29.), 국방 인사관리훈령(2009. 8. 4.), 수시 명예전역 관련 지침(국방부, 2006. 2. 20.)

175) **명예전역수당 지급액** : 기준액(봉급액의 81%) × [(정년잔여 개월수(1~60 × 1/2 + 정년잔여 개월수(61~120) × 1/4)] ※ 기준액(봉급액의 81%) : 전역월 당시 지급받는 봉급표상의 봉급액을 기준으로 산정하되, 공무원보수규정에 의하여 최종적으로 결정한다.

176) 임천영, 군인사법, 법률문화원, 2007. 제833면.

청구권 및 행복추구권 등을 정년 잔여기간에 비례하는 금전적 보상과 상계하는 대가로 자신의 신분상의 권리를 포기하는 것이다.[177] 명예퇴직수당이 '정년'전에 퇴직하는 데 따른 보상성격의 수당이므로 별정직공무원 등의 '근무상한연령' 전의 자진퇴직 명예퇴직수당이 적용될 수 없고 임기제의 경우 임기가 끝나면 당연퇴직하게 되므로 임기제공무원의 경우에도 적용될 여지가 없다. 그러나 1994년 군인사법 개정으로 군인의 경우 임기제진급시에는 명예전역수당을 지급하고 있다.[178]

명예전역수당지급제도란 군인으로서 20년이상 근속한 자가 정년 전에 자진하여 명예롭게 전역하는 경우에 예산의 범위 안에서 명예전역수당을 지급하는 것을 말한다(군인사법 제53조의 2).

명예전역은 정년이 보장된 공무원의 정년 전 퇴직에 대한 보상일 뿐만 아니라, 현실적으로 민간기업에 비해 열악한 공무원의 보수현실에서 공무원에 대한 생활보장을 도모하고 자발적인 명예퇴직을 유도함으로써 공무원의 인사적체를 해소하여 공무원사회를 활성화하고 궁극적으로는 국민에게 보다 양질의 행정서비스를 제공하기 위한 것이다. 따라서 재직기관과 신청기간이 특별히 제한되어 있고 또한 본인의 신청이 있더라도 임용권자의 엄정한 심사행위가 수반된다는 측면에서 원에 의하는 전역과 다르며 일정한 사유와 요건의 성립으로 당연히 효력이 발생하는 정년전역과 달라서 일정한 법적 절차가 중시된다는 특성이 있다.[179] 또한 군인사법 제24조의4는 명예전역하는 경우에 소령에서 중령, 중령에서 대령으로 명예진급을 할 수 있도록 하고 있다. 일반적으로 명예전역 선발자 중 희망자의 50% 이내에서 명예진급선발위원회의 심의를 거쳐 명예진급을 시키고 있다. 명예진급심사는 명예전역 심사 후 또는 병행하여 실시한다.

헌법재판소 결정

명예퇴직수당은 국가공무원법은 제74조에서 공무원의 직무의 종류별 및 계급별 정년을 규정하여 공무원에 대한 신분보장의 일환으로 정년보장을 규정하고 있고, 제74조의2에서 명예

177) 김중양, 한국인사행정론, 법문사, 2004. 제374면.

178) **명예퇴직제도는** 정년 이전에 퇴직하는 공무원에게 정년 이전의 퇴직으로 받게 되는 불이익, 즉 계속근로로 받을 수 있는 수입의 상실이나 새로운 직업을 얻기 위한 비용지출 등에 대한 보상으로 명예퇴직수당을 지급함으로써 정년 이전의 퇴직을 유도하여 조직의 신진대사를 촉진하려는 제도이다(대법원 2001. 11. 9. 선고 2000두2389 판결).

179) 임천영, 군인사법, 법률문화원, 2007. 제832면.

퇴직의 요건과 명예퇴직수당에 대해 규정하는바, 공무원의 명예퇴직수당은 위와 같이 정년이 보장된 공무원이 정년이 되기 전에 공무원 신분을 종료하는 자에 대하여 엄격한 요건 하에, **공무원의 특별한 책임과 의무를 성실히 수행한데 대해 생활보장의 일환으로 지급되는 것**으로 일반기업에서 지급되는 명예퇴직수당과 그 성격에 있어서 다르다(헌법재판소 2002. 12. 18. 2001헌바55 구소득세법제22조 제1항 제1호 나목 등 위헌소원).

대법원 판례

공무원의 **명예퇴직수당제도**는 정년 이전에 퇴직하는 공무원에게 정년 이전의 퇴직으로 받게 되는 불이익, 즉 계속 근로로 받을 수 있는 수입의 상실이나 새로운 직업을 얻기 위한 비용지출 등에 대한 보상으로 명예퇴직수당을 지급함으로써 정년 이전의 퇴직을 유도하여 조직의 신진대사를 촉진하고자 하는 데 그 취지가 있다(대법원 2001. 11. 9. 선고 2000두2389 판결, 대법원 2006. 7. 28. 선고 2006두5021 판결 등 참조). 따라서 명예퇴직수당을 지급받고 명예퇴직하였던 공무원이 다시 경력직 공무원으로 재임용된다면, 명예퇴직수당을 지급하였던 본래의 취지가 몰각되므로 기지급된 명예퇴직수당을 환수할 필요가 있으나, 그러한 경우에도 기지급된 명예퇴직수당 중 적어도 **명예퇴직시부터 재임용시까지의 퇴직기간에 상응하는 부분은 명예퇴직수당을 지급하였던 원래의 목적에 부합하므로** 그 퇴직기간에 상응하는 부분이 제외된, **적정한 환수비율에 따라 환수되어야** 한다.

명예퇴직시부터 재임용시까지의 퇴직기간을 고려하지 않은 채 기지급된 명예퇴직수당 전액을 반환하도록 한 것은 목적의 정당성이나 피해의 최소성, 법익균형성 등을 충족하지 못하므로 비례의 원칙에 어긋날 뿐 아니라, 퇴직기간이 서로 다른 재임용교사들에 대해 그에 따른 합리적 차등을 두지 않은 채 전액 환수하도록 함으로써 그들 사이에도 불평등을 초래하여 평등의 원칙에도 위배된다. 그리고 명예퇴직수당제도의 목적과 의미, 기능 등과 함께 피고의 이 사건 환수조치는 이미 적법하게 지급되었던 명예퇴직수당을 환수하는 것이라는 점, 위와 같은 하자의 존재는 구체적인 사실관계에 대한 조사 없이도 기지급된 명예퇴직수당을 환수하는 취지 그 자체에서 곧바로 확인될 수 있다는 점 등을 종합해 볼 때, 그 **하자가 중대하고 명백하여 당연무효**에 해당한다(대법원 2007. 11. 15. 선고 2005다24646 판결).

나) 법적 성질

명예전역수당은 군인사법 및 군인명예전역수당지급규정에 의하여 예산의 범위 안에서 지급되는 것으로서 군인연금법상 급여에 해당하지 않는다. 반면에 명예전역수당은 전역하는 자에게 재직 중 직무집행의 대가로서 지급되는 후불적 임금으로서 보수의 성격을 아울러 가지고 있다할 것이므로 퇴직금과 유사하다. 따라서 명예전역수당은 민사집행법 제246조 제1항 제4호 소정의 압류금지채권인 **퇴직금 기타 유사한 급여채권**에 해당한다.[180] 명예전역수당의 지급 여부에 관한 처분은 **재량행위**이다.

---

180) 대법원 2000. 6. 8. 선고 2000마1439 판결.

명예전역수당의 지급여부는 각군 참모총장이 명예전역심사위원회의 심사를 거쳐 각 계급별 인사운영의 현황, 상위 계급, 장기근속, 예비역편입 지원 여부 및 명예로운 전역 여부 등을 고려하여 국방부장관에게 수당지급대상자를 추천하고 국방부장관이 예산 및 각군 간의 균형을 고려하여 최종적으로 심사하여 결정하는 재량적 처분으로서 그 상대방에게 금전적 혜택을 주는 **수익적 행정행위**이다.[181]

다) 선발대상

명예전역 희망일을 기준으로 하여 20년 이상 근속한 중장 이하의 장교, 준사관 및 부사관으로서 ① 원에 의해 명예롭게 전역하는 정년 잔여기간이 1년이상 10년 이내인 자, ② 임기제 및 병과장으로 전역하는 자 중 정년 잔여기간이 1년 이상인 자, ③ 군인사법 제8조 제4항 또는 제5항의 규정에 의하여 정년이 단축되어 조기에 전역하는 장관급장교 또는 영관급 장교, ④ 전역 후 특수경력직공무원으로 재임용된 후 현역 정년일 이전 퇴직하는 자(단, 현역 정년 잔여기간이 1년 이상인 경우에 한함)가 이에 해당한다.[182]

【군인사법】 제53조의2(명예전역)

① 군인으로서 **20년이상 근속한 자**가 정년전에 자진하여 명예롭게 전역하는 경우에는 예산의 범위안에서 명예전역수당을 지급할 수 있다. 〈개정 1994.12.31〉
② **병과장 전역**(제21조 제3항) 또는 **임기제진급**(제24조의2 제2항)의 규정에 의하여 전역되는 자로서 현역정년의 잔여기간이 1년이상인 자에 대하여는 제1항의 규정을 준용한다. 〈신설 1989.12.30, 1999.1.29〉
③ 제8조 제4항 또는 제5항의 규정에 의하여 제8조 제1항의 규정에 의한 정년보다 **단축된 정년으로 명예전역**하는 군인의 명예전역수당에 관하여는 제8조 제1항의 규정에 의한 정년을 적용하여 지급대상 및 지급액을 정한다. 〈신설 1999.1.29〉

라) 병과장 · 임기제진급자의 명예전역의 경우

(1) 서 설

병과장과 임기제진급자의 경우 일정한 기간이 도래하면 병과장의 경우 유사직위에 1회에 한하여 보직되지 아니하는 한, 전역되도록 규정되어 있다. 결국 이들에 대한 전역명령 통지는 당연퇴직 사실을 알리는 **'관념의 통지'**에 불과하다. 병과장과 임

181) 서울행정법원, 2004. 12. 23. 2004구합12100 ; 임천영, 군인사법, 법률문화원, 2007. 제835면 참조.
182) 국방부 '10년도 군인 명예전역 시행 계획 참조.

기제진급자의 명예전역의 경우 크게 두 가지 문제가 대두된다. 먼저 병과장 또는 임기제진급자의 전역의 경우에도 명예전역심사절차를 거쳐야 하는 것인지 당연히 명예전역에 해당하는 것으로 보아야 하는지가 문제된다. 다음으로 명예전역 수당의 근거법률인 군인사법 제53조의2는 병과장이나 임기제 진급자의 경우에는 일반 명예전역자와 달리 20년이상 근속할 것을 요구하고 있지 않음에도 불구하고 구 군인명예전역수당지급규정[183] 제2조 제1항 제2호 중 군인으로서 20년 이상 근속할 것을 명예전역수당의 지급대상요건 중의 하나로 규정하고 있어 하위법이 모법의 위임한계를 벗어난 것으로서 무효인지가 문제된다.[184] 국민에게 이익이 되는 처분 또는 법적 효과의 요건을 **하위법령에서 상위법령에서 정하는 요건보다 추가, 확대하여 국민에게 이익이 되는 처분 등의 대상을 제한함으로써 국민에게 불리하게 변경하는 경우**에 있어서 **대법원**은 그에 대한 상위법령의 위임이 없는 경우 또는 위임이 있더라도 하위법령에서의 요건확대가 상위법령의 규정취지와 모순, 저촉되는 경우에는 그 각 하위법령의 규정은 무효라고 선언하고 있다.[185]이하에서는 자세히 살펴보기로 한다.

(2) 명예전역심사절차 여부

앞에서 언급한 바와 같이 일정한 기간이 도래하면 당연전역되는 병과장 또는 임기제진급자의 경우에도 근속기간 20년이상 근무한 자와 마찬가지로 명예전역신청 및

---

183)

【현행 군인 명예전역수당지급 규정】 제2조(지급대상)

① 수당을 지급받을 수 있는 자는 20년이상 근속한 군인으로서 다음 각호의 1에 해당하는 자로 한다. 다만, 법 제39조의 규정에 의하여 전역이 보류된 자는 지급대상에서 제외한다. 〈개정 1990.4.9, 1995.5.16, 1999.5.10, 2001.3.27〉

1. 현역정년의 잔여기간이 1년 이상 10년 이내인 자중 자진하여 명예롭게 전역하는 중장이하의 장교, 준사관 및 부사관
2. 법 제8조제4항 또는 제5항의 규정에 의하여 정년이 단축되어 조기에 전역하는 장관급장교 또는 영관급장교
3. 법 제21조제3항 및 법 제24조의2제2항의 규정에 의하여 명예롭게 전역되는 자로서 현역정년의 잔여기간이 1년 이상인 자

② 국방부장관은 예산상 부득이한 경우에는 제1항의 지급대상범위를 제한할 수 있다.

③ 정년 잔여기간의 계산은 현역정년 중 먼저 도래하는 정년을 기준으로 한다.

184) 이성훈, 『21세기 사법의 전개』, 박영사, 2005. 제646면~제654면 참조. '구 군인명예전역 수당지급규정 제2조 제1항 제2호 중 군인으로서 20년 이상 근속할 것을 명예전역수당의 지급대상요건 중의 하나로 규정하고 있는 부분이 무효인지 여부(소극)'

185) 대법원 1997. 10. 16. 선고 96누17752 전원합의체 판결, 대법원 1999. 2. 11. 선고 98도2816 전원합의체판결 등 참조.

이에 따른 명예전역심사절차를 거쳐야 하는지가 문제된다. 이에 대하여 병과장 또는 임기제진급자의 경우 임기가 지나면 자동전역하므로 일반명예전역 신청자의 경우와 같이 계속 복무하든지 명예전역을 신청하든지에 대한 선택권과 명예전역이 거부되어도 계속 복무할 수 있는 기회가 보장된다는 점에서 기초적 사실을 달리하고 있기 때문에 별도의 신청이 없더라도 당연히 명예전역 해당여부를 심사하여 명예전역수당을 지급하여야 하는 것이 병과장 및 임기제진급자에 대한 명예전역을 규정한 취지에 부합한다. 따라서 이 경우에 있어 명예전역 신청은 행정청에 대한 주위를 촉구하는 의미를 가지는 것에 불과하다고 보아야 한다는 견해가 있다.

그러나 병과장 또는 임기제진급자에 대한 명예전역을 규정한 군인사법 제53조의2 및 관계 법령의 규정 내용을 비롯한 입법 경위 및 취지 등의 여러 사정을 종합하여 보면, 병과장 또는 임기제진급자에 대한 명예전역은 계급정년까지 보장된 20년이상의 근속자의 일반 명예전역과 달리 **후불적 임금으로서 보수의 성격보다는** 제한된 기간이 도과하면 정년에 관계없이 법에 의해 당연히 전역되는 특별한 희생에 대한 국가보상 내지 국가보훈의 성격과 **사회보장적 성격이 더 강하다 할 것이므로,** 국가가 구체적인 수당의 내용이나 범위, 그 방법 · 시기 등은 국가의 재정부담능력과 전체적인 사회보장의 수준 등에 따라 정하여지는 입법자의 광범위한 입법형성의 자유영역에 속한다고 할 것이다. 병과장 또는 임기제진급자의 경우에도 근속기간 20년 일반 명예전역과 마찬가지로 **자진성을 별론으로 하더라도 명예성은 구비되어야 할 것이므로 명예전역심사절차를 거쳐 대상자로 선정되어야 한다**고 본다. 이를 위하여 후보자는 병과장 또는 임기제진급자의 보직기간 만료로 인한 전역에 즈음하여 **명예전역 신청을 하여야 한다.**

【소청 사례】 –명예전역거부처분 취소청구[186)]

소청취지 : 피소청인이 소청인에 대하여 한 2010. 1. 31.자 명예전역 거부처분을 취소한다.
소청이유 : 소청인은 시설병과장으로 보직되어 2년의 임기를 마치고 전역된 자로 전역전 2008. 9. 4. 회계질서문란혐의로 근신 5일 징계처분을 받은 자이다. 그런데 전역될 무렵 해군본부에서 시달한 『'10년 전반기 군인 명예전역 및 명예진급 선발계획 시달(통보)』 상에 제외대상자(-징계의결중에 있거나 징계처분 된 자-)에 해당하여 결국 명예전역을 신청하지 못한 상태에서 병과장 임기 만료로 군인사법에 의해 자동전역된 것으로 피소청인의 위 처분은 병과장전역의 경우 일반 명예전역과 달리 명예전역심사절차를 거치지 않

고 병과장으로 전역되는 경우 당연히 명예전역에 해당하여 명예전역수당을 지급하여야 함에도 불구하고 명예전역 대상자의 범위에 서 제외한 것은 부당하고 나아가 경징계를 받은 자의 경우에도 명예전역 대상자에서 제외시키는 것은 재량권을 일탈 내지 남용한 것이다.

결 론 : 각하

소청인이 제기하는 명예전역거부처분이 쟁송의 대상이 되는 처분이 되기 위해서는 ① 신청인에게 법규상 조리상 신청권이 존재하여야 하고[187] ② 나아가 신청인의 권리의무에 직접 관계가 있는 ③ 공권력 행사의 거부이어야 한다.[188] 그런데 신청인은 해군본부에서 시달한 『'10년 전반기 군인 명예전역 및 명예진급 선발계획 시달(통보)』를 토대로 자신이 명예전역 제외대상자에 해당한다고 판단하여 **스스로 아무런 명예전역 신청을 한 바 없고 처분청으로서도 신청이 없는 소청인에 대하여 명예전역거부처분을 한 사실이 존재하지 않는다.** 그렇다면 소청인이 제기한 명예전역거부처분에 대한 소청은 **심판대상이 없는 것으로 부적법 각하**한다.

(3) 근속기간 20년을 충족 여부

명예전역수당지급과 관련하여 군인명예전역수당규정 제2조 제1항 제2호가 '20년 이상 근속한 군인'이라는 요건을 추가하여 규정한 것은 모법인 군인사법 제53조의2 제2항과 저촉되어 무효인지는 상위법령의 규정취지와 모순, 저촉되는 경우라든가 위임이 없는 경우에 해당하는지에 따라 그 결론이 다르게 된다.

이에 대하여 **소극설(적법·유효설)**은 병과장·임기제 진급자의 명예전역수당의 경우도 일반 명예전역수당과 마찬가지로 **예산의 범위 내에서** 지급할 수 있는 것으로 규정하는 점, 군인사법과 일반·특별법 관계에 있는 구 국가공무원법(1981. 4. 20. 법률 제3447호로 개정된 국가공무원법) 제49조 제1항이 **공무원 명예퇴직수당제도**를 규정하면서 공무원 명예퇴직수당의 지급요건의 하나로 20년 이상 근속을 요건으로 하

186) 국방부 중앙군인사소청심사위원회 2010-21호 명예전역거부처분 취소청구.

187)

대법원 판례

행정청이 국민으로부터 신청을 받고서 한 거부행위가 행정처분이 되기 위하여는 **국민이 행정청에 대하여 신청에 따른 행정행위를 해 줄 것을 요구할 수 있는 법규상 또는 조리상 권리가 있어야 하는 것이며,** 이러한 근거없이 한 국민의 신청을 행정청이 받아들이지 아니하고 거부한 경우에는 이로 인하여 신청인의 권리나 법적 이익에 어떤 영향을 주는 것이 아니므로 이를 행정처분이라 할 수 없는 것이다(대법원 1994. 12. 9. 선고 94누8433 판결).

188) 이재화, 행정법연습, 문영사, 1999. 제120면~제125면 참조.

고 있는 점, **군인명예전역수당의 입법 연혁 및 취지**의 면에서 볼 때, 법 제53조의2 제2항은 군인사법이 1989. 12. 30. 법률 제4158호로 개정되면서 신설된 규정으로서 위 개정 전의 구 군인사법에는 구 국가공무원법과 동일하게 20년 이상 근속한 군인이 정년 전에 자진하여 전역하는 경우에만 예산의 범위안에서 명예전역수당을 지급하도록 규정되어 있었고, 이에 따라 병과장이 그 직 및 유사직위의 보직을 마치고 정년 전에 법 제21조 제3항의 규정에 의하여 당연 전역되는 경우에는 군인으로서 20년 이상 근속하였음에도 불구하고 **자진전역의 요건을 갖추지 못하여 명예전역수당을 지급받지 못하는 제도상의 불합리가 있었기 때문에** 법 제21조 제3항에 의한 당연전역의 경우에도 명예전역수당을 지급할 수 있도록 하기 위하여 군인사법 개정 당시 제53조의2 제2항을 신설한 것으로 보이는 점 등을 종합해 볼 때 수당규정 제2조 제1항 제2호 중 군인으로서 20년 이상 근속할 것을 제2항 명예전역수당의 지급대상요건 중의 하나로 규정하고 있는 부분은 적법하고 모법에 저촉되거나 모법의 위임한계를 벗어난 것으로서 무효라고 할 수 없다고 본다.

적극설(위법 · 무효설)은 조문의 규정형식 및 체계의 면에서 볼 때, 군인사법 제53조의2 제1항은 일반 명예전역수당의 지급대상을 '군인으로서 20년 이상 근속한 자로서 정년 전에 자진하여 명예롭게 전역하는 자'로, 같은 조 제2항은 병과장의 명예전역수당의 지급대상을 '법 제21조 제3항의 규정에 의하여 전역되는 자로서 현역정년의 잔여기간이 1년 이상인 자'로 각 규정함으로써 각 명예전역수당을 서로 별개의 제도로 보아 그 지급대상에 관하여 각각 별도로 규정하고 있으므로, 법 제53조의2 제2항이 준용하는 같은 조 제1항의 규정은 '예산의 범위 안에서 명예전액수당을 지급할 수 있다'는 부분에 한정된다는 점, **입법 취지의 면**에서 보더라도, 일반 명예전역수당을 규정한 법 제53조의2 제1항은 인사적체의 해소 등 군조직의 활성화를 위하여 장기근속자를 정년 전에 자진 퇴직하도록 유도하고자 함에 그 입법 취지가 있으므로 그 지급대상요건으로 20년 이상 근속을 요구하는 것이 합리적이라고 할 것이나, 병과장 명예전역수당을 규정한 같은 조 제2항은 그 입법 취지가 병과장 및 그 유사직위의 보직을 마친 자는 현역정년이 남아 있더라도 본인의 의사와 관계없이 법 제21조 제3항에 의하여 당연 전역됨으로써 정년까지 근무하지 못하는 불이익을 입게 되므로 이러한 정년까지의 신분보장이라는 인사원칙에 대한 예외적 제도로 인한 불이익을 보상하고자 하는 것이라는 점, **균형적인 법 체계상** 법 제53조의2 제3항이 20년 이상 근속이라는 요건을 제2항 명예전역수당의 지급대상요건의 하나로 규정하는 것까지 포함하여 대통령령에 위임하는 취지였다면 제1항 명예전역수당의 경우에도 법률인 같은 조 제1항에서 이를 규정하지 않고 같은 조 제3항에 의하여 대통령령에서 이를 규정하도록 위임하는 형식의 입법을 하는 것이 일반적인 입법이라 할 것인데 20년 근속요건을 특별히 제1항에 규정하고 있는 점 등을 종합해 볼 때, 수당규정 제2조 제1항 제2호가 모법에 없는 명예전역수당의 지급대상요건으로 위 요건을 추가하여 규정한 것은 모법인 법 제53조의2 제2항에 저촉되고 위임의 한계를 벗어난 규정으로서 무효라고 본다.

대법원은 이에 관하여 다수 의견이 적법 유효설의 입장에 있다.

대법원 판례

구 군인사법 제53조의2 제3항은 같은 조 제1항 소정의 명예전역수당 및 같은 조 제2항 소정의 명예전역수당의 각 지급대상범위를 정한 구 군인명예전역수당지급규정 제2조 제1항의 위임근거 법조항으로서 그 수임규정인 위 군인명예전역수당지급규정이 같은 법 제53조의2 제1항 및 제2항 소정의 명예전역수당의 각 지급대상범위를 정하는 데에 어떠한 구체적인 제한을 덧붙이지 아니하고 있음이 법문상 명백하므로 위 군인명예전역수당지급규정에서 같은 법 제53조의2 제1항 및 제2항 소정의 명예전역수당의 각 지급대상범위를 정함에 있어서 각각의 **명예전역수당의 성격에 반하지 아니하는 한 합리적 범위 내에서 그 범위를 제한하더라도 위법이 아니라**고 할 것이고, 같은 법 제53조의2 제2항을 그 소정의 명예전역수당의 지급대상의 요건의 하나로 '군인으로서 20년 이상 근속'이 요구되지 않는 것으로 해석하여야 할 필연성이 있다고 보기 어려울뿐더러, 같은 법 제53조의2 제3항의 명시적 위임에 근거한 위 군인명예전역수당지급규정 제2조 제1항 제2호에서 예산상의 부담 및 입법 취지 등을 고려하여 같은 법 제53조의2 제2항 소정의 명예전역수당의 지급대상범위를 20년 이상 근속한 군인으로 제한하고 있는 데에 합리성도 있다고 할 것이어서 위 군인명예전역수당지급규정 제2조 제1항 제2호 중 군인으로서 20년 이상 근속할 것을 같은 법 제53조의2 제2항 소정의 명예전역수당의 지급대상요건 중의 하나로 규정하고 있는 부분은 적법하고 모법에 저촉되거나 모법의 위임한계를 벗어난 것으로서 무효라고 할 수 없다(대법원 1999. 12. 16. 선고 97누9864 전원합의체 판결).[189]

법 조문의 체계 및 문리해석에 따르면 군인사법 제53조의2 제2항의 규정에 의한 명예전역수당 경우에는 근속기간 20년이라는 요건은 필요하지 않다고 보아야 하고

189) 5인의 반대의견

대통령령에서 제2항 명예전역수당의 지급요건에 군인으로서 20년 이상 근속하여야 하는 요건을 추가하여 명예전역수당을 지급받을 수 있는 자를 제한할 수는 없다고 보는 것이 자연스러운 해석이라고 본다.

그러나 명예전역수당규정의 취지 및 입법 연혁을 살펴보면, 장기 근속자에 대한 조기전역을 유도함으로써 인사적체를 해소하고 이에 대한 보상으로써 지급하는 명예전역수당을 병과장 및 임기제 진급자의 경우에도 마찬가지로 적용된다 할 것인데 일정한 기간이 도과하면 당연히 전역되는 결과 '자진하여 명예롭게 전역하는 경우'에 해당하는지에 대한 논란을 있어 이를 불식시키기 위한 법 개정이지, 병과장 또는 임기제 진급자의 명예전역수당의 경우 20년 장기근속 요건을 제외하기 위한 법 개정이 아니었다는 점, 그리고 일반 전역자와 병과장 및 임기제 진급자를 달리 평가하여 명예전역수당을 지급한다는 것은 **평등원칙**에 반한다는 점, **모법의 취지 및 당해 조문 그리고 관련조문간의 유기적인 해석** 따라 하위법령이 상위법의 위임입법의 범위를 넘었는지를 판단하여야 하는 점 등에 비추어 볼 때, 소극설이 타당하다고 할 것이다. **다만, 향후 입법개정작업을 통해 이를 보다 분명하게 할 필요가 있다.**

마) 선발제외 대상

명예전역 심사일을 기준으로 ① 징계의결 요구중인 자이거나 징계처분된 자로서 사면 또는 징계기록이 말소되지 아니한 자, ② 형사사건으로 기소중이거나 유죄판결이 확정된 자(단, 약식명령이 청구된 경우와 형이 실효된 자는 제외), ③ 특수경력직

법률에서 법률이 정하는 사항의 구체적인 내용을 하위법령에 위임한 경우에 **하위법령은 모법의 규정에 저촉되지 아니하는 범위 내에서 이를 규정하여야 하고, 모법에 저촉되는 내용의 하위법령은 위임의 범위를 벗어난 것으로서 효력이 없다고 할 것이므로,** 구 군인사법 제53조의2 제3항이 같은 조 제2항 소정의 명예전역수당의 지급대상범위를 대통령령으로 정하도록 위임하면서 그 수임규정인 구 군인명예전역수당지급규정이 지급대상범위를 규정함에 있어 구체적인 제한을 덧붙이지 아니하고 있다고 하더라도 위 군인명예전역수당지급규정에서 규정하는 같은 법 제53조의2 제2항 소정의 명예전역수당의 지급대상범위가 모법인 같은 법 제53조의2 제2항의 규정에 저촉되는 경우에는 이는 위임의 범위를 벗어난 것으로서 효력이 없다고 할 것인바, 조문의 규정형식 및 체계, 입법 취지의 면에서 볼 때, 같은 법 제53조의2 제2항은 같은 조 제1항 소정의 명예전역수당의 지급대상요건으로 같은 조 제1항이 규정한 '군인으로서 20년 이상 근속'이라는 요건이 같은 조 제2항 소정의 명예전역수당의 경우에는 요구되지 않는다는 취지를 규정한 것이라고 해석하여야 할 것이어서, 위 군인명예전역수당지급규정 제2조 제1항 제2호가 위 군인사법 제53조의2 제2항 소정의 명예전역수당의 지급대상요건으로 '군인으로서 20년 이상 근속'이라는 요건을 추가하여 규정한 것은 모법인 같은 법 제53조의2 제2항에 저촉되고 위임의 한계를 벗어난 규정으로 무효라고 할 것이다.

공무원으로 재직 중 위 ①, ②항에 해당하는 비위 행위자, ④ 감사원 등 감사기관과 검찰, 경찰 등 수사기관에서 비위조사나 수사중인 자, ⑤ 군인사법 제39조에 의거 전역이 보류된 자, ⑥ 군인사법 제53조의2 제4항에 의거 공무원 재임용이 확정된 자, ⑦ 19년 6개월 이상 20년 미만 근속자, ⑧ 기타 각 군 명예전역심사위원회에서 명예전역수당지급이 부적합하다고 의결된 자(예 : 비리/파렴치행위자, 심신장애 전역자 등)는 명예전역 선발 대상자에서 제외시키고 있다.

【소청 사례】 -명예전역거부처분 취소청구 190)

소청취지 : 피소청인이 소청인에 대하여 한 2006. 7. 7.자 명예전역 및 명예진급거부처분을 취소하라.

소청이유 : 소청인은 과거 음주운전으로 인한 징계처분(견책)을 1회 받은 전력으로 명예진급 및 명예전역선발에서 제외되었는데 국방부 명예전역수당 지급업무처리지침에는 징계위원회에 회부되어 계류중이거나 징계처분을 받은 자(단, 기록말소 기간이 도과한 자 제외191))를 명예전역선발 제외 대상자로 규정하는데 비하여 국방부 명예진급시행지침에는 경징계처분을 2회 이상 받은 자를 명예진급 제외 대상자로 하고 있으므로 소청인의 경우 명예진급의 대상이 될 수 있고 위 규정들이 상충하여 소청인과 같이 1회의 경징계 처분을 받은 경우 명예전역 및 명예진급192)을 모두 시켜야 한다고 주장한다.

결 론 : 기각

명예전역의 대상자의 범위를 정한 국방부 지침은 징계처분된 자에 대하여 명예전역을 허용하지 않으려는 목적과 취지를 가지고 있고 이러한 제한은 명예전역제도의 취지에 비추어 볼 때 위법하거나 부당하다고 할 수 없다.

참고로 소청인이 제기한 행정소송에서 서울행정법원(1심)은 "군인사법 제53조의2 제1항은 '군인으로서 20년 이상 근속한 자가 정년 전에 자진하여 명예롭게 전역하는 경우에는 예산의 범위 안에서 명예전역에 따른 수당을 지급할 수 있다.'라고 규정하고 수당지급규정 제2조 제2항은 '국방부장관은 예산상 부득이한 경우 명예전역수당의 지급대상자범위를 제한 할 수 있다.'라고 규정하고 있으므로 국방부장관은 명예전역수당의 지급대상자를 선정함에 있어 **일정한 재량권을 가진다.**

비록 1회의 경징계 처분을 받은 자의 경우 명예진급지침에 의하면 명예진급대상자가 될 수 있는 반면, 명예전역지침에서는 그 대상자가 될 수 없도록 규정되어 있기는 하나, 이를 두고 명예전역지침이 논리적으로 맞지 않아 위법하다거나 부당하다고 할 수 없고 명예전역지침이 자의적으로 규정된 것이어서 그 효력을 인정할 수 없다고 볼 수 없다.

명예전역지침의 각 문언 등에 의하면 위 지침에서 규정하는 '시효기간'이란 '징계 시효기간', 즉 '공군인사관리규정에 따른 징계 등 처분기록 말소제한기간'으로 해석함이 상당하다."고 판단하여 역시 원고의 청구를 기각하였다.193)

---

190) 국방부 중앙군인사소청심사위원회 2006-20호, 명예전역불승인처분 취소 등 참조.
유사한 사례 1. (예)준장 000은 2004년 11월 무기명 투서로 인해 시작된 '05년도 장군진급관련 사건과

바) 명예전역 선발취소 및 전역일 조정

명예전역 대상자로 확정된 후 ① 명예전역 선발제외대상에 해당하게 된 경우(취소), ② 본인 및 직계가족의 질병(장기이식 포함)과 관련된 경우(취소, 조정), ③ 명예전역일 이전에 사망한 경우(조정), ④ 법이나 정책에 의하여 정년 또는 임기가 변경된 경우(취소, 조정), ⑤ 취업, 갑작스러운 재난 등으로 조기전역을 상신한 경우(조정)에 해당하는 경우에는 각 군 명예전역심사위원회의 의결을 거쳐 추천권자(참모총장)가 상신할 경우 사안별로 승인권자(국방부장관)가 명예전역 선발을 취소하거나 전역일을 조정할 수 있다. 다만, 취업을 전제로 명예전역을 지원하여 선발되었다가 취업이 안된 경우, 가정경제의 악화 또는 호전 등 모든 개인적인 사유로 인한 선발의

관련하여 국방부 고등군사법원에서 위계공무집행방해죄, 공문서위조, 위조공문서행사, 공용전자기록등무효죄 등으로 징역 10월에 선고유예를 받고 대법원에서 위 형이 확정되었다. 2008. 3. 13. 육군본부 명예전역수당 지급심사위원회는 국방부지침에 따라 법원에서 유죄판결을 받은 장에 해당한다고 하여 명예전역수당 지급 부적합자로 결정하였다. 소청인은 이를 부당하다고 국방부 중앙군인사소청심사위원회에 소청을 제기하였으나, 소청심사위원회는 명예전역처분은 처분청의 재량행위이고 수익적 행정청위에 해당하는데 이 사건 처분이 재량권의 일탈 내지 남용이라고 볼 특별한 사정이 보이지 않는다고 기각한 바 있다(2009년 국방부 중앙군인사소청심사위원회 "명예전역수당 부지급처분 취소청구").

유사한 사례 2. (예)소장 000는 2009년 군의관 무단이탈 골프사건으로 인하여 보직해임되고 명예전역불승인처분을 받고 이를 부당하다며 소청을 제기하였다. 소청심사위원회는 명예전역처분은 처분청의 재량행위이고 수익적 행정청위에 해당하는데 이 사건 처분이 재량권의 일탈 내지 남용이라고 볼 특별한 사정이 보이지 않는다고 기각한 바 있다(2009년 국방부 중앙군인사소청심사위원회 "보직해임처분 및 명예전역불승인처분 취소청구").

191) 해당 지침서에는 '시효기간이 만료된 자'라고 표현되어 있으나, 실무상 징계기록 말소기간으로 파악하여 처리하고 있다.

192) **1. 명예진급의 의의**

복무 중 공적이 특히 현저한 자가 명예전역하는 때에 진급시키는 것을 말한다. 명예진급제도는 진급적기 경과자의 복무의욕 증진과 성실하게 복무 후 명예롭게 전역하는 장교의 자긍심을 고취하기 위하여 시행하는 제도이다. 이와 유사한 제도로 국가공무원법 제40조의4에 규정된 '**우수공무원의 특별승진제도**'가 있다. 명예진급제도는 1999. 1. 29. 법률 제5703호 군인사법 개정시 제24조의3으로 신설되었고 2007. 8. 3. 법률 제8584호 개정시 제24조의4로 조문변경 되었다. 임천영, 군인사법, 법률문화원, 2007. 제493면 참조.

2. 명예진급 선발 제외 대상자(해군 참조)

① 군사법원에 기소된 자(약식명령이 청구된 경우에는 제외)
② 현 계급에서 중징계의 처분을 받거나 경징계 2회 이상 받은 자(단, 징계기록이 말소된 자는 제외)
③ 군인사법 제37조 및 제38조에 의하여 전역심사위원회에 회부된 자
④ 군 복무기간 중 각종 파렴치 행위 및 금전수수 등 비리사건으로 징계처분 또는 보직해임된 자
⑤ 기본 필수교육과정에서 낙제 또는 불명예스러운 사유로 교육이 중단된 자
⑥ 동일계급에서 각각 다른 부대장으로부터 근무평정 기록이 2회 이상 평정점수 80점 이하로 평가된 자

193) 서울행정법원 2010. 4, 8. 선고 2009구합52363 판결 참조.

취소 및 전역일 조정은 불가하다.

사) 명예전역수당의 환수(지급제외)

경우에 따라서 명예퇴직을 하더라도 명예전역수당을 지급하지 않거나 환수하는 경우가 있다. **명예퇴직수당 지급대상에서 제외하고 있는 취지**는, 명예퇴직제도는 정년 이전에 퇴직하는 공무원에게 정년 이전의 퇴직으로 받게 되는 불이익, 즉 계속 근로로 받을 수 있는 수입의 상실이나 새로운 직업을 얻기 위한 비용지출 등에 대한 보상으로 명예퇴직수당을 지급함으로써 정년 이전의 퇴직을 유도하여 조직의 신진대사를 촉진하려는 제도인데, 퇴직하는 공무원이 바로 공사화 또는 민영화되는 기관의 직원이 됨으로써 종전과 마찬가지로 **계속 근로를 할 수 있는 것이 확실하여 퇴직으로 인하여 수입이 상실되거나 새로운 직업을 얻기 위한 비용을 지출하는 등의 불이익을 받을 가능성이 없으므로 명예퇴직수당을 지급하지 않더라도 부당하지 않다는 데 있다.**[194]

【군인사법】 제53조의2(명예전역수당의 환수)

④ 제1항 내지 제3항의 규정에 의하여 명예전역수당을 지급한 기관의 장은 명예전역수당을 지급받은 자가 다음 각호의 어느 하나에 해당하는 경우에는 명예전역수당을 환수하여야 한다. 〈개정 2005.3.31〉
  1. 현역복무 중의 사유로 인하여 금고 이상의 형을 받은 경우
  2. 경력직공무원 그 밖에 국회규칙, 대법원규칙, 헌법재판소규칙, 중앙선거관리위원회규칙 또는 대통령령이 정하는 공무원으로 재임용되는 경우
  3. 명예전역수당을 초과하여 지급받거나 그 밖에 지급대상이 아닌 자가 지급받은 경우

⑤ 제4항의 규정에 의한 환수금을 납부할 자가 기한 이내에 이를 납부하지 아니한 때에는 명예전역수당을 지급한 기관의 장은 국세체납처분의 예에 의하여 이를 징수할 수 있다. 〈신설 2005.3.31〉

⑥ 제1항 내지 제3항의 규정에 의한 명예전역수당의 지급대상범위·지급액·지급절차와 제4항 및 제5항의 규정에 의한 명예전역수당의 환수액·환수절차 등에 관하여 필요한 사항은 대통령령으로 정한다. 〈신설 2005.3.31〉

대법원 판례 - 명예퇴직원반려처분취소 -

구 지방공무원명예퇴직수당지급규정(1998. 10. 10. 대통령령 제15913호로 전문 개정되기 전의 것, 이하 '지급규정'이라 한다) 제3조 제3항 제4호로 '지방자치단체의 기능이 공사화 또는 민영화되는 경우 공사화 또는 민영화되는 기관의 소속 직원이 되기 위하여 퇴직하기로 예정된 자'를 들고 있는바, ……(중략)……명예전역수당지급제도의 취지에 비추어 볼 때 '공

194) 대법원 2001. 11. 9. 선고 2000두2389 판결 참조.

사화 또는 민영화되는 기관의 소속 직원이 되기 위하여 퇴직하기로 예정된 자의 범위에는 지방자치단체의 기존의 부처에서 근무하던 공무원이 새로운 법령의 제정 등에 의하여 공사화 또는 민영화되는 기관으로 포괄승계되는 경우뿐만 아니라 지방자치단체의 기능이 공사화 또는 민영화되는 기관에 개별적으로 채용되더라도 채용되기로 **사실상 확정적으로 예정되어 퇴직하는 경우**도 포함된다 할 것이고, 나아가 **공사화 또는 민영화되는 기관이 설립되는 것이 확실하고 그 기관의 소속직원이 되기 위하여 퇴직하기로 예정된 것이 분명하다면** 공사화 또는 민영화되는 기관의 **'설립 시기'가 수당지급신청기간 개시일보다 다소 앞서거나 뒤라는 사정은 문제가 되지 아니한다**(대법원 2001. 11. 9. 선고 2000두2389 판결).

14. 전역제도

가. 원에 의한 전역

【군인사법】 제7조(의무복무기간)

① 장교, 준사관 및 부사관(본인의 지원에 의하지 아니하고 임용된 하사를 제외한다)의 의무복무기간은 다음과 같다. 다만, 전시, 사변등의 국가비상시에는 예외로 한다.
  1. 장기복무장교는 10년으로 하되, 장기복무장교로 임용된 날부터 제5연차에 1회의 전역지원을 할 수 있다. 다만, 공군사관학교를 졸업한 공군의 조종병과장교로서 비행훈련과정을 수료하여 비행자격이 부여된 자는 15년으로 하되, 제10연차에 1회의 전역지원을 할 수 있다.

【군인사법 시행령】 제5조(장기복무장교 등의 전역지원 등)

① 법 제7조 제1항 제1호·제3호 및 제4호의 규정에 의하여 장기복무장교와 군의 필수기술분야에 종사하는 준사관 및 장기복무부사관이 의무복무기간 간료전에 전역을 지원할 경우에는 1회의 전역지원을 할 수 있는 연도의 전년도 말일까지 전역원을 각군 참모총장에게 제출하여야 한다. 다만, 군의 필수기술분야에 종사하는 장기복무부사관의 경우에는 법 제13조제3항의 규정에 의하여 임용권이 위임된 장관급지휘관에게 전역원을 제출하여야 한다.
② 참모총장(장기복무부사관의 경우에는 임용권이 위임된 장관급지휘관)은 제1항의 규정에 의한 전역원을 제출받은 때에는 군인력 운영현황 등을 고려하여 전역심사를 하여야 한다.
③ 제1항의 규정에 의한 전역원을 제출한 자에 대한 전역허가여부 및 전역시기의 결정은 법 제43조 제1항의 규정에 의하여 전역권한이 있는 자가 이를 행한다.

【군인사법】 제43조 (전역 및 제적권한자)

① 장교, 준사관 및 부사관의 전역 및 제적은 임용권자가 행한다. 다만, 대령이하의 장교에 대하여는 임용권자의 위임에 의하여 국방부장관이 행할 수 있다.

군인사법 제43조는 장교, 준사관 및 부사관의 전역 및 제적은 임용권자가 행하되 다만 대령 이하의 장교에 대하여는 임용권자의 위임에 의하여 국방부장관이 행할 수 있다고 규정하고 있으며, 같은 법 제13조 제1항은 **장교의 임용은** 각군 참모총장의 추천에 의하여 국방부장관의 제청으로 **대통령**이 행한다. 다만 대령이하의 장교에 대하여는 **임용권자의 위임에 의하여 국방부장관**이 행할 수 있다고 규정하고 있으므로, 대령이하의 장교들인 원고들에 대한 전역권자는 어디까지나 국방부장관이라 할 것이다. 국방부장관에 의하여 내부적으로 각군 참모총장에게 위임되어 있는바, **'내부위임 받은 자'가 '그 명의로' 전역거부처분을 한 경우에는 위 전역거부처분의 효력을 다투는 행정소송을 제기함에 있어서 그 자를 피고로 하여야** 할 것이고, **내부위임을 한 국방부장관은 피고로 할 수 없다.**

내부적으로 위임받은 전역권에 의하여 자기 명의로 전역처분을 한 경우에는 **행정처분권한을 내부위임받은 자는 어디까지나 '위임자 명의로' 그 처분을 할 수 있을 뿐이고, 그 자신의 명의로 행정처분을 하는 것은 위법하다** 할 것이므로, 결국 위임자의 명의가 아닌 자기 명의로 전역거부처분을 할 권한은 없다 할 것이니 내부위임 받은 자의 명의로 한 전역거부처분은 권한 없는 자에 의하여 행하여진 **위법무효**라 할 것이다.[195)]

대법원 판례 - 전역거부처분취소 -

육군 특수전사령부 의무근무대장으로 근무하고 있다가 장기복무 의무장교로 임용된 1991. 6. 10.을 기준으로 제5년차인 1996. 4. 30.에 전역희망일자를 1997. 4. 30.로 하여 피고 앞으로 전역지원서를 제출하였으나, 육군본부 전역심사위원회는 원고가 전역지원의 시기를 상실하였을 뿐 아니라 의무장교의 인력운영 수준이 매우 저조하여 장기활용 가능 자원인 원고를 의무복무기간 중 군에서 계속하여 활용할 필요가 있다는 등의 이유로 원고를 전역대상자에서 제외하기로 의결하였고, 이에 따라 피고는 같은 해 2. 10. 위와 같은 이유로 원고에 대하여 전역거부처분을 한 사안에 대하여 **장교 등 군인의 전역허가 여부는 전역심사위원회 등 관계 기관에서 원칙적으로 자유재량에 의하여 판단할 사항으로서 군의 특수성에 비추어 명백한 법규 위반이 없는 이상 군 당국의 판단을 존중하여야 할 것인데**(대법원 1997. 5. 9. 선고 97누2948 판결, 1980. 9. 9. 선고 80누291 판결 등 참조), 원고에 대한 이 사건 전역거부처분에 있어서 군 당국의 법규 위반이 있다고 보여지지 않고, 또한 원고가 주장하는 바와 같은 헌법상 보장된 원고의 직업선택의 자유, 행복추구권, 평등권 등 기본적 인권보호의 필요성을 고려하더라도 원심이 적법하게 인정한 **장기복무 의무장교의 확보 필요성 등에 비추어 볼 때 위 처분이 재량의 범위를 일탈하였거나 남용하였다고 할 수도 없으므로** 이와 결론을 같이 한 원심판결은 정당하고, 거기에 재량권의 범위에 관한 법리를 오해한 위법이 있다고 할 수 없다(대법원 1998. 10. 13. 선고 98두12253 판결).

---

195) 서울고등법원 1992. 12. 23. 선고 92구12478 판결.

의무복무기간이 만료된 **전역희망자(고정익 항공기 정조정사)에 대하여 정조정사 전역시 전력 운용상 공백 발생이 명백한 상황임을 이유로 원에 의한 전역을 제한하는 경우에 적법한지**에 관하여 군인사법 제35조 제1항(원에 의한 전역)은 "의무복무기간에 규정된 복무기간을 마친 장기복무자는 원에 의한 전역을 할 수 있다. 다만, 전시 사변 등의 국가비상시에는 예외로 한다."라고 규정하고 있다. 전역권자의 전역허가여부는 **자유재량행위**에 해당하고(대법원 1998. 10. 13. 선고 98두12253), 이 사안과 유사한 공군조정사 전역제한 손해배상책임에 대한 서울고등법원판결(2009. 8. 21. 선고 2008나106312)을 보면 조정사의 동시 다수 전역으로 국가안보 및 군 전투력 운영에 막대한 차질을 초래하여 종국에 가서는 전시 사변 등 **국가비상사태를 초래**할 수 있다는 판단하에 이루어진 점, **제한기간이 1년에 불과**한 점 등을 고려하여 **적법한 재량권 행사**라고 판시하고 있다. 그렇다면 해군본부 장교인사과 '10년도 P-3정조정사 인력운영 판단'에 의하여 향후 추가 도입 및 전역희망자의 증가에 따라 현재 전역희망들이 전역할 경우 전력대비 정조정사가 부족하여 전력공백상황이 발생될 것이 예상되고 전역시기를 조정사 양성이 보충되는 시기로 분산하여 조정하고 전역제한기간도 최고 6개월 이내로 한정하고 있는 바 해군조정사 4명에 대한 전역제한조치는 적법한 것으로 판단된다고 해석하고 있다.[196)]

【소청 사례】 – 공군 조정사 전역거부처분 취소 청구[197)]

1. 군인사법 규정과 전역허가의 법적 성질

군인사법 제7조 제1항 제1호에 따르면, 공군사관학교를 졸업한 공군의조종병과장교로서 비행훈련과정을 수료하여 비행자격이 부여된 자는 15년으로 하되, 제10년차에 1회의 전역지원을 할 수 있으며, 동법 시행령 제5조는 위와 같은 전역지원에 파라 각군 참모총장이 군인력운영현황 등을 고려하여 전역심사를 하도록 규정하고 있으므로 살피건대, 동 구정의 취지는 조종장교의 경우 복무 10년차에 부여된 1회 전역 지원으로 당연히 전역되는 것은 아니고 해당년도의 연간인력계획에 의거 계급별, 병과별 전역계획인원수 범위 내에서 전역허가 여부를 결정할 수 있다고 해석함이 타당하다.

2. 전역거부처분의 재량권 일탈 · 남용 여부

공군본부가 제출한 전역심사결과 등 관련기록에 따르면, 공군은 소청인의 10년차 전역에 대하여 조종사 충원율의 저조 및 조종사 전역정책 등 공군의 조종사 인력운영 사정에 따라 소청인의 전역신청에 대하여 거부처분을 한 것인데 관련 소청기록상 과거 공군본부가 조종

196) 국방부 법무담당관-854호, 2010. 2. 9.자 "의무복무기간이 만료된 조종사의 전역제한에 대한 법령질의 회신" 및 해군본부 해양법제과-3236호, 2009. 10. 26. "전역시기 보류 관련 법령질의 회신" 참조.

> 사들의 복무 10년차 1회 전역신청을 받아들였던 관례가 없었던 점, 소청인과 동일한 시점에 복무 10년차 전역을 지원한 자에 대하여 차별적으로 전역을 인정한 경우를 찾을 수 없는 점, 전역원에 대한 결정은 자유재량의 영역이라는 대법원의 입장 등을 종합적으로 고려하면 소청인에 대한 전역거부처분이 군인사법의 입법목적이나 평등원칙 및 비례의 원칙에 반하여 현저히 재량을 일탈 또는 남용하였다고 인정할 수 없어 소청인의 주장은 이유없다(국방부 중앙군인사소청심사위원회 2008.6. 16. 결정).

전역제한처분으로 국가배상책임 성립 여부에 관하여 살펴본다. 군 인력운영에 특수한 사정에 의하여 의무복무를 마친 자에게 추가복무기간 운영행위 및 전역제한의 처분이 위법하더라도, 국가배상법에 의한 손해배상책임이 인정되기 위하여는 그 자체만으로 곧바로 그 행정처분 등이 공무원의 고의 또는 과실로 인한 불법행위를 구성한다고 단정할 수 없고 공무원의 고의 또는 과실의 유무에 대하여 별도의 판단을 요한다. 행정청이 관계 법령의 해석이 확립되기 전에 어느 한 설을 취하여 업무를 처리한 것이 결과적으로 위법하게 되어 그 법령의 부당집행이라는 결과를 빚었다고 하더라도 처분 당시 그와 같은 처리방법 이상의 것을 **성실한 평균적 공무원**에게 기대하기 어려웠던 경우라면 특별한 사정이 없는 한 이를 두고 공무원의 과실로 인한 것이라고 볼 수 없다(대법원 2004. 6. 11. 선고 2002다31018 판결, 대법원 1995. 10. 13. 선고 95다32747 판결 등 참조). 핵심전력인 조정사의 다수 전역으로 국가안보 및 군 전투력 운영에 막대한 지장을 초래하고 종국에 가서는 전시 사변 등의 국가비상사태를 초래할 수 있다는 판단하에 이루어졌던 사실, 전역시기를 기수, 연령 등의 비교적 합리적인 기준을 채택하고 동일하게 적용한 사실, 전역제한기간이 가급적 최소화하기 위해 1년 미만으로 설정한 사실 및 의무복무기간이 만료된 조종사에 대한 전역제한처분 등에 대한 다툼이 있어 법원 등으로부터 전역제한처분의 적법 여부에 대한 유권해석을 받아 볼 기회가 없었던 사실, 법률전문가의 법령질의회신을 통해 1차적으로 적법하다는 회신에 근거하여 이루어진 사실 등을 종합해 볼 때 평균적 공무원이라면 같은 상황에서 더 나은 판단을 기대하기 어려웠을 것이므로 추가복무기간 운영행위 및 전역허가권자의 전역제한처분에 과실을 인정하기 어려워 **국가배상책임은**

---

197) 해군 항공기(P-3) 조종사들이 2009. 전역제한처분(6개월 연장)이 내려지자 이들 4명이 국방부 중앙군인사소청심사위원회에 인사소청을 제기하였다가 소청을 취하한바 있다.

성립할 수 없다고 본다.[198)]

나. 원에 의하지 아니한 전역[199)]

1) 현역복무부적합 전역

가) 의 의

현역복무부적합전역이란 능력의 부족으로 당해 직무를 수행할 수 없는 자와 같이 대통령령이 정하는 일정한 사유로 인하여 현역복무에 적합하지 아니한 자를 전역심사위원회의 심의를 거쳐 현역에서 전역시키는 제도를 말한다. 이 제도는 군인의 직무를 수행할 자격이 없는 자를 직무수행에서 배제함으로써 **군 조직 운영의 효율성**을 높이고자 하는 인사상의 제도이다.[200)] 유사한 제도로 국가공무원법상의 직권면직제도가 있다.[201)] 현역복무부적합전역처분은 **징계처분과는 구별되는 행정행위이다.** 즉, 전역심사에 따른 전역처분은 그 규정의 취지와 사유, 위원회의 구성 및 주체에 있어서 서로 다르므로 징계처분을 받은 사실이 현역복무부적합판정의 한 사유가 된다 하더라도 그 두 절차는 준별하여 취급하여야 한다(대법원 2001. 5. 29. 99두9636 판결).

군인사법상 현역복무부적합 여부를 판정함에 있어서는 참모총장이나 전역심사위

---

198) 서울고등법원, 2009. 8. 21. 선고 2008나106312 판결 참조.

199)

> **【전역의 종류】**
> 1. 군인사법 제35조에 의한 전역(원에 의한 전역)
> 2. 군인사법 제36조에 의한 전역(정년 전역)
> 3. 군인사법 제37조에 의한 전역(원에 의하지 않는 전역)
>   가. 심신장애자
>   나. 현역복무 부적합자
>   다. 진급 낙천자
>   라. 병력감축 또는 복원시 전역시킬 필요가 있다고 인정된 자
> 4. 군인사법 제40조에 의한 제적
>   가. 사망하였을 때
>   나. 실종선고를 받았을 때
>   다. 파면 및 해임되었을 때
>   라. 군인사법 제10조 제2항에 해당되었을 때(단 6호는 제외)
>   마. 군인사법 제37조 제2항의 규정에 의하여 제적 결의가 있는 때
>   바. 포로 또는 행방불명자로서 국방부령이 정하는 사유에 해당하게 되었을 때

200) 임천영, 군인사법, 법률문화원, 2007. 제571면 ; 이상철, 국방행정법원론, 도서출판 봉명, 2008. 제131면 참조.

201) 국가공무원법 제70조, 군무원인사법 제28조, 경찰공무원법 제22조, 극가정보원직원법 제21조, 등 참조.

원회 등 관계 기관에서 **원칙적으로 자유재량에 의하여** 판단할 사항이다(대법원 1980. 9. 9. 선고 80누291 판결, 1997. 5. 9. 선고 97누2948 판결 등 참조).

나) 내 용

현역복무부적합 사유로는 군인사법 제37조 제1항에서 원에 의하지 아니하는 전역을 규정하면서 동 조항 제2호에서 '대통령령으로 정하는 현역복무에 적합하지 아니한 자'는 각군 전역심사위원회의 심의를 거쳐 현역에서 전역시킬 수 있다고 규정하고 있다. 동법 시행령 제49조는 이를 보다 4개의 유형으로 구분하고 세부기준 및 심사 기타 필요한 사항을 다시 국방부령으로 위임하여 이에 따라 국방부령인 동법 시행규칙 제56조가 이를 세분화하고 있다.

【현역복무 부적합자 기준】 202)

- ■ 능력의 부족으로 당해 계급에 해당하는 직무를 수행할 수 없는 자
  - 발전성이 없거나 능력이 퇴보하는 자
  - 판단력이 부족한 자
  - 지휘 및 통솔능력이 부족한 자
  - 지능정도가 낮은 자
  - 군사보수교육을 받을 능력이 없는 자
- ■ 성격상의 결함으로 현역에 복무할 수 없다고 인정되는 자
  - 사생활이 방종하여 근무에 지장을 초래 또는 군의 위신을 손상하는 자
  - 배타적이며 화목하지 못하고, 군의 단결을 파괴하는 자
  - 근무상 또는 타인에게 위험을 초래하게 할 성격의 결함이 있는 자
  - 변태적 성벽자
  - 개인부채를 과다하게 계속하여 가지는 자
- ■ 직무수행에 성의가 없거나 직무수행을 포기하는 자
  - 책임감이 없으며 적극적으로 자기 임무를 수행하지 아니하는 자
  - 위험 또는 곤란한 임무를 부당하게 회피하는 자
  - 정당한 명령을 고의적으로 수행하지 아니하는 자
- ■ 기타 군발전에 저해되는 능력 또는 도덕상의 결함이 있는 자
  - 동료들에 비하여 특히 발전이 늦으며 낙오되는 자
  - 타인을 중상·모함하고 정실로 업무를 처리하는 자
  - 신의가 없으며 허위보고를 하는 자
  - 축첩행위자
  - 보안업무규정이 정하는 바에 의하여 비밀취급인가를 받을 수 없는 사유가 있는 자로서 군보안적부심사위원회에서 부적격자로 판정된 자

---

202) 군인사법 시행규칙 제56조 참조.

그렇다면 위 **군인사법 시행규칙 제56조에서 언급한 사항 외의 사유로 현역복무 부적합 전역을 시킬 수 없는지**가 문제된다.[203] 이에 대하여는 **한정적 열거라는 견해와 예시적 열거라는 견해**가 대립된다. 전자에 견해에 의하면 논리적으로 동법 시행규칙 제56조 이외의 사유로는 현역복무 부적합 전역을 시킬 수 없다는 결론이 도출된다. 그러나 우리 대법원은 대통령령인 시행령의 경우와 달리 부령인 시행규칙의 경우에는 대외적 구속력을 인정하는 법규성의 유무에 대한 구분기준에 대하여 법형식이 아닌 실질(實質)에 따라 구분하고 있다. 다시 말해서, 비록 법규명령인 부령의 형식을 가지고 있다하더라도 그 내용(성질)이 행정기관 내부의 사무처리준칙을 규정한 것에 불과한 것이라면 법규성이 없는 단순한 행정규칙으로 보아야 한다는 것이다. 그런데 동법 시행규칙 제56조는 현역복무 부적합처분이라는 재량처분에 대한 기준을 정하고 있는 것으로써 국민의 권리를 제한하거나 의무를 부과하는 사항이라기보다는 사무처리 기준과 처리절차 등 행정 내의 사무처리 준칙에 불과하다고 보아야 할 것이다. 결국, **군인사법 시행규칙 제56조는 예시적 사유로 보는 것이 타당하다**고 본다.[204]

대법원 판례

규정 형식상 부령인 시행규칙 또는 지방자치단체의 규칙으로 정한 행정처분의 '기준'은 행정처분 등에 관한 사무처리기준과 처분절차 등 행정청 내의 사무처리준칙을 규정한 것에 불과하므로 행정조직 내부에 있어서의 행정명령의 성격을 지닐 뿐 대외적으로 국민이나 법원을 구속하는 힘이 없고, 그 처분이 위 규칙에 위배되는 것이라 하더라도 위법의 문제는 생기지 아니하고, 또 위 규칙에서 정한 기준에 적합하다 하여 바로 그 처분이 적법한 것이라고도 할 수 없으며, 그 처분의 적법 여부는 위 규칙에 적합한지의 여부에 따라 판단할 것이 아니고 관계 법령의 규정 및 그 취지에 적합한 것인지 여부에 따라 개별적 · 구체적으로 판단하여야 한다(대법원 1995. 10. 17. 선고 94누14148 전원합의체 판결).

---

203) 이에 관한 자세한 논의는 정유철, "현역복무 부적합에 관하여", 군사법논문집(제7집), 국방부, 2002. 제286면~제287면. ; 임천영, 군인사법, 법률문화원, 2007. 제578면~제581면을 참조하기 바란다.

204) 같은 입장 : 임천영, 군인사법, 법률문화원, 2007. 제581면 참조.
이에 대하여 **유력설**은 행정처분의 기준이 되는 재량준칙을 법규명령의 형식으로 규정하는 경우에는 단순히 행정규칙의 형식으로 규정하는 경우와는 달리 법제처의 심사, 입법예고, 관보에 공고 등의 절차를 거친다는 점에서 절차적 정당성이 부여된다는 점, 법규적 형식으로 제정되는 이와 같은 절차를 거치는 과정에서 행정규칙과는 달리 일반국민에게 예측가능성을 제공하는 점, 대법원이 아무리 법규성이 없다고 하더라도 행정청 내부에서 재량처분을 함에 있어서 이 규정을 따르지 않을 수 없는 행정현실, 구체적 타당성 실현은 시행규칙의 법규성을 부인하고 단순한 재량준칙으로 포섭하여 이를 재량권 일탈 또는 남용을 수권규범의 해석을 통한 사법적 통제방법 보다는 명령심사권을 통한 방법을 통하여 위헌 내지 위법한 시행규칙을 제거함으로써 보다 종국적 해결이 가능하다는 점을 들어 시행규칙에 규정된 행정처분의 기준의 법규성을 인정하고 있다. 이재화, 행정법연습, 문영사, 1999. 제285면~제286면 참조.

이 밖에도 군인사법 제17조 제2항 제3호의 규정에 의하여 임기 전에 **보직해임된 장교로서 3월이 경과하여도 보직되지 못하거나 동일계급에서 2회이상 보직해임된 자에 대하여는 제49조의 규정에 의한 현역복무에 적합하지 아니한 자에 해당하는지의 여부를 조사**하고, 그 조사결과 이에 해당하지 아니한다고 인정되는 자에 대하여는 지체없이 보직하도록 하는 내용으로 현역복무부적합조사위원회 회부사유로 별도로 규정하고 있다(**군인사법 시행령 제17조의2**). 보직해임된 후 기소를 위한 수사 또는 징계를 위한 조사가 이루어져 3개월이 도과한 경우에도 현역복무부적합조사위원회에 회부되어야 하는지가 문제된다. 이에 대하여 군사법원 또는 징계위원회에 기소 또는 회부되어야 할 사유가 있는 사건은 현역복무에 적합하지 아니한 사유로 이를 조치할 수 없다고 규정하고 있다(군인사법 시행규칙 제55조). 보직해임되어 3월이 경과하였다 하여도 보직해임된 사유가 현재 군검찰에서 수사 중인 사건으로 인하여 보직해임된 것이라면, 수사결과의 후속조치의 성격을 갖는 현역복무부적합조사는 검찰조사와 전혀 별개의 사안으로 볼 수 없으며 또한 군인사법 시행규칙 제55조에서 명문으로 기소되어야 할 사유가 있는 사건은 현역복무부적합 전역을 금하고 있으므로 이러한 경우에는 비록 보직해임된 후 3월이 경과하였다 하더라도 현역복무부적합조사위원회에 회부하여서는 안된다고 본다.[205]

현역복무부적합심의회에 회부되어 절차가 진행되는 중에 대상자가 원에 의한 전역을 할 수 있는지가 문제된다. 이와 관련하여 군인사법 시행규칙은 "조사 또는 심사대상자는 전역심사위원회의 심사를 받기 전에 법 제35조의 규정에 의하여 지원전역을 할 수 있다."고 규정하고 있다(제63조). 현역복무부적합전역제도는 군복부에 부적합한 군인을 군 조직에 방출하는데 그치고 파면 또는 해임과 달리 퇴직금에 영향이 없으며 공직의 재취임에 아무런 제한이 없다. 그렇다면 군이 현역복무부적합조사위원회 및 전역심사위원회의 의결을 거쳐 신분을 박탈하는 것보다 당사자로 하여금 조직에서 스스로 조직에서 나갈 수 있는 기회를 부여하는 것이다. 즉, **전역심사위원회의 심사로 원에 의하지 아니하는 전역을 할 가능성이 있는 대상자로 하여금 원에 의한 전역을 할 기회를 부여하는 것이다. 그러나 이것이 전역심사위원회의 의결에도 불구하고 대**

205) 육군본부 법무감실 법제과-18501-040013(2004. 1. 13.) '현역복무부적합조사위원회 개최여부에 대한 법령질의 회신' 참조.

상자에 대하여 대상자가 원하는 시기에 원에 의한 전역을 할 수 있는 권한을 부여한 것이라고는 볼 수 없다(대법원 1997. 12. 23. 선고 96누1719 판결).

다) 절 차

현역복무부적합전역절차는 원칙적으로 현역복무부적합조사위원회 및 전역심사위원회라는 **2단계 절차**를 거치고 예외적으로 전역심사위원회만을 거치는 **1단계 절차**[206)]가 있다. 다시 말해서 군인사법 제37조 제1항 제2호, 같은 법 시행령 제49조, 같은 법 시행규칙 제57조 등 관련 규정에 비추어 볼 때, 현역복무부적합자조사위원회에 회부 · 조사 등의 절차는 참모총장이 각군 본부 전역심사위원회에 바로 회부하는 경우를 제외하고는, 모든 현역복무부적합 대상자를 반드시 현역복무부적합자조사위원회에 회부하여 현역복무에 부적합한지 여부를 조사하고 과반수의 찬성으로 그 의결을 거쳐야 하는 필요적 절차이다.

조사위원회	대상자
육본 인사위원회 갑반	대령급 이상 장교
육본 인사위원회 을반	육군본부 및 조사위원회 설치권이 없는 육직부대와 국방부/합참 소속으로서 부적합대상자로 통보된 자 및 제3보충대에 대기 중인 장교 및 준사관
군사령부급 이하 제대	조사위원회 설치권이 있는 부대 장교 및 준사관
설치권자 : 장관급 지휘관, 위원회 : 장교 조사위원회, 대상 : 장교 및 준사관	

조사위원회 위원 구성은 3인 이상 7인 이내의 영관급 이상의 장교로 구성하며 위원은 조사대상자보다 선임인 장교중에서 해당 조사위원회 설치권자가 임명하며, 조사대상자가 특수병과(의무, 법무, 군종) 및 여군 장교일 때에는 해당병과 장교 1명을 그 위원으로 임명하여야 한다(육규110. 제182조). 회의는 비공개로 하여 전 위원의 과반수 찬성으로서 의결하고, 가부동수인 경우에는 재투표하여 의결한다(육규110. 제182조).

---

206) 군인사법 시행규칙 제58조 제2항은 '참모총장은 제1항의 규정에도 불구하고 제57조 제1호 내지 제5에 해당하는 자를 군본부전역심사위원회에 회부 할 수 있다'고 규정하고 있는데 **이 규정의 취지는** 각 군의 최고책임자로서 전역심사위원회와 부적합심사위원회 설치권자인 참모총장의 지휘권 확립차원에서 객관적으로 보아 부적합성이 드러난 것으로 볼 수 있는 5개 사유에 해당하는 자를 알게 되어 군본부전역심사위원회에 회부하는 이상 그 전에 부적합심사위원회에 회부하여 부적합자인지 여부에 대하여 별도의 조사를 거칠 필요가 없다고 보기 때문인 것으로 보인다. ; 임천영, 군인사법, 법률문화원, 2007. 제596면.

현역복무부적합자조사위원회의 조사위원으로 참여한 자가 같은 대상자에 대한 전역심사위원회의 심사위원으로 참여할 수 있는지가 문제된다. 군인사법은 이에 관하여 특별한 규정을 두고 있지 않다. 이와 관련하여 대법원은 "현역복무부적합자조사위원회에서의 조사 · 의결 등 절차의 성격에 비추어 비록 조사위원의 제척에 관한 육군규정 121(부사관분리규정) 제35조가 현역복무부적합자조사위원회의 조사위원으로 참여한 자는 동일인을 심사하기 위한 전역심사위원회의 심사위원으로서 제척사유에 해당한다는 규정을 두고 있지 않다 하더라도, 그 본래 취지는 현역복무부적합자조사위원회의 조사위원이 다시 전역심사위원회의 심사위원으로 참여하는 것을 금지함으로써 **전역심사위원회 심사의 공정성을 담보하기 위한 것으로 해석하는 것이 합리적이므로, 현역복무부적합자조사위원회의 조사위원으로 참여한 자는 동일인에 대한 전역심사위원회의 심사위원으로 참여할 수 없다.**"고 판시하고 있다(대법원 2008. 6. 26. 선고 2008두5186 판결).

조사위원으로 법무장교 선임된 경우에 법무장교가 심의대상자보다 선임이어야 하는지가 문제된다. 군내 법률전문가인 법무장교가 위원회를 구성함으로써 처분의 적법성 및 정당성을 확보하고 나아가 군내 법치행정을 구현할 수 있도록 하기 위한 것으로 법무장교가 각종 위원회의 위원으로 활동하는 것이 바람직하지만, 현행법은 징계항고심사위원회와 달리 법무장교가 필수위원으로 되어 있는 것도 아닐 뿐만 아니라 위원장 및 위원이 심사대상자보다 선임일 것을 요구하고 있다.

현역복무부적합 전역처분은 공무원의 신분을 박탈하는 가장 불이익한 처분 중의 하나이다. 따라서 **적법절차의 원칙에 의해 내용뿐만 아니라 그 절차과정에서도 정당성이 보장되어야 한다.** 그러므로 법무장교가 단순한 '자문'이 아닌 '위원'으로 구성되어 표결에 참가하기 위해서는 심의대상자보다 선임이어야 한다고 본다. 심의대상자보다 하위 계급이거나 **후임인 법무장교가 조사위원회의 위원으로 구성된 경우에는 부적법한 위원 구성으로 인하여 당해 처분의 절차상 하자가 존재하여 무효 또는 취소사유가 된다** 할 것이다.

【소청 사례】

소청취지 : 피소청인이 2010. 6. 30. 소청인에 대하여 한 현역복무부적합 전역처분(2010. 7. 2.부)을 취소한다.

소청이유 : 소청인보다 하위 계급자가 조사위원으로 참석하여 개최된 현역복무부적합 조사위원회는 위법한 것이고 이를 토대로 개최된 전역심사위원회의 결정에 따른 전역처분 역시 위법하며, 나아가 소청인은 추행 피해자와 원만히 합의하였고 정직 2월의 중징계처분을 받았음에도 불구하고 또다시 소청인에 대하여 전역처분을 한 것은 사회통념상 현저하게 타당성을 잃어 인사재량권을 일탈 내지 남용한 것이다.

판 단 : 현역복무부적합조사위원회는 군인사법 제37조 제1항 제2호, 같은 법 시행령 제49조, 같은 법 시행규칙 제57조 등 관련 규정에 비추어 볼 때 참모총장이 각군 본부 전역심사위원회에 바로 회부하는 경우를 제외하고는 반드시 현역복무부적합조사위원회에 회부하여 현역복무에 적합한지 여부를 조사하고 과반수의 찬성으로 그 의결을 거쳐야 하는 필요적 절차이다(대법원 2008. 6. 26. 선고 2008두5186 판결). 그런데 같은 법 시행규칙 제60조 제2항은 "장교조사위원회 및 부사관조사위원회의 위원은 조사대상자보다 선임인 장교와 준사관 및 부사관 중에서 각각 해당 조사위원회 설치권자가 임명하되, 위원장은 위원 중 가장 선임인 사람으로 한다."고 규정하고 있다. 그럼에도 불구하고 이 사건 현역복무부적합조사위원회는 심사대상자보다 후임인 법무장교가 위원으로 참석하여 표결에 참가한 절차상의 하자가 존재한다. 그렇다면 이와 같은 소청인에 대한 현역복무부적합조사위원회에서 위원의 자격이 없는 자가 참석하여 심의 및 의결한 것은 중대한 절차상 하자가 존재하므로 현역복무부적합처분에 대한 당부에 관한 실체판단은 더 나아가 살펴보지 아니한다.[207]

전역심사위원회는 단순한 자문기구가 아닌 의결기관이다. 따라서 전역권자는 전역일자만을 정할 수 있을 뿐 전역여부에 대하여 전역심사위원회 의결내용에 반하는 결정을 할 수 없다고 한다.[208] 그러나 이러한 견해에 대하여 동의할 수 없다. 다시 말해서 전역심사위원회의 전역비해당 의결에는 전역권자를 기속하지만 **전역해당 의결에는 전역권자를 기속하지 않는다고** 보아야 한다. 왜냐하면, 군인사법은 심신장애 등으로 인하여 현역복무에 부적합한 사유에 해당하는 자를 심사하게 하기 위하여 각군

207) 국방부 중앙군인사소청심사위원회 2010-19호, 현역복무부적합 전역처분 취소 청구.

【소청 사례】 - 징계심의대상자와 같은 직(계)급인 자를 징계위원으로 임명한 경우

공무원징계령 제5조 제1항 및 같은 조 제2항에 보통징계위원회는 위원장 1인과 위원4인이상 7인 이내로 구성하고 위원장은 당해 위원회의 설치기관의 장의 차순위자가 되고 위원은 징계대상자보다 상위 급류의 소속공무원으로 임명하도록 규정되어 있는데 징계위원 1명을 소청인과 같은 급류인 자를 임명하여 부적법하게 구성하였으므로 이는 중대하고 명백한 하자가 있는 것으로서 동 위원회에서 한 징계의결은 무효이고 이를 근거로 한 징계처분도 '무효'이다(행정안전부, 소청 및 고충심사 업무편람, 2010. 제84면 참조).

208) 육본 법제과-790(2005. 11. 15.) 현역복무부적합조사위원회 및 전역심사위원회 설치권자의 권한에 관한 질의 회신 ; 임천영, 군인사법, 법률문화원, 2007. 제538면 참조.

참모총장 및 임용권이 위임된 부대의 장은 각군본부 및 임용권이 위임된 부대에 전역심사위원회를 설치하고 심사대상자보다 선임인 장교와 준사관 및 부사관중에서 전역심사위원회의 위원을 임명하도록 되어 있다(동법 제38조). 그리고 심신장애 등으로 인한 현역복무에 부적한 경우에 반드시 전역 내지 전역하여야 하는 것이 아니고 **전역 및 제적 시킬 수 있다**고 규정되어 있는바 **전역권자 또는 임용권자의 광범위한 인사재량권이 인정된다고 보아야** 한다. 그런데 전역심사위원회의 의결에 전역권자 및 임용권자가 모든 종류의 의결에 기속된다고 하면 결국 군인사법에서 인정한 전역권자의 인사재량권을 부정하는 결과를 초래하게 되는 해석으로 이는 부당하다고 본다. **전역심사위원회를 두는 것은 전역권자 또는 임용권자의 독단으로 인사재량권의 일탈 또는 남용을 방지하여 공무원의 공무담임권을 보호하기 위한 것임에 불과할 뿐, 전역여부에 대한 '종국적 결정권'을 부여하는 것은 아니라 할 것이다.**

그러므로 전역권자는 전역심사위원회의 전역비해당 의결에는 기속되지만 전역 해당 의결에는 이에 기속되지 않고 여러 가지 공익과 사익을 종합하여 인사재량권이 일탈 또는 남용되지 않는 범위 내에서 전역시키지 않을 수 있다고 보아야 한다.

2) 심신장애 전역

가) 의 의

심신장애 전역이란 군병원의 의무조사위원회의 심신장애 정도 조사결과 군인사법 시행규칙 제53조에 규정된 「장애등급별 전역기준」에 해당되어 전역 또는 퇴역하는 경우를 말한다.[209] 이 제도는 전시나 사변, 혹은 국가비상시에 국가의 안전보장과 국토방위를 위하여 전투 등의 조직적 군사업무를 수행하고, 평시에도 일정 수준 이상의 군사력을 유지함으로써 전쟁 등을 억지하여 국민 생활의 안정을 도모하는 것을 그 주된 임무로 삼고 있는 군인의 직무내용상 특수성을 감안하여 직업군인으로 임용된 자가 갖추고 있어야 할 신체적 능력을 규정한 것으로 당사자에게 어떠한 귀책사유도 요구하지 않고 **장애의 발생사실 자체를 평가하여** 전역 여부를 결정한다.[210]

비행사실에 대하여 징계절차에 회부되어 진행중에 군인사법 제37조 제1항 제1호에

---

209) 임천영, 군인사법, 법률문화원, 2007. 제553면, ; 이상철, 국방행정법원론, 도서출판 봉명, 2008. 제129면~제130면 참조.

210) 임천영, 군인사법, 법률문화원, 2007. 제553면 참조.

의한 심신장애 전역이 가능한지가 논의될 수 있다. 즉, 징계처분의 불이익을 면할 목적으로 징계처분을 받을 가능성이 있는 경우에 심신장애사유로 인한 전역을 할 수 있는지에 관한 것이다.

이에 대하여 징계처분의 불이익을 면할 목적으로 심신장애전역제도를 이용하는 것은 비위공직자 의원면직 처리제한에 관한 규정의 취지에 어긋나는 것으로 심신장애전역을 허가할 수 없다는 입장이 있다. 그러나 심신장애전역제도 심신의 장애로 말미암아 군복무에 종사할 수 없는 특별한 사정이 있는 경우에 의무조사위원회 및 전역심사위원회를 거쳐 전역 처리되는 것으로 특별한 비행행위자에 대한 징계 및 형사처분과는 그 성격이 다르며 이와 동일 내지 유사한 기본적 사실관계를 갖는 현역복무부적합전역제도와는 다른 특수한 전역제도이다.

심신장애 전역제도는 직업군인으로 임용된 자가 갖추고 있어야 할 신체적 능력을 규정한 것으로 당사자에게 어떠한 귀책사유도 요구하지 않고 **장애의 발생사실 자체를 평가하여 전역 여부를 결정하므로 징계절차가 진행되는 중이라도 심신장애 사유로 인한 의무조사위원회 및 전역심사위원회의 심의 의결결과 심신장애 전역이라는 의결이 나온 경우에는 심신장애 전역이 가능하다**고 봄이 타당하다. 이렇게 보더라도 비위공직자 의원면직 처리제한에 관한 규정 취지에 전혀 반하지 않는다 할 것이다.

【비위공직자의 의원면직 처리제한에 관한 규정】 제3조(의원면직의 제한)

임용권자 또는 임용제청권자는 의원면직을 신청한 공무원이 다음 각호의 어느 하나에 해당하는 때에는 의원면직을 허용하여서는 아니된다. 다만, 제1호, 제3호 및 제4호의 경우에는 당해 공무원이 공무원징계령 제1조의2 제1호에 규정된 중징계에 해당한다고 판단되는 경우에 한한다.

1. 비위와 관련하여 형사사건으로 기소중인 때
2. 징계위원회에 중징계의결 요구중인 때
3. 감사원, 검찰, 경찰 및 그 밖의 수사기관에서 비위와 관련하여 조사 또는 수사중인 때
4. 각급 행정기관의 감사부서 등에서 비위와 관련하여 내사중인 때

그렇다면 심신장애 전역 여부를 결정하기 위하여 의무조사위원회의 조사절차가 진행중인 경우에도 지원전역이 가능하는지가 문제된다. 이는 지원전역이 가능하다고 할 경우에 명예전역수당을 지급받을 수 있기 때문이다. 이에 대하여 **육군의 유권해석**은 '심신장애 전역의 경우에는 대통령령으로 정하는 부적합자 전역과 달리, 지원전역

제도에 관한 명문규정을 두고 있지 않으므로[211] 의무조사위원회에서 심신장애 판정을 받아 전역심사위원회에 회부된 자는 지원전역을 할 수 없다'고 하고 있고[212] **인사실무**에서도 이에 따라 심신장애인 전역절차를 위해 의무조사위원회의 심사가 진행된 경우에는 지원전역을 할 수 없는 것으로 운영하고 있다.

그러나 이러한 해석은 부당하다고 본다.[213] 왜냐하면 심신장애 전역과 지원 전역은 그 제도적 취지 및 절차가 전혀 다른 별개의 제도이다. 그렇다면 비위자에 대한 의원면직을 제한하는 것과 같은 특별한 규정이 없는 한, 당사자로 하여금 **전역을 위한 방법 중에 어느 하나를 선택할 수 있음은 당연**한 것이다. **국방부 유권해석**도 '의무심사 대상자가 명예전역 신청이 가능한지에 대하여 **의무심사 이전에 본인이 원할 경우 군인사법 제35조에 의한 원에 의한 전역이 가능하다면 명예전역 대상이 될 수 있다.** 명예전역 대상은 원에 의하여 전역하는 경우에만 해당되므로 의무심사 후 심신장애전역자로 결정된 자는 해당하지 않는다.'고 하였다.[214]

나) 적용범위

심신장애 전역에 관련하여 관련법은 직업군인을 대상으로 하면서 무관후보생을 포함하고 있다. 그런데 현역의 무관후보생이 교육기관에서 퇴교된 때에는 입교 전의 신분으로 복귀하는데 그 복귀된 신분에 따라 전역 여부 또는 병역처분의 변경여부를 판단하기 위해 별도의 판단이 필요하다.[215]

---

211)

【군인사법 시행규칙】 제63조(지원전역)
① 조사 또는 심사대상자는 전역심사위원회의 심사를 받기 전에 법 제35조의 규정에 의하여 지원전역을 할 수 있다.

212) 육법제-120(2004. 7. 12.) 법령 질의 회신.

213) 이에 대하여 입법론적 해결을 주장하는 이가 있다. 즉, 입법론적으로 법 제37조의 원에 의하지 아니하는 전역 사유로 심신장애인 전역과 대통령령으로 정하는 부적합자 전역이 있다. 대통령령으로 정하는 부적합자 전역 사유로는 능력부족, 성격상 결함, 도덕상 결함이 있는 경우이다. 이러한 사유를 가진 자에게 지원전역을 할 수 있는 기회를 부여하면서도 본인의 의지와 관계없이 심신장애가 발생하여 전역하는 경우에 지원전역의 기회를 부여하지 않은 것은 문제가 있다고 본다. 따라서 의무조사위원회의 조사가 진행중이더라도 전역심사 전에 지원전역을 할 수 있도록 하여야 한다고 한다. ; 임천영, 군인사법, 법률문화원, 2007. 제565면 참조.

214) 국인사33140-717(1994. 5. 13.) 군인명예전역 관련 질의 회신.

215) 이에 관한 자세한 것은 임천영, 군인사법, 법률문화원, 2007. 제561면을 참조하기 바란다.

다) 절 차

심신장애 전역 여부를 결정하기 위하여 심신장애의 정도와 진료의 계속 및 퇴원 여부 등을 결정하기 위하여 군병원에 **의무조사위원회**를 둔다. 병원장은 입원된 날로부터 3개월 이내에 의무조사를 실시하고 전역심사권 부대에 보고하여야 한다. 의무조사위원회는 **위원장을 포함한 2/3이상 위원의 출석으로 개최하고 출석위원 전원 찬성으로 의결**한다(환자관리지침 제51조 제4항). 의무조사위원회에서 심신장애전역기준에 해당하는 경우에는 **전역심사위원회의 심의를 거쳐 전역 여부를 최종적으로 결정한다.**

라) 효 과

전역심사위원회에서 현역복무가 부적합하다고 의결된 자는 ① 심신장애 1~7급으로 전공상인 경우 퇴역, 비전공상인 경우에는 퇴역 또는 제적으로 처리하되 다만 제적은 전역심사위원회의 의결이 있어야 한다. 그리고 ② 심신장애 정도가 8 ~ 9급인 경우 예비역에 편입한다. 단, 20년이상 복무자로서 퇴역을 원하는 자는 퇴역할 수 있다(육규 110 제177조).

제3장 소청 당사자

제1절 개 설

행정심판에 있어 당사자라함은 자기의 이름으로 권리보호를 요구하는 청구인과 이를 요구받은 피청구인을 말한다. 행정심판법은 행정심판절차를 청구인과 피청구인의 대립관계로 정립하고 각기 **대등한 지위**에서 공격 방어방법을 제출하도록 하는 **대심구조**를 택하고 있다.

행정심판도 소송과 마찬가지로 당사자간의 권리 또는 법률관계에 관한 분쟁의 해결을 목적으로 하는 것이므로 심판당사자는 실체법상의 권리주체가 되어야 하는 것이 원칙이다. 그러나 행정심판은 반드시 당사자간의 권리브호만을 목적으로 하는 것이 아니고 행정법규의 적정한 운용을 확보할 목적으로 하는 특수성도 있으므로 그 실제상의 편의를 위하여 권리주체가 아닌 자도 심판당사자로 인정할 수 있다.[1)]

소청의 당사자라함은 소청인과 피소청인을 말한다. 소청인이 경우 청구인적격을 갖추지 않은 경우 부적법 각하결정을 하게 되고 피소청인이 잘못 지정된 경우에는 보정을 명하거나 이송결정을 하여 심사절차를 진행하게 된다. 따라서 소청당사자 문제에 있어 피소청인보다는 소청인에 보다 비중을 두어 서술하기로 한다.

청구인능력이란 심판의 주체가 될 수 있는 일반적인 능력을 의미하고 이는 광의의 소송상의 권리능력이라고도 불리우며 민법상의 권리능력에 대응되는 개념으로 파악된다.[2)] 당사자능력에는 자연인, 법인, 비법인 사단과 재단, 조합 등이 있는데 인사소청과 관련하여 군인사법 및 군무원인사법은 소청심사 청구인을 군인 군무원으로 한정하였기 때문에 특별히 '자연인'에 국한된다.

나아가 **청구인적격 내지 소청인적격**이란 특정의 심판사건에서 정당한 당사자로서 심판을 수행하고 본안결정을 받기에 적합한 자격을 말한다. 즉 당사자가 될 만한 사람이 당사자가 된 경우로써 민법상의 관리처분권에 대응하는 개념이다.[3)] 청구인적격

---

1) 국무총리행정심판위원회 법제처, 행정심판의 이론과 실제, 2002. 제201면 참조.
2) 이시윤, 신민사소송법, 박영사, 2002. 제102면 참조.
3) 이시윤, 위의 책, 제127면 참조.

은 심판의 형식적 요건으로써 본안전 판단사항이다. 따라서 **직권조사사항**이며, 조사결과 **청구인적격이 없다고 판단될 경우에는 결정으로써 심판청구를 '각하'하여야** 한다.

당사자는 개별적으로 특정될 수 있도록 명확하게 표시되어야 하므로 당사자란 기재, 청구취지 등에 의하여 당사자로 해석되는 자가 잘못 표시된 경우에는 **당사자의 동일성이 인정되는 범위내에서 그 표시의 정정이 허용된다.**

[행정심판법] 제13조(청구인 적격)

① 취소심판은 처분의 취소 또는 변경을 구할 법률상 이익이 있는 자가 청구할 수 있다. 처분의 효과가 기간의 경과, 처분의 집행, 그 밖의 사유로 소멸된 뒤에도 그 처분의 취소로 회복되는 법률상 이익이 있는 자의 경우에도 또한 같다.
② 무효등확인심판은 처분의 효력 유무 또는 존재 여부의 확인을 구할 법률상 이익이 있는 자가 청구할 수 있다.
③ 의무이행심판은 처분을 신청한 자로서 행정청의 거부처분 또는 부작위에 대하여 일정한 처분을 구할 법률상 이익이 있는 자가 청구할 수 있다.

관련 판례

원고의 주관적 의사가 당사자 능력이 없는 전라남도 교육위원회를 상대로 소송을 제기한 것이 아니라 **지방자치단체인 전라남도를 피고로 하려고 하였는데 다만 그 대표자로 표시하여야 할 교육위원회를 잘못 기재**하여 피고의 표시가 전라남도 교육위원회로 기재된 것이었다면 소장에서 피고를 전라남도 교육위원회로 기재되었던 것을 **전라남도로 바로 잡겠다는 당사자 표시 정정신청은 적법**한 것이다(광주고등법원 1977. 2. 16. 76나110 제2민사부판결).

소청인은 대리인을 선임하여 당해 소청사건에 관한 행위를 하게 할 수 있으며, 여기서 대리인이란 소청인을 위하여 대리권의 범위안에서 자기의 의사결정과 명의로 심사청구에 관한 행위를 해는 자를 말한다. 이때 그 행위의 효과는 직접 소청인에게 귀속되는 바, 소청인은 변호사를 대리인으로 선임할 수 있으며 이 경우 위임장을 소청심사위원회에 제출하여야 한다(소청절차규정 제4조 제2항). **소청인이 변호사를 대리인으로 선임한 경우에도 소청인은 심사회에 참석하여 의견을 개진할 수 있다**(소청업무처리지침 제12조 제2항).

제 2 절 소청인적격

1. 사관후보생의 소청인적격 여부

가. 군인의 일반적 신분변동

군인의 신분발생은 군인으로서의 지위 내지 신분을 취득하는 것의 문제로서 신분발생은 '임명 또는 임용'에 의하여 이루어진다. 행정법상 임명은 특정인에게 공무원으로의 신분을 부여하여 공법상의 근무관계를 설정하는 행위이다. 임용은 공무원관계의 발생 변경 소멸시키는 일체의 행위를 의미하는 것으로 특정인에게 공무원의 신분을 설정할 목적으로 이루어지는 임명권자의 형성적 행위인 임명보다는 넓은 개념이다.[4)]

장교의 임용은 상대방의 동의에 의하여 형성된다. 임용행위의 성질은 공법상 계약이라는 설과 상대방의 동의를 요하는 쌍방적 행정처분이라는 설이 있다. 임용의 법적 성질을 어떻게 구분하든지 간에 '상대방의 동의'가 반드시 필요하기 때문에 상대방의 동의를 결여한 임명행위는 무효이다.

나. 사관후보생 퇴교처분 가능 여부[5)]

가입교 또는 입교 후 과정에서 피교육생인 사관후보생이 '대리로 교육훈련을 받게 한 경우라든가 정당한 사유없이 결석한 경우, 교육훈련 지시에 따르지 않은 경우 시험 중 부정한 행위를 한 경우' 등의 비행사실에 대하여 징계를 할 수 있는지 퇴교 조치를 할 수 있는지가 문제된다. 그러나 현행 육군3사관학교설치법상 퇴교 규정은 '사관생도'로 규정하고 있어 사관생도와 사관후보생은 군인사법이 명백히 구분하고 있어 이를 동일하게 적용할 수 있는지가 문제된다. 이에 대하여 항을 바꾸어 자세히 서술하기로 한다.

다. 퇴교의 법적 성질과 그 법적 근거

1) 퇴교의 법적 성질

퇴교[6)]의 법적 성질에 대하여 퇴교를 **'징계'의 하나로 파악하는 입장과 징계와는 '다**

---

4) 이상철, 국방행정법원론, 도서출판 봉명, 2008. 115면

5) 김방호, "법무사관후보생의 법적 지위에 관한 고찰", 2009. 군사법논문 참조.

6) 행정처분으로서 퇴교는 입교 후의 문제가 될 것이고 가입교 단계에서는 '귀가조치'로 파악된다.

른' 신분변동의 사유로 파악하는 입장으로 나뉜다. 전자는 국방교육훈련 훈령에 따라 3사관학교 예규는 후보생에 대한 '징계의 종류'로 퇴교를 규정하고 있고, 훈육위원회 심의를 거쳐 학교장이 최종 결정하도록 규정하고 있다고 보고[7] 후자는 군인사법상 파면 또는 해임처분을 받은 경우 당사자에 대하여 향후 5년간 공직취임이 제한되며, 관직 및 예우 박탈, 퇴직금 삭감 등의 불이익을 주는 점, 다른 사관생도의 경우 퇴교를 당하더라도 재입대가 가능한 점 등을 고려할 때 퇴교는 징계와는 '별도의 독립적인 불이익처분'으로 보아야 한다고 보고 있다.[8]

퇴교는 사관후보생의 신분을 박탈시키는 신분상의 불이익처분으로서 국가의 행정작용 중 공무담임권 등 기본권과 관련하여 중요하고도 본질적인 사항이므로 법치행정의 원리 중 **'법률유보의 원칙'에 따라** 반드시 법률이나 법률의 위임에 의한 법규명령 등 법적 근거가 있어야만 한다. **군인사법 제57조**는 군인에 대하여 일정한 사유에 해당하는 경우 간부의 경우와 병의 경우로 구분하여 징계의 종류를 규정하고 있는바 **동법이 규정하는 징계의 사유에 퇴교는 없다.** 징계에는 간부의 경우 파면의 경우 신분을 박탈하고 퇴직금의 2분의1까지 감액하는 등의 신분상 재산상의 불이익을 주는 개인의 권리 의무에 지대한 영향을 미치는 행정처분으로 **엄격하게 해석해야** 할 것으로 판단된다. 따라서 징계의 종류에 퇴교라는 명문의 규정이 없는 이상 이를 징계의 한 종류로 포섭하는 것은 문제가 있다고 본다. 따라서 **징계와는 다른 '독립한 행정처분' 으로 이해함이 타당하다**고 본다.[9]

2) 퇴교의 법적 근거

현재 사관후보생에 대한 퇴교에 관한 직접적인 명문규정은 없다. 따라서 현행 법령상 특정직 공무원인 군인에 대한 교육에 관하여 특별법이 존재하지 않으므로 공무원에 대한 교육 훈련의 일반법인 '공무원교육훈련법과 동법 시행령'이 적용되어야 한다.[10]

육군3사관학교설치법과 동법 시행령 제18조에서 **'퇴학사유'**를 ① 품행이 극히 불량한 자, ② 군기를 문란하게 하는 등 사관생도로서 지켜야 할 규칙을 준수하지 아니한 자, ③ 학업성적이 불량하여 졸업의 가망이 없는 자, ④ 질병 기타 심신의 장애로

---

7) 육군본부 법제과 -장교후보생에 대한 퇴교처분 가능여부 검토 보고(2009. 1. 16.)
8) 육군본부 법제과- 사관후보생 퇴교관련 질의 회신, 법제과-814(2007. 09. 19.)
9)

인하여 소정의 과정을 이수할 수 없는 자, ⑤ 제8조 제3항 각호의 1에 해당하는 자, ⑥ 학칙을 위반한 자로 규정하고 동법 시행령 제2조는 퇴학한 날에 사관생도의 병적에서 제적된다고 규정하고 있어 이를 근거로 사관후보생에게 적용할 수 있는지가 문제된다. 그러나 명문 규정에서 명백히 '사관생도'와 '사관후보생'을 구분하고 있는 점, 군인사법상 징계의 종류에 '퇴교'가 없는 점 등을 고려해 볼 때, **사관후보생에 대한 퇴교에 관하여 육군3사관설치법 및 시행령을 근거법률로 삼을 수 없다**고 본다.

라. 퇴교가능성 여부

1) 근거 법률

육군3사관학교에 교육중인 사관후보생에 대하여 퇴교에 관한 직접적인 근거법률은 없으나 **병역법 시행령** 제30조 제2항에서 교육기관에서 교육을 받던 중 질병이 아닌 사유로 퇴교된 사람은 의무·법무·군종 또는 수의장교의 병적편입대상에서 제적한 후 현역병입영대상자 또는 공익근무요원소집대상자로 관리한다고 규정하여 특수사관후보생의 '사관학교 등에서 퇴교된 사람의 처리'를 규정하고 있는바 이는 입법자가 사관후보생에 대한 사관학교 등에서 퇴교를 이미 예상하였지만 **입법의 불비**로 퇴교에 관한 근거법률을 마련하지 못한 것으로 판단된다. 그렇다면 **공무원에 대한 일**

관련 판례 - 퇴교명령취소 청구의 소 -

군인사법은 그 적용대상으로 사관생도를 포함하고 있으나, 징계대상에 있어서는 장교, 준사관, 부사관 및 병만을 규정하고 있고, 사관생도가 사관학교설치법 시행령에 의하여 준사관으로 대우받는다고 하여 명시적인 적용 규정 없이 군인사법의 징계규정의 대상자인 준사관에 해당한다고 볼 수 없는 점, 사관생도의 퇴학 및 상벌은 학칙에 규정하도록 되어 있는 점, 사관생도 행정예규상의 징계와 군인사법상의 징계는 그 종류 및 징계권자, 징계의 사유 등에 있어서 확연히 차이가 있으며, 사관생도의 퇴학이나 벌에 관하여 징계위원회를 거치도록 하는 규정이 없는 점, 사관생도 행정예규상의 징계는 문구가 징계로 표현되어 있으나 그 종류가 벌점, 보행·뜀걸음, 노력봉사활동, 외출 외박제한, 출입제한, 근신, 퇴교 등으로 되어 있고 학칙의 하위문서인 사관생도 행정예규에서 규정하고 있는 등 그 내용과 규정체계로 보아 사관학교설치법 시행령에 따라 학칙에서 규정한 상벌 중 벌의 일종으로 해석되고 군인사법상의 징계와는 그 의미가 다르다고 판단되는 점 등을 종합하여 보면, **육군3사관학교 사관생도에 대하여는 그 복무규율에 관하여 사관학교설치법, 같은 법 시행령, 육군3사관학교 학칙, 사관생도 행정예규 등이 군인사법 및 군인징계령에 앞서 적용된다고 보아야 할 것이고, 사관생도 행정예규상의 징계는 사관학교가 사관생도를 정규장교로 훈육하는 데 있어서 교육목적을 달성하기 위하여 행하는 처분으로 군인사법상의 징계와는 그 성질을 달리한다**(대구지방법원 2010. 11. 17. 2010구합810 판결).

10) 국방교육훈련 훈령(국방부 훈령 제984호) 제43조는 각급 교육기관의 장은 체계적인 교육 관리를 위해 학칙을 정하되 퇴학(퇴교)에 대한 사항을 포함하도록 규정하고 있다.

반적인 교육관련 법령인 '공무원교육훈련법'과 동법 시행령이 근거법률이라고 본다.

2) 가능성 판단

비록 현행 법령에 특별법으로 사관후보생에 대한 직접적인 규정은 없다하더라고 이미 병역법 시행령 등 관련 법규에서 사과후보생에 대한 퇴교를 예상하고 그에 대한 법적인 신분의 변동에 관하여 법적 효과를 규정하고 있는 것으로 보아 공무원에 대한 일반적인 교육관련 법령인 공무원교육훈련법과 동법 시행령이 근거로 법무사관후보생에 대한 퇴교도 가능하다고 본다.

명시의 방법에 관하여 사관생도의 경우 사관학교설치법 및 육군3사관학교설치법을, 학군사관후보생의 경우 병역법, 학생군사교육실시령 등 별도의 특별법을 마련하여 각 신분에 관한 사항을 규율하는 것을 고려할 때, 이들과 동등하게 특수사관후보생에 대하여도 별도의 체계적으로 군인사법에 사관후보생에 대한 관련 근거 법조항을 두고 대통령령을 제정하여 사관후보생의 신분에 관한을 통하여 규율하는 것이 사관후보생의 신분보장이나 형평성 보장차원에서 가장 적절한 방법이라고 본다.

마. 퇴교처분에 대한 불복

장교의 임용은 상대방의 동의에 의하여 형성되는 것으로 사관후보생은 각종 '사관후보생지원서'를 작성하여 병무청장에게 제출됨으로써 각 지방병무청장이 그 병적으로 관리한다. 이러한 사관후보생은 현역의 병적에 편입되어 교육을 받고 있는 **특정직 공무원인 군인으로 채용될 신규채용 '후보자'**의 지위에 있다.

그렇다면 이러한 법적 지위에 있는 사관후보생이 **영조물규칙**인 **'학칙'**에 의하여 교육과정에서 퇴교처분을 받은 경우 이에 대한 불복방법이 문제된다. 왜냐하면 군인사법은 소청인에 대하여 장교, 준사관, 부사관으로 국한하여 규정하고 있기 때문이다.[11]

이에 대하여 군인의 인사에 관한 일반법인 군인사법 제2조는 현역에 복무하는 장교・준사관・부사관 및 병, 사관생도・사관후보생 및 부사관후보생, 소집되어 군에 복무하는 예비역 및 보충역에 대하여 적용된다고 규정하고 있고, 인사상의 문제로서

11) 군인사법 제50조는 **장교・준사관 및 부사관**은 위법・부당한 전역・제적 및 휴직 등 그 의사에 반한 불리한 처분(징계처분을 제외한다)에 대하여 불복이 있는 때에는 그 처분이 있음을 안 날부터 30일이내에 이에 대한 심사를 소청할 수 있다고 규정하고 있다.

조직내에서 스스로 해결하는 것이 바람직하며 신속하고 간편한 행정심판을 이용할 수 있게 함으로써 권리보장의 적극적 실현 차원에서 **사관후보생의 경우도 소청인 적격이 인정될 수 있다는 견해**가 있다.

그러나 인사소청의 경우 필요적 전치주의절차로 특별행정심판절차로서의 성격을 가지고 있고 군인사법 제50조가 소청을 제기할 수 있는 자에 대하여 장교, 준사관, 부사관으로 명백히 규정하고 있는 점, 행정심판절차를 거치지 않고 보다 확실하게 소송을 통하여 법적 지위를 확보 받을 수 있는 점, 소송절차를 통하더라도 가처분절차를 절차에 의한 신속한 해결방법이 존재하는 점[12] 등으로 보아 **사관후보생은 소청을 제기할 수 없고 다만, 소송을 통하여** 불이익한 처분에 대하여 다툴 수 있다고 본다.

다만, 군형법 제1조 제3항 제2호는 군적[13]을 가진 군 소속 학교의 학생,[14] 생도[15]와 사관후보생,[16] 부사관후보생 및 병역법 제57조의 규정에 의한 군적을 가지는 재영중인 학생[17]을 군인에 준하여 군형법의 피적용자로 보고 있는 점을 고려할 때 **법적용의 일관성을 유지한다는 측면에서 입법적으로 군인사법상의 소청인 적격을 인정하는 방향으로 개선할 필요가 있다**고 본다.

---

12)

관련 판례

피신청인이 2010. 2. 1. 신청인들에게 한 각 퇴교명령처분은 이 법원 2010구합810호 퇴교명령취소청구사건의 판결 선고시까지 각 그 집행을 정지한다.

신청인들이 제출한 소명자료 및 이 법원의 심문결과에 의하면, 주문 기재 처분의 집행으로 인하여 신청인들에게 생길 회복하기 어려운 손해를 예방하기 위하여 긴급한 필요가 있다고 인정되고, 이 사건 처분의 집행정지로 인하여 공공복리에 중대한 영향을 미칠 우려가 있다고 인정되지 아니하므로, 행정소송법 제23조 제2항 및 제3항을 적용하여 주문과 같이 결정한다(대구지방법원 2010. 3. 15. 선고 2010아72 결정).

13) 사관학교설치법 시행령 제28조는 생도는 **학교에 입학한 날로부터** 각 군적에 편입된다고 규정하고 있다.

14) 예 : 공군항공과학고등학교 설치법에 의하여 설치된 공군항공과학고등학교 학생은 입학과 동시에 부사관후보생의 병적에 편입되며 3년의 교육 수료 후 공군하사로 임용된다(동법 제5조 및 제10조). ; 육군종합행정학교, 군형법 보충교재, 2008. 제27면 ~ 제28면 참조.

15) 사관학교설치법 시행령 제2조 제1항, 육군제3사관학교설치법 시행령 제3조 제1항, 국군간호사관학교설치법 시행령 제3조 제1항.

16) 장교후보생 중 사관생도를 제외한 개념이다(병역법 제2조 제1항 제4호).

17) 학생군사교육실시령 제5조는 학군사관후보생 또는 학군부사관후보생으로 선발된 자는 각군 학군사관후보생 또는 학군부사관후보생의 병적에 편입할 수 있다고 규정하고 있다. 학군무관후보생(학군사관후보생과 학군부사관후보생을 통칭함)을 지칭한다.

[소청 사례 1]

사　건 : '10. 2. 26. 접수 법무담당관실-1261호 퇴교처분 취소 청구

소청취지 : 피고청인이 소청인들에게 한 2010. 2. 1.자 퇴교명령처분을 취소하라.

소청이유 : 소청인들은 '08. 1. 17.부터 육군3사관학교에 교육중인 사관생도들이며 당시 졸업시험까지 모두 마치고 '10. 3. 4.부로 3사 제45기로 장교 임관을 앞두고 있던 중, 같은 해 1. 17. 3학년 생도인 김00의 생일파티와 관련하여 소위 '생일빵'(-생일자의 엉덩이를 손바닥 등으로 때린 후 멘소래담 로션을 바르는 장난행위-)을 하였다는 이유로 육군3사관학교 훈육심의위원회에서 '가혹행위'라는 사유로 '10. 2. 1.부로 육군3사관학교 인사명령 장교 제9호에 의거 퇴교명령을 받았는바, 동 위원회는 소청인들에 대한 변명할 기회조차 부여하지 아니하여 절차적 기본권의 침해로 인한 중대한 위법이 존재하며, 이미 내려진 근신처분과 별도로 퇴교처분을 하는 것은 이중위험금지의 원칙에 반할 뿐만 아니라 비례의 원칙에 위반하여 처분권자의 재량권이 일탈 남용된 것으로 위법 부당하므로 위 퇴교처분은 마땅히 취소되어야 한다고 주장함.

판　단 : 장교, 준사관, 부사관은 위법 · 부당한 전역 · 제적 및 휴직 등 그 의사에 반한 불리한 처분에 대하여 불복이 있는 때에는 군인사법 제50조에 근거하여 소청심사위원회에 소청을 제기할 수 있다고 하여 소청인적격을 명백히 밝히고 있는 점, 사관생도의 경우 행정심판절차를 거치지 않고 보다 확실하게 소송을 통하여 법적 지위를 확보 받을 수 있는 점, 소송절차를 통하더라도 가처분절차를 절차에 의한 신속한 해결방법이 존재하는 점 등으로 보아 **사관생도는 소청을 제기할 수 없고 다만, 소송을 통하여** 불이익한 처분에 대하여 다툴 수 있다할 것이므로 이 사건 청구는 **소청인적격이 없어 부적법 각하**한다.[18)]

[소청 사례 2]

사　건 : '10. 3. 25. 접수 국방부 법무담당관실 퇴교처분 취소 청구

소청취지 : 피고청인이 소청인에게 한 2010. 3. 19.자 퇴교명령처분을 취소하라.

소청이유 : 소청인은 사관후보생으로 육군 제3사관학교에 입교하여 훈련을 받던 중 수동적 자세로 훈육관에게 상습적인 지시 불이행, 상관에 대한 모욕 등의 행위로 인하여 피소청인인 육군 제3사관학교 학교장으로부터 2010. 3. 19. 교육훈련군기문란 사유로 생도대-1316 퇴교명령에 의해 사관후보생을 면하는 처분을 받았다. 이에 소청인은 위 처분은

---

18) 이 사건에 대한 퇴교처분의 재량권 일탈 또는 남용 여부에 관하여 하급심 법원은 "사관학교는 올바른 가치관 및 도덕적 품성을 바탕으로 한 리더십을 갖추고, 군사전문가로서의 기초자질을 겸비한 정예장교 양성을 목표로 설립된 기관으로, 사관생도는 장교로서의 자질을 겸비할 것이 무엇보다도 중요시되는 점, 병영에서의 성군기 위반 및 가혹행위는 근절할 필요가 있고, 장교로 성장할 사관생도에 대하여는 일반 병보다 더욱 엄격한 기준이 적용되어야 하는 점, 비록 이 사건 행위가 생일을 축하하는 좋은 의도에서 시작하였다고는 하나, 그 내용과 정도가 단순한 장난으로 치부하기에는 통상적으로 용인할 수위를 넘었다고 판단되는 점, 사관생도의 징계처분에 대하여는 사관학교의 설립목적과 교육목적에 따라 학교장의 자율적 판단, 결정이 존중되어야 할 것인 점 등 여러 사정을 종합하여 보면, 원고들이 이 사건 처분으로 인하여 받게 될 불이익이 피고가 이 사건 처분으로 달성하고자 하는 공공목적보다 현저하게 크다고 할 수 없어 이 사건 처분이 재량권을 일탈 내지 남용한 것이라고 하기는 어렵다"고 판시하였다(대구지방법원 2010. 11. 17. 선고 2010구합810 판결).

> 비례의 원칙에 위반하여 처분권자의 재량권이 일탈 남용된 것으로 위법 부당하므로 위 퇴교처분은 마땅히 취소되어야 한다고 주장함.
> **판 단** : 2010. 4. 1.자 소청인의 소청취하서 접수로 심리종결되었다.[19]

2. 준사관후보생의 소청인적격 여부

준사관은 부사관 및 민간 자원 중 특수한 기술분야에 복무하게 하기 위하여 소정의 고시를 거쳐 각군 사관학교에서 교육훈련을 받고 장교로 임관된다. 이러한 경우 부사관이 신분은 제적되고 준사관으로서 새로이 군번을 부여받고 장교인사명령에 의해 임관되는 등 준사관의 신분은 부사관 신분과는 전혀 다른 별개의 새로운 신분이다.[20] 그렇다면 **준사관후보생의 경우는 부사관인 경우와 민간인인 경우로 구분될 수 있는데 전자의 경우,** 실무적으로 사관학교 교육중인 경우에는 부사관의 신분을 유지시키다가 장교로 임명되는 날짜에 맞추어 부사관의 신분을 제적시킨다. 그러므로 부사관이 준사관후보생이 되는 경우에는 일정기간 동안 2중의 신분을 보유하고 있다. 이 경우 교육기관에서 교육군기문란 등으로 퇴교처분 등의 인사상의 불이익한 처분을 받은 경우에 이한 불복방법으로 부사관의 신분을 유지하고 있으므로 **인사소청을 거쳐서 행정소송을 제기하여야** 한다고 본다. 반면에 후자의 경우로서 민간인이 준사관후보생이 된 경우에는 퇴교 등의 인사상의 불이익한 처분에 대한 불복방법으로는 현행법상 **곧바로 행정소송을** 제기하여야 할 것이다.[21]

3. 특별채용 응시자의 경우

군무원은 장교나 부사관으로 재직 중에 채용되는 경우가 있는데 이때 군무원으로

---

19) 소청인은 비록 사관후보생이다 하더라도 법의 목적적 해석과 시간 및 비용 소요로 인한 행정소송에 의한 구제의 한계, 그리고 군사기밀의 유출우려 퇴교와 동시에 현역병 입영대상이 되는 긴박성 등으로 인하여 소청인 적격을 인정해야 할 필요성을 주장하면서 소청을 제기하였다. 이러한 주장은 경청할 만하다고 본다. 향후**사관생도, 사관후보생, 준사관후보생, 부사관후보생 등의 소청인적격을 명문으로 규정하여 입법적으로 개선**할 부분이라고 본다.

20) 국방부, 국방관계법령해석질의응답집 제28집, 제128면, 제136면 참조.

21) **준사관후보생은 준사관이라는 군인의 신분을 취득하기 위한 전단계로써 소정의 교육과정 중에 있는 자**로서 민간인 출신 준사관후보생의 경우 군인사법상의 인사소청을 제기할 수 있는 장교, 준사관, 부사관에 해당하지 않기 때문이다.

특별채용되는 과정에서[22] 채용 거부된 경우 소청인적격이 있느냐의 문제가 발생한다. 이와 관련하여 소청인이 군인의 신분관계를 종료하고 새로운 군무원의 신분관계를 설정하는 것이므로 그 종료원인에 대한 소청심사를 청구할 수 있음은 별론으로 하고 그와는 **별도로 새로이 공무원의 신분설정을 요구하는 특별채용을 거부하는 처분은 공무원에 대한 불이익처분이라 할 수 없어 소청인적격이 없다**고 보아야 할 것이다.

【선결례】 행정안전부 인사소청심사위원회 사건 91-226

특별채용 거부처분에 대하여 응시자가 소청심사를 청구할 수 있는지 여부[23]

소청심사 청구는 공무원이 징계 등 불리한 처분을 받은 데 대하여 제기하는 불복의 청구이므로 청구인적격으로 공무원이라는 신분을 전제로 하고 있는 것인 바, 소청인이 과거의 공무원의 신분을 취득한 사실이 있다 하더라도 **이미 그 신분관계는 종료되었으므로** 소청심사기간내에서 그 종료원인에 대한 소청심사를 청구함은 별론으로 하고 그와는 별도로 새로이 공무원의 신분설정을 요구하는 특별채용 청구를 한 데에 대하여 피소청인이 내린 거부처분은 **'공무원에 대한' 불이익처분이라 할 수 없어 본 건 청구는 부적격으로 각하**대상이다.

4. 소청인부적격의 효과

소청심사는 소청인과 피소청인 사이의 대심구조(對審構造)로 편성하고 구술심리 기회를 보장하는 등 행정심판에 준사법적 절차를 준용하도록 한 헌법 제107조 제3항의 취지를 구체화하고 있다. 소청인 적격 여부와 관련하여 취소청구에 있어서 처분의 취소 또는 변경을 구할 법률상 이익이 있는 자가 제기할 수 있다(행정심판법 제13조 제1항). 법률상 이익에는 **권리뿐만 아니라 관계 규정에 의하여 보호되는 이익도 포함된다**고 보는 법률상 보호이익설이 현재 학계와 대법원의 입장이다.[24]

대법원 판례

행정처분의 직접 상대방이 아닌 제3자의 원고적격과 관련하여 행정소송법 제12조 본문에 규정된 원고적격의 인정 기준인 「법률상 이익」의 개념에 대해 **당해 처분(또는 부작위)의 근거 법률에 의하여 보호되는 직접적이고 구체적인 이익이 있는 경우를 말하고, 다만 간접적이거나 사**

---

22) 국방대학교 내지 육군사관학교를 비롯한 각종 군 교육기관의 군교수의 직위가 이에 해당하는 경우가 많다.

23) 행정안전부 소청심사위원회, 소청 및 고충심사 업무편람, 2010. 제75면 참조.

24) 법률상 보호 이익에 관한 자세한 것은 우성기, "법률상 보호이익의 판단기준에 관한 일고찰 - 원고적격의 확대와 관련하여", 금랑 김철수교수 정년기념논문집 한국헌법학의 현황과 과제, 제1058면 ~ 제1076면을 참고하기 바란다.

실적 경제적 이해관계를 가지는데 불과한 경우는 여기에 포함되지 않는다(대법원 1995. 9. 26. 선고, 94누14544 판결).

처분의 취소 또는 변경과 무관하게 이미 처분의 실질적 존재 내지 효력이 상실된 경우에는 당해 청구는 목적이 없는 것으로 **각하 사유**이다. 따라서 취소청구의 제기 당시에는 청구인적격이 인정되었던 경우라도 그 심사 전에 청구대상인 처분의 효과가 상실되면 당해 취소청구는 각하되어야 하는 것이 원칙이다. 다만, 취소청구에 대한 심사의 목적이 보다 널리 현실적으로 발생하고 있는 권익침해를 구제하고 있다고 볼 때 처분이 소멸 또는 실효된 뒤에도 그 취소를 구하지 않으면 회복될 수 없는 권익이 잔존하는 경우에는 청구인적격을 인정하여야 할 것이다. 행정심판법에서도 처분의 효과가 기간의 경과, 처분의 집행 그 밖의 사유로 소멸된 뒤에도 그 처분의 취소로 인하여 회복되는 법률상 이익이 있는 자의 경우에는 청구인 적격이 인정된다고 규정하고 있다(행정심판법 제13조 제1항 단서).

무효등확인청구는 처분의 효력 유무 또는 존재 여부에 대한 확인을 구할 법률상 이익이 있는 자가, 그리고 **의무이행청구는** 행정청의 거부처분 또는 부작위에 대하여 일정한 처분을 구할 법률상 이익이 있는 자가 각 제기할 수 있다할 것이므로[25] 이러한 법률상 이익이 없는 자가 제기한 경우에는 모두 청구인 적격이 없어 당해 행정심판청구는 **부적법 각하 사유**에 해당한다.[26]

제 3 절 피소청인(처분청)

1. 피소청인의 의의

처분청이란 처분 또는 부작위를 할 수 있는 권한을 가지는 행정기관 즉 국가 또는 지방자치단체의 행정에 관한 의사를 결정·표시할 수 있는 권한을 가지는 행정기관으로서 소속 공무원에 대하여 **징계처분 그 밖에 그 의사에 반한 불리한 처분을 한 기관의 장 또는 부작위청**을 의미한다. 소청인의 소청제기에 따라 당사자로서 소청심사

25) 행정심판법 제13조 제2항 및 제3항 참조.
26) 행정안전부 소청심사위원회, 소청 및 고충심사 업무편람, 2010. 제62권 참조.

에 대응하는 상대방을 말하고, 임용권이 위임되어 있는 경우에는 **위임받은 자가 그 위임된 임용권의 범위 내에서 피소청인이 된다.** 처분청이라 함은 조직법상의 개념이 아니고 널리 국가 또는 지방자치단체의 **'우월한 의사를 외부에 결정 · 표시할 수 있는 권한이 부여되어 있는 기관'**을 모두 포함한다.

차관, 차장, 실장, 국장, 과장과 같은 보조기관이더라도 행정청의 권한을 위임받은 경우에는 그 범위안에서 행정청이 된다(정부조직법 제6조 제1항 및 제2항).

감사기관과 공기업 및 공공시설기관도 그 권한의 범위 안에서는 행정에 관한 국가 의사를 결정 표시할 수 있는 것이므로 처분청의 지위에 서는 경우도 있다. 따라서 한국토지공사가 공공용지의취득및손실보상에관한특례법에 의하여 실시하는 이주대책 대상자 선정행위, 근로복지공단의 산업재해보상법에 따른 산업재해보상보험료 부과행위 등에 있어서 처분청의 지위에 서게 된다.

또한 공공조합과 정부투자기관, 지방공사, 지방공단과 같은 영조물법인의 경우에도 공권력이 부여되어 있는 한, 그 공권력을 행사하는 범위내에서 처분청의 지위를 갖는다. 다만, 직원의 임면 등과 같은 것은 공공조합과 영조물법인의 공권력의 행사라 볼 수 없어 처분청의 지위를 갖지 아니한다.[27]

【행정심판법】 제17조(피청구인의 적격 및 경정)

① 행정심판은 **처분을 한 행정청**(의무이행심판의 경우에는 청구인의 신청을 받은 행정청)을 피청구인으로 하여 청구하여야 한다. 다만, 심판청구의 대상과 관계되는 권한이 다른 행정청에 승계된 경우에는 **권한을 승계한 행정청**을 피청구인으로 하여야 한다.
② 청구인이 피청구인을 잘못 지정한 경우에는 위원회는 직권으로 또는 당사자의 신청에 의하여 결정으로써 **피청구인을 경정(更正)**할 수 있다.

군인 군무원의 인사소청과 관련하여 처분청의 지위를 갖는 경우를 살펴보면 공권력의 행사로서 우월한 의사를 외부에 표시할 수 있는 기관으로서 군인의 경우에는 전역 · 제적 및 휴직 등 그 의사에 반한 불리한 처분을 하는 기관이 처분청 즉 피소청인이 된다할 것이며, 군무원의 경우에는 휴직 · 직위해제 · 강임 · 면직 그 밖에 군무원 본인의 의사에 반하는 불리한 처분 을 할 수 있는 기관이 처분청의 지위를 갖는다고 할 것이다(군인사법 제50조 및 군무원인사법 제34조, 제35조의2). 그렇다면

27) 국무총리행정심판위원회, 법제처, 행정심판의 이론과 실제, 2002. 제61면, 제62면 참조.

군인 군무원의 인사소청과 관련하여 처분청에 대하여 보다 구체적으로 살펴보기로 한다.

2. 각 경우에 있어 임명권자 도식

가. 장교, 준사관, 부사관의 경우

장교의 임용은 참모총장의 추천에 의하여 국방부 장관의 제청으로 대통령이 행한다. 다만, 대령 이하의 장교에 대하여는 임용권자의 위임에 의하여 국방부 장관이 행할 수 있으며, 이 경우에 국방부 장관은 법 제11조 제1항 제5호 및 동조 제2항의 규정에 의한 장교의 임명을 참모총장에게 위임할 수 있다(군인사법 제13조 제1항).

준사관의 임용은 국방부 장관이 행한다. 다만, 국방부 장관은 참모총장에게 위임할 수 있고, 해병대 준사관의 경우 국방부 장관으로 임용권을 위임받은 해군 참모총장은 국방부 장관의 승인을 얻어 해병대 사령관에게 재위임할 수 있다(군인사법 제13조 제2항).

부사관의 임용은 참모총장이 행한다. 다만, 참모총장은 장관급 지휘관에게 임용권을 위임할 수 있다(군인사법 제13조 제3항).

구 분		임용권자	위임/재위임
장 교	준장이상	대통령	
	대령이하	〃	국방부장관
	전시특별임용[28]	〃	참모총장(재위임)
준 사 관		국방부장관	참모총장 해병대사령관(재위임)
부 사 관		참모총장	장관급 지휘관

나. 군무원의 경우

직 급	임용권자
5급이상 일반군무원	국방부 장관
6급이하 일반군무원	각군 참모총장
기능직 군무원	장관급 부대장

28)

3. 피소청인의 대리인

피소청인은 **관계공무원 또는 변호사**를 대리인으로 지정 또는 선임하여 소청에 응하게 할 수 있고, 이 경우 지정서나 위임장을 심사 기일 이전에 당해 소청심사위원회에 제출하여야 한다(소청절차규정 제4조). 피소청인의 대리인은 심사회의에서 공정하고 책임있는 답변을 하여야 하므로 특별한 사유가 있는 경우를 제외하고는 **소청인보다 상위계급인 자**를 지정하여야 한다(소청업무처리지침 제12조 제3항).

【군인사법】 제11조(장교의 임용)

제11조(장교의 임용) ① 장교는 다음 각호의 1에 해당하는 자중에서 임용한다.

5. 전시에 있어서 탁월한 통률력을 발휘한 준사관 및 부사관으로서 장관급지휘관으로부터 현지임관의 추천을 받은 자

② 전시에 있어서는 다음 각호의 1에 해당하는 자를 장교로 임용할 수 있다.

1. 사관학교의 제4학년생
2. 육군3사관학교의 제2학년생
3. 국군간호사관학교의 제4학년생. 다만, 간호사국가시험에 합격한 자에 한한다.
4. 「병역법」 제57조의 규정에 의하여 실시하는 학생군사교육단사관후보생과정을 이수중에 있는 대학·교육대학 및 사범대학의 제4학년생. 다만, 「병역법」 제83조제2항제5호의 규정에 의하여 재학생입영의 연기가 정지된 때에 한한다.

제4장 소청청구 기간

제1절 서 설

최근 행정심판제도는 행정청의 위법·부당한 처분으로 인한 국민의 권익을 간이·신속하게 구제하는 절차로써 행정의 적법·타당성 확보수단으로서 뿐만 아니라, 권리구제수단으로서의 지위를 확보하고 있다.

한편 행정수요가 양적으로 팽창하고 질적으로 다양화되면서 국민들의 권리의식이 증대됨에 따라 인사소청 심판청구사건의 수가 증가함과 동시에 사건 유형이 복잡·다기화 되고 있다.

위와 같은 행정심판작용의 기능 및 현상을 고려해 볼 때 **소청청구기간을 어떻게 정할 것인지**는 소청인의 권리구제에 깊은 관계가 있다. 소청청구기간에 대한 규정을 두는 이유는 당해 처분이 당사자에게만 미치는 것이 아니라 공익에도 깊은 관계를 가지고 있으므로 그 처분으로 인하여 불이익을 받은 자라 하더라도 일정한 기간이 지나면 다투지 못하게 함으로써 당해 처분이 장기간 불확정한 상태로 방치되는 것을 피하기 위한 것이다. 결국, 청구기간의 결정도 국민의 권리구제 요청과 당해 처분의 효과를 가능한 한 빨리 확정시켜 행정법관계의 조속한 안정을 기하자는 요청을 조화하는 입법정책적 사항으로 파악된다.

소청청구기간이 도과하여 소청을 제기하게 되면 당해 청구는 기간도과로 '각하'하게 된다. 즉, 소청청구기간이 지나면 그 처분의 효력을 더 이상 다툴 수 없게 된다. 다만, 소청청구기간이 도과하였다 하여 위법한 처분 등이 적법한 것으로 되는 것은 아니므로 처분청이 **직권에 의해 당해 행정처분을 취소 변경하는 것은 가능하다.**[1)]

그런데 행정심판법 제43조 제1항은 "사안의 전문성과 특수성을 살리기 위하여 특히 필요한 경우가 아니면 청구인에게 불리한 내용으로 행정심판법에 관한 특례를 다른 법령으로 정할 수 없다."고 규정하고 있으나, 처분의 내용 또는 성질의 특수성에 비추어 군인사법 및 군무원인사법은 특별한 행정심판절차를 규정하는 예가 적지 아니하고 **특히 심판청구기간에 있어서 특례를 규정하고 있다.** 이에 관한 자세한 내용은 항을 바꾸어 서술하기로 한다.

---

1) 국무총리행정심판위원회, 법제처, 행정심판의 이론과 실제, 2002. 제279면 참조.

제 2 절 소청 제기기간

1. 관련 규정

행정심판 제기기간에 대하여는 다음과 같이 관련 규정에서 자세히 규정하고 있다.

【군인사법 시행령】 제56조

① 소청은 위법 · 부당한 전역 · 제적 및 휴직명령 등 본인의 의사에 반한 불리한 **처분이 있음을 안 날부터 30일이내에** 제기하여야 한다.

【군무원인사법 시행령】 제90조

① 소청심사의 청구는 처분사유설명서를 받은 날 또는 **당해 처분의 통지를 받은 날부터 30일 이내에** 제기하여야 한다.

② 소청인에게 책임이 없는 사유로 소청을 제기할 수 없는 기간은 제1항의 소청제기기간에 산입하지 아니한다.

【행정심판법】 제27조

⑦ 제1항 내지 제6항의 규정은 무효등확인심판청구와 부작위에 대한 의무이행심판청구에는 이를 적용하지 아니한다.

2. 소청제기기간 특례규정의 의의

가. 서 설

일반적으로 처분청의 처분에 대한 취소심판 또는 거부처분에 대한 의무이행심판은 소정의 청구기간내에 청구되어야 한다(행정심판법 제27조). 그런데 군인사법 및 군무원인사법 시행령은 이와 달리 그 처분을 있음을 안 날로부터 30일 이내에 하도록 규정하고 있다(각 동법 시행령 제56조 및 제90조 참조).

이와 같은 **특례규정이 군인 군무원의 권리구제를 부당하게 제한하는 것은 아닌지**가 문제될 수 있으나 이는 당해 처분과 관련된 특수성과 전문성을 살리기 위한 공익적 필요에서 규정된 것으로 이러한 특례 규정들이 행정심판법 제43조 또는 헌법 제11조 평등의 원칙 등과 관련하여 논의된다.

나. 특례규정의 이론적 근거

1) 사안의 전문성 · 기술성

군인, 군무원과 같은 특수 직역에 종사하는 특별권관계에 있는 공무원에 대한 인사행정에 관하여 복잡하고 전문적이고도 기술적인 판단이 필요한 분야의 행정심판이 청구되었을 때, 행정심판법상 행정심판절차에 갈음하는 특별전차를 규정하여 합리적이고도 신속한 권리구제를 할 수 있게 한다.[2] 행정심판에 관하여는 사안의 전문성과 특수성을 살리기 위하여 특히 필요한 경우가 아니면 청구인에게 불리한 내용으로 이 법에 대한 특례를 다른 법률로 정할 수 없다고 규정하여 이와 같은 취지를 명문화하고 있다(행정심판법 제4조).

2) 행정통제의 능률성 보장

상급행정기관의 하급행정기관에 대한 직무감독만으로는 행정행위의 적법성 · 타당성 확보에 한계가 있기 때문에 전문성 있는 기관에 분쟁해결권을 부여함으로써 행정심판법상 행정심판절차보다 상대적으로 능률적인 행정통제에 기여할 수 있다.

3. 특별신분관계

가. 특례규정의 유형

행정심판법에 대한 특례를 정하고 있는 법률은 공무원 인사소청(국가공무원법 제76조, 지방공무원법 제67조, 교육공무원법 제53조, 소방공무원법 제21조, 전투경찰대설치법 제6조, 법원공무원규칙 제112조) 등 60여개에 달하고 있다.

국가공무원법은 처분사유설명서를 받은 공무원은 그 처분에 불복이 있을 때에는 그 설명서를 받은 날부터, 공무원이 제75조에서 정한 처분 이외의 그 의사에 반한 불리한 처분을 받았을 때에는 그 처분이 있은 것을 안 날부터 각각 30일이내에 소청심사위원회에 이에 대한 심사를 청구할 수 있다고 규정하고 있다(동법 제76조).

나. 군무원의 소청제기기간의 문제점

군무원 인사소청의 경우 처분사유설명서를 받은 날부터 30일이내에, 징계처분이나

---

2) 출입국관리법 제60조 및 제76조의4는 이의신청 기간을 7일로, 집회및시위에관한법률 제9조는 72시간으로 제한하여 신속한 공법관계를 도모하고 있다.

강임 · 휴직 · 직위해제 또는 면직처분이 아닌 불이익처분인 경우에는 그 처분이 있은 날부터 30일이내에 심사를 청구하도록 규정되어 있다.

그런데 행정처분은 처분의 상대방에게 도달함으로써 그 효력을 발생하는 것이므로, 굳이 처분사유설명서를 받지 않은 경우와 받은 경우를 구분하여 규율할 필요가 없다. 처분사유설명서를 받지 않은 경우라 할지라도 처분대상자가 사실상 처분 내용을 알고 있는 경우에는 입증책임의 분배에 따라 처분대상자가 처분이 있음을 알았던 시점을 처분청이 증명하여 본안전 항변으로 충분한 것이기 때문이다.

4. 특례규정의 문제점

행정심판의 청구기간을 제한하는 이유는 청구인의 권리구제에 못지않게 일반국민의 권익에 광범위한 영향을 미치는 행정법관계의 신속한 확정을 통하여 법적 안정성을 확보하려는 것이다.

그런데, 군인사법 및 군무원인사법상의 특례규정은 행정조직내부에는 아직 인간관계를 중시하는 행정문화가 자리잡고 있다는 점에 비추어 볼 때 심판청구기간이 지나치게 단기로(처분인 있음을 안 날로부터 30일 이내) 규정하고 있어 권리구제에 있어서 소홀하다는 비판을 면치 못하고 있다.

심판청구기간은 법적 안정성의 확보와 청구인의 권리보장이 실체적 조화를 이루는 지점에서 인사소청의 특수성과 전문성을 고려하여 결정되어야 함은 물론 행정심판의 기준 법률인 행정심판법에 규정된 심판청구기간이나 행정소송법에 규정된 제소기간과의 형평성을 동시에 고려해 볼 때 **처분이 있음을 안 날로부터 30일은 지나치게 단기간으로 문제가 있다**고 본다.[3)]

5. 부작위위법확인을 구하는 경우

부작위위법확인의 소는 부작위상태가 계속되는 한 그 위법의 확인을 구할 이익이 있다고 보아야 하므로 **원칙적으로 제소기간의 제한을 받지 않는다. 그러나** 행정소송법 제38조 제2항이 제소기간을 규정한 같은 법 제20조를 부작위위법확인소송에 준용하고 있는 점에 비추어 보면, **행정심판 등 전심절차를 거친 경우에는 행정소송법 제20조**

3) 권태웅, "행정심판법에 대한 특례규정의 개정방향", 법제 제462호, 제56면 참조.

가 정한 제소기간 내에 부작위위법확인의 소를 제기하여야 한다.[4)]

하지만, 당사자의 법규상 또는 조리상의 권리에 기한 신청에 대하여 행정청이 부작위의 상태에 있는지 아니면 소극적 처분을 하였는지는 동일한 사실관계를 토대로 한 법률적 평가의 문제가 개입되어 분명하지 않은 경우가 있을 수 있고, 부작위위법확인소송의 계속중 소극적 처분이 있게 되면 부작위위법확인의 소는 소의 이익을 잃어 부적법하게 되고 이 경우 소극적 처분에 대한 취소소송을 제기하여야 하는 등 **부작위위법확인의 소는 취소소송의 '보충적' 성격을 지니고 있으며**, 부작위의법확인소송의 이러한 보충적 성격에 비추어 **동일한 신청에 대한 거부처분의 취소를 구하는 취소소송에는 특단의 사정이 없는 한 그 신청에 대한 부작위위법의 확인을 구하는 취지도 포함되어 있다.** 그렇다면 당사자가 동일한 신청에 대하여 부작위위법확인의 소를 제기하였으나 그 후 소극적 처분이 있다고 보아 처분취소소송으로 소를 교환적으로 변경한 후 여기에 부작위위법확인의 소를 추가적으로 병합한 경우 **최초의 부작위위법확인의 소가 적법한 제소기간 내에 제기된 이상 그 후 처분취소소송으로의 교환적 변경과 처분취소소송에의 추가적 변경 등의 과정을 거쳤다고 하더라도 여전히 제소기간을 준수**한 것으로 취급해야 된다.[5)]

6. 무효확인을 구하는 소청의 제기기간의 문제점

가. 서 설

무효등확인심판이란 행정청의 처분의 효력유무 또는 존재여부에 대한 확인을 구하는 심판으로서 구체적으로는 유효확인심판 · 무효확인심판 · 실효확인심판 · 존재확인심판 · 부존재확인심판으로 구분된다. 무효등확인심판의 법적 성질에 관하여는 처분의 효력유무 또는 존재여부를 공권적으로 확인하는 쟁송이라는 확인적 쟁송설, 무효와 취소사유와의 구분의 상대성을 전제로 하여 효력을 다투는 쟁송이라는 형성적 쟁송설이 있으나, 실질적으로는 확인적 쟁송이지만 형식적으로는 형성적 쟁송이라는 준형성적 쟁송설이 통설이다.

그런데 행정청의 위법 · 부당한 처분의 취소 또는 변경을 구하는 취소심판과 달리

---

4) 대법원 2009. 7. 23. 선고 2008두10560 판결.
5) 대법원 2009. 7. 23. 선고 2008두10560 판결.

무효등확인심판은 청구기간의 제한(행정심판법 제27조), 집행부정지의 원칙(동법 제30조), 사정재결(동법 제44조) 등의 적용을 받지 않는 것이 특징이다.

이와 같이 취소심판과 무효등확인심판은 청구제기기간에 있어 확연히 구별되고 있고 행정심판법은 이를 분명히 하고 있다(행정심판법 제27조 제7항).[6] 그런데 군인사법 및 군무원인사법은 일반 행정심판절차의 기본법인 행정심판법과는 달리 이와 같은 구분을 하지 않고 처분이 있음을 안 날로부터 30일이라는 일반적인 규정만을 두고 있다.

그렇다면 **군인 및 군무원의 인사소청에 있어 소청취지가 무효등확인을 구하는 소청이 경우 소청제기기간의 제한을 받지 않는가**가 문제된다.

나. 견해의 대립

1) 제기기간 제한이 없다는 견해

행정심판법은 행정심판에 관한 일반법으로서의 지위를 가지고(행정심판법 제3조 제1항) "행정심판에 관하여 다른 법률에서 특례를 정한 경우에도 그 법률에서 정하지 아니한 사항에 관하여는 행정심판법이 정하는 바에 의한다."고 행정심판법 제4조 제2항을 근거로 다른 법률에 준용규정이 없더라도 당해 법률에서 정하지 아니한 사항에 대하여는 당연히 행정심판법이 준용되어야 하므로,[7] 결국 행정심판법 제27조 제7항에 따라 무효확인을 구하는 소청의 경우 소청의 제기기간의 제한없이 언제나 가능하다는 입장이다.

---

6)

【행정심판법】 제27조(심판청구의 기간)
① 행정심판은 처분이 있음을 알게 된 날부터 90일 이내에 청구하여야 한다.
④ 제1항과 제2항의 기간은 불변기간으로 한다.
⑦ **제1항부터 제6항까지의 규정은 무효등확인심판청구와 부작위에 대한 의무이행심판청구에는 적용하지 아니한다.**

7) 징계 기타 불이익처분을 받은 지방공무원의 불복절차에 관하여 **지방공무원법에서 규정하지 아니한 사항에 관하여는 행정심판이 정하는 바에 의하여야 하므로** 지방공무원법이 규정하지 않은 사항을 규정한 행정심판법 제42조제1항, 제18조제3항, 제6항, 제17조제1항, 제5항의 각 규정은 징계 기타 불이익처분을 받은 지방공무원의 불복절차에도 적용된다(대법원 1989. 9. 12. 선고 89누909판결).

【결정례】 8)

소청인이 주장하는 위법 원인이 무효사유에 해당된다 할지라도 취소청구의 형식으로 제기되었을 때는 소청제기기간의 제한을 받으나, **그 무효사유를 들어 무효확인청구를 한다면 소청제기기간에 있어 제한을 받지 않으므로**, 철도청이 한국철도공사로 전환되면서 공무원신분을 종료하게 되고 이에 따라 공무원연금 등에서 각 소청인이 '83년 당시 의원면직이 무효임을 확인받게 되면 연금수령액이 증가하게 되고(소청 04-617,648), 2004. 7. 25.자로 벌금형이 확정되었으므로 소청인의 의원면직이 무효임을 확인 받게 되면 복직할 수 있으므로(소청 04-681) 소청청구의 이익이 있다 할 것이므로 각각의 소청청구는 소청제기기간 도과로 인한 각하사유에 해당되지 않는다.

2) 제기기간 제한이 있다는 견해

행정심판법 제4조 제1항은 "행정심판에 관하여는 사안의 전문성과 특수성을 살리기 위하여 특히 필요한 경우가 아니면 청구인에게 불리한 내용으로 이 법에 대한 특례를 다른 법률로 정할 수 없다."고 규정하여 동법이 청구인의 권익보호를 위하여 행정심판에 관한 다른 법률의 제정기준이 됨을 밝히고 있다. 그러나 동 규정은 입법방향을 제시한 **선언적 규정에 불과하여 특례규정이 동 규정에 위배되더라도 그 효력에는 영향이 없다는 것이다.**

군인사법 및 군무원인사법에서 인사소청의 특별 행정심판절차를 규정하면서 일반행정심판법과 달리 취소심판 과 무효확인심판의 구분없이 일률적으로 소청제기기간을 처분이 있음을 안 날로부터 30일 이내로 특례규정을 둔 것은 군인 및 군무원의 인사소청의 경우 특별신분관계의 특수성과 전문성을 가진 조직인사행정에 있어 신속하게 법률관계를 확정하고자 하는 공익적 요구에 따른 것으로 보아야 할 것이다.

결국 군인 군무원 인사소청의 경우에 있어 소청취지가 무효확인을 구하는 경우에도 특례규정이 정하고 있는 제기기간을 준수하여야 하고 그 기간을 도과한 경우에는 부적법 각하된다는 입장이다.

【결정례】 9)

……(중략) 그런데 행정심판법은 무효확인심판청구와 취소심판청구를 구분하여 전자의 경우에는 제기기간의 제한을 받지 않도록 하고 있으나(구 행정심판법 제18조 제7항), 군인 군무원에 관한 인사소청은 특별행정심판절차로써 무효확인심판의 경우와 취소심판의 경우를

8) 행정안전부 소청심사위원회, 소청 및 고충심사 업무편람, 2010. 제68면.

> 구분하지 않고 '처분인 있음을 안 날로부터 30일 이내'라는 특별규정을 두고 있으므로 소청인이 **무효확인을 구하는 행정소송을 제기할 수 있음은 별론으로 하고, 소청제기기간을 준수하여야 한다고 본다.** 그렇다면 2008. 12. 1.자 임기제진급처분에 대한 소청은 처분이 이루어진 날로부터 30일이 도과한 것이 역수상 분명한 2009. 12. 16.에 제기된 것으로 부적법하여 각하함이 타당하다.

3) 소 결

행정심판법은 행정심판에 관한 법률의 **제정기준이자 일반법**이라는 것에 대하여는 이론의 여지가 없고 하자의 정도가 중대하고 명백한 경우에는 그 하자로 인하여 침해되는 사익이 법적 안정성 조기 확정이라는 공익에 양보될 수 없는 것으로 그에 대한 심판청구는 제기기간의 제한을 받지 않는다고 봄이 타당하다. 따라서 군인 군무원의 경우 처분의 무효확인을 구하는 인사소청의 경우에는 '처분이 있음을 안 날로부터 30일이내'라는 **불변기간의 제약을 받지 않는다고 봄이 타당하다.**

한편 무효확인의 소송의 경우 행정심판의 필요적 전치주의가 적용되지 않고 행정심판절차에서 부적법 각하된다하더라도 행정소송에 영향을 미치지 않는다 할 것이므로 국방부 중앙군인사소청심사위원회와 같은 결정례에 따른다하더라도 행정소송은 언제든지 가능하다.

다만, 무효사유를 이유로 취소청구 형식으로 제기한 경우에는 제기기간의 제한을 받는다.

제 3 절 예외적인 소청청구기간

1. 서 설

군인 및 군무원에 대한 소청은 특별행정심판절차로서 군인사법 및 군무원인사법이 우선 적용된다. 그런데 위 관련 법률은 소청제기기간과 관련하여 군무원인사법 시행령에서 "소청인에게 책임이 없는 사유로 소청을 제기할 수 없는 기간은 제1항의 소청제기기간에 산입하지 아니한다."(동법 제90조 제2항)고 규정되어 있을 뿐 달리 민사소송법상 추완제도 등의 규정에 관한 언급이 없다. 그러나 행정심판법은 **행정심**

9) 국방부 중앙군인사소청심사위원회 결정, 2009-33 임기제진급처분 취소 소청 참조.

판절차에 관한 기본법이자 일반법이므로 특별법에서 정하고 있는 제기기간을 제외한 나머지 행정심판법에서 규정하고 있는 법원리가 특별행정심판절차에도 그대로 적용된다고 보아야 한다.

【행정심판법】 제27조

① 행정심판은 처분이 있음을 알게 된 날부터 90일 이내에 청구하여야 한다.
② 청구인이 천재지변, 전쟁, 사변(事變), 그 밖의 불가항력으로 인하여 제1항에서 정한 기간에 심판청구를 할 수 없었을 때에는 그 사유가 소멸한 날부터 14일 이내에 행정심판을 청구할 수 있다. 다만, 국외에서 행정심판을 청구하는 경우에는 그 기간을 30일로 한다.
③ 행정심판은 처분이 있었던 날부터 180일이 지나면 청구하지 못한다. 다만, **정당한 사유가 있는 경우에는 그러하지 아니하다.**
④ 제1항과 제2항의 기간은 **불변기간**으로 한다.
⑤ 행정청이 심판청구 기간을 제1항에 규정된 기간보다 긴 기간으로 **잘못 알린 경우** 그 잘못 알린 기간에 심판청구가 있으면 그 행정심판은 제1항에 규정된 기간에 청구된 것으로 본다.
⑥ 행정청이 **심판청구 기간을 알리지 아니한 경우**에는 제3항에 규정된 기간에 심관청구를 할 수 있다.
⑦ 제1항부터 제6항까지의 규정은 무효등확인심판청구와 부작위에 대한 의무이행심판청구에는 적용하지 아니한다.

2. 각 규정에 구체적인 적용

가. 불변기간의 의미

불변기간이라함은 법정기간 중에서 특히 불변기간이라고 정한 기간을 의미한다. 불변기간이 아닌 것은 모두 통상기간이다. 상소기간, 재심기간, 제권판결에 대한 불복기간 등은 모두 불변기간이다. 불변기간은 일반적으로 재판에 대한 불복신청기간으로 법원이 부가기간을 정할 수 있으나 이를 신축할 수 없고, 당사자의 책임없는 사유로 그 기간이 도과되는 경우에 대하여 추후보완이 허용되는 점에서 통상기간과 다르다.[10] 불변기간의 준수 여부는 직권조사사항에 해당하는 소송조건이다.

군인사법 및 군무원인사법에서 소청제기기간에 관하여 규정하면서 불변기간임을 **명시하지 않고 있으나,** 행정심판법 제27조 제4항에서 제기기간의 법적 성질에 관하여 불변기간임을 명시한 이상 **마찬가지로 불변기간에 해당한다고 본다.**

10) 이시윤, 신민사소송법, 박영사, 2002. 제356면 ; 강현중, 민사소송법, 박영사, 1995. 제443면 참조.

나. 행정심판법 제27조 제2항

행정심판의 행정구제제도로서의 의의에 비추어 청구인에게 귀책시킬 수 없는 천재, 지변, 전쟁, 사변 그 밖의 불가항력적인 사유로 말미암아 원칙적인 심판청구기간을 도과한 경우에는 일정한 기간의 범위 안에서 심판청구기간의 예외를 인정한 것이다. 이 기간 역시 불변기간이다.

따라서 인사소청의 경우에도 마찬가지라 할 것이다. 위와 같은 불가항력적 사유가 있는 때에는 그 사유가 소멸한 날로부터 14일 이내에 소청을 청구할 수 있다.

다. 행정심판법 제27조 제3항 단서

동법 단서에서 말하는 정당한 사유에 해당여부는 당해 소청위원회에서 직권으로 조사하여 건전한 사회관념에 입각하여 개별적·구체적으로 판단해야 할 것이나, 같은 조 2항의 **불가항력보다는 넓은 개념으로서 당해 처분의 상대방이나 제3자가 그 처분이 있음을 알 수 없었기 때문에 소정의 심판청구기간을 지킬 수 없었던 것은 정당한 사유가 있는 경우에 해당한다**고 볼 수 있을 것이다.[11)]

즉, 처분청이 일정한 처분을 하면서 그 처분의 상대방이 그 처분이 있음을 알 수 있게 하는 통지나 공고 등을 하지 않았기 때문에 자기의 귀책사유 없이 당해 처분이 있음을 알지 못하고 그로 인하여 심판청구를 할 수 없게 된 경우 등이 정당한 사유에 포함된다.

이 경우 정당한 사유의 발생은 처분이 있은 날로부터 30일이내에 시작되어야 한다. 다시 말해서 처분청의 정상적인 통지나 공고 등의 행위로 인하여 처분 상대방이 당해 처분이 있음을 안 날로부터 30일이내에 소청을 제기하면 족하다.

한편, 처분의 직접상대방이 아닌 제3자의 경우 처분청이 직접 통지하는 것이 아니기 때문에 쉽게 처분이 있음을 알기 어려울 것이므로 일반적으로 정당한 사유를 적용하는 것은 가능할 것이나 제3자라 하더라도 특별히 처분을 알았다고 인정할 수 있는 경우에는 처분이 있음을 안 날로부터 심판청구기간을 기산하여야 한다.

11) 국무총리행정심판위원회, 법제처, 행정심판의 이론과 실제, 2002. 제289면 참조.

대법원 판례

행정처분의 상대방이 아닌 제3자가 어떤 경위로든 행정처분이 있음을 안 이상 행정심판법 제18조 제1항에 의하여 그 처분이 있음을 안 날로부터 60일 이내에 심판청구를 하여야 하고, 이 경우 제3자가 그 청구기간을 지키지 못하였음에 정당한 사유가 있는지 여부는 문제가 되지 아니한다(대법원 1995. 8. 25. 선고 94누12494 판결).

라. 심판청구기간의 불고지의 경우

행정청이 처분을 하는 때에는 당사자에게 그 처분에 관하여 행정심판 및 행정소송을 제기할 수 있는지 여부, 기타 불복을 할 수 있는지 여부, 청구절차 및 청구기간 기타 필요한 사항을 알려야 한다(행정절차법 제26조).

그 처분의 방식에 관하여 다른 법령 등에 특별한 규정이 있는 경우[12]를 제외하고는 문서로 하여야 하며, 전자문서로 하는 경우에는 당사자 등의 동의가 있어야 한다. 다만, 신속을 요하거나 사안이 경미한 경우에는 구술 기타 방법으로 할 수 있으며 이 경우 당사자의 요청이 있는 때에는 지체없이 처분에 관한 문서를 주어야 한다(행정절차법 제24조).

처분을 하는 문서에는 그 처분 행정청 및 담당자의 소속 · 성명과 연락처를 기재하여야 한다.

처분을 문서로 요구되는 경우에 있어 처분청으로부터 어떠한 내용의 처분문서가 없는 한 청구인이 사실상 소정의 적법한 소청제기기간을 알았는지의 여부는 고려되지 않는다. 이는 행정청의 고지의무의 이행을 간접적으로 강제하는 효과를 기대함으로써 개인에게 행정구제의 기회를 보장하려는 데에 따른 행정심판법상 불고지의 효과를 규정한 것이다.

행정청이 심판청구기간을 알리지 아니한 때에는 소정의 기간내에 심판청구를 할 수 있다고 규정하고 있다(행정심판법 제18조 제6항).

---

12) 징계처분의 경우, 징계권자가 징계처분의 결정을 한 때에는 본인에게 지체 없이 징계처분서를 교부하여야 한다고 규정하여 **징계처분장 또는 징계처분서**를 교부하도록 되어 있다(군인징계령 제22조 제1항, 징계처분의 집행). 징계처분서 서식례는 다음 표와 같다.

마. 심판청구기간의 오(誤)정보로 인한 경우

행정청이 착오로 소정의 심판청구기간보다 긴 것으로 잘못 고지한 경우 행정심판법은 그에 따르는 위험부담을 처분청이 지도록 규정하고 있다(동법 제18 조5항). 따라서 처분청이 심판청구기간을 관련 규정보다 긴 것으로 잘못 알린 때에는 그 잘못 알린 기간내에 청구가 있으면 그 심판청구는 소정의 기간내에 제기된 것으로 본다. 이는 행정청의 고지에 대한 신뢰를 보호하려는데 그 취지가 있다. 그러나 행정청이 법정 심판청구기간보다 긴 기간으로 잘못 알린 경우에 그 잘못 알린 기간 내에 심판청구가 있으면 그 심판청구는 법정 심판청구기간 내에 제기된 것으로 본다는 취지의 행정심판법 제18조 제5항의 규정은 행정심판 제기에 관하여 적용되는 규정이지, 행

【징계처분서 서식례】

국방부

징서 제2010-5호 2010. 7. 7.

징 계 처 분 서

소 속 : 국방부 법무담당관실
계 급 : 대 위
군 번 : 05-00000
병 과 : 법 무 **김 갑 동**

상기자를 **견 책** 에 처함.

1. 징계건명 : 복종의무위반(상관모욕 등)
2. 징계대상사실 :

피징계인은 '09. 3.부터 '10. 11. 30.까지 국방부 법무담당관실에서 송무계획장교로 근무하다가 '10. 11. 30. 보직해임을 받은 자이다.

피징계인은 '09. 12. 11. 10:00경 보고서가 마음에 들지 않는다고 다시 작성하라는 상관의 말을 듣고 그 자리에서 보고서를 집어 던지며 "에이 씨발 더러워서 못해 먹겠네" 하며 뛰쳐 나가 이로써 피징계인은 상관인 박00을 모욕하여 복종의무를 위반하였다.

3. 처분이유 : 군인사법 제56조의 규정에 의하여 징계사유 인정됨. 끝.

국 방 부 장 관 김 을 동 직 인

본 처분이 타당하지 아니하다고 생각하는 경우에는 처분의 통지를 받은 날로부터 30일 이내에 군인사법 제60조 또는 군무원인사법 제42조에 따라 항고심사권자에게 항고할 수 있습니다.

정소송 제기에도 당연히 적용되는 규정이라고 할 수는 없다.

대법원 판례

행정심판과 행정소송은 그 성질, 불복사유, 제기기간, 판단기준 등에서 본질적인 차이점이 있고, 임의적 전치주의는 당사자가 행정심판과 행정소송의 유·불리를 스스로 판단하여 행정심판을 거칠지 여부를 선택할 수 있도록 한 취지에 불과하므로 어느 쟁송 형태를 취한 이상 그 쟁송에는 그에 관련된 법률 규정만이 적용될 것이지 두 쟁송 형태에 관련된 규정을 통틀어 당사자에게 유리한 규정만이 적용된다고 할 수는 없으며, 행정처분시나 그 이후 행정청으로부터 행정심판 제기기간에 관하여 **법정 심판청구기간보다 긴 기간으로 잘못 통지받은 경우에 보호할 신뢰 이익은 그 통지받은 기간 내에 행정심판을 제기한 경우에 한하는 것이지 행정소송을 제기한 경우에까지 확대된다고 할 수 없다**(대법원 2008. 6. 12. 선고 2007두16875 판결 참조).

한편 처분청이 처분상대방에게 심판청구기간을 법정기간보다 짧게 고지한 경우에 대하여는 행정심판법이 특별한 언급이 없는 바, 이에 대하여는 고지가 없는 것으로 보아 처분이 있은 날로부터 30일이내에 청구를 할 수 있다고 보아야 한다는 견해와 짧은 기간으로 고지한 것에 불구하고 처분이 있음을 안날로터 30일 이내에 소청을 제기할 수 있다는 견해가 대립한다.

이 경우 처분이 있는 날로부터 180일과 처분을 안 날로부터 90일이라는 행정심판법과 달리 군인 군무원 인사소청의 경우에는 처분이 있음을 안날로부터 30일 이내로 규정하고 있으므로 이에 대한 논의의 실익은 그리 크지 않다. 다만, 이 경우 처분상대방이 처분을 안 날이 30일이 지나면 소청제기는 부적법한 것으로 각하되어야 한다.

제 4 절 소청기간의 계산

군인사법 및 군무원인사법은 소청심사청구기간의 계산에 관하여 규정을 두고 있지 않으며 행정심판법 역시 마찬가지이다. 그러므로 이 경우 민법의 예에 따라 기간을 계산해야 한다. 즉, 군인사법 및 군무원인사법은 일(日) 단위로 하고 있으므로 소청심사기간의 계산에 있어서는 기간의 초일은 처분이 있음을 안 날, 처분이 있은 날, 불가항력적인 사유가 소멸한 날이 된다. 기간의 만료일은 초일로부터 30일이 되는 날이며 그 기간의 말일이 토요일 또는 공휴일인 경우에는 그 익일에 소청심사 청구기간이 만료된다(민법 제157조, 제159조, 제161조).

소청장이 피소청인인 행정청에 제출된 때 소청심사 청구가 제기된 것으로 본다. 그러나 행정청이 고지를 하지 아니하거나 잘못 알려져 소청인이 심판청구서를 다른 행정기관에 제출된 경우에는 그 행정기관에 제출된 때를 피소청인경정을 한 경우에는 처음 소청심사 청구를 한 때를 심판청구일로 본다(행정심판법 제27조).

한편, 행정심판이 재결로써 처분이 취소된 후 처분청이 동일한 사안에 대하여 또 다른 처분을 하였다면 후에 한 처분은 재결로써 취소된 처분과는 별개의 새로운 처분이므로 청구기간의 계산도 새로운 처분을 기준으로 하여야 한다.

대법원 판례

행정심판에 있어서 재결청의 재결내용이 처분청에 취소를 명하는 것이아니라 처분청의 처분을 스스로 취소하는 것일 때에는 그 재결에 형성력이 발생하여 당해 행정처분은 별도의 행정처분을 기다릴 것 없이 당연히 취소되어 소멸되는 것이어서 그 후 동일한 사안에 대해 처분청이 또다른 처분을 하였다면 **이는 위 소멸된 처분과는 완전히 독립된 별개의 처분**이라 할 것이고, 따라서 **새로운 처분에 대한 제소기간 준수 여부도 그 새로운 처분을 기준으로 판단하여야** 한다(대법원 1994. 4. 12. 선고 93누1879 판결).

제5장 소청심사의 제기

제1절 소청심사의 제기요건

행정심판은 청구인적격이 있는 자가 심판청구의 대상이 되는 처분이나 부작위를 대상으로 심판청구기간내에 심판청구서 및 소정의 방식에 의하여 피청구인인 행정청을 거쳐 재결청에 제기하거나 재결청에 직접 제기하여야 한다. 소청심사의 제기요건은 아래의 표와 같다.

당사자	행정심판은 청구인능력이 있는 자가 청구를 할 법률상 이익이 있는 때에 피청구인에 대하여 제기되어야 하는데 소청심사의 경우에 있어서는 군인 또는 군무원이 처분청을 상대로 소청을 제기하여야 한다.
대 상	행정청의 처분 또는 부작위를 대상으로 한다. 소청의 경우 징계처분을 제외한 불이익한 처분 또는 부작위에 대하여 소청을 제기할 수 있다.
청구기간	불변기간으로서 처분이 있는 날(안 날)로부터 30일 이내에 제기하여야 한다.
청구방식	서면에 의한 소정의 방식을 따라 제출되어야 한다.

제2절 소청심사청구의 방식

1. 서면주의

행정심판청구는 일정한 사항을 기재한 **서면으로** 하여야 한다(행정심판법 제23조, 제28조). 청구의 취지 및 이유 등을 객관적으로 명확히 하고 구술로 하는 경우 지체와 번잡을 피하기 위해 행정심판청구를 구술주의 대신에 서면주의를 택하고 있다. 그러나 인사소청의 경우에는 특별행정심판절차로써 서면주의를 원칙으로 하되 소청심사기일에 소청인과 피소청인을 출석하게 하여 진술하게 할 수 있다.

심판청구서가 제출됨으로써 행정심판절차가 개시되는데 심판청구사건에 대한 심리가 원칙적으로 서면심리방식으로 행하여지므로 **심판청구서의 내용이 부실하거나 부정확한 경우에 청구인의 불이익으로 돌아가게 된다.** 따라서 심판청구서는 정확하고 간명하게 작성되어야 한다.

2. 소청서의 기재사항

【행정심판법】 제28조(심판청구의 방식)

① 심판청구는 **서면으로 하여야** 한다.
② 처분에 대한 심판청구의 경우에는 심판청구서에 다음 각 호의 사항이 포함되어야 한다.
  1. **청구인의 이름과 주소 또는 사무소(주소 또는 사무소 외의 장소에서 송달받기를 원하면 송달장소를 추가로 적어야 한다)**
  2. **피청구인과 위원회**
  3. **심판청구의 대상이 되는 처분의 내용**
  4. **처분이 있음을 알게 된 날**
  5. **심판청구의 취지와 이유**
  6. **피청구인의 행정심판 고지 유무와 그 내용**
③ 부작위에 대한 심판청구의 경우에는 제2항 제1호 · 제2호 · 제5호의 사항과 그 부작위의 전제가 되는 신청의 내용과 날짜를 적어야 한다.
④ 청구인이 법인이거나 제14조에 따른 청구인 능력이 있는 법인이 아닌 사단 또는 재단이거나 행정심판이 선정대표자나 대리인에 의하여 청구되는 것일 때에는 제2항 또는 제3항의 사항과 함께 그 대표자 · 관리인 · 선정대표자 또는 대리인의 이름과 주소를 적어야 한다.
⑤ 심판청구서에는 청구인 · 대표자 · 관리인 · 선정대표자 또는 대리인이 서명하거나 날인하여야 한다.

가. 필요적 기재사항

심판청구서의 필요적 기재사항이란 완전한 심판청구서로서의 효력을 발생하기 위하여 반드시 기재되어야 하는 사항을 말한다. 필요적 기재사항에 흠결이 있는 경우에는 소청심사위원회는 그 흠결을 보정할 수 있는 때에는 기간을 정하여 보정을 명할 수 있고(행정심판법 제32조 제1항), 흠결이 보정할 수 없는 때에는 소청을 각하하게 된다.[1)]

소청장의 필요적 기재사항은 당해 소청의 주체 및 객체의 특정에 관한 것인데 행정심판은 엄격한 형식을 요하는 행정소송과 달리, 신속 정확한 구제절차를 의미하는 바, 소청심사위원회는 **제출된 서류의 취지가 불명확한 경우에도 그 서면을 가능한 한 '제출자의 이익이 되도록 선해'하여** 처리함이 바람직하다고 본다.

1) 소청인의 사망으로 당사자능력을 상실한 경우를 들 수 있다.

대법원 판례

행정심판법 제19조, 같은 법 제23조의 규정취지와 행정심판제도의 목적에 비추어 보면 행정소송의 전치요건인 **행정심판 청구는 엄격한 형식을 요하지 아니하는 서면행위라고 볼 것이므로** 행정청의 위법 부당한 처분 등으로 인하여 권리나 이익을 침해당한 자로부터 처분의 취소나 변경을 구하는 서면이 제출되었을 때에는 표제와 제출기관의 여하를 불문하고 행정심판 청구로 보고 심리와 재결을 하여야 하고, 불비된 사항이 있을 때에는 보정 가능한 때에는 보정을 명하고 보정명령에 따르지 아니하거나 보정이 불가능한 때에는 각하하여야 하며, **제출된 서면의 취지가 불명확한 경우에도 행정청으로서는 그 서면을 가능한 한 제출자의 이익이 되도록 해석하고 처리하여야** 한다(대법원 1993. 6. 29. 선고 92누19194 판결).

1) 당사자 표시

소청인과 피소청인을 식별할 수 있도록 소청인의 이름과 주소 및 피소청인인 처분청을 정확하게 기재하여야 한다. 소청장 형식에는 소청인의 연락처가 기재사항이 아니나, 소청실무상 소청장 접수 후, 심판청구서 흠결의 보정은 서면에 의한 경우가 원칙이나 신속한 절차를 위하여 유선으로 통보하여 보정을 하는 경우가 많다. 이를 위하여 소청인에게 통지할 수 있도록 연락처를 반드시 기재할 필요가 있다. 소청인이 무능력자인 경우에는 그의 법정대리인도 아울러 표시하여야 한다.

2) 소청 대상인 처분 및 청구의 취지와 이유의 명시

가) 소청의 대상인 처분

심판청구는 행정심판의 처분이나 부작위를 대상으로 하는 것이므로 심판청구의 대상을 특정하기 위하여 취소심판 또는 무효등확인심판의 심판청구서에는 당해 심판청구의 대상인 처분의 내용과 처분이 있은 것을 안 날을, 의무이행심판의 심판청구서에는 당해 부작위의 전제인 신청의 내용과 신청일을 기재하고 거부처분을 대상으로 하는 청구인 때에는 당해 처분의 내용과 처분이 있음을 안 날을 기재하여야 한다.

나) 소청의 취지

소청취지는 당해 인사소청을 통하여 구하는 재결의 내용을 간명히 표시하는 것으로서, 심판청구의 결론부분이다. 심판청구의 취지는 당해 행정처분의 대상을 특정지우는 의미를 가짐과 동시에 어떠한 분쟁해결방식을 구하는 것인지를 나타내는 역할을 한다. 그러므로 **심판청구의 취지는 확정(確定)되어야** 하고 그 내용이 불확정되거나 조건부 재결을 구하는 것이어서는 안된다. 소청취지의 기재례는 아래 표와 같다.

<소청취지의 기재례>

취소심판	"피소청인이 소청인에 대하여 한 2010. 6. 2.자 보직해임처분을 취소한다"
의무이행심판	"피소청인은 소청인이 2009. 4. 1. 피소청인에 대하여 한 전역지원신청에 대하여 전역처분을 이행하라"
무효등확인	"피소청인이 소청인에 대하여 한 2010. 2. 1.자 장교임용취소처분은 무효임을 확인한다"
부작위위법확인	"피소청인이 소청인에 대하여 한 2009. 12. 4.자 진급발령 부작위가 위법임을 확인한다"

다) 소청 이유

소청의 이유란, 소청인의 소청취지를 이유있게 하는 모든 사유를 말한다. 행정심판의 심리는 서면심리로 하는 것이 원칙이기 때문에 심판청구의 이유의 기재정도는 청구를 뒷받침할 모든 사실상 법률상의 이유라고 할 수 있다. 다만, 인사소청의 경우에는 소청기일에 당사자의 출석 및 진술권이 보장되어 있기 때문에 소청이유의 기재정도가 완화되어 있다. 또한 심리중에도 주장을 보충하거나 상대방의 주장을 반박하기 위한 보충서면을 수시로 제출할 수 있기 때문에 소청장 제출후에도 심판청구의 이유는 이를 수시로 보충할 수 있다.[2)]

3) 기 타

심판청구서에는 위의 사항 외에 취소심판 및 무효등확인심판의 경우에는 고지의 유무와 그 내용 및 심판청구일자를 의무이행심판의 경우에는 심판청구일자를 기재하여야 한다. 고지의 유무와 그 내용의 기재는 심판청구의 주체나 객체와 직접 관계되는 것은 아니나, 심판청구기간 및 심판청구의 제출절차와의 관계에서 중요한 의미가 있다.

나. 임의적 기재사항

심판청구의 임의적 기재사항이라 함은 소청청구서의 법정기재사항에 속하지 아니하는 사항을 말하는 것으로서, 청구의 이유를 뒷받침하기 위한 입증방법의 기재 등과 같은 것이다. 행정심판은 서면주의가 원칙이기 때문에 소청인은 자신에게 유리한

2) 국무총리행정심판위원회, 법제처, 행정심판의 이론과 실제, 2002. 제308면 참조.

모든 것을 현출시킬 수 있다.

3. 소청서의 첨부서류

가. 소청장 부본

소청장에는 피소청인의 수에 따른 부본을 첨부하여야 한다(구 행정심판법 시행령 제18조 제2항). 심판청구서의 부본은 피청구인이 갖고 심판청구서는 소청심사위원회 즉 재결청에 보내게 된다. 그런데 인사소청의 경우 소청인 소청심사위원회에 소청을 제기하는데 재결청은 소청이 접수되면 담당공무원은 즉시 피소청인에게 처분경위, 처분일자, 소청에 대한 처분청의 입장 등을 공문으로 요구하게 된다. 이때 소청장 부본을 보내는데 소청인이 부본을 별도로 제출하지 않은 때에는 소청실무에서는 소청장 사본을 별도로 송부하여 참고하도록 하고 있다.

나. 소명자료 및 증거서류 기타

소청장에는 대표자 관리인 선정대표자 또는 대리인의 자격을 소명하는 자료 및 소청을 이유있게 하는 증거자료 및 증거물을 첨부할 수 있다(행정심판법 시행령 제20조). 심판청구서에 증거서류를 첨부할 때에는 심판청구서의 부본에도 그 증거서류의 부본을 첨부하여야 한다.(구 행정심판법 제27조 제2항).

제 3 절 소청심사청구의 제출 및 접수

1. 심판청구서의 제출

심판청구서는 **'피청구인인 행정청 또는 위원회'**에 제출하여야 한다. 행정청이 고지를 하지 아니하거나 잘못 알려서 청구인이 심판청구서를 다른 행정기관에 제출한 때에는 당해 행정기관은 그 심판청구서를 지체없이 정당한 권한있는 행정청에 송부하여야 한다. 심판청구서를 받은 행정청은 그 심판청구가 이유있다고 인정할 때에는 심판청구의 취지에 따르는 처분이나 확인을 하고 지체없이 이를 위원회와 청구인에게 통지하여야 한다(행정심판법 제25조).

2. 심판청구서의 접수

가. 접 수

청구인으로부터 심판청구서가 제출되면 행정청은 이를 접수하여야 하는 바, 당해 행정청이 피청구인적격이 없는 경우에도 이를 이유로 심판청구서의 접수를 거부하거나 접수된 심판청구서를 반려해서는 안된다. 심판청구가 부적법하다고 인정되는 경우에도 역시 이를 이유로 심판청구서의 접수를 거부하거나 반려할 수 없다. 행정청이 심판청구서를 접수한 때에는 지체없이 **행정심판청구사건접수처리부**에 기재하여야 한다.

1995년 행정심판법 개정이전에는 피청구인인 행정청을 거쳐 행정심판을 제기하도록 하는 **처분경유주의**를 취하고 있었으나, 법 개정으로 **신청인의 '선택'에 따라** 피청구인 또는 위원회에 제출할 수 있도록 하였다(행정심판법 제23조).[3]

나. 접수시 유의사항

1) 표제가 심판청구서로 되어 있지 아니한 경우

행정심판청구는 엄격한 형식을 요하지 아니하므로 행정청의 위법 부당한 처분 또는 부작위로 인하여 권리나 이익을 침해 당한자로부터 이의 시정을 구하는 취지의 서면이 제출되었을 때에는 그 표제가 이의신청, 진정, 건의 등으로 되어 있더라도 이 서면을 심판청구서로 보아야 한다. 이 경우 그 기재사항이 행정심판법 소정의 기재사항과 부합하지 않더라도 그 내용을 종합적으로 파악하여 청구취지 및 청구이유를 판단하여야 한다.[4] 다시 말해서 표제가 비록 심판청구서로 되어 있지 않더라도 그 내용을 종합적으로 파악하여 볼 때 행정심판청구의 취지이면 이를 심판청구서로 인정하여야 할 것이다.

---

3) 이러한 입법개정이유는 위법 부당한 처분 또는 부작위를 한 처분청에 행정심판을 제기하도록 하는 것이 국민의 법감정에 부합하지 않고, 청구인은 심판청구를 취하하라는 압력을 받을 우려 및 심판청구서를 수리조차 하지 않은 경우가 있어 행정심판법의 개정을 통하여 심판청구의 본인의 선택에 따라 처분청을 경유 또는 직접 재결청에 청구서를 제출할 수 있도록 한 것이다.

4) 국무총리행정심판위원회, 법제처, 행정심판의 이론과 실제, 2002. 제310면 참조.

대법원 판례

행정소송의 전치요건인 행정심판청구는 엄격한 형식을 요하지 아니하는 서면행위로 해석되므로, 위법 · 부당한 행정처분으로 인하여 권리나 이익을 침해당한 자로부터 그 처분의 취소나 변경을 구하는 서면이 제출되었을 때에는 **그 표제와 제출기관의 여하를 불문하고, 이를 행정소송법 제18조 소정의 행정심판청구로 보고, 불비된 사항이 보정 가능한 때에는 보정을 명하고 보정이 불가능하거나 보정명령에 따르지 아니한 때에 비로소 부적법 각하를 하여야 할 것이며,** 더욱 심판청구인은 일반적으로 전문적 법률지식을 갖고 있지 못하여 제출된 서면의 취지가 불명확한 경우도 적지 않으나, 이러한 경우에도 행정청으로서는 그 서면을 가능한 한 제출자의 이익이 되도록 해석하고 처리하여야 하는 것이다.

진정서에는 처분청과 청구인의 이름 및 주소가 기재되어 있고, 청구인의 기명날인이 되어 있으며 그 **진정서의 기재내용**에 의하여 심판청구의 대상이 되는 행정처분의 내용과 심판청구의 취지 및 이유를 알 수 있고, 거기에 기재되어 있지 않은 재결청, 처분이 있는 것을 안 날, 처분을 한 행정청의 고지의 유무 및 그 내용 등의 불비한 점은 어느 것이나 **그 보정이 가능한 것이므로,** 처분청에 제출한 처분의 취소를 구하는 취지의 **진정서를 행정심판청구로 보아야** 한다(대법원 1995. 9. 5. 선고 94누16250 판결).

2) 단순한 진정 · 탄원 · 건의 등에 해당하는 경우

행정기관에 대하여 어떠한 희망을 표시하는 것에 불과한 진정, 탄원, 건의 등이 심판청구서의 형식을 빌어서 제출된 경우 이러한 심판청구는 당연히 부적법한 심판청구로서 각하하게 된다. 그렇지만 각하여부도 소청심사위원회의 심의 및 의결을 거쳐 재결청이 재결하여야 할 사항이므로 표제가 심판청구서로 명기되어 있는 경우에는 비록 그 내용이 진정, 탄원, 건의 등의 단순한 민원에 불과하더라고 이를 일반적인 민원사무처리절차에 따라 처리하여서는 안된다.[5)]

그러나 비록 표제가 심판청구서로 되어 있다고 하더라도 그 내용이 명백하게 행정청에 어떠한 희망을 표시하는 것에 불과한 때에는 간사가 당사자에게 그 심판청구의 취지를 다시 확인한 후 그 내용을 종국적으로 해결할 수 있는 기관 등으로 안내하거나 당사자의 동의하에 해결기관으로의 이송하는 방법으로 해결하여야 하는 것이 바람직하다고 본다. 왜냐하면 인사소청의 일반적인 소요기간은 2내지 3개월의 장기간을 요한다. 결국 심판청구인의 잘못된 표제로 청구인에게 불필요하고 무의미한 기간을 기다려야 하는 결과를 초래하게 되기 때문이다. 따라서 간사가 이를 당사자에게 충분히 설명하고 이송하거나 다른 절차를 밟을 수 있도록 안내하였음에도 불구하고

5) 국무총리행정심판위원회, 법제처, 행정심판의 이론과 실제, 2002. 제311면 참조.

당해 기관에서 결정하여 줄 것을 요구하는 경우에 한하여 소청심사위원회에 회부하여 각하처리하는 것이 바람직하다고 본다.

3) 재심판 청구인 경우

심판청구에 대한 재결에 대하여는 다시 심판청구를 제기할 수 없으므로 (행정심판법 제51조) 소청결정에 있었던 사안에 대하여 종전과 동일한 소청심사청구가 제기된 경우에 재심판청구로서 각하하게 된다. 그러나 각하여부도 소청심사위원회의 심리의결을 거쳐 재결청이 재결하여야 하므로 재심판청구를 이유로 심판청구서를 반려하거나 일반적인 민원으로 처리하여서는 안된다.

4) 청구의 취지 및 이유가 불분명한 경우

청구의 취지 및 이유가 불분명한 경우 이로 인한 불이익은 청구인이 받게 될 뿐만 아니라 소청심사위원회가 심리과정에서 청구의 취지 및 이유를 설명하게 되므로 이를 이유로 소청장 접수를 거부하거나 반려하여서는 안된다. 오히려 소청 담당공무원 내지 간사는 소청인에게 소청의 취지를 확인하고 소청인에게 취지나 이유의 불명확함으로 인하여 입게 될 불이익을 설명하고 이를 보완하게 하거나 입증방법을 촉구하여야 할 것이다.

5) 심판청구서의 부본이 첨부되어 있지 않은 경우

소청심사서에는 그 부본을 첨부하여야 하고 증거서류를 첨부한 때에는 증거서류도 부본을 첨부하여야 한다. 그러나 실무상 대부분 국민이 증거서류의 부본을 첨부하지 않는 경우가 많다. 일단 그러한 경우에도 소청장을 접수 한 뒤 청구인으로 하여금 부본을 추가로 제출하게 하거나 복사하여 사용하는 것이 타당하다.

6) 소청과 행정소송이 동시에 제기된 경우

행정심판의 필요적 전치주의가 폐지됨에 따라 행정심판과 행정소송이 동시에 제기되는 경우가 발생할 수 있으나 행정소송의 제기여부가 행정심판청구를 할 수 없는 장애사유가 되지 못하므로 행정소송이 제기된 것이 행정심판청구서의 접수를 거부하거나 접수된 심판청구서의 반려사유가 될 수 없다.

또한 인사소청제도 예외적으로 필요적 전치주의를 채택하고 있는 특별행정심판절차로서 행정소송의 전제가 행정심판을 거쳐야 하고 그러한 요건을 갖추지 못한 경우에는 부적법한 소송으로써 각하사유에 해당한다. 그런데 행정법원의 실무는 행정심판의 거치지 않았다고 하여 무조건 이를 각하하지 않고 소장접수시에 행정심판이 제기되고 있다는 사실을 소명한 경우에는 이를 바로 부적법한 소로써 각하하는 것이 아니고 행정심판청구의 접수시 일정한 기간이 경과하거나 행정심판의 결과를 기다려 이에 따라 행정소송을 진행하고 있다.

【행정소송법】 제18조(행정심판과의 관계)

① 취소소송은 법령의 규정에 의하여 당해 처분에 대한 행정심판을 제기할 수 있는 경우에도 이를 거치지 아니하고 제기할 수 있다. 다만, 다른 법률에 당해 처분에 대한 행정심판의 재결을 거치지 아니하면 취소소송을 제기할 수 없다는 규정이 있는 때에는 그러하지 아니하다.〈개정 1994.7.27〉

② 제1항 단서의 경우에도 다음 각호의 1에 해당하는 사유가 있는 때에는 **행정심판의 재결을 거치지 아니하고 취소소송을 제기할 수 있다**.〈개정 1994.7.27〉

1. 행정심판청구가 있은 날로부터 60일이 지나도 재결이 없는 때
2. 처분의 집행 또는 절차의 속행으로 생길 중대한 손해를 예방하여야 할 긴급한 필요가 있는 때
3. 법령의 규정에 의한 행정심판기관이 의결 또는 재결을 하지 못할 사유가 있는 때
4. 그 밖의 정당한 사유가 있는 때

③ 제1항 단서의 경우에 다음 각호의 1에 해당하는 사유가 있는 때에는 행정심판을 제기함이 없이 취소소송을 제기할 수 있다.〈개정 1994.7.27〉

1. 동종사건에 관하여 이미 행정심판의 기각재결이 있은 때
2. 서로 내용상 관련되는 처분 또는 같은 목적을 위하여 단계적으로 진행되는 처분중 어느 하나가 이미 행정심판의 재결을 거친 때
3. 행정청이 사실심의 변론종결후 소송의 대상인 처분을 변경하여 당해 변경된 처분에 관하여 소를 제기하는 때
4. 처분을 행한 행정청이 행정심판을 거칠 필요가 없다고 잘못 알린 때

④ 제2항 및 제3항의 규정에 의한 사유는 이를 소명하여야 한다.

3. 온라인 행정심판 제도

개정 행정심판법은 온라인 행정심판제도의 법적 근거와 그 시행에 필요한 전자서명 및 전자송달 등에 대한 법적 근거를 신설하고 있다. 현재 온라인 행정심판시스템을 도입·운영 중인 국무총리행정심판위원회의 경우 온라인 행정심판 시스템 상 전

자문서의 이송은 같은 서버내의 다른 계정으로만 이체하는 것에 불과하고 실무상 피청구인과 청구인이 국무총리행정심판위원회 서버에서 관련 작업을 수행하는 구조이므로 전자문서의 도달 효력 등에 「전자정부법」상의 규정을 그대로 적용하기 어려운 측면이 있으므로 독자적인 규율이 필요하여 이에 대한 근거조항을 신설한 것이다(행정심판법 제52조 내지 제54조 참조).

가. 온라인 심판청구서 접수시기

온라인 청구를 한 경우 온라인 행정심판시스템에서 관련 서식을 다 작성한 후 접수 버튼을 누르도록 되어 있고 그 접수번호를 확인하도록 되어 있으므로 '접수번호를 확인한 때'를 심판청구서 제출시기로 보고 있다(행정심판법 제52조 제3항).

나. 전자서명

온라인 행정심판을 통하여 심판절차를 밟고자 하는 자에게 실명확인으로만 회원가입하여 심판청구를 가능하게 하는 방법과 전자서명(또는 공인인증서)을 반드시 사용하도록 하는 방법이 있다. 전자의 방법은 단지 회원으로 가입하게 하여 아이디와 비밀번호 입력만으로도 청구가 가능하다. 그런데 이 방법은 청구인이 보다 쉽게 온라인 심판청구를 할 수 있고, 공인인증서의 사용의무가 부과되어 있지 않아 이용자에게 편리한 측면은 있으나, 현재 대부분의 인터넷 금융거래도 전자서명 또는 공인인증을 요구하고 있는 점을 감안하면 본인 확인절차는 반드시 정비되어야 할 것으로 개정 행정심판법은 전자서명이나 그 밖의 인증을 요구할 수 있도록 규정하고 있다.

다. 전자송달

온라인 시스템을 통한 전자문서의 송달에서 도달 시기와 관련하여 전자정부법에는 이메일 통지 등을 통해 송달하는 경우 **당사자의 수신확인 여부와 상관없이 당사자의 컴퓨터에 도달한 때**(당해 메일 계정에 입력된 때) 도달한 것으로 규정하고 있다.[6]

---

6) 전자정부법 제19조 (전자문서의 발송 및 도달시기)
① 행정기관에 송신한 전자문서는 당해 전자문서의 송신시점이 컴퓨터에 의하여 전자적으로 기록된 때에 그 송신자가 발송한 것으로 본다.
② 행정기관이 송신한 전자공문서는 수신자가 지정한 컴퓨터 등에 입력된 때에 그 수신자에게 도달된 것으로 본다. 다만, 지정한 컴퓨터 등이 없는 경우에는 수신자가 관리하는 컴퓨터 등에 입력된 때에 그 수신자에게 도달된 것으로 본다.

그런데 재결서의 도달시점은 행정소송 제기기간의 기산점이어서 청구인의 재판청구권과 관련하여 청구인에게 매우 불리하였다. 따라서 개정 행정심판법은 재결서의 도달시점을 '독촉절차에서의 전자문서 이용 등에 관한 법률'의 입법례에 따라 **온라인 행정심판시스템에 등재된 전자문서를 확인한 때**에 송달된 것으로 보되,[7] 전자문서 등재사실을 전자우편 등으로 통지받은 후 2주 이내에 전자문서를 확인하지 않으면 전자문서 등재사실을 전자우편 등으로 통지한 날부터 2주가 경과한 날에 송달된 것으로 함으로써 청구인의 권리와 행정심판절차의 적정한 진행을 조화시키고 있다.

【행정심판법】 제52조(전자정보처리조직을 통한 심판청구 등)

① 이 법에 따른 행정심판 절차를 밟는 자는 심판청구서와 그 밖의 서류를 전자문서화하고 이를 정보통신망을 이용하여 위원회에서 지정·운영하는 전자정보처리조직(행정심판 절차에 필요한 전자문서를 작성·제출·송달할 수 있도록 하는 하드웨어, 소프트웨어, 데이터베이스, 네트워크, 보안요소 등을 결합하여 구축한 정보처리능력을 갖춘 전자적 장치를 말한다. 이하 같다)을 통하여 제출할 수 있다.

② 제1항에 따라 제출된 전자문서는 이 법에 따라 제출된 것으로 보며, 부본을 제출할 의무는 면제된다.

③ 제1항에 따라 제출된 전자문서는 그 문서를 제출한 사람이 정보통신망을 통하여 전자정보처리조직에서 제공하는 접수번호를 확인하였을 때에 전자정보처리조직에 기록된 내용으로 접수된 것으로 본다.

제53조(전자서명 등)

① 위원회는 전자정보처리조직을 통하여 행정심판 절차를 밟으려는 자에게 본인임을 확인할 수 있는 「전자서명법」 제2조 제3호에 따른 공인전자서명이나 그 밖의 인증(이하 이 조에서 "전자서명 등"이라 한다)을 요구할 수 있다.

② 제1항에 따라 전자서명 등을 한 자는 이 법에 따른 서명 또는 날인을 한 것으로 본다.

제54조(전자정보처리조직을 이용한 송달 등)

① 피청구인 또는 위원회는 제52조제1항에 따라 행정심판을 청구하거나 심판참가를 한 자에

---

7) 독촉절차에서의 전자문서 이용 등에 관한 법률
제8조 (전자적 송달) ① 법원사무관등은 신청인에게 전산정보처리조직을 이용하여 전자적으로 지급명령서 등의 서류를 송달할 수 있다. 다만, 신청인이 동의하지 아니하는 경우에는 그러하지 아니하다.
② 법원사무관등은 신청인에게 송달하여야 할 지급명령서 등의 서류를 전산정보처리조직에 입력하여 등재한 다음 그 등재사실을 전자적으로 통지하여야 한다.
③ 제2항의 경우 **송달받을 자가 등재된 전자문서를 확인한 때에 송달된 것으로 본다. 다만, 그 등재사실을 통지한 날부터 2주 이내에 확인하지 아니하는 때에는 등재사실을 통지한 날부터 2주가 경과한 날에 송달된 것으로 본다.**
④ 제1항의 규정에 불구하고 전산정보처리조직의 장애로 인하여 전자적 송달이 불가능하거나 그 밖에 대법원규칙이 정하는 사유가 있는 경우에는 「민사소송법」에 따라 송달할 수 있다.

게 전자정보처리조직과 그와 연계된 정보통신망을 이용하여 재결서나 이 법에 따른 각종 서류를 송달할 수 있다. 다만, 청구인이나 참가인이 동의하지 아니하는 경우에는 그러하지 아니하다.

③ 제1항에 따른 전자정보처리조직을 이용한 서류 송달은 서면으로 한 것과 같은 효력을 가진다.

④ 제1항에 따른 서류의 송달은 청구인이 제2항에 따라 등재된 전자문서를 확인한 때에 전자정보처리조직에 기록된 내용으로 도달한 것으로 본다. 다만, 제2항에 따라 그 등재사실을 통지한 날부터 2주 이내(재결서 외의 서류는 7일 이내)에 확인하지 아니하였을 때에는 등재사실을 통지한 날부터 2주가 지난 날(재결서 외의 서류는 7일이 지난 날)에 도달한 것으로 본다.

4. 심판청구서의 송부

행정청은 심판청구서를 받은 날로부터 10일 이내에 그 심판청구서를 위원회에 송부하여야 한다(행정심판법 제24조 제1항). 심판청구기간을 계산함에 있어서는 **피청구인인 행정청 또는 위원회 심판청구서가 제출된 때에 심판청구가 제기된 것으로 본다**(행정심판법 제23조 제4항).

심판청구서에 재결청이 표시되어 있지 않거나 잘못 표시된 경우에도 피청구인인 행정청은 정당한 권한있는 재결청에 심판청구서를 송부하여야 한다. 이 경우 피청구인인 행정청은 지체없이 이 사실을 청구인에게 통지하여야 한다(행정심판법 제23조 제2항 및 제3항).

가. 소청장이 다른 행정청에 제출된 경우

행정청이 고지를 하지 아니하였거나 잘못 알려서 청구인이 소청장을 다른 행정기관에 제출한 때에는 그 행정기관은 지체없이 정당한 권한있는 행정청에 송부하고 이를 청구인에게 통지하여야 한다(행정심판법 제23조 제2항). **이 규정은 강행규정이다.** 따라서 권한있는 행정기관에 송부하여야 할 것이지 이를 청구인에게 반려하여서는 안된다. 처분 또는 부작위가 이루어진 후 권한이 다른 행정기관에 승계되었거나 위임 또는 위탁된 경우에도 마찬가지라 할 것이다.

나. 다른 절차에 의하여야 할 사항인 경우

다른 법률에 특별한 규정이 있는 경우에는 행정심판법에 의한 행정심판을 제기할 수 없다(행정심판법 제3조 제1항). 군인 군무원의 인사에 관한 불복의 경우 군인사법 및 군무원인사법에 따라야 하고 국세 및 관세에 대한 심판청구의 경우 국세기본법 및 관세법에 따른다. 그리고 연금급여에 관한 심사청구의 경우 공무원연금법, 군인연금법, 사립학교교직원연금법, 국민연금법에 따라야 한다.

그러나 다른 법률에 행정심판절차가 아닌 특별한 불복절차가 정하여져 있다하더라도 바고 심판청구에 대하여 각하주장의 답변서를 작성하여 행정심판절차를 밟게 하는 것보다 정당한 권한있는 행정기관에 송부하여 청구인으로 하여금 정당한 절차를 밟을 수 있게 하는 것이 타당할 것이다. 다만, 청구인이 다른 법률에 의한 구제절차가 있음을 알고도 굳이 행정심판법에 의한 절차를 고수하는 경우에는 행정심판법에 따라 절차를 진행할 수밖에 없고 이 경우 답변서에 행정심판법에 의한 행정심판이 아님을 명시하고 각하를 주장하면 족하다.

다. 이의신청절차

이의신청절차를 행정심판법의 "다른 법률에 특별한 규정이 있는 절차"로 볼 것인지 아닌지에 대하여는 견해의 대립이 있다. 이의신청절차를 전자로 해석하는 경우 이의신청을 거친 경우에는 행정심판을 제기할 수 없게 된다. 그러나 이를 일률적으로 판단할 것이 아니라 당해 이의신청절차를 규정하고 있는 개별법률의 규정태도에 따라 결정하여야 한다.[8]

1) 행정심판에 갈음하는 이의신청

개별법률의 규정에 이의신청절차를 행정심판으로 대체하는 명문의 규정이 있는 경우에는[9] 이의신청을 거치면 행정심판을 제기할 수 없고 바로 행정소송을 제기하여야 한다. 이러한 예로는 공정거래위원회 처분에 대한 이의신청, 국토이용계획에 대한 이의신청, 불법체류자의 수용 · 강제퇴거 등에 대한 이의신청 등이 이에 속한다.

---

8) 국무총리행정심판위원회, 법제처, 행정심판의 이론과 실제, 2002. 제315면 참조.
9) 이의신청 후 바로 행정소송을 제기하도록 되어 있거나 이의신청의 결정을 행정심판재결로 보는 규정이 있는 경우, 이의신청을 거치면 행정심판을 제기하지 못하도록 하는 규정이 있는 경우 등이다.

2) 이의신청과 행정심판을 모두 제기할 수 있는 경우

장애인에 대한 복지조치에 대한 심사청구, 노인에 대한 복지조치에 대한 심사청구, 공공기관의 정보공개에 대한 이의신청의 경우가 이에 속한다.

3) 이의신청과 행정심판에 관하여 명문의 규정이 없는 경우

인사소청의 경우 군인사법 및 군무원인사법에 이의신청과 행정심판인 인사소청에 대하여 별도의 명문의 규정이 없다. 이에 관하여 두 가지 견해가 대립되고 있다. 행정소송에서는 이의신청을 거쳐도 행정심판전치절차를 거쳤다고 인정하고 있으므로 이의신청이 행정심판법 제3조 제1항의 규정에 의한 특별한 규정이 있는 절차에 해당한다는 견해와 이의신청은 처분에 직접 제기하는 약식절차이고 이의신청을 거친 청구인이 행정심판을 통하여 행정기관의 판단을 한 번 더 받아보기를 원하는 이상 행정심판에서 본안판단을 하여야 한다는 견해가 있다.

인사소청은 그 처분이 특별히 전문적이지 않고 군인사법 및 군무원인사법 등 개별 법률에서 당해 사안을 심리하기 위한 전문위원회도 두지 않으면서 단순히 대량의 처분에 대한 처분권자의 재고의 기회만을 제공하는 의미에서 체계적인 심리절차가 보장되지 않고 단순히 처분권자의 배려를 기대할 수밖에 없을 가능성이 많으므로 이의신청을 거쳤다 하더라도 소청이라는 특별행정심판절차를 통하여 정식으로 불복할 수 있다고 보아야 한다.

5. 직권시정

피청구인인 행정청이 그 심판청구가 이유있다고 인정할 때에는 심판청구의 취지에 따르는 처분이나 확인을 하고 지체없이 이를 재결청과 청구인에게 통지하여야 한다(행정심판법 제25조 제1항). 이와 같이 행정청 스스로 시정조치를 한 경우에는 이에 해당하는 부분에 관한 한 행정심판절차가 종료되었다고 보아야 할 것이다. 따라서 행정청이 청구의 전부를 받아들인 경우에는 심판청구서를 재결청에 송부하지 아니하여도 된다.[10)]

이에 대하여 피청구인인 행정청의 시청조치는 재결이 아니므로 시정조치가 있었

10) 국무총리행정심판위원회, 법제처, 행정심판의 이론과 실제, 2002. 제318면 참조.

다고 하더라도 행정심판절차가 종료되지 않았다고 보아야 한다는 견해가 있다. 이에 따르면 행정청은 답변서를 작성하여 심판청구서와 함께 재결청에 송부하여야 하고 재결청은 행정심판위원회의 심리 의결을 거쳐 심판청구의 이익이 없다는 이유로 각하하여야 한다는 것이다.[11]

청구인의 심판청구가 일부 받아들여졌는지 전부 받아들여졌는지 그 자체를 피청구인인 행정청 스스로가 판단하고 재결청에 송부여부를 결정하는 것은 자칫 피청구인의 임의에 의한 행정심판이 될 수 있고 이 과정에서 청구인을 설득하여 행정처분의 위법을 방치하는 사례가 발생할 수 있으며 비록 시정조치가 이루어졌다고 하더라도 이에 대한 답변서를 작성하게 함으로써 처분청 스스로 위법행위를 인식하고 자성할 수 있는 재고의 기회를 가진다는 의미에서 각하설이 타당하다고 본다.

6. 답변서 작성 및 제출

답변서는 소청장에 나타난 소청인의 주장에 대한 피소청인인 행정청 주장을 기재한 최초의 서면이다. 소청인은 답변서에 의하여 비로소 피소청인의 주장을 알게 되어 이에 대한 공격 및 방어방법을 준비할 수 있게 되고 소청심사위원회 역시 답변서에 의하여 심리의 방향을 가늠할 수 있게 된다. 따라서 답변서는 소청장과 함께 인사소청에 있어 가장 중요한 서면이다.

위원회는 심판청구서를 받은 때에는 지체 없이 그 부본을 피청구인에게 송부하고, 피청구인은 그 부본을 받은 날부터 10일 이내에 답변서를 위원회에 제출하여야 한다(행정심판법 제24조 제1항). 답변서에는 처분 또는 부작위의 근거와 이유를 명시하고 심판청구의 취지와 이유에 대응하는 답변을 기재하여야 한다. 답변서에는 다른 당사자의 수에 따르는 부본을 첨부하여야 한다. 피청구인으로부터 답변서가 제출된 때에는 위원회는 그 부본을 다른 당사자에게 송달하여야 한다. 제3자가 심판청구를 한 때에는 위원회는 처분의 상대방에게 이를 통지하여야 한다.

특히 주의하여야 할 사항은 피소청인이 답변서를 작성하면서 본안전 항변을 하여 각하를 주장하는 경우에 본안전 항변만을 할 것이 아니라 본안에 대한 답변도 하여야 한다. 인사소청심사위원회 심리과정에서 본안전 항변이 받아들여지지 않는 경우

11) 이를 '각하설'이라 부른다.

결국 본안에 대하여는 답변이 없는 것과 마찬가지로 되어 소청인의 청구가 인용되는 결과가 나타날 수 있기 때문이다.

【답변서 기재사항】

사건명 : 청구취지에 따라 사건명을 부여
소청인 : 소청장에 기재된 성명, 주소, 전화번호 등 기재
선정대표자, 대리인이 있는 경우 이를 기재
피소청인 : 행정청의 명칭 기재
담당자의 성명, 전화번호
재결청 : 행정심판법에 의한 재결청을 기재
소청장 접수일 : 소청제기기간의 준수여부 기준이 되므로 반드시 기재
처분내용 : 처분명, 처분일 및 처분사유를 육하원칙에 의해 기재
(부작위의 경우에도 마찬가지임)
고지 유무 및 내용 : 소청제기기간의 판단기준으로 명확히 기재
답변취지 : 기각 또는 각하한다는 재결을 구함
인용될 사안이라고 판단된 경우 직권시정조치를 하면 됨
답변이유 : 본안전 항변(소청제기 요건) 및 본인에 대한 답변(부지, 부인, 항변 등) 단, 침묵 및 자백은 하여서는 안됨.
증거방법 : '을 제○호증'으로 순번을 매겨 첨부
작성연월일 : 행정청의 명칭 및 직인과 간인

제 4 절 심판청구의 수리

1. 심판청구의 수리

소청인 및 피소청인으로부터 소청장을 접수 또는 송부되면 재결청은 소청장을 수리하여 지체없이 소청심사위원회에 회부하여야 한다. 부적법한 심판청구임이 명백한 경우에도 재결청은 송부된 심판청구의 수리를 거부하거나 심판청구를 반려하여서는 안된다. 심판청구가 부적법한 것인지[12] 여부는 당해 심리 의결권한이 있는 인사소청심사위원회에서 판단할 사항이지 재결청이 독자적으로 판단할 사항이 아니다.

12) 그러한 예로는 처분이나 부작위가 아닌 사항을 대상으로 소청을 제기하여 대상적격이 없는 경우, 재심판청구를 한 경우, 청구인능력 내지는 적격을 갖추지 못한 자가 소청을 제기한 경우, 불변기간을 도과한 경우 등이다.

2. 심판청구서의 조사

가. 피소청인인 행정청을 잘못 기재한 경우

청구인이 피청구인인 행정청을 잘못 지정한 때에는 형정심판위원회가 당사자의 신청 또는 직권에 의하여 결정으로써 피청구인을 경정할 수 있다(행정심판법 제17조 제2항).

그러나 피청구인인 행정청을 누가 보더라도 잘못 지정한 것이 명백한 경우에는 행정심판위원회의 **피청구인경정절차**를 거침으로써 구제절차를 지연시키는 것 보다 재결청이 직접 심판청구서를 정당한 권한있는 행정청에 이송하는 것이 실무적으로 보다 타당할 것이다.[13)]

나. 피청구인의 권한이 승계된 경우

심판청구서가 제기된 후에 피청구인인 행정청이 권한이 다른 행정청에 승계된 때에는 행정심판위원회가 당사자의 신청 또는 직권에 의하여 새로운 권한을 승계받은 행정청을 피청구인으로 결정하도록 되어 있다(행정심판법 제17조 제1항).

다. 심판위원회를 잘못 기재한 경우

피소청인인 행정청은 바르게 기재되어 있으나 심판위원회의 표시가 없거나 잘못 기재된 경우, 피청구인인 행정청은 정당한 권한있는 심판의원회에 심판청구서를 송부하여야 한다(구 행정심판법 제17조 제5항). 따라서 행정청은 심판청구서에 심판위원회를 어떻게 표시되어 있는지 여부에 구애받지 않고 정당한 권한있는 심판위원회에 심판청구서를 송부하게 되므로 심판위원회를 그르치게 되는 경우는 사실상 매우 드물다. 설사, 심판위원회를 그르친 경우에는 지체없이 정당한 권한있는 위원회에 심판청구서를 이송하고 청구인과 피청구인인 행정청에 이 사실을 통지하여야 한다. 이 경우 심판청구서에 답변서가 첨부되어 있으면 이 답변서도 심판청구서와 함께 정당한 권한있는 위원회에 송부하여야 한다.

---

13) 국무총리행정심판위원회, 법제처, 행정심판의 이론과 실제, 2002. 제321면 참조.

라. 심판위원회의 권한이 승계된 경우

위원회가 심판청구를 받은 후 법령의 개폐 또는 피청구인의 경정결정에 의하여 당해 심판청구에 대한 재결을 행할 권한을 잃게 된 때에는 해당 위원회는 심판청구서·관계서류 및 그 밖의 자료를 새로 재결할 권한을 가지게 된 위원회에 송부하여야 한다. 이 경우 송부를 받은 위원회는 지체없이 그 사실을 심판청구인, 심판피청구인 및 참가인에게 통지하여야 한다(행정심판법 제12조 제1항 및 제2항).

3. 답변서 제출요구

행정청은 심판청구의 취지에 따르는 처분이나 확인을 하고 이를 위원회와 청구인에게 통지한 경우 또는 청구인이 심판청구를 취하한 경우를 제외하고는 **심판청구서를 받은 날로부터 10일 이내**에 그 심판청구서를 위원회에 송부하여야 한다(구 행정심판법 제17조 제4항).

인사소청의 경우 대개 소청인이 소청심사위원회에 직접 소청장을 제출하기 때문에 피소청인의 행정청의 답변서가 함께 제출되는 경우는 거의 없다. 결국 소청심사위원회의 인사소청 담당공무원이 소청장 접수 후 바로 피소청인과 관계기관에 답변서의 제출을 공문으로 요청하고 있고 그 기일을 20일 내지 30일 정도 소요된다. 일반적으로 답변서의 제출기간의 장기화가 인사소청절차의 지연을 가져오는 경우가 왕왕 발생하는데 인사소청 담당공무원은 행정청에 답변서의 제출을 독려하여 가급적 빨리 작성될 수 있도록 함이 바람직하다. 이러한 이유는 청구인에게 행정청에게 작성한 답변서를 보내 청구인의 공격 또는 방어할 수 있는 기회를 충분히 주어야 하기 때문에 행정청의 답변서는 매우 중요한 역할을 한다. 따라서 **소청심사위원회에서 소청인에게 답변서를 보내지 아니한 채, 행한 심리 및 의결은 '중대한 절차위반'에 해당한다**.

4. 제3자 심판청구사실의 통지

처분의 상대방이 아닌 제3자도 당해 처분의 취소 변경이나 효력유무 또는 존재여부에 대한 확인을 구할 법률상 이익이 있으면 행정심판을 청구할 수 있다(행정심판법 제20조 제1항). 이때 위원회로부터 제3자 심판청구 사실을 통지받은 처분의 상대방은 필요한 경우 위원회의 허가를 받아 그 사건에 참가할 수 있고, 위원회는 필요하다고 인정할 때에는 그 심판결과에 대하여 이해관계가 있는 제3자 또는 행정청에게 그 사건에 참가할 것을 요구할 수 있다. 요구를 받은 제3자나 행정청은 지체없이 그 사건 심판에 참가할 건인지 여부를 위원회에 통지하여야 한다(행정심판법 제21조 제1항 및 제2항).

제 5 절 소청심사청구의 변경

1. 의 의

심판청구의 변경이란, 청구인은 **청구의 기초에 변경이 없는 범위안에서** 청구의 취지 또는 이유를 변경하는 것으로 심판청구의 계속중에 청구인이 당초 청구한 심판사항을 변경하는 것으로 소송물을 변경하는 것을 의미한다(행정심판법 제20조 제1항). 당사자의 동일성을 유지하면서 오로지 청구가 변경되는 것을 말한다. 심판의 범위를 변경하는 것으로 소청취지의 변경사항으로 청구의 확장, 감축, 청구취지의 보충·정정이 있으며 소청취지를 이유있게 하는 청구원인의 변경의 실체법상의 권리 즉, 법률적 관점만 변경하는 것도 청구의 변경에 해당한다. 다만, 소청인의 소청취지를 이유있게 하기 위한 주장의 변경은 청구의 변경이 아니라 단지 공격방법의 변경에 그쳐 청구의 변경과 같은 제약이 없다.[14)]

청구의 변경의 모습으로 구청구에 갈음하여 신청구를 제기하는 교환적 변경과 구청구를 유지하면서 신청구를 추가 제기하는 추가적 변경이 있다. 추가적 변경의 경우 병합형태에 따라 단순병합, 선택적 병합, 예비적 병합으로 구분된다.

청구의 변경이 교환적인지 추가적인지는 당사자의 의사해석에 따르는 것이나 구청구를 취하한다는 명백한 의사표시가 없어 그 변경형태가 불명한 때에는 교환적인지 추가적인지 소청심사위원회가 석명하여야 한다. 다만, 신청구가 부적법한 경우까지 구청구가 취하되는 교환적 변경으로 볼 수는 없을 것이다(대법원 1975. 5. 13. 73다1449).

청구인은 청구의 기초에 변경이 없는 범위 안에서 무효확인심판청구를 취소심판

14) 확인의 소에 있어서 같은 권리인데 취득원인을 달리 주장하는 경우, 같은 실체법상의 권리에 기한 청구인데 법조경합관계의 다른 법규로 바꾸는 경우, 같은 실체법상 권리에 기한 청구인데 요건사실의 일부를 달리 주장하는 경우가 그 예이다. 이시윤, 신민사소송법, 박영사, 2002. 제583면 참조.

청구로 바꾸는 **소청취지의 변경**이나 처분의 부당을 위법으로 변경하는 **소청이유를 변경**할 수 있다.

심판청구 후에 처분청이 그 심판청구의 대상인 처분을 변경하는 경우에는 그 처분을 대상으로 한 새로운 심판청구를 제기할 것 없이 변경된 처분에 맞추어 청구의 변경을 할 수 있도록 하여 당사자간의 분쟁해결의 간편을 도모하고 있다(행정심판법 제29조).

개정 행정심판법은 청구변경 신청을 받으면 심판참가인에 대하여도 변경신청서를 송달하도록 하고 청구변경거부결정에 대하여 **이의신청제도를 신설**하며 청구변경이 허용되면 처음 행정심판을 청구한 때부터 변경된 '청구의 취지나 이유'로 행정심판이 청구된 것으로 보도록 하고 있다. 청구인의 청구변경 여부는 **심판참가인에게도 영향을 미치는 사안이므로** 청구변경신청서를 송달하여 **그에 관한 의견을 개진할 기회를 부여**할 필요가 있고, 청구 취지나 이유는 권리구제 여부와 직결되는 사항이므로 청구변경 불허가에 대한 이의신청제도를 신설하여 위원회의 신중한 결정을 유도할 수 있도록 한 것이다.

또한 **해석상** 청구의 변경결정이 있으면 **처음 행정심판이 청구되었을 때**부터 변경된 청구의 취지나 이유로 행정심판이 청구된 것으로 보고 있는데, 개정법은 **이를 명문화하여** 해석상의 혼란을 방지하였다.

【행정심판법】 제29조(청구의 변경)

① 청구인은 **청구의 기초에 변경이 없는 범위에서** 청구의 취지나 이유를 변경할 수 있다.
② **행정심판이 청구된 후에 피청구인이 새로운 처분을 하거나 심판청구의 대상인 처분을 변경한 경우에는 청구인은 새로운 처분이나 변경된 처분에 맞추어 청구의 취지나 이유를 변경할 수 있다.**
③ 제1항 또는 제2항에 따른 청구의 변경은 **서면으로 신청하여야** 한다. 이 경우 피청구인과 참가인의 수만큼 청구변경신청서 부본을 함께 제출하여야 한다.
④ 위원회는 제3항에 따른 청구변경신청서 부본을 피청구인과 참가인에게 송달하여야 한다.
⑤ 제4항의 경우 위원회는 기간을 정하여 피청구인과 참가인에게 청구변경 신청에 대한 의견을 제출하도록 할 수 있으며, 피청구인과 참가인이 그 기간에 의견을 제출하지 아니하면 의견이 없는 것으로 본다.
⑥ 위원회는 제1항 또는 제2항의 청구변경 신청에 대하여 허가할 것인지 여부를 결정하고, 지체 없이 신청인에게는 결정서 정본을, 당사자 및 참가인에게는 결정서 등본을 송달하여야 한다.

⑦ 신청인은 제6항에 따라 송달을 받은 날부터 7일 이내에 위원회에 이의신청을 할 수 있다.
⑧ 청구의 변경결정이 있으면 **처음 행정심판이 청구되었을 때부터** 변경된 청구의 취지나 이유로 행정심판이 청구된 것으로 본다.

2. 청구변경의 요건

소청취지의 변경인 경우에는 그 변경의 범위내에서 새로운 청구가 생기는 것이므로 그 새로운 청구에 대하여도 심판청구의 일반적 요건을 갖추어야 하고 변경전의 청구에 대한 심리를 이용하기 위하여 심판청구중에 한 청구로서의 일면도 있으므로 심리의 복잡·지연을 방지하기 위하여 다음의 요건을 갖추어야 한다.

가. 청구의 기초에 변경이 없을 것

1) 의 의

'청구의 기초'란 신·구청구간의 관련성을 뜻하는 것으로 그 동일성이 구체적으로 어떤 의미인지에 대하여는 민사법계와 마찬가지로 견해의 대립이 있다.[15] 우리 판례의 주류는 청구의 기초의 변경이 없는 경우를 "동일한 생활사실, 또는 경제적 이익에 관한 분쟁에 있어서 그 해결방법에 차이가 있는 것에 지나지 않을 경우"로 보아 이익설의 입장에 있으나(대법원 1997. 4. 25. 선고 96다32133 판결). 신·구청구간의 절차면에서 소송자료(Streitstoff)에 공통성이 있는 경우는 별도의 소를 제기하는 것보다 소의 변경을 택하여 구자료를 이용하는 것이 소송경제적 측면에서 바람직하고 상대방이 방어방법을 전혀 새로운 각도로 바꾸어야 하는 어려움도 없을 것이므로 소의 변경을 허용해야 한다는 **사실자료동일설**에 입각한 예도 있다(대법원 1964. 9. 22. 선고 64다480 판결). 다만, 어느 설에 의하든 구체적 적용결과에는 큰 차이가 없다.[16]

대법원 판례

행정처분의 취소를 구하는 항고소송에 있어서, 처분청은 당초 처분의 근거로 삼은 사유와 기본적 사실관계가 동일성이 있다고 인정되는 한도 내에서만 다른 사유를 추가하거나 변경할 수 있고, 여기서 **기본적 사실관계의 동일성 유무는** 처분사유를 법률적으로 평가하기 이전의 **구체적인 사실에 착안하여 그 기초인 사회적 사실관계가 기본적인 점에서 동일한지 여부에 따**

15) 이에 관한 자세한 내용은 이시윤, 위의 책 제585면을 참조하기 바란다.
16) 이시윤, 위의 책, 제585면.

라 결정되며, 추가 또는 변경된 사유가 당초의 처분시 그 사유를 명기하지 않았을 뿐 처분시에 이미 존재하고 있었고 당사자도 그 사실을 알고 있었다 하여 당초의 처분사유와 동일성이 있는 것이라 할 수 없다(대법원 2003. 12. 11. 선고 2003두8395 판결).

2) 소청 사례

사례에서 소청인은 처분청이 임기제 진급을 하더라도 연금, 명예퇴직수당을 받을 수 있다고 기망하여 임기제 진급에 대한 동의를 받은 것으로 이러한 동의를 전제로 이루어진 임기제진급처분은 위법·부당하다는 취지로 2009. 12. 16. 소청을 제기하고 2010. 2. 5. 소청취지 및 이유를 변경하였다.

【국방부 인사소청 2009-33 임기제진급처분 취소】

소청 변경 전 : 피소청인은 2008. 12. 1. 자 소청인에 대한 임기제진급처분을 취소한다.
소청 변경 후 : 가. 주위적으로 피소청인이 소청인에게 한 소령직위보임처분이 2008. 12. 1. 이후 위법임을 확인한다. 예비적으로 피소청인이 2009. 11. 30. 소청인에 대한 중령직위발령누락처분은 위법임을 확인한다.
나. 국방부장관이 2008. 12. 1. 소청인에 대하여 한 임기제진급처분은 무효임을 확인한다.

【결정례】

가.에 대한 판단

소청취지의 변경은 당초의 소청심사 청구의 기초에 변경이 없는 범위안에서 청구의 취지 또는 이유를 변경할 수 있는바 2008. 12. 1.자 임기제 중령진급처분의 취소를 구하는 청구와 2008. 12. 1.자 소령직위보임처분의 위법확인을 구하는 청구는 **진급처분과 보임처분이 일반적으로 동시에 이루어지는 것이나 이는 별개의 독자적 처분으로서 청구의 기초적 동일성을 인정할 수 없어 청구의 변경을 인정할 수 없다.** 그렇다면 변경된 주위적 청구 중 소령직위보임처분 위법확인 청구는 2008. 12. 1.자 소령직위보임처분이 이루어진 날로부터 30일이 도과한 것이 역수상 분명한 2010. 2. 5.에 제기한 것으로 부적법하여 각하함이 마땅하고,

예비적 청구인 2009. 11. 30.자 중령직위발령누락처분 위법확인 청구 역시 위와 같은 이유에서 청구의 기초적 동일성을 인정할 수 없고 그렇다면 2009. 11. 30.자 중령직위발령누락처분이 이루어진 날로부터 30일이 도과한 것이 역수상 분명한 2010. 2. 5.에 제기한 것이므로 부적법하여 각하한다.

나.에 대한 판단

1) 본안 전 판단

소청인은 2008. 12. 1.자 임기제진급처분의 무효확인을 구하고 있는바, 심판청구에 있어서 청구는 행정청의 특정한 처분이나 부작위의 하자를 청구의 원인사실로 하여 일정한 처분 등을 할 것을 주장하는 것이므로 **당해 심판청구의 대상인 처분이나 부작위가 달라지면 그 심판**

> 청구의 목적물이 달라져서 청구의 기초에 변경이 생기는 것인데 임기제진급처분의 '취소'를 구하는 심판을 청구한 후 동 처분에 대한 '무효확인'을 구하는 청구로 청구취지를 변경한다 하더라도 심판청구의 대상이 동일하므로 그 심판청구의 목적물이 달라져 청구의 기초에 변경이 있다고 볼 수 없다.
>
> 행정심판법은 무효확인심판청구와 취소심판청구를 구분하여 전자의 경우에는 제기기간의 제한을 받지 않도록 규정하고 있으나(행정심판법 제18조 제7항), 군인 군무원에 관한 인사소청은 특별행정심판절차로써 무효확인을 구하는 소청과 취소를 구하는 소청의 경우를 구분하지 않고 '처분이 있음을 안 날로부터 30일이내'라고 특별규정을 두고 있을 뿐이나 행정심판법의 법적 지위가 행정심판에 관한 일반법 및 기본법적 성격을 가지는 바, 특별한 적용배제 규정이 없는 한 행정심판법이 특별행정심판절차에도 그대로 적용된다. 그렇다면 소청인이 주장이 무효사유를 들어 무효확인청구를 하므로 소청제기기간에 있어 제한을 받지 않으므로……(이하 생략).

나. 심판청구의 대상인 처분의 변경이 있어 그에 맞추는 것일 것

행정심판에 있어서는 심판청구가 있은 후 처분청이 그 심판청구의 대상이 된 처분을 변경하는 경우가 있는 바, 그러한 때에는 변경된 처분을 대상으로 하는 새로운 심판청구를 제기하는 것이 원칙이나, 청구인의 불편을 덜고 절차의 신속을 기하기 위하여 변경된 새로운 처분을 심판의 대상으로 할 수 있도록 하고 있다.[17)]

다. 심판청구가 계속되고 소청심사위원회의 의결 전일 것

청구의 변경은 심판청구의 계속을 전제로 한다. 또 청구의 기초에 변경이 없더라도 구청구에 관한 심리가 종결되어 재결단계에 있는 경우라든가 신청구의 심판에 종래의 자료가 별다른 도움이 되지 못하여 다시 심리나 증거조사를 할 필요가 있고 그 결과 오히려 신청구에 대하여 별도의 심판청구를 제기하도록 하는 것이 적당한 경우에는 청구의 변경을 허용되지 않는다. 결국 청구의 변경은 **'당해 심판청구에 대한 소청심사위원회의 의결이 있기 전'**에 하여야 한다.

라. 심판절차를 현저히 지연시키지 않을 것

청구의 기초에 변경이 없어도 구청구에 대한 심리가 마쳐지고 신청구에 대하여는 새로운 사실관계의 심리와 새로이 특단의 소송자료의 제출을 필요로 하는 경우는 청

---

17) 국무총리행정심판위원회, 법제처, 행정심판의 이론과 실제, 2002. 제327면 참조.

구의 변경보다는 별도의 소에 의하게 함이 소송경계적으로 바람직하다. 이는 **공익적 요건으로 직권조사사항에 해당한다.** 판례는 새로운 청구의 심리를 위해 종전의 소송자료를 대부분 이용할 수 있는 경우는 절차지연에 해당하지 아니한다고 판시하고 있다(대법원 1998. 4. 28. 97다44416 판결). 변론준비기일이 끝난 뒤의 소 변경은 종래의 쟁점정리를 무의미하게 할 수 있고 1회 변론기일의 원칙을 관철하기 어렵게 만드는 것이므로 특별한 사정이 없으면 현저히 절차지연을 시키는 경우로 볼 것이다.[18)]

대법원 판례

원고는 피고에게 대하여 1961.12.14 본건 약속어음금 청구의 소송을 제기하고 그 청구원인으로 원고는 피고에게 금전채권이 있는바 피고는 그 지급을 위하여 1959.12.4 액면금 55,000원 지급기일 1960.2.24로 된 약속어음을 발행하여 원고에게 교부하였으므로 원고는 위 지급기일에 본건 약속어음을 적법히 지급을 위하여 정시하였음에도 불구하고 그 지급을 하지 아니하므로 본소 청구를 한다는 것이며 **본건 소송은 2회에 걸쳐 상고심으로부터 원심에 환송된 사건이며** 원고는 원심이 최후변론종결 당시인 1964.6.1 비로소 본건 약속어음금 청구를 원인관계에 의한 청구(채권양수를 원인으로) 변경하였음이 명백하므로 위와 같은 경우에 있어서 원심이 본건 청구의 변경은 **소송절차를 지연케 함에 현저한 경우에 해당한다**는 취지로 청구변경을 허용하지 아니하였다 하여도 위법이라 할 수 없다(대법원 1964. 12. 29. 64다44416 판결).

마. 청구의 병합의 일반요건을 갖출 것

청구의 변경으로 인한 신구청구가 같은 종류의 심판절차 또는 소송절차에 의하여 심판될 수 있어야 한다. 여러 개의 청구가 같은 종류의 심판절차에 의하여 심판될 수 있어야 한다(**심판절차의 공통**). 그리고 각 청구에 대하여 공통의 관할권이 있어야 한다(**관할의 공통**). 군인 및 군무원의 경우 징계와 그 밖의 의사에 반한 인사상의 불이익한 처분에 대한 불복방법에 대한 관할권을 징계위원회와 인사소청심사위원회에 구분하고 있으므로 이들 상호간의 청구의 변경은 허용되지 않는다.

3. 청구변경과 소청제기기간

대법원 판례

당사자가 동일한 신청에 대하여 부작위위법확인의 소를 제기하였으나 그 후 소극적 처분이 있다고 보아 처분취소소송으로 소를 교환적으로 변경한 후 여기에 부작위위법확인의 소

18) 이시윤, 신민사소송법, 박영사, 2002. 제587면 참조.

를 추가적으로 병합한 경우, **최초의 부작위위법확인의 소가 적법한 제소기간 내에 제기된 이상** 그 후 처분취소소송으로의 **교환적 변경과 처분취소소송에의 추가적 변경 등의 과정을 거쳤다고 하더라도 여전히 제소기간을 준수한 것으로 봄이 상당**하다(대법원 2009. 7. 23. 선고 2008두10560 판결).

4. 청구변경의 방식

청구의 변경은 서면에 의하여야 하되, 그 부본은 상대방인 당사자에게 송달되어야 한다(행정심판법 제29조 제3항 및 제4항). 청구변경신청서에 대하여 명문 규정은 없으나 청구의 변경이 심리의 단계에서 이루어지는 것이 보통이고 주장에 대한 보충서면 등을 당해 심판위원회에 제출할 수 있는 점 등을 고려할 때 당해 심판위원회에 제출하여야 한다.

5. 청구변경의 불허

청구변경신청서를 제출 받은 행정심판위원회는 청구변경 신청에 대하여 **허가할 것인지 여부를 결정하고**, 지체 없이 신청인에게는 결정서 정본을, 당사자 및 참가인에게는 결정서 등본을 송달하여야 한다(법 제29조 제6항). **'청구변경의 불허사유'**로는 구체적인 명문 규정은 없으나, **청구의 기초에 동일성이 없는 경우, 현저하게 심리절차를 지연시키는데 그치고 청구변경을 인정할 만한 합리성이 없는 경우** 등을 들 수 있다.[19)]

제 6 절 심판청구의 효과

1. 행정심판위원회에 대한 효과

인사소청의 심판청구가 제기되면, 관할 소청심사위원회는 심리 · 의결하고 그 의결에 따라 재결할 의무를 지닌다. 이는 심판청구 제기요건상의 흠결이 있는 경우에도 마찬가지이다.

---

19) 국무총리행정심판위원회, 법제처, 위의 글, 제328면 참조.

2. 처분에 대한 효과

가. 집행부정지의 원칙

행정처분이 위법·부당하다 하여 행정심판이 제기되어도 그것은 원칙적으로 처분의 효력이나 그 집행 또는 절차의 속행을 정지시키는 효력은 없다(행정심판법 제30조 제1항).[20] 집행부정지 원칙의 이론적 근거는 **행정행위의 공정력 내지 자력집행력**에서 구하는 견해가 많았으나. 오늘날은 행정심판 청구에 따른 처분의 집행정지 여부에 관하여 현행 행정심판법에서, 집행부정지를 원칙을 채택할 것인지의 여부는 단순한 **'입법정책'**에 지나지 아니한다고 보고 있다.[21]

독일의 경우에는 집행정지를 원칙으로 하고 있으나 많은 경우에 예외를 인정하고 있다. 취소소송을 제기하거나 행정심판을 제기하면 그 불복의 대상이 되는 처분의 집행이 자동적으로 정지하는 집행정지원칙은 처분상대방의 권리구제적인 요소가 강조되는 반면에 이 절차를 남용하는 경우가 빈번하게 발생할 우려가 있다. 그러므로 집행정지원칙을 채택하는 국가에서 많은 경우에 예외를 두어 집행정지의 부작용을 최소화는 규정을 두고 있다. 집행부정지원칙은 불필요한 절차의 남용이나 처분의 집행을 보장하여 행정의 원활한 운영을 보장하는 장점이 있다. 그러나 처분의 상대방에 대한 권리보호를 전적으로 경시할 수 없어서 예외적으로 집행정지를 도입하고 있다.

행정심판법은 심판청구의 남발의 폐해를 방지하는 동시에, 행정운영의 부당한 지체를 예방하기 위한 정책적 필요성에 의해 원칙적으로 집행부정지의 원칙을 채택하되

---

20) 육군 법무감실 법제과-41(2004. 5. 22.) '대령보직해임에 대한 법령질의 회신'

> **【인사소청 제기에 따른 후속절차 가부에 대한 회신】**
>
> 심판청구인이 의무사령부의 보직해임처분에 불복하여 인사소청을 제기한 바 인사소청 절차의 진행중에 징계위원회나 현역복무부적합 조사위원회 회부가 가능한지에 대하여 살펴보면,
>
> '인사소청이란 장교 준사관 부사관은 위법 부당한 전역, 제적 및 휴직 등 그 의사에 반하여 불리한 처분에 대하여 불복이 있는 때에는 그 처분이 있음을 안 날로부터 30일 이내에 이에 대한 심사를 청구하는 제도를 말함(군인사법 제50조).
>
> 인사소청의 성격은 행정소송의 전단계인 행정심판절차의 일종으로 볼 수 있고 이와 관련 행정심판법 제21조 제1항에서는 "심판청구는 처분의 효력이나 그 집행 또는 절차의 속행에 영향을 주지 아니한다."고 규정하고 있음.
>
> **따라서 인사소청 제기 여부에 관계없이 보직해임은 인사소청에서 취소 또는 변경되지 않는 한 그 효력을 유지하므로 그에 따른 징계절차나 현역복무부적합 심사절차를 진행하는 것은 가능함.**
>
> 다만, 인사소청결과 보직해임 처분이 취소 또는 변경된 경우 그 즉시 보직해야함.

21) 이종영, "집행정지", 고시연구, 제30권 제2호 (2003년), 제60면 참조.

다른 한편으로 행정의 지속적 수행으로 인하여 개인의 권리가 침해되는 일이 없도록 하기 위하여 청구인에게 회복하기 어려운 손해를 예방하기 위하여 긴급한 필요가 있는 경우에는 집행정지결정을 할 수 있도록 하고 있다(행정심판법 제30조 제2항).

> **【행정심판법】 제30조(집행정지)**
> ① 심판청구는 처분의 효력이나 그 집행 또는 절차의 속행(續行)에 영향을 주지 아니한다.
> ② 위원회는 처분, 처분의 집행 또는 절차의 속행 때문에 **중대한 손해**가 생기는 것을 예방할 필요성이 긴급하다고 인정할 때에는 직권으로 또는 당사자의 신청에 의하여 처분의 효력, 처분의 집행 또는 절차의 속행의 전부 또는 일부의 정지(이하 "집행정지"라 한다)를 결정할 수 있다. 다만, 처분의 효력정지는 처분의 집행 또는 절차의 속행을 정지함으로써 그 목적을 달성할 수 있을 때에는 허용되지 아니한다.
> ③ 집행정지는 공공복리에 중대한 영향을 미칠 우려가 있을 때에는 허용되지 아니한다.

나. 집행정지의 의의와 성질

'행정처분의 집행정지'라 함은 행정처분 등의 효력이나 그 집행 또는 절차의 속행이 전부 또는 일부를 정지하는 것을 의미한다. 처분의 효력은 구속력, 공정력, 집행력, 불가쟁력과 불가변력을 의미하고, 처분의 집행은 당해 처분의 내용을 실현시키기 위한 모든 공권력의 행정작용을 의미한다. 절차의 속행은 당해 처분이 유효함을 전제로 법률관계를 진행시켜 후속처분을 하는 것을 말한다.

집행정지는 청구인의 청구가 인용되는 경우에 대비하여 임시적으로 처분의 집행을 정지시켜 그 손해를 미리 막아 두는데 의의가 있다. 집행정지는 **소극적인 현상동결성**을 가지는 것에 불과하여 민사소송법상 가처분제도와 달리 적극적인 상태의 변경은 허용되지 않는다.

또한 집행정지는 **보전적 절차**로서 본안청구와 관련을 가진다. 본안을 반드시 전제로 하게 된다. 즉 행정심판청구가 진행중이여야 한다.

1) 집행정지의 요건

가) 적극적 요건

(1) 처분 등의 존재

집행정지의 결정이 합법적으로 성립되기 위해서는 우선 집행정지의 대상이 되는 처분이 **집행정지의 결정시점에 존재하여야** 한다. 그러나 거부처분은 처분에 해당하지만 집행정지의 대상이 되는 처분은 아니다. 사실행위는 처분에 해당하지 아니하기 때문에 역시 집행정지의 대상에 속하지 아니한다. 반면에 제3자효 있는 처분, 준사법적 행정행위에 해당하는 재결 등은 집행정지의 대상이 되는 처분이다.

집행정지의 대상이 되는 처분은 집행정지를 신청할 당시에 대상이 되는 처분의 효력이 존재하여야 한다. 그러므로 처분의 효력이 발생하기 전이나 처분의 목적이 이미 달성되어 더 이상 효력이 없는 경우에는 집행정지의 실익이 없기 때문에 집행정지의 대상이 되지 아니한다.

(2) 심판청구의 계속

집행정지의 대상이 되기 위해서는 **심판청구의 상태가 계속되어야** 한다. 행정심판법에는 특별히 이에 관한 명문의 규정을 두고 있지 않다. 그러나 집행정지제도는 심판청구를 보전하기 위한 부수적 절차로서 심판청구와 운명을 같이하는 것일 뿐 아니라, 행정심판법은 심판청구의 제기효과에 관하여 집행부정지의 원칙을 취하고 있기 때문이다.[22] 집행정지는 행정처분의 집행부정지 원칙의 예외로 인정되고 본안판단에서 원고가 승소할 수 있는 가능성을 전제로 한 권리보호수단이기 때문에 집행정지의 대상이 되는 처분의 취소나 무효등 확인에 대한 신청인의 본안청구가 적법하게 제기되어야 한다(대결 1999. 11. 26. 99부3). 그러나 본안 자체의 적법여부와 집행정지의 결정요건과는 관련성이 없다. 심판청구의 계속이 집행정지의 결정의 요건에 해당하기 때문에 집행정지의 결정이 있기 전에 심판청구가 취하되면 집행정지결정은 소멸한다.

(3) 중대한 손해발생의 우려

집행정지는 처분의 효력이나 그 집행 또는 절차의 속행으로 인하여 중대한 손해를 예방하기 위한 것이므로 집행정지제도는 부담적 행정작용에만 인정되는 것이 원칙이다. 개정 행정심판법은 집행정지요건을 '회복하기 어려운 손해 예방'에서 '중대한 손해 예방'으로 완화하여 임시적 구제를 확대하려고 하고 있다. 집행정지 요건인 "회복하기 어려운 손해"에 대한 판례[23]의 입장은 특별한 사정이 없는 한 금전으로 보상할 수 없는 손해로 보고 있어 금전상 손해에 대하여는 중대한 손해일지라도 집행정지를

---

22) 국무총리행정심판위원회, 법제처, 행정심판의 이론과 실제, 2002. 제332면 참조.

23) '회복하기 어려운 손해'라 함은 특별한 사정이 없는 한 금전으로 보상할 수 없는 손해로서 이는 금전보상이 불능인 경우 내지는 금전보상으로는 사회관념상 행정처분을 받은 당사자가 참고 견딜 수 없거나 또는 참고 견디기가 현저히 곤란한 경우의 유·무형의 손해를 일컫는다(대법원 2008. 5. 6. 선고 2007무147 결정).

인정하는데 오히려 제약요인으로 작용하고 있었다.

종래의 **"회복하기 어려운 손해"**는 일반적인 사회통념으로 원래의 상태로 회복이나 금전으로 보상할 수 없는 손해라고 보는 것이 일반적인 견해이다. 그러나 집행정지는 헌법이 보장하고 있는 국민의 재판청구권의 내용의 하나이며 집행부정지원칙이 입법정책적인 점으로 고려할 때에 집행정지는 보다 탄력적으로 해석하는 것이 국민의 권리보호에 기여한다는 점을 고려할 때, 종국적으로 금전적 보상이 가능하다고 하더라도 사회관념상 행정처분을 받은 당사자가 참고 견딜 수 없거나 또는 참고 견디기가 현저히 곤란한 경우도 이에 포함된다고 할 것이다. 따라서 개정 행정심판법의 집행정지 요건에 대한 완화는 지극히 바람직하다고 본다. 여기서 **손해는 법인 또는 단체를 포함하는 '개인적'인 것이어야** 하고, 공익상 손해나 제3자에게 발생하거나 발생할 우려가 있는 손해는 포함되지 아니한다.

대법원 판례

행정소송법 제23조 제2항 소정의 행정처분 등의 효력이나 집행을 정지하기 위한 요건으로서의 **'회복하기 어려운 손해'**라 함은 특별한 사정이 없는 한 금전으로 보상할 수 없는 손해로서 이는 금전보상이 불능인 경우뿐만 아니라 금전보상으로는 사회관념상 행정처분을 받은 당사자가 참고 견딜 수 없거나 또는 참고 견디기가 현저히 곤란한 경우의 유형, 무형의 손해를 일컫는다.

현역병입영처분취소의 본안소송에서 신청인이 승소판결을 받을 경우에는 신청인이 특례보충역으로 해당 전문분야에서 2개월 남짓만 더 종사하여 5년의 의무종사기간을 마침으로써 구 병역법 제46조 제1항에 의하여 방위소집복무를 마친 것으로 볼 것이나, 만일 위 처분의 효력이 정지되지 아니한 채 본안소송이 진행된다면 신청인은 입영하여 다시 현역병으로 복무하지 않을 수 없는 결과 **'병역의무를 중복하여 이행하는 셈이 되어'** 불이익을 입게 되고 상당한 정신적 고통을 받게 될 것임은 짐작하기 어렵지 아니하며 이와 같은 손해는 쉽게 금전으로 보상할 수 있는 성질의 것이 아니어서 **사회관념상 '회복하기 어려운 손해'에 해당된다**(대법원 1992. 4. 29. 92두7 결정).

(4) 긴급한 필요성

회복하기 어려운 손해의 발생은 **시간적으로** 본안소송의 판결을 기다릴 수 없는 긴급한 필요가 있어야 한다. 여기서 긴급한 필요성은 회복하기 어려운 손해가 급박하여 본안판결을 기다릴 시간이 없는 것을 말한다. 그러므로 긴급한 필요란 손해발생의 가능성과 시간적인 절박성을 포괄하는 것이다. 긴급한 필요의 내용은 구체적 · 개별적으로 결정된다.

나) 소극적 요건

(1) **공공복리에 중대한 영향의 부존재**

집행정지를 허용하는 규정은 처분 당사자의 사익보호에 있다. 그러나 처분 당사자의 사익을 보호함으로써 공공복리에 중대한 악영향이 발생할 우려가 있는 경우에는 **공익과 사익을 형량하여** 판단하여야 한다. 그러므로 이 규정의 목적은 집행정지를 결정함으로써 사인이 받는 이익보다 그로 인하여 발생할 수 있는 공익의 희생이 현저하게 큰 경우에는 집행정지를 하지 못하게 하는 데에 있다.

대법원 판례

공설화장장의 이전설치처분에 대한 집행정지를 신청한 사건에서, 대법원은 행정처분의 집행을 정지하려면 소극적인 요건으로서 그 집행의 정지가 공공의 복리에 중대한 영향을 미치게 할 우려가 없어야 되는 것이므로 공설화장장 이전설치 처분을 **본안판결시까지 그 효력을 정**지하면, **시체처리, 교육행정 기타의 공공복리에 중대한 영향을 미친다**고 판시하고 있다(대법원 1971. 3. 5. 선고 71두2 결정).

(2) **본안의 이유없음의 명백하지 않을 것**

처분의 효력정지 등을 구하는 집행정지신청사건에 있어서는 그 처분의 효력 등을 정지시킬 필요가 있는지의 여부는 행정심판법 제30조 제2항 및 제3항의 요건의 존부만을 판단대상으로 한다. 따라서 인사소청심사위원회가 심리 의결함에 있어서도 본안의 이유유무를 가지고 판단할 것은 아니라고 할 것이다. 그러나 집행정지는 신청인이 본안소송이나 심판청구에서 승소판결 또는 **인용재결을 받을 때까지 그 지위를 보호함과 동시에 후에 받을 승소판결을 무의미하게 하는 것을 방지**하려는 데에 제도의 목적이 있다. 그러므로 본안소송에서 행정처분의 취소가능성이 없음에도 처분의 효력이나 집행의 정지를 인정한다는 것은 제도의 취지에 반하므로 신청인의 **본안청구가 이유 없음이 명백하지 않아야 한다**는 것도 집행정지의 요건에 해당한다.

2) 집행정지의 절차

가) 일반적 절차

집행정지는 위원회의 심리 및 의결로 결정된다. 소청심사위원회의 집행정지결정은 직권이나 당사자의 신청에 의하여 하게 된다. 집행정지의 신청은 심판청구와 동시 또는 심판청구에 대한 의결이 있기 전까지 신청의 취지와 원인을 기재한 서면에 심판청구서의 사본 및 접수증명원을 첨부하여 인사소청심사위원회에 제출하여야 한다. 위원회의 심판청구가 계류중인 경우에는 심판청구서의 사본 및 접수증명원은 제출하지 않아도 된다.

집행정지의 결정은 행정심판위원회인 소청심사위원회의 심리 의결을 거쳐야 한다. 다만, 행정심판위원회의 심리 의결을 기다릴 여유가 없는 때에는 행정심판위원회 위원장은 직권으로 심리 의결에 갈음하여 결정할 수 있고 이 경우 위원장은 위원회에 그 사실을 보고하고 추인을 받아야 하며 위원회의 추인을 받지 못한 때에는 위원장은 집행정지에 관한 결정을 취소하여야 한다. 위원회는 집행정지에 관하여 심리 의결한 때에는 지체 없이 집행정지 결정을 하고 그 결정서를 당사자에게 송달하여야 한다(행정심판법 제30조).

나) 소명의 책임

행정소송법 제23조 제4항에 의하면 "제2항의 규정에 의한 집행정지의 결정을 신청함에 있어서는 그 이유에 대한 소명이 있어야 한다." 집형정지를 신청하는 자는 그 신청이유에 대하여 소명책임을 지도록 행정소송법은 요구하고 있다. 이에 반하여 집행정지의 소극적 요건으로 "공공복리에 대한 중대한 영향을 미칠 우려의 존재"와 "본안청구의 이유 없음의 명백성"은 피신청인인 행정청이 소명하여야 한다.

법관의 심증정도(증명도)를 기준으로 증명과 소명으로 구분된다. 다시 말해서 **'증명'은 법관의 요증사실에 존재에 대하여 확신(確信)을 얻은 상태** 또는 법관으로 하여금 확신을 얻게 하기 위해 증거를 제출하는 당사자의 노력을 말한다. 반면에 '소명'은 증명에 비하여 **저도(低度)의 개연성 즉, 법관이 일응 확실할 것이라는 추측을 얻은 상태** 또는 그와 같은 상태에 이르도록 증거를 제출하는 당사자의 노력을 말한다. 소명은 법률에 특별한 규정이 있는 경우에 한한다. 소명에 있어서는 증명도의 경감 내지는 완화 이외에 증거방법을 즉시 조사할 수 있는 것에 한정된다. 즉시 조사할 수 있는 것이면 되므로 소명방법으로 제출한 서증이 원본이 아닌 **'사본'이라도 그 증거능력을 부인할 수 없다.**[24)]

24) 이시윤, 신민사소송법, 박영사, 2002. 제384면 참조.

3) 집행정지결정의 내용 및 효력

가) 내 용

집행정지의 인용결정이 되면, 행정처분의 효력이나 그 집행 또는 절차의 속행의 전부 내지 일부가 정지된다. 효력의 정지는 행정처분의 효력인 공정력, 구속력 및 존속력 등이 정지되어 해당 행정처분은 형식적으로 존재하나 실질적으로 존재하지 아니한 것과 동일한 상태가 된다. 그러나 처분의 효력정지는 처분 등의 집행 또는 절차의 속행을 정지함으로써 그 목적을 달성할 수 있을 때에는 허용되지 아니한다. 그러므로 영업정지처분은 그 집행이나 그에 따른 절차의 속행을 기다릴 것 없이 그 자체로서 목적이 실현될 수 있는 것이므로 그 효력을 정지시켜야만 그 목적을 달성할 수 있으나, 공익사업을 위한 토지 등의 취득 및 보상에 관한 법률에 의한 수용절차에 있어서와 같이 그 절차의 속행을 정지시킴으로써 목적을 달성할 수 있는 경우에는 사업인정 등 개별적인 처분의 효력을 정지시킬 필요까지는 없다.

행정심판위원회와 법원에 **동시에 집행정지 신청이 된 경우 법원으로부터 이미 집행정지결정을 받은 신청인이 행정심판위원회에 신청한 집행정지를 취하하지 않은 경우** 처리 방법이 문제된다. 인사소청은 행정심판전치주의가 여전히 적용되므로 이와 같은 문제가 발생할 여지가 논리적으로 발생할 여지가 없어 보인다. 그러나 사실상 실무에서는 인사소청과 행정소송을 병행하고 있고, 집행정지신청 역시 동시에 신청하는 경우가 있으므로 이와 같은 논의는 여전히 의미가 있다. 이에 대하여 각하되어야 한다는 견해와 법원의 결정과 관계없이 독자적으로 집행정지 가부를 결정하여야 한다는 견해(**독자적 진행설**)가 대립된다.

각하설은 집행정지결정에 있어서도 행정심판법 제9조의 '법률상 이익'이 있는지 여부에 따라 신청을 구할 법률상 이익이 있는 때에만 이를 신청할 수 있다고 할 것인데 법원으로부터 이미 집행정지결정을 받았다면 집행정지신청의 목적을 달성하였다고 볼 것이므로 행정심판위원회에 신청된 집행정지신청 건은 각하되어야 한다는 주장이다.

그러나 행정심판의 재결이 항상 행정소송의 선고보다 먼저 행하여진다고 단정할 수 없고 행정심판의 재결이 소송보다 오히려 뒤늦게 되는 경우가 있으므로 법원에서 집행정지결정을 받았다는 사유로 행정심판위원회에서 각하할 것은 아니라고 할 것이다. 즉, 법원에서의 집행정지결정과 관계없이 행정심판위원회에서는 독자적으로 구

행정심판법 제21조의 규정에 의하여 집행정지의 가부를 결정하여야 한다.[25)]

나) 효 력

(1) 형성력

집행정지결정이 있게 되면 행정행위의 효력을 일시 정지시킴으로서 당해 처분이 없었던 것과 같은 상태를 실현시키는 것이므로 이 범위 내에서는 집행정지는 형성력을 가진다.

또한 처분의 집행정지는 당해 행정행위가 가지는 집행력을 박탈함으로써 그 내용의 실현을 저지하는 것이며, 절차의 속행정지도 행정행위가 유효함을 전제로 하여 당해 법률관계를 전진시킬 다른 행위를 하게 되는 경우에 그 전제가 되는 행정행위의 효력을 박탈함으로써 후속절차의 속행을 제지하는 점에서 역시 형성력을 인정할 수 있다. 그러므로 **집행정지결정에 어긋나는 내용의 처분은 중대하고 명백한 하자에 해당하여 '당연무효'**라 할 것이다.

(2) 기속력

집행정지결정의 효력은 신청인과 피신청인에게 미친다. 재결에 효력에 준하여 당사자인 행정청뿐만 아니라 관계행정청과 제3자에게도 미친다고 할 것이다. 그러므로 당해 심판청구에 대한 재결이 있을 때까지 당사자인 행정청과 그 밖의 관계행정청은 집행정지결정에 반하는 행정처분은 발할 수 없다. 집행정지결정에 반하는 행정처분을 하게 되면 이는 무효인 행정처분이 된다.

(3) 시간적 효력

집행정지결정의 효력은 당해 결정의 **주문에 정하여진 시기까지** 존속한다. 주문에 특별한 정함이 없는 때에는 당해 심판청구에 대한 **재결이 있을 때까지** 존속하는 것으로 보아야 한다.

대법원 판례

행정소송법 제23조에 의한 **집행정지결정의 효력은 결정주문에서 정한 시기까지 존속하며 그 시기의 도래와 동시에 효력이 당연히 소멸하는 것**이므로, 일정기간 동안 영업을 정지할 것을 명한 행정청의 영업정지처분에 대하여 법원이 집행정지결정을 하면서 **주문에서 당해 법원에 계속중인 본안소송의 판결선고시까지 처분의 효력을 정지한다고 선언하였을 경우**에

---

25) 국무총리행정심판위원회, 법제처, 행정심판의 이론과 실제, 2002. 제239면 참조

는 처분에서 정한 영업정지 기간의 진행은 그때까지 저지되는 것이고 **본안소송의 판결선고에 의하여 당해 정지결정의 효력은 소멸하고 이와 동시에 당초의 영업정지처분의 효력이 당연히 부활**되어 처분에서 정하였던 정지기간(정지결정 당시 이미 일부 집행되었다면 나머지 기간)은 이때부터 다시 진행한다(대법원 1993. 8. 24. 선고 92누18054 판결).

(4) 취 소

집행정지가 공공복리에 중대한 영향을 미칠 우려가 있다고 인정되는 때에는 행정심판위원회는 직권이나 당사자의 신청에 따라 당해 집행정지결정을 취소할 수 있다. 공공복리에 대하여 미칠 영향의 중대성은 사익과 공익을 비교형량하여 개별적 구체적으로 판단하여야 한다.

집행정지결정의 취소는 집행정지결정의 경우와 마찬가지로 행정심판위원회의 심리 의결을 거쳐야 한다. 위원회의 심리 · 결정을 기다려서는 회복하기 어려운 손해가 발생할 우려가 있다고 인정될 때에는 위원회의 위원장은 직권으로 심리 · 결정에 갈음하는 결정을 할 수 있다. 이 경우 위원장은 위원회에 그 사실을 보고하고 추인을 받아야 하며, 위원회의 추인을 받지 못한 때에는 위원장은 집행정지 또는 집행정지의 취소에 관한 결정을 취소하여야 한다. 집행정지결정이 취소되면 일단 발생된 집행정지결정의 효력은 소멸되고 그때부터 집행정지결정이 없었던 것과 같은 상태로 된다.

다. 임시처분

개정 행정심판법[26]은 처분 또는 부작위 때문에 당사자가 받을 우려가 있는 중대한 불이익이나 당사자에게 생길 급박한 위험을 막기 위하여 임시지위를 정해야 할 필요가 있는 경우에는 임시처분을 할 수 있도록 하는 내용을 신설하였다. 현행 집행정지제도는 소극적인 현상유지적인 기능만 있을 뿐이므로 원칙적으로 거부처분이나 부작위의 경우 집행정지대상이 되지 않는다고 보는 것이 판례와 다수 견해[27]이다. 따라서 현행법상 집행정지제도를 통해서는 구제할 수 없는 권리에 있어서 임시적 구제제도로서 임시처분제도를 신설한 것이다.

---

26) 개정 행정심판법은 2008. 12. 5. 정부로부터 제출되어 2010. 1. 25. 법률 제9968호로 전면 개정되었다, **특별행정심판 신설 등을 위한 협의 의무화, 행정심판위원회의 회의 정원 및 위촉위원 비중 확대, 행정심판위원회 결정에 대한 이의신청제도의 도입, 심판참가인의 절차적 권리 강화, 임시처분제도의 도입, 전자정보처리조직을 통한 행정심판의 근거를 마련하는 것** 등을 주요골자로 하고 있다.

27) 김기표 신행정심판법론 제460면 참조.

예를 들면 국가시험 1차시험에서 불합격된 자가 행정심판을 청구한 경우 일단 2차시험을 볼 수 있는 자격을 임시로 부여한 후 1차시험 불합격처분의 위법 여부를 판단하는 것이다. 개정 행정심판법은 임시처분제도를 신설하여 그동안 거부처분이나 부작위에 대한 임시적 구제의 제도적 공백상태를 해소함으로써 청구인의 권리를 더욱 두텁게 보호할 수 있도록 하였다.[28]

1) 임시처분의 의의

위원회는 처분 또는 부작위가 위법 · 부당하다고 상당히 의심되는 경우로서 처분 또는 부작위 때문에 당사자가 받을 우려가 있는 중대한 불이익이나 당사자에게 생길 급박한 위험을 막기 위하여 **임시지위를 정하여야 할 필요가 있는 경우**에는 직권으로 또는 당사자의 신청에 의하여 임시처분을 결정할 수 있다(행정심판법 제31조). 다만, 집행정지로 그 목적을 달성할 수 있는 경우에는 허용되지 않는다.

2) 임시처분의 요건 및 절차

임시처분은 공공복리에 중대한 영향을 미칠 우려가 있을 때에는 허용되지 아니한다. 위원회는 임시처분을 결정한 후에 임시처분이 공공복리에 중대한 영향을 미치거나 그 정지사유가 없어진 경우에는 직권으로 또는 당사자의 신청에 의하여 임시처분의 결정을 취소할 수 있다. 임시처분 신청은 심판청구와 동시에 또는 심판청구에 대한 위원회나 소위원회의 의결이 있기 전까지, 임시처분 결정의 취소신청은 심판청구에 대한 위원회나 소위원회의 의결이 있기 전까지 신청의 취지와 원인을 적은 서면을 위원회에 제출하여야 한다. 다만, 심판청구서를 피청구인에게 제출한 경우로서 심판청구와 동시에 임시처분 신청을 할 때에는 심판청구서 사본과 접수증명서를 함께 제출하여야 한다. 위원장은 위원회의 심리 · 결정을 기다릴 경우 중대한 손해가 생길 우려가 있다고 인정되면 직권으로 위원회의 심리 · 결정을 갈음하는 결정을 할 수 있다. 이 경우 위원장은 지체 없이 위원회에 그 사실을 보고하고 추인을 받아야 하며, 위원회의 추인을 받지 못하면 위원장은 임시처분 또는 임시처분 취소에 관한 결정을 취소하여야 한다. 위원회는 임시처분 또는 임시처분의 취소에 관하여 심리 · 결정하면 지체 없이 당사자에게 결정서 정본을 송달하여야 한다.

---

28) 정순영, 정무위원회, 행정심판법 전부개정법률안 검토보고서, 2009. 6. 제42면 참조.

【행정심판법】 제31조(임시처분)

① 위원회는 처분 또는 부작위가 위법 · 부당하다고 상당히 의심되는 경우로서 처분 또는 부작위 때문에 당사자가 받을 우려가 있는 중대한 불이익이나 당사자에게 생길 급박한 위험을 막기 위하여 **임시지위를 정하여야 할 필요가 있는 경우**에는 직권으로 또는 당사자의 신청에 의하여 임시처분을 결정할 수 있다.
② 제1항에 따른 임시처분에 관하여는 제30조 제3항부터 제7항까지를 준용한다. 이 경우 같은 조 제6항 전단 중 "중대한 손해가 생길 우려"는 "중대한 불이익이나 급박한 위험이 생길 우려"로 본다.
③ 제1항에 따른 임시처분은 제30조 제2항에 따른 집행정지로 목적을 달성할 수 있는 경우에는 허용되지 아니한다.

제 7 절 심판청구의 취하

1. 취하의 의의

심판청구의 취하란, 청구인이 위원회에 대하여 하는 심판청구를 철회하는 일방적인 의사표시를 말한다. 취하에 의하여 심판청구는 소급적으로 소멸된다. 청구인은 **재결이 있을 때까지는 언제든지 서면으로** 그의 심판청구의 **전부 또는 일부를** 취하할 수 있고, 심판청구의 취하는 민사소송이나 행정소송의 경우와는 달리 **피청구인의 동의 없이도** 할 수 있다. 또한 참가인은 심판청구에 대한 재결이 있을 때까지 참가신청을 취하할 수 있다. 이 경우 참가취하서를 제출하여야 한다. 참가취하는 신청의 일부에 대하여도 할 수 있으며, 당사자들의 동의가 없더라도 참가를 취하할 수 있다. 참가취하가 있으면 그 취하된 부분에 대하여는 처음부터 참가하지 아니한 것으로 본다. 참가취하가 있으면 행정심판위원회는 취하사실을 당사자에게 통지하는 것이 좋다.

【행정심판법】 제42조(심판청구 등의 취하)

① 청구인은 심판청구에 대하여 의결이 있을 때까지 서면으로 심판청구를 취하할 수 있다.

2. 취하절차

청구인이 심판청구를 취하하고자 할 때에는 '취하서'를 제출하여야 한다. 취하서가 청구인 본인의 의사에 반하는 경우 그 취하는 무효이므로 청구인 본인이 아닌 경우 취하서를 제출한 때에는 청구인 본인의 의사를 확인하여야 한다. 그리고 선정대표자가 심판청구를 취하할 때에는 다른 청구인들의 동의를 받아야 하며, **대리인이 심판청구를 취하할 때에는 이에 대한 권한을 따로 위임받아야 한다**(구 행정심판법 제1조 제3항). 결국 선정대표자 또는 대리인이 취하서를 제출한 경우 이러한 사실을 증명하는 서류를 함께 제출하여야 한다.

> **【행정심판법 시행령】 제30조(심판청구 등의 취하)**
>
> ① 법 제42조의 규정에 따라 청구인 또는 참가인이 심판청구 또는 참가신청을 취하하는 경우에는 그 청구 또는 신청의 전부 또는 일부를 취하할 수 있다.
>
> ② 제1항에 따라 심판청구 또는 참가신청을 취하하는 경우에는 상대방의 동의 없이도 이를 할 수 있다.
>
> **【행정심판법】 제15조 (선정대표자)**
>
> ③ 선정대표자는 다른 청구인들을 위하여 그 사건에 관한 모든 행위를 할 수 있다. 다만, **심판청구를 취하하려면 다른 청구인들의 동의를 받아야 하며,** 이 경우 동의받은 사실을 서면으로 소명하여야 한다.

3. 취하의 시기

심판청구의 취하서는 **재결이 있기 전까지는** 할 수 있다. **인사소청심사위원회의 심리 및 의결이 있은 후에도 심판청구를 취하할 수 있다**(행정심판법 제42조).

4. 취하의 효과

심판청구가 취하되면 심판청구가 소멸되어 처음부터 심판청구가 없었던 것으로 된다. 청구인의 **일부가 취하된 경우**에는 취하된 부분에 대하여만 처음부터 심판청구가 없었던 것으로 된다. 취하서가 제출되면 별도의 조치가 없더라도 행정심판절차는 종료되지만 피청구인이 행정청이나 참가인은 취하사실을 알지 못하므로 위원회는 이들에게 취하사실을 통지해 주는 것이 바람직하다.

> **【행정심판법 시행령】 제30조**
>
> ③ 심판청구 또는 참가신청의 취하가 있으면 그 취하된 부분에 대하여는 **처음부터** 심판청구 또는 참가신청이 **없었던 것으로 본다.**

제6장 소청청구의 심리

제1절 재 결 청

1. 재결청 의의

재결청이라 함은 행정심판의 청구를 수리하고 당해 심판청구사건에 대한 재결을 할 수 있는 권한을 가진 행정기관을 말한다. 행정심판법은 재결의 공정을 도모하고 행정심판의 행정구제제도로서의 실효성을 확보하기 위하여 심판청구사건에 대한 심의 및 의결기능과 재결기능을 분리시켜 심리 및 의결기능은 행정심판위원회에 부여하고 재결청은 그 의결에 따르는 형식적인 재결기능만을 가지도록 하였다(구 행정심판법 제31조).

행정심판기관의 운영에 대해서 살펴보면, 심리 · 의결기관과 재결기관을 분리하는 경우와 이를 통합하여 운영하는 경우로 나누어진다. 우리의 현행 행정심판법은 인사소청과 같은 특별행정심판 대부분이 양자를 통합하여 운영하고 있다. 그런데 주요국의 운영사례를 살펴보면, 독일의 행정심판기관은 원칙적으로 직근 상급청 또는 처분청이고, 실질적으로 해당 행정청 소속 공무원이 행정심판을 수행하는데 직근상급청은 의결기관과 재결기관이 통합된 상설기관이다. 예외적으로 라인란트-팔츠 주 등 독일의 일부 주에서 직근상급청을 대신한 법무위원회에서 행정심판을 결정하는데 시나 군에 소속되어 있으나 처분청과는 독립되어 있고 법무위원회 역시 의결기관과 재결기관이 통합된 상설기관으로 되어 있다. 미국의 경우 행정심판제도에 관한 단행법률이 없으나 행정심판기관인 환경심판위원회, 국가심판국 및 연방항공청도 의결기관과 재결기관이 통합되어 있다.[1)]

성격	특별행정심판기관
통합형	국세심판원, 특허심판원, 토지수용심사위원회, 소청심사위원회, 중앙노동위원회, 보험급여 및 연금 등에 관한 특별행정심판기관
분리형	지방세심판기관(행정자치부장관 또는 지방자치단체의 장과 지방세심의위원회), 사용료 등에 대한 이의신청(지방자치단체의 장과 지방세 심의위원회), 공시지가 및 개별공시지가에 관한 이의신청(건설교통부장관 · 시장 · 군수 · 구청장과 토지평가위원회)

1) 임중호, "행정심판법 일부개정법률안(안상수의원 대표발의) 검토보고", 2008. 1. 제8면, 각주4)참조.

그렇다면 행정심판의 의결기관과 재결기관의 분리 · 통합문제는 행정제도 전체의 구조 및 행정심판제도의 취지를 감안하여 **입법정책적으로 결정할 문제**라 할 수 있다. 이에 따라 행정심판위원회가 행정심판사건에 대해 직접 재결을 하도록 하는 등 절차 간소화로 인한 사건 처리기간을 대폭 단축을 통해 창구 일원화 효과의 극대화 및 행정심판제도의 본래 취지인 신속한 권리구제에 기여하기 위해 행정심판법상의 재결청의 개념을 삭제하였다. 다시 말해서 현행의 행정심판절차 구조는 처분청, 의결기관인 행정심판위원회, 행정심판위원회의 의결에 따라 재결하는 재결청 등 행정심판과 관련된 기관의 구조가 복잡해서 국민의 혼선이 발생하여, 처분청의 답변서가 행정심판위원회에 접수되기 전에 반드시 재결청을 경유하여야 하고 행정심판위원회의 의결결과를 청구인에게 직접 통보하지 못함에 따라 행정심판사건의 처리기간만 늘어나 신속한 권리구제라는 행정심판제도의 취지에 부합하지 못하는 문제가 있었다. 이에 따라 재결청의 개념을 없어 처분청에서 답변서를 행정심판위원회에 바로 송부하도록 하고, 행정심판위원회에서 행정심판 사건의 심리를 마치면 직접 재결을 하도록 하여 행정심판 관련 기관에 대한 국민의 혼선을 해소하고, 행정심판사건이 처리기관을 단축하여 신속한 권리구제에 기함을 위해 2008. 2. 29. 법률 제8871호로 행정심판법을 일부 개정한 것이다.

개정안은 재결청의 개념을 없애고 행정심판위원회가 심리 · 의결뿐 아니라 재결까지도 행하도록 규정하고 있다. 현행 행정심판법상 행정심판을 접수하여 처리결과를 통보하기까지는 국민 ⇒ 처분청 ⇒ 재결청 ⇒ 행정심판위원회 ⇒ 재결청 ⇒ 국민의 5단계의 처리절차를 거치고 있는 바, 재결청은 행정심판위원회의 의결을 공표하는 역할밖에 하지 않음에도 이를 거쳐야 함에 따라 처리기간이 지연되는 문제가 있었다.

< 현행 행정심판 처리절차 >

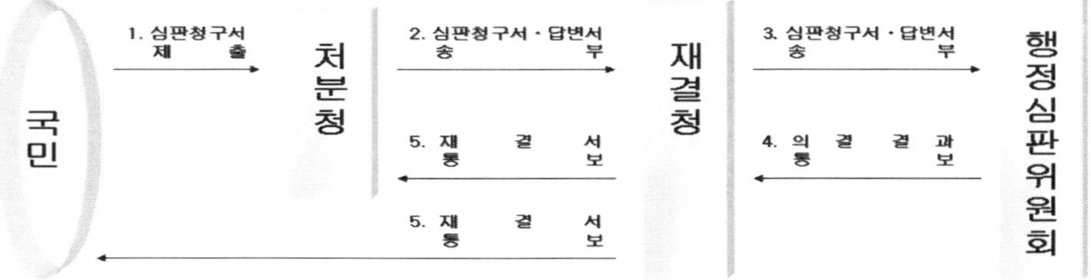

따라서 개정안은 재결청을 폐지함으로써 접수부터 처리결과통보까지를 국민 ⇒ 처분청 ⇒ 행정심판위원회 ⇒ 국민의 3단계로 축소하여[2] 국민의 권익을 위한 신속한 원스톱 서비스제공이라는 조직개편의 취지를 구현하고자 하는 것이다. 공표역할기능만 할 뿐인 재결청의 경유절차를 폐지하는 것은 행정심판절차의 처리기간을 단축할 수 있다는 점에서 바람직한 입법 개정이라고 본다.[3]

2. 재결청과 행정심판위원회의 관계

행정심판청구에 대한 각하나 기각을 재결청에서 자의로 할 수 있는지에 대하여 문제되는데 이 경우 청구인은 재결청 또는 피청구인인 행정청에 행정심판을 청구하고 피청구인인 행정청은 심판청구서를 받은 날로부터 일정 기간에 답변서를 작성하여 재결청에 송부하며 재결청은 심판청구서와 답변서가 제출된 때에는 지체없이 그 사건을 행정심판위원회에 회부하며 동 위원회는 심리를 마치면 그 심판청구에 대하여 재결할 내용을 의결하고 그 의결내용을 재결청에 통고하며 재결청은 행정심판위원회의 의결내용(-기각, 각하, 인용-)에 따라 지체없이 재결하도록 하고 있으므로 행정심판청구사건에 대하여 **재결청은 행정심판위원회의 의결에 따라 재결을 하여야 하기 때문에 재결청이 자의로 행정심판청구사건에 대하여 기각이나 각하를 할 수 없다.**[4]

반면에 구 행정심판법 제17조 제3항에 따르면 심판청구서를 받은 행정청은 그 심판청구가 이유 있다고 인정할 때에는 심판청구의 취지에 따르는 처분이나 확인을 하고 지체없이 이를 재결청과 청구인에게 통지하여야 한다고 규정하고 있다. 이는 피청구인인 행정청이 스스로 시정조치를 한 후 이에 대한 통지절차를 규정한 것인데 처분청에서 처분의 하자를 자인하고 먼저 한 처분을 취소한 경우 행정심판청구서의 처리 및 행정심판절차에 대하여 견해가 나뉘고 있다.

1설은 피정구인인 행정청 스스로 시정조치를 한 경우 이에 해당하는 부분에 관한한 행정심판절차는 종료된다고 보는 견해로서 피청구인인 행정청에서 원처분의 하자를 자인하고 청구인의 청구를 전부 받아들이는 경우에는 행정심판절차는 종료되므로

---

2) 그 결과 접수단계에서 7. 59일, 통보단계에서 12.13일이 줄어들어 약 20일 정도의 처리기간 단축효과의 발생이 기대된다고 함(임중호, 위의 글 참조).

3) 임중호, "행정심판법 일부개정법률안(안상수의원 대표발의) 검토보고", 2008. 1. 제8면 참조.

4) 법제처, 행정심판 질의응답집, 성문사, 2003. 제287면 참조.

피청구인인 행정청은 심판청구서를 재결청에 송부하지 않아도 된다는 입장이 있다.

이에 대하여 **2설**은 피청구인인 행정청의 시정조치는 재결이 아니므로 시정조치가 있었다고 하더라도 행정심판절차는 종료되지 아니한다는 견해로서 피청구인인 행정청은 비록 시정조치를 하였다 하더라도 답변서를 작성하여 심판청구서와 함께 재결청에 송부하여야 하고 재결청은 **행정심판위원회의 심리 의결을 거쳐 청구의 이익이 없다는 이유로 심판청구를 각하하여야** 한다는 견해로 대립되고 있다.[5)]

처분청의 시정조치가 청구인의 요구에 부합되는 경우에는 결국 어느 견해를 취하더라도 청구인인의 권리 또는 이익에는 변동이 없으므로 차이가 없다. 하지만 청구인의 요구와 처분청의 조치 사이에 갭이나 그에 대한 분쟁발생 소지가 있다는 점, 행정심판청구의 불변기간의 존재로 자칫 청구인의 다툴 기회가 박탈되어 질수 있다는 점, 재결청의 업무관리 감독의 기능을 고려해 볼 때 비록 **행정절차 경제적 측면보다는 국민의 권리보호가 우선되어야 할 것이므로 2설이 타당하다**고 본다.

제 2 절 행정심판과 행정소송의 동시 심리 가능성

행정소송법 제18조 제1항은 "당해 처분에 대한 행정심판을 제기할 수 있는 경우에도 이를 거치지 아니하고 제기할 수 있다"고 규정하고 있다. 그렇다면 이와 같이 법규상 사실상 택일적 제소의 의미가 있는 **행정심판전치주의 사항에 해당되지 아니한 경우**에 행정심판과 행정소송이 동시에 제기되면 **행정심판의 접수를 반려할 수 없다**고 본다.

행정심판청구권은 행정청의 위법 부당한 처분을 취소 변경하거나 거부처분이나 부작위에 대한 의무이행심판을 통하여 국민의 신속한 권리구제를 위한 법률상의 권리이므로 행정심판의 신청의 접수를 거부하는 것은 국민의 법률상의 권리를 제한하는 것이기 때문이다.

행정심판과 행정소송은 제도의 취지, 심리의 범위, 결정방식-(재결과 판결-) 등을 달리하는 별개의 독립된 제도여서 행정심판 또는 행정소송은 동시에 제기할 수 있는 것이므로 어느 쪽이든 제기하여 권리를 구제받을 수 있는 기회를 보장하여야 할 것이기 때문에 행정심판청구서의 접수를 거부할 수 없다.[6)]

---

5) 법제처, 위의 글, 제288면.
6) 법제처, 위의 글, 제285면~제286면 참조.

전역 또는 제적과 징계 및 휴직 기타 본인의 의사에 반한 불리한 처분에 관한 행정소송은 소청심사위원회 또는 항고심사위원회의 심사・결정을 거치지 아니하면 이를 제기할 수 없고 군무원의 경우 휴직・직위해제・강임・면직・징계, 그 밖에 군무원 본인의 의사에 반하는 불리한 처분에 관한 행정소송은 군무원인사소청심사위원회, 군무원항고심사위원회의 심사・결정을 거치지 아니하면 제기할 수 없다고 각 규정하고 있는 바,[7] 이와 같이 **행정심판전치주의가 적용되는 영역**에서 행정심판절차를 거쳐야 함에도 불구하고 행정소송과 동시에 행정심판을 제기하는 경우가 있다 이때 행정심판 접수를 반려할 수 있는지가 문제된다.

행정소송절차를 진행하는 법원의 입장에서 보면 소송요건을 결하여 부적법 소제기로 부적법 각하사유에 해당한다. 소송요건이라 함은 소가 적법한 취급을 받기 위하여 구비하지 않으면 안 될 사항을 말하는 것으로써 그 종류에는 법원에 관한 것, 당사자에 관한 것, 소송물에 관한 것이 있고 선행적 절차를 거치도록 법이 요구하는 특수소송에 관한 것이 있다.[8] 만일 소송요건이 흠이 있으면 법원은 본안판결이나 본안심리를 하여서는 안 되기 때문에 소의 적법요건이라고도 한다. 그러나 소송요건은 반드시 본안심리에 앞서 조사를 끝낼 요건은 아니며, 본안 심리중에 그 흠이 드러나면 더 이상 본안심리를 그치고 법원은 소를 부적법각하하게 된다.

소송요건 존재의 표준시에 대하여 우리 판례는 **사실심 변론종결**시로 보고 있다.[9] 따라서 관할권의 존부만을 제외하고는[10] 제소 당시에는 부존재하여도 사실심의 변론종결시까지 이를 구비하면 된다. 결국 행정심판을 거치지 아니하고 제소한 경우에도 법원은 바로 소를 부적법각하하지 아니하고 일단 행정심판의 결과를 기다렸다가 이를 진행하는 것이 일반적이다. 그렇다면 당사자의 신속한 권리구제를 위해 동시에 행정심판 청구와 행정소송을 제기한 경우에도 행정청으로서는 **행정심판의 접수를 반려할 수 없다**고 본다.

---

7) 군인사법 제51조의2, 군무원인사법 제35조의2.
8) 이에 관한 자세한 것은 이시윤, 신민사소송법, 박영사, 2002. 제174면 이하를 참조하기 바란다.
9) 대법원 1977. 5. 24. 76다2304 전원합의체 판결 참조.
10) 민사소송법 제33조 (관할의 표준이 되는 시기) 법원의 관할은 소를 제기한 때를 표준으로 정한다.

제 3 절 심리속행과 후속절차

1. 심리속행

소청심사위원회는 비상설기구로 운영되고 있다. 그런데 공무원의 권리의식 향상 및 현대사회의 복잡화로 소청심사의 사실심리절차가 장기화되는 현상이 나타나고 있다. 이로 인하여 당 소청심사위원회가 사실심리의 미진을 해소하거나 보다 신중한 의결을 위하여 휴정하고 속행을 하는 경우가 왕왕 발생하고 있다. 속행하는 경우에 있어서 소청심사위원회의 구성에 변화가 가능하는지와 소청인의 절차적 기본권인 변론의 기회 및 최후진술권 보장이 문제된다.

먼저 소청심사위원회의 구성에 대하여 살펴보자. **원칙적으로** 속행하는 경우 비록 인사소청심사위원회가 비상설기구라 하더라도 위원회의 구성이 변화하지 않는 것이 가장 바람직하다. 동일한 사안에 대하여 무용의 행정절차를 반복하는 **행정경제**적 측면과 소청사건에 대한 보다 정확한 사실심리를 위한 **실체적 판단**을 위하여 **속행되는 경우에도 전회의 구성원을 위원회로 구성되어야 한다**고 본다. **그러나** 속행되기 전에 전 위원이 신상의 문제로 위원자격이 박탈된 경우라든가 소속변경으로 인한 위원자격이 없어진 경우 등이 발생할 수 있다. 이 경우 **새로운 위원을 임명하여** 위원회를 구성하여야 할 것이다. **이때에는 반드시 사실심리를 다시 처음부터 진행하여야 하는 절차를 준수하여야 한다.** 그렇지 않은 경우 사실심리에 참여하지 않은 위원이 표결에 참여하게 되어 그 위원회의 의결은 무효이다.

형사소송절차에서는 법관이 교체되었을 때 공판절차의 갱신이 요구된다.[11] 지금까지 행해진 공판절차를 일응 무시하고 이를 다시 하는 것을 **공판절차의 갱신**(Erneurung)이라고 한다. 공판절차의 갱신은 원래 구두주의 및 직접주의의 원칙으로부터 요청되는 것이다. **소송행위를 절차형성행위와 실체형성행위로 구별하고 법관의 심증형성에 직접 관련이 없는 절차형성행위는 갱신에 의하여 영향을 받지 않으나, 법관의 심증형성에 직**

---

11)

> **【형사소송법】 제301조(공판절차의 갱신)**
>
> 공판개정 후 판사의 경질이 있는 때에는 공판절차를 갱신하여야 한다. 단, 판결의 선고만을 하는 경우에는 예외로 한다.

접 영향을 미치는 실체형성행위는 구두주의, 직접주의에 반하는 한도에서 효력을 잃는 다고 해석하는 것이 일반적이다. 즉 갱신전에 행해진 당사자의 각종의 신청, 청구, 법원의 각종의 결정 등은 모두 효력을 그대로 유지하기 때문에, 위 청구나 신청에 대하여는 갱신후에 어떠한 결정을 내려야만 하고, 또한 증거조사의 결정이 내려져 있으면 갱신후에 그 증거조사를 시행하지 않으면 안된다. 이에 반하여, 실체형성행위라고 할 수 있는 공판 공판개정 후 판사의 경질이 있는 때에는 공판절차를 경신하여야 한다. 단, 판결의 선고만을 하는 경우에는 예외로 한다. 기일에 있어서의 증인의 증언이나 피고인의 진술은 그 자체를 증거로 할 수는 없음이 원칙이다.[12]

따라서 법관의 교체가 있는 경우 실체판단을 위한 심증형성의 필수적 절차로서 실체형성행위는 다시 하여야 한다는 형사소송절차의 이론은 그대로 소청절차에도 적용된다 할 것이다.

다음으로 소청인의 변론 및 최후진술권의 보장이다. 먼저 **위원회의 구성이 그대로인 경우**에는 전회에 소청인의 변론 및 최후진술까지 마치고 심리 및 의결전에 보다 정확하고 신중한 판단을 위해 속행하기로 한 경우에는 속행되는 소청심사위원회에 다시 소청인으로 하여금 변론 및 최후진술을 듣는 절차를 반복하지 않아도 무방하다. 그러나 **위원회의 구성이 변경된 경우**에는 반드시 처음부터 소청인의 변론 및 최후진술 기회를 보장한 뒤 심리 및 의결을 하여야 한다.

【소청 사례 1】 – 사실심리에 참여하지 않은 위원이 징계의결한 경우

사실심리에 참여하지 않는 위원이 징계의결에 참여하는 경우 그 의결은 중대한 **절차상의 하자로 무효**이다.[13]

대법원 판례 **-심리에 관여하지 않은 재판관이 관여한 재판의 의법성-**

원심공판조서에 의하면 본조 심리에 관여한 재판관은 재판장 대령 "갑", 법무사 중령 "을", 법무사 대위 "병", 심판관 중령 "정" 심판관 중령 "무"인데, 원심판결에는 공판심리에 관여하지 않은 심판관 중령 "기", 심판관 중령 "경"이 서명 날인하고 있는바 군법회의법 제74조 제1항과 제349조의 법의는 공판심리에 관여하지 않은 재판관은 판결에 관여할 수 없도록 하여 재판의 공정을 도모하여 형사피고인의 권익을 보호함에 있다 할 것이므로 **심리에 관여하지**

12) 정연욱, "공판절차의 갱신과 증거조사", 재판자료 제22집, 제195면 참조.

13) 행정안전부, 소청 및 고충심사 업무편람, 2010. 제93면 참조.

않은 재판관이 재판에 관여함은 공판절차에 있어 형사소송의 기본원칙인 직접심리주의에 위배되는 위법이라 할 수 있을 뿐 아니라 판결법원의 구성이 법률에 위반한 것으로서 이러한 판결은 파기될 수밖에 없다(대법원 1963. 5. 15. 선고 63도5 판결).

【소청 사례 2】

1차 징계위원회에 참석하지 않은 위원이 3명이 **2차** 회의시에 출석하여 **협의자 불참하에** 징계의결을 한 것은 위법한 의결이고 이를 근거로 한 징계처분은 무효이다.[14)]

2. 후속절차

소청심사청구에 심의 및 의결이 이루어진 경우에는 소청심사위원회의 간사는 소청심사청구에 대하여 ① **소청당사자의 표시,** ② **결정주문,** ③ **결정이유의 개요,** ④ **증거의 판단의 순으로** 소청심사결정서를 작성하고 위원장과 출석한 위원이 이에 **서명날인하여야** 한다(소청절차규정 제15조).[15)] 그런데 **전자서명법**은 "다른 법령에서 문서 또는 서면에 서명, 서명날인 또는 기명날인을 요하는 경우 전자문서에 공인전자서명이 있는 때에는 이를 충족한 것으로 간주하고 나아가 **공인전자서명이 있는 경우**에는 당해 전자서명이 서명자의 서명, 서명날인 또는 기명날인이고, 당해 전자문서가 전자서명된 후 그 내용이 변경되지 아니하였다는 추정력을 부여하고 있다(동법 제3조 참조). 소청심사결정서는 그 정본을 작성하여 지체없이 소청당사자에게 송부하여야 한다. 소청실무에서는 소청심사위원회의 심의 의결한 날로부터 10일이내에 소청심사결정서를 작성하여 소청인에게 **배달증명**의 방법에 의하여 송부하도록 하고 있다. 소청심사결정서를 송부함에 있어 그 결정서가 위원회의 과실없이 소청인에게 송달되지 아니한 경우에는 소청인의 주소·성명과 결정주문을 **관보에 게재**하고, **게재한 날부터 2주일이 경과하는 날에 결정서는 당해 소청인에게 도달된 것으로 본다**(소청절차규정 제16조).

14) 행정안전부, 소청 및 고충심사 업무편람, 2010. 제94면 참조.

15) 소청실무에서는 심사결정서에 위원들의 서명날인에 관하여 공무원의 인사소청을 담당하는 행정안전부 소청심사위원회에서는 "서명"에 의한 방법을 사용하고 있고, 국방부 중앙군인사소청심사위원회 및 군무원인사소청심사위원회에서는 "기명 날인"에 의한 방법을 사용하고 있다.

제7장 인사소청심사위원회

제1절 개 설

1. 행정심판기관의 의의

특별행정심판절차에서 심판기능을 가진 기관중에는 처분청과 업무상 지도·감독 관계에 있는 기관이 규정된 예가 다수 있다. 헌법 제107조 제3항에서 "행정심판의 절차는 사법절차가 준용되어야 한다."고 규정하여 행정심판기관에 대하여도 수소법원에 준하는 제3자성을 요구하고 있다. **심판기관의 제3자성 확보는 재결내용의 공정성과 표리부동의 관계에 있으므로 재결청의 독립성은 국민의 권리구제와 직결된다.**[1)]

행정심판기관이라 함은 행정심판청구를 수리하여 이를 심리·의결하고 재결하는 권한을 가진 기관을 의미한다. 현행 행정심판법은 심리·의결권은 행정심판위원회에 부여하고 재결권은 재결청에 부여함으로써 심리·의결기관과 재결기관을 분리하고 있다.

2. 의결기관과 재결기관의 분리 필요성

행정심판제도에 있어서 가장 중요한 것은 쟁송제도 일반의 경우와 마찬가지로 객관성 있는 공정한 재결을 확보하는 일이라고 할 것인데 이는 곧 **심리·의결절차의 적정화와 함께 심리·의결기관을 객관화**하는 일이라고 할 수 있다.[2)]

행정심판에 대한 재결을 처분청 자신이 행하는 것도 문제이지만, 상급행정청이 행하는 경우에도 하급행정청에 대한 감독의 연장이지 심리절차에 있어서 분쟁의 당사자로부터 완전히 독립된 재판관이 아니므로 공정성을 기대하기는 어렵다. 이와 같이 **행정심판의 객관성, 공정성, 독립성을 확보하기 위하여 심리 및 의결기관과 재결기관의 분리가 필요하다.**

1984. 12. 15. 제정된 행정심판법은 예전의 소원법과는 달리 재결청과 심리 및 의

1) 권태웅, 행정심판법에 대한 특례규정의 개정방향, 법제 제462호, 제54면 참조.
2) 국무총리행정심판위원회, 법제처, 행정심판의 이론과 실제, 2002. 제153면 참조.

결기관을 분리하고 있다. 즉 행정심판법은 행정심판기관으로서 재결청과 행정심판위원회를 각각 설치하여 운영하고 있다.

3. 행정심판기관의 독립성과 효율성 확보방안 3)

가. 독립된 제3기관의 설치

행정심판기간의 재결청과 심리 및 의결의 분리가 행정심판의 독립성과 중립성을 확보하는 근본적인 해결책은 되지 못한다. 재결청은 처분청은 직근상급기관이거나 처분청 자체로 되어 있고 행정심판위원회는 국무총리행정심판위원회를 제외하고는 **재결청 소속**으로 되어 있다. 그 **위원도 재결청이 선임하게 되어** 있어 아무리 위원이 과반수를 민간인으로 선임한다 하더라도 행정심판위원회가 **재결청의 영향으로부터 자유롭다고 보기 어렵기 때문이다.** 나아가 행정심판위원회의 위원은 대부분 **비상임이어서 행정심판위원회의 심리는 형식화**될 우려도 있다.

따라서 심판기관의 독립성을 강화하기 위해서는 현행제도와 같이 재결청과 행정심판위원회를 분리하여 따로 둘 것이 아니라, 그것을 영미의 행정위원회 또는 국가공무원법에서 정하고 있는 소청심사위원회제도와 같이 일원화하여 하나의 심판기관에서 심판사건을 직접 심리 의결하도록 하여야 한다.4)

나. 행정심판위원회의 상설화 및 통합

행정심판은 신속하고 공정한 절차가 생명이다. 그런데 행정심판법상 행정심판위원회를 비상설기관으로 되어 있으며 실제 운영상으로도 한달에 한 번정도 개최되는 것이 일반적이다. 더욱이 국방부 중앙군인사소청 및 군무원인사소청은 분기당 한 번씩 개최되어 최소한 2내지 3개월이 소요되어 더욱 문제이다. 이는 소청간사가 국가배상간사를 겸하고 헌법재판을 함께 수행하는데 따른 업무과중에 기인한다. 이러한 문제점을 극복하기 위해서 국방부는 2010. 12. 1. 검찰단 산하의 송무부를 법무관리관실 국방송무팀으로 발족하였다. 이에 따른 조직개편으로 헌법재판을 송무로 분류하고 나머지 국가배상과 인사소청을 담당간사로 법무관 1명과 그를 보좌하는 법무부사관

---

3) 국무총리행정심판위원회, 법제처, 위의 글, 제154면 이하 참조.

4) 군인사법 및 군무원인사법 역시 마찬가지로 소청사건에 대하여 재결청과 행정심판위원회를 분리하지 않고 일원화하여 하나의 심판기관에서 심판사건을 직접 심리, 의결하고 있다.

1명을 증원하였다. 이에 따라 인사소청 및 국가배상 절차가 보다 신속하게 이루어져 국민의 권리구제에 긍정적 효과를 가져 올 것으로 기대한다.

그리고 행정심판법에서는 집행정지신청, 심판참가신청, 구술심리신청, 증거조사신청 등 청구인의 권익보장을 위한 각종 제도를 인정하고 있으나 행정심판위원회가 한 달에 한 번 내지 그 이상의 기간동안 공백기가 있다면 이러한 신청에 대한 결정 역시 그 기간만큼 늦어지므로 결과적으로 심판절차의 진행이 늦어진다. 더욱이 심판청구사건이 많은 경우에는 비상설적으로 개최되는 위원회에서 위원들이 충분한 사건 검토를 기대하기는 사실상 불가능하다.

그렇다면 위에서 언급한 문제점을 극복하여 행정심판제도의 기능을 활성화하기 위한 방법으로 다음과 같은 것들을 제시할 수 있을 것이다. 첫째, 간사의 사실조사권을 적극적으로 활용하는 방안 둘째, 위원회의 위원중 일부를 상임위원으로 하는 방안 셋째, 집행정지신청, 심판참가신청 등 각종의 신청에 대한 결정을 위한 소위원회 제도를 운영하는 방안을 고려해 볼 수 있다. 즉, 사실상의 위원회의 활동을 간사의 활동을 통하여 자료를 수집하고 이를 통한 사실관계의 파악 및 실체판단을 함으로써 심리의 형해화를 방지할 수 있고 위원중 일부를 상임화하여 간사의 활동을 수시로 체크 및 결과를 보고 받아 보다 정확한 사건 파악을 도모할 수 있으며 각종 신청에 대한 결정을 소위원회가 할 수 있게 함으로써 심리기간을 단축할 수 있게 될 것이라고 본다.

제 2 절　인사소청심사위원회

1. 설치 근거

가. 군인의 경우

군인사법 50조의 규정에 의한 장교 및 준사관의 소청을 심사하기 위하여 국방부에 중앙군인사소청심사위원회를, 부사관의 소청을 심사하기 위하여 각군 본부에 군인사소청심사위원회를 둔다(동법 제51조).

중앙군인사소청심사위원회 및 군인사소청심사위원회의 구성은 다음 표와 같이 구성된다. 국방부 인사소청심사 담당 공무원은 법원의 판사의 인사이동을 고려하여 대법원 법원행정처에 중앙인사소청심사위원회 위원 추천 의뢰를 하고 대법원의 추천이 받아 국방부장관이 해촉 및 위촉을 하게 된다. 일반적으로 지리적으로 근접한 서울고등법원에 재직한 법관들이 소청위원으로 위촉되고 있다. 변호사의 경우 군법무관 출신의 변호사들 중에서 개별적으로 위촉되고 있으나 향후 서울변호사회를 경유하여 추천 의뢰를 하고 이에 따라 위원의 위촉될 수 있도록 함이 바람직하다고 본다.

부사관에 대한 현역복무부적합전역의 경우 사단급 이상의 제대의 현역복무부적합 심사위원회 및 각군 본부 전역심사위원회를 심의를 거쳐 전역처분을 하는데 부사관의 경우 이에 대한 인사소청심사위원회가 각군 본부에 설치되도록 하고 있는 바 이는 심판기관의 제3자성에 정면으로 배치되고, 더구나 처분의 집행부정지원칙을 규정하여 소청인의 권익 보장을 현저히 해하고 있으므로 장교와 마찬가지로 소청심사위원회는 국방부에 설치함이 타당하고 또한 행정심판법 제30조의 집행정지규정을 준용하여야 할 것이다.

【군인인사소청심사위원회의 구성】

인사소청심사위원회의 위원은 군사행정에 관한 식견이 풍부한 **5인 이상 9인 이하**의 위원으로 구성한다. 이 경우 군인사소청심사위원회 위원 중 1인 이상은 부사관으로 구성된다.

1. 법관·검사 또는 변호사의 직에 5년 이상 근무한 자
2. 영관급 이상의 군인. 다만, 군인사소청심사위원회는 부사관 이상의 군인
3. 군법무관으로 5년 이상 근무한 자
4. 군사행정과 관련된 분야에서 **4급** 이상 공무원으로 근무한 자

중앙군인사소청심사위원회의 위원은 국방부장관이, 군인사소청심사위원회의 위원은 당해 군 참모총장이 각각 임명하되, **위원 중 군인은 소청인보다 상급자인 장교로 한다. 다만, 군법무관인 장교를 위원으로 임명하는 경우에는 그러하지 아니하다**(군인사법 시행령 제55조 제1항).

나. 군무원의 경우

군무원인사법 제35조의 규정에 의한 군무원인사소청심사위원회는 위원장 1인을 포함하여 5인 이상 9인 이내의 위원으로 구성하고, 다만, 위원장은 영관급 이상의 군인 또는 5급 이상의 일반군무원 또는 공무원에 해당하는 위원 중 상위직인 자가 된다(동법 시행령 제91조).

그리고 위원의 자격으로 군인 인사소청의 경우와 대동소이하나 **5급 이상**의 일반군무원 또는 일반직공무원이 위원에 포함되는 것이 차이가 있다.

2. 위원의 임기

군인사법 및 군무원인사법에 소청심사위원회의 임기에 관한 명문의 규정이 없다. 그런데 행정심판법은 "다른 법률에서 특별행정심판이나 이 법에 따른 행정심판 절차에 대한 특례를 정한 경우에도 그 법률에서 규정하지 아니한 사항에 관하여는 이 법에서 정하는 바에 따른다."고 규정하고 있고(동법 제4조 제2항), 동법 제9조 제3항은 "위촉된 위원의 임기는 2년으로 하되, 2차에 한하여 연임할 수 있다. 다만, 국회·법원행정처·헌법재판소 및 중앙선거관리위원회 기관에 두는 행정심판위원회의 위촉위원의 경우에는 각각 국회규칙, 대법원규칙, 헌법재판소규칙 또는 중앙선거관리위원회규칙으로 정하는 바에 따른다."고 규정하고 있다. 따라서 **인사소청심사위원회의 위촉직 위원들의 임기는 원칙적으로 2년이며 2차에 한하여 연임할 수 있다.**

【군무원인사소청심사위원회의 구성】

군무원인사소청심사위원회는 위원장 1인을 포함하여 **5인 이상 9인** 이내의 위원으로 구성하고, **위원장**은 영관급 이상의 군인, 5급 이상의 일반군무원 또는 일반직공무원에 해당하는 위원 중 상위직인 자가 된다.

소청심사위원회의 **위원은** 다음 각 호의 어느 하나에 해당하고 군사행정에 관한 식견이 풍부한 자 중에서 국방부장관이 임명하되, **제2호 및 제3호에 해당하는 자는 소청인보다 상위직에 있는 자이어야 한다.**

1. 법관·검사·군법무관 또는 변호사로 근무한 경력이 5년 이상인 자
2. 영관급 이상의 군인
3. 5급 이상의 일반군무원 또는 일반직공무원

【소청 사례】 – 관할권을 위반한 징계의결은 무효

경찰공무원징계령 제4조 제2항의 규정에 의하면 경사 이하의 경찰공무원에 대한 징계의 심의 및 의결은 경찰서에 설치된 보통징계위원회에서 한다고 되어 있고, 위 규정에 대한 예외적인 경우로 경찰서에서 경위 이상으로 보통징계위원회의 구성이 불가능한 중징계사건, 상·하계급의 경찰공무원이 관련된 징계사건, 소속을 달리하는 동일계급의 경찰공무원이 관련된 징계사건으로서 그 징계관할이 대등할 때, 전시 등의 비상사태 및 집단살상의 긴급사태와 관련된 징계사건 등으로 한정하고 있다. 따라서 이 건 소청인에 대한 징계관할은 위 예외적인 경우 어느 경우에도 해당하지 아니하므로 이를 직근 상급기관인 00지방경찰청 보통징계위원

> 회에서 징계심의 및 의결한 것은 위 경찰공무원징계령 제4조 제2항의 **관할 규정을 위반한 것으로 이는 절차상 중대하고 명백한 하자로 '무효'이다.**[5)]

다른 위원회의 경우 위원 자격을 살펴보면, 아래표와 같이 일정기간의 경력을 요구함으로써 분야에 대한 전문성을 확보하고 있다.

<표. 위원회의 위원 자격>

위원회	변호사 · 노무사 등	교수	공무원
국민권익위원회	10년 이상	부교수 이상 8년	3급 이상
국가인권위원회 (조정위원회)	10년 이상	조교수 이상 10년	-
노동위원회	중앙 7년 지방 3년	중앙 : 부교수 이상 지방 : 조교수 이상	중앙 : 2급 이상 지방 : 3급 이상
전기위원회	10년	부교수 이상	3급 이상

다. 기타의 경우

1) 행정안전부 소청심사위원회

가) 설치근거

> **【국가공무원법】 제9조(소청심사위원회의 설치)**
> ① 행정기관 소속 공무원의 징계처분, 그 밖에 그 의사에 반하는 불리한 처분이나 부작위에 대한 소청을 심사 · 결정하게 하기 위하여 행정안전부에 소청심사위원회를 둔다.
>
> **행정안전부와 그 소속기관 직제 제2조(소속기관)**
> ③ 행정기관 소속 공무원의 징계처분, 그 밖에 그 의사에 반하는 불리한 처분에 대한 소청을 심사 · 결정하기 위하여 국가공무원법 제9조 제1항에 따라 행정안전부 소청심사위원회를 둔다.

나) 관 할

행정기관 소속 일반직 및 기능직 국가공무원이 그 대상이다.[6)]

---

5) 행정안전부 소청심사위원회, 소청 및 고충심사 업무편람, 2010. 제85면 참조.

6) 현재 외무공무원법 제30조, 경찰공무원법 제30조, 국가정보원직원법 제30조, 소방공무원법 제21조, 대통령 등의 경호에 관한 법률 제14조에 의해 소속 공무원의 경우 행정안전부 소청심사위원회의 관할에 속한다.

다) 위원의 자격과 임명

【국가공무원법】 제10조(소청심사위원회위원의 자격과 임명)
① 소청심사위원회의 위원(위원장을 포함한다. 이하 같다)은 다음 각 호의 어느 하나에 해당하고 인사행정에 관한 식견이 풍부한 자 중에서 국무총리를 거쳐 대통령이 임명한다. 1. 법관·검사 또는 변호사의 직에 5년 이상 근무한 자 2. 대학에서 행정학·정치학 또는 법률학을 담당한 부교수 이상의 직에 5년 이상 근무한 자 3. 3급 이상 공무원 또는 고위공무원단에 속하는 공무원으로 3년 이상 근무한 자 ② 소청심사위원회의 상임위원의 임기는 3년으로 하며, 한 번만 연임할 수 있다.

라) 위원회의 구성과 조직

위원회는 위원장 1인을 포함한 5인 이상 7인 이내의 상임위원으로 구성하되, 위원장은 정무직으로 보하고 필요에 따라 약간의 비상임위원을 둘 수 있다(국가공무원법 제9조 제3항). 2010. 1. 기준으로 현재 위원장 1인을 포함하여 5인의 상임위원과 2인의 비상임위원으로 구성되어 있으며 위원회에 사무를 처리하기 위하여 행정과를 두고 있다.

2) 국회사무처, 법원행정처, 헌법재판소사무처 및 중앙선거관리위원회사무처 소청심사위원회

가) 설치근거

【국가공무원법】 제9조(소청심사위원회의 설치)
② 국회, 법원, 헌법재판소 및 선거관리위원회 소속 공무원의 소청에 관한 사항을 심사·결정하게 하기 위하여 국회사무처, 법원행정처, 헌법재판소사무처 및 중앙선거관리위원회사무처에 각각 해당 소청심사위원회를 둔다.

나) 관 할

각 소속공무원의 소청을 관할한다.

다) 위원의 자격과 임명

【국가공무원법】 제10조(소청심사위원회위원의 자격과 임명)
① 소청심사위원회의 위원(위원장을 포함한다. 이하 같다)은 다음 각 호의 어느 하나에 해당하고 인사행정에 관한 식견이 풍부한 자 중에서 국회사무총장, 법원행정처장, 헌법재판소사무처장, 중앙선거관리위원회사무총장 또는 행정안전부장관의 제청으로 국회의장, 대법

원장, 헌법재판소장, 중앙선거관리위원회위원장 또는 대통령이 임명한다. 이 경우 행정안전부장관이 위원을 임명제청하는 때에는 국무총리를 거쳐야 한다.
1. 법관 · 검사 또는 변호사의 직에 5년 이상 근무한 자
2. 대학에서 행정학 · 정치학 또는 법률학을 담당한 부교수 이상의 직에 5년 이상 근무한 자
3. 3급 이상 공무원 또는 고위공무원단에 속하는 공무원으로 3년 이상 근무한 자

② 소청심사위원회의 상임위원의 임기는 3년으로 하며, 한 번만 연임할 수 있다.

라) 위원회의 구성

위원장 1인을 포함한 위원 5인 이상 7인 이내의 비상임위원으로 구성된다(국가공무원법 제9조 제3항).

3) 교원소청심사위원회

가) 설치근거

【교원지위향상을 위한 특별법】 제7조(교원소청심사위원회의 설치)

① 각급학교 교원의 징계처분과 그 밖에 그 의사에 반하는 불리한 처분(「교육공무원법」 제11조의3제4항 및 「사립학교법」 제53조의2제6항에 따른 교원에 대한 재임용 거부처분을 포함한다. 이하 같다)에 대한 소청심사(소청심사)를 하기 위하여 교육과학기술부에 교원소청심사위원회(이하 "심사위원회"라 한다)를 둔다.

나) 관 할

국 · 공 · 사립을 불문하고 유치원에서 대학에 이르기까지 유아교육법 제20조, 초 · 중등교육법 제19조, 고등교육법 제14조에 명시된 교원을 그 대상으로 한다. 다만, 교육과학기술부 소속 전문직 · 연구직 공무원의 소청은 행정안전부 소청심사위원회의 관할에 속한다.

다) 위원의 자격과 임명

【교원지위향상을 위한 특별법】 제8조(위원의 자격과 임명)

① 심사위원회의 위원(위원장을 포함한다. 이하 같다)은 다음 각 호의 어느 하나에 해당하는 자 중에서 교육과학기술부장관의 제청으로 대통령이 임명한다.
1. 판사, 검사 또는 변호사의 직에 5년 이상 재직 중이거나 재직한 자
2. 교육 경력이 10년 이상인 교원 또는 교원이었던 자
3. 교육행정기관의 3급 이상 공무원 또는 고위공무원단에 속하는 일반직공무원이거나, 3급 이상 공무원 또는 고위공무원단에 속하는 일반직공무원이었던 자

4. 사립학교를 설치 · 경영하는 법인의 임원이나 사립학교 경영자
5. 「교육기본법」 제15조제1항에 따라 중앙에 조직된 교원단체에서 추천하는 자
② 심사위원회 위원의 임기는 3년으로 하되, 1차에 한하여 연임할 수 있다.

라) 위원회의 구성과 조직

위원장 1인을 포함한 7명 이상 9명 이내의 위원으로 구성된다. 위원장과 위원 중 1인은 상임으로 한다(교원지위향상을 위한 특별법 제7조 제2항 및 교육과학기술부와 그 소속기관 직제 제39조 제1항).

4) 지방공무원소청심사위원회

가) 설치근거

【지방공무원법】 제13조(소청심사위원회의 설치)

공무원의 징계, 그 밖에 그 의사에 반하는 불리한 처분이나 부작위(부작위)에 대한 소청을 심사 · 결정하기 위하여 시 · 도에 제6조에 따른 임용권자별로(임용권을 위임받은 자는 제외한다) 지방소청심사위원회 및 교육소청심사위원회(이하 "심사위원회"라 한다)를 둔다.

나) 관 할

각 시 · 도 지방공무원 소청심사위원회의 관할은 각 지방자치단체 소속 일반직, 기능직 지방공무원 및 지방소방공무원이 그 대상이다. 그리고 교육소청심사위원회의 관할은 지방교육청 소속 일반직 및 기능직 지방공무원이다.[7)]

다) 위원의 자격과 임명

【지방공무원법】 제14조(심사위원회의 위원)

② 위원은 다음 각 호의 어느 하나에 해당하는 사람 중에서 특별시장 · 광역시장 · 도지사 또는 특별자치도지사(이하 "시 · 도지사"라 한다) 또는 교육감이 임명하거나 위촉한다. 다만, 인사위원회위원, 「정당법」에 따른 당원, 지방의회의원 및 제31조 각 호의 어느 하나에 해당하는 사람은 심사위원회의 위원이 될 수 없다.
1. 법관 · 검사 또는 변호사로 재직하는 사람
2. 대학에서 법률학을 담당하는 부교수 이상으로 재직하는 사람
3. 소속 국장급 이상의 공무원
③ 제2항에 따라 위촉되는 위원의 임기는 2년으로 하되, 연임할 수 있다.

---

7) 각 지방자치단체에 소속되어 있는 국가공무원에 대한 소청심사는 행정안전부 소청심사위원회의 관할이다.

라) 위원회의 구성

위원장 1인을 포함한 7인의 비상임위원으로 구성한다. 소속 국장급 이상의 공무원을 제외한 위원이 4명 이상이어야 한다(지방공무원법 제14조 제1항, 지방공무원의 징계 및 소청규정 제16조의2). 위원장은 심사위원회에서 위촉된 위원 중 호선한다. 위원장이 사고가 있을 때에는 위원장이 미리 지정한 위원이 그 직무를 대행한다(지방공무원법 제15조 제1항 및 제3항).

제8장 재결의 효력

제1절 기 속 력

1. 기속력의 의의

가. 의 의

재결의 기속력이란 행정심판청구가 인용되면 심판청구의 당사자인 행정청과 관계행정청이 재결의 취지에 따르도록 구속하는 효력을 의미한다. 이에 대하여 구 행정심판법 제37조 제1항은 "재결은 피청구인인 행정청과 그 밖의 관계행정청을 기속한다"고 규정하고 있다.1)

그러므로 재결이 있으면 행정청은 재결의 내용을 실현할 의무를 지게 되고 처분을 취소하는 취지의 재결이 있는 때에는 같은 사정하에서 동일한 내용의 처분을 다시 하지 못하게 되고 그 재결과 양립할 수 없는 다른 처분을 하면 기속력에 어긋나는 위법한 처분이 된다.

재결의 기속력은 인용재결에 국한하여 발생하고 기각 또는 각하재결의 경우에는 그러하지 아니한다. 기각재결은 청구인의 청구를 배척하는데 그치고 관계행정청에게 원처분을 유지할 의무나 구속력을 발생시키지 아니하기 때문이다. 따라서 기각재결 이후 행정청은 정당한 사유가 있으면 직권으로 원처분을 취소 · 변경 · 철회할 수 있다고 본다.2)

인용재결의 기속력에는 소극적 효력으로서 반복금지효, 적극적 효력으로서 원상회복의무 및 재처분의무가 있다.

나. 기속력의 근거

재결에 대한 기속력의 근거로는 심판청구인의 권리구제를 위하여 처분이 취소되는 것만으로는 충분하지 아니하고 소극적으로 다시 동일한 과오가 장래 행정청의 행

1) 개정 행정심판법 제49조.
2) 이병철, 행정법강의, 유스티니아누스, 2002. 제628면 참조.

위에서 반복될 수 없게 하는 것이 필요하고 적극적으로 취소된 행위와 직접 관련되어 생긴 위법상태를 제거할 필요가 있다. 또한 행정기관 내부에서 어떤 처분이 이미 비판 수정된 경우에는 그 이전의 원처분에 대하여 행정 외부에 대한 독립된 존재 집행을 허용할 수 없다. 그리고 행정청의 행정감독적인 수단으로 광의의 행정기관 내부의 의사를 통제할 목적으로 행정심판제도가 도입된 배경 및 심판청구의 대상이 된 원처분청에게 별도로 재결에 대한 항쟁수단을 인정하는 것은 행정상의 통제를 스스로 파괴하는 작용을 하게 된다는 점에서 재결에 의하여 직접 행정청에 재결의 취지에 따르도록 의무를 부과하고 있는 것이다.[3]

다. 기속력의 내용

1) 취소재결 및 무효확인재결의 기속력

가) 반복금지효

재결의 기속력으로 인하여 행정청과 관계행정청은 일정한 **부작위의무**가 발생한다. 즉, 처분의 취소 또는 변경재결 그리고 무효확인재결이 있는 경우에 관계행정청은 그 재결에 저촉되는 행위를 할 수 없다. 따라서 동일한 사실관계에서 동일한 당사자에 대하여 동일한 내용의 처분을 반복하여서는 안된다.[4]

이러한 **반복금지효에 위반하여 동일한 처분을 하는 경우, 그것은 당해 행위의 무효사유가 된다.** 단순히 취소가능한 사유에 해당하다고 한다면 당해 처분이 제소기간의 경과 등으로 확정력을 발휘할 수도 있으며, 이는 행정심판법이 기속력을 인정한 취지에 반할 수도 있기 때문이다.[5] 다만, 취소재결의 사유가 행정행위의 절차나 형식상의 하자인 경우에 그 확정재결이 행정청을 기속하는 효력은 취소사유로 된 절차나 형식상의 위법에 한하여 미친다 할 것이므로 행정청은 위법한 절차나 형식을 적법하게 갖추어 다시 동일 내용의 처분을 할 수 있다(구 행정심판법 제37조 제3항).

---

3) 국무총리행정심위원회, 법제처, 행정심판의 이론과 실제, 2002. 제399면 참조.

4) 양도소득세 및 방위세부과처분이 국세청장에 대한 불복심사청구에 의하여 그 불복사유가 있다고 인정되어 취소되었음에도 **처분청이 동일한 사실에 관하여 부과처분을 되풀이한 것이라면 설령 그 부과처분이 감사원의 시정 요구에 의한 것이라 하더라도 위법하다**(대법원 1986. 5. 27, 선고 86누127 판결).

5) 김동희, 행정법I, 박영사, 2002. 제699면 ; 대법원 1989. 9. 12, 선고 89누985 판결.

대법원 판례

과세의 절차 내지 형식에 위법이 있어 과세처분을 취소하는 판결이 확정되었을 때에는 **그 확정판결의 기판력은 거기서 적시된 절차 내지 형식의 위법사유에 한하여 미치는 것으로서** 과세관청은 그 위법사유를 보완하여 다시 새로운 과세처분을 할 수 있고, 그 새로운 과세처분은 확정판결에 의하여 취소된 종전의 과세처분과는 별개의 처분이라 할 것으로서 확정판결의 기속력에 저촉되는 것은 아니다(대법원 1987. 2. 10. 선고 86누91 판결).

또한 기속력은 구체적 위법사유에 대하여 생기는 것이므로, 처분이유에 하자가 있는 때에는 기본적 사실관계의 동일성이 인정되지 않는 다른 이유에 따라 재결에 적시된 위법사유를 보완하여 동일한 내용의 새로운 행정처븐을 할 수 있다.

나) 취소 · 변경의무

취소심판에서 취소 또는 변경을 명하는 재결이 있는 경우에는 행정청은 당해 처분을 취소 · 변경하여야 하는 적극적 처분의무가 있다(구 행정심판법 제32조 제3항).

다) 원상회복의무

취소재결이나 무효확인재결이 나면 당해 처분과 관련된 후속처분이나 사실상의 조치 등으로 인한 법률관계나 사실관계는 위법한 것이 되므로 행정청은 이를 원상회복할 의무를 지게 된다. 결과적으로 위법 부당하게 판정된 처분에 의하여 초래된 상태를 제거해야 한다. 행정청이 이러한 결과제거의무를 이행하지 아니한 때에는 **공법상의 결과제거청구권**을 행사할 수 있다.[6] 예컨대 건물철거명령에 대한 취소재결이 나면 행정청은 철거명령을 전제로 한 계고처분을 취소해야 하고, 전역명령취소처분이 취소되면 행정청은 새로이 보직을 부여하여야 한다.

2) 거부 또는 부작위에 대한 의무이행재결의 기속력

가) 반복금지효

거부처분에 대한 취소재결이나 의무이행재결이 난 후 헝정청이 다시 동일한 거부처분을 하면 이는 **위법**한 처분이다. 행정청이 재결에 반하여 동일한 사정하에서 동일한 이유로 동일인에 대하여 같은 내용의 처분을 하게 되견 이는 **불법형위를 구성하**

6) 국무총리행정심판위원회, 법제처, 위의 글, 제402면 참조.

여 손해배상을 하여야 한다.[7)]

나) 재처분의무

당사자의 신청을 거부하거나 부작위로 방치한 처분의 이행을 명하는 재결이 있는 경우에는 행정청은 지체없이 그 재결의 취지에 따라 다시 이전의 신청에 대한 처분을 하여야 한다(구 행정심판법 제37조 제2항). 한편, 거부처분에 대하여는 의무이행심판 뿐만 아니라 취소심판도 제기할 수 있는데, **거부처분에 대한 취소심판청구를 인용하는 재결에 대하여는 처분청의 재처분의무를 인정하는 명문의 규정이 없다.**

거부처분취소심판의 인용재결이 있는 경우에도 처분청에 대하여 **재처분의무를 인정하는 견해**는, 행정심판법은 재결의 기속력에 관한 일반적인 규정을 두고 있는 바 재처분의무는 기속력의 일부를 이루는 것이므로 취소심판에서 거부처분이 취소된 경우에도 처분청은 재결의 취지에 따른 재처분의무를 진다고 한다.[8)]

이에 반하여 **재처분의무를 부정하는 견해**는, 구 행정심판법은 제37조 제1항에서 인용재결의 일반적 효력으로서 기속력을 인정하고, 특히 제2항에서 이행재결의 재처분의무를 규정하고 있다. 이러한 재처분의무는 제3항에 의하여 인용처분이 절차상의 위법을 이유로 취소된 경우에 준용하도록 되어 있다. 따라서 적어도 문리해석에 의할 때 거부처분취소심판 인용재결에 재처분의무를 인정할 수 없다는 것이다.[9)]

1995년 행정심판법의 개정시 입법자는 행정소송과는 달리 행정청 거부처분이나 부작위에 대하여 의무이행심판을 인정하고 그 인용재결에 대하여 특별히 강한 의미의 기속력으로서 재처분의무 및 실효성 확보수단에 관한 규정을 둠으로써 거부처분의 불복 수단으로 가능한 한 의무이행심판을 제기하도록 유도하는 것이다. 즉, **행정소송의 경우** 의무이행소송이 인정되지 않는 결과 판결이 일정한 법률관계를 단순히 확정함에 그치고 행정청에게 적극적인 의무를 부과하지 않으므로 **판결의 실효성을 보장하기 위하여 재처분의무를 부과**하고 있지만, **행정심판의 경우**에는 의무이행심판의 인용재결과 그 담보규정을 통하여 재결의 실효성이 직접적으로 보장되기 때문에

---

7) 대구광역시 달서구청장이 행정심판위원회의 의결을 거쳐 취소되었음에도 불구하고 이에 따르지 아니하고 또다시 근린생활시설에서 위락시설로의 건물용도변경신청에 대하여 불하거처분을 한 것은 구청장의 고의 또는 과실에 의한 위법한 처분으로서 피고는 이로 인하여 원고에게 발생한 손해를 배상할 의무가 있다(대구지방법원 1997. 9. 11. 97가합8766).; 이병철, 위의 책, 제629면 참조.

8) 김동희, 전게서, 596면.

9) 박균성, 행정구제법, 2002. 제246면.

군이 취소심판에도 이를 인정할 법정책적 필요성이 없다는 점을 고려해 볼 때 거부처분취소심판에 대한 인용재결시 행정청은 재처분의무가 없다고 본다.

한편, **의무이행재결에 따른 처분청의 재처분의무**에 관하여 구 행정심판법은 제32조 제5항은 "재결청은 의무이행심판의 청구가 이유있다고 인정한 때에는 지결로서 지체없이 신청에 따른 처분을 하거나 행정청에게 이를 명한다"고 규정하고 있다. 따라서 의무이행재결에는 처분재결과 처분명령재결이 있으며, 전자는 재결청이 스스로 처분을 행하는 것이므로 형성재결이고, 후자는 처분청에게 처분을 명하는 재결이므로 이행재결이다. 행정심판법은 처분명령재결의 기속력으로서 처분청에게 재결의 취지에 따라 이전의 방치된 처분의 이행의무를 규정함으로써 재결의 실효성을 강조하고 있다(구 행정심판법 제37조 제2항 제1문).

이때 **재결의 취지에 따라야 한다는 것이 언제나 청구인이 신청한 내용대로 하여야 하는가?** 예컨대 수익적 처분의 이행을 명하는 재결에도 불구하고 처분청은 처분 당시 내지 그 전에 존재하였지만 이전의 거부처분과는 다른 사유를 들어 재차 거부처분을 할 수는 없는지가 문제된다. **'판결의 기속력에 관한 판례이론'과 같이 이전의 거부처분사유와 '기본적 사실관계에 있어 동일성이 인정되는 사유'를 들어 동일한 거부처분을 행하는 것만 금지**하는 것으로 보아야 한다.[10)]

왜냐하면, '기본적 사실관계에 있어 동일성이 인정되는 사유'는 쟁송법상 소위 처분사유의 추가 · 변경이 인정되므로 그 한도 내에서 재결의 기속력이 미치기 때문이다. 그러나 동일성이 인정되지 않는 사유에 터잡은 거부처분에 대하여는 그 적법성을 인정하여야 한다. 그렇지 않을 경우, 이들 사유에 대하여는 처분사유의 추가 · 변경이 불허되어 잠재적 심판대상에서 제외될 뿐만 아니라 새로운 처분을 위한 사유로도 삼을 수 없게 되므로, 이는 논리적으로도 맞지 않고 행정청에게 처분당시 존재하는 처분사유를 빠짐없이 내세우도록 강요함으로써 지나친 부담을 줄 우려가 있기 때문이다.

그리고 심리절차 진행 중에 **법령개정 등으로 인하여 이전의 거부처분이 적법하게**

---

10) 김병기, "기속력과 처분재결"(상), 고시연구 제29권 제10호.; 박정훈, "거부처분 취소소송에 있어 위법판단의 기준시와 소의 이익", 한국행정판례연구회 발표문(2000. 4. 21.); 유지태, "행정소송의 판결의 효력", 고시계(93/5), 제98면 이하 참조.

변한 경우에는 의무이행심판의 위법성 판단시점이 **'재결시'**임을 고려하여 기각재결이 내려질 가능성이 클 것이나, 국민의 권리구제의 요청 및 국민의 신뢰보호와 새로운 법령을 적용하여야 할 공익상 필요를 이익형량하여 판단하여야 할 것이다. 반대로 **거부처분 이후 청구인에게 유리**하고 행정청에게 불리한, 다시 말해 거부처분을 위법하게 만드는 사정변경 가능성에 관한 주장 또는 일건기록상의 현출이 있는 경우에는 인용재결이 내려지게 되고 그에 따른 재처분의무가 발생한다.

다) 절차위법의 경우

신청에 따른 처분이 절차의 위법 또는 부당을 이유로 재결로써 취소된 경우에도 재처분의무를 준용하고 있다(구 행정심판법 제37조 제3항). 즉, 취소재결의 이유가 행정행위의 절차나 형식상의 흠인 경우에는 재결의 기속력은 취소사유로 된 절차나 형식의 위법에 한하므로 행정청은 절차나 형식을 갖추어 새로운 처분을 할 수 있다.[11]

라) 직접처분

처분명령재결의 실효성을 담보하기 위하여 구 행정심판법 제37조 제2항 후단은 "재결청은 당해 행정청이 처분을 하지 아니한 때에는 당사자의 신청에 따라 기간을 정하여 서면으로 시정을 명하고 그 기간 내에 이행을 하지 아니하는 경우에는 당해 처분을 할 수 있다"고 규정하여 재결청의 직접처분을 할 수 있도록 하고 있다.

이는 처분명령재결의 기속력에도 불구하고 관계행정청이 이에 따르지 않거나 지방자치단체장이 이를 거부하는 경우가 있어 실효성을 확보하기 위한 것이다.

직접처분의 법적 성격에 대하여 구 행정심판법 제35조 제5항의 처분재결과 중복되는 것이라는 견해가 있으나[12] 처분재결은 행정심판위원회의 심리 · 의결을 거쳐 재결의 형식으로 한데 반해 직접처분은 재결절차를 거침이 없이 일반처분의 형식으로 한다는 점에서 차이가 있다.[13]

재결청에서 형성력 있는 재결로서의 허가를 하였을 경우 그 허가는 즉시 효력을 발생하기는 하나 그에 따른 허가증의 교부 등의 후속절차를 취하지 않아 허가 등에 따른 권리를 완전하게 행사하기 어려운 경우가 있다. 이러한 부정한 사태를 방지하

---

11) 육군본부 법제과 유권해석, "학위미취득 장교임관취소처분에 대한 판결 관련 법령해석", 2009.
12) 김동희, 행정법 Ⅰ, 박영사, 1999. 제585면 참조.
13) 이병철, 행정법강의, 유스티니아누스, 2002. 제630면, ;박윤흔, 행정법(상), 제871면.

기 위하여 의무이행심판 인용재결에 대한 재결청의 직접처분규정을 신설한 것이다.

구 행정심판법 제37조 제2항 후단의 요건이 충족되는 때에는 재결청은 관계행정청의 처분에 갈음하여 직접처분을 하고 그 사실을 지체없이 청구인 및 피청구인에게 통보하여야 하고 통보를 받은 당해 행정청은 이 처분을 한 것으로 보아 관리 감독 등 필요한 조치를 하여야 한다(구 행정심판법 제37조 제4항). 예컨대, 건축허가처분이 난 경우 피청구인인 행정청은 건축허가대장, 건축물관리대장 등에 필요한 사항을 기재하는 등 필요한 조치를 하여야 한다.

2. 기속력의 범위

가. 주관적 범위

기속력이 미치는 주관적 범위는 피청구인인 행정청뿐만 아니라 그 밖의 모든 관계행정청이다.

나. 객관적 범위

또한 기속력이 미치는 객관적 범위는 재결주문, 그 전제가 되는 요건사실의 인정과 처분의 효력판단에 한정되고, 재결의 결론과 직접 관련이 없는 방론 및 간접사실에 대한 판단에는 미치지 않는다.

제 2 절 기속력 이외의 효력

1. 형 성 력

재결이 형성력이란 재결의 내용에 따라 기존이 법률관계에 변동을 가져오는 효력을 말한다. 재결의 형성력은 제3자에게도 미치는데 이를 대세효라 한다.

행정심판법은 행정소송법과 달리 형성력 및 대세적 효력에 관한 규정을 두고 있지 않으나[14] 쟁송재단행위로서의 성질상 인용재결에는 형성력이 발생한다는 것이 통설의 태도이다.[15]

---

14) 행정소송법 제29조 제1항은 "처분 등을 취소하는 확정판결은 제3자에 더하여도 효력이 있다."고 규정하고 있다.

취소재결이 나면 당해 처분은 행정청이 이를 다시 취소하지 않아도 처분시에 소급하여 효력이 소멸된다. 변경재결에 의해 원처분이 취소되고 그에 갈음하는 별도의 처분이 행해진 경우에도 제3자의 권익을 침해하지 않는 한 소급하여 효력이 발생한다. 의무이행재결로서 처분재결을 한 경우에도 당해 처분은 즉시 효력을 발생하나 성실상 소급효가 인정되지 않는다.

모든 인용재결에 형성력이 인정되는 것은 아니다. 처분명령재결을 한 경우에는 형성력이 아니라 기속력을 발생할 뿐이다.

2. 불가쟁력

재결 자체에 고유한 위법이 있는 경우 재결에 대한 항고소송 제기가 가능하나. 제소기간이 도과하면 더 이상 효력을 다툴 수 없게 된다.

[행정소송법] 제20조(제소기간)

① 취소소송은 **처분 등이 있음을 안 날부터 90일이내**에 제기하여야 한다. 다만, 제18조 제1항 단서에 규정한 경우와 그밖에 행정심판청구를 할 수 있는 경우 또는 행정청이 행정심판청구를 할 수 있다고 잘못 알린 경우에 행정심판청구가 있은 때의 기간은 **재결서의 정본을 송달받은 날부터 기산한다.**
② 취소소송은 **처분 등이 있은 날부터 1년(제1항 단서의 경우는 재결이 있은 날부터 1년)**을 경과하면 이를 제기하지 못한다. 다만, 정당한 사유가 있는 때에는 그러하지 아니하다.
③ 제1항의 규정에 의한 기간은 불변기간으로 한다.

3. 불가변력

재결은 쟁송절차를 거쳐 행하는 판단행위로서 **준사법적 행위이므로** 일단 재결이 행하여진 이후에는 그것이 위법하다 하더라도 일반적인 행정처분과 같이 재결청이 취소 변경하는 하는 것은 그 성질에 반한다. 이와 같이 일단 재결을 한 이상, 재결청 자신도 이에 구속되어 상소절차에 의하여 취소 변경이 있는 경우를 제외하고는 스스로 이를 취소하거나 변경할 수 없다. 즉, **재결청 자신을 구속하는 효력을 불가변력이라 한다.**

---

15) 이병철, 위의 책, 제631면 참조.

대법원 판례

귀속재산에 관한 지방관재기관의 귀속재산처리에 대한 소청심의회 결정 즉, **재결이** 원래 행정처분의 성격을 가진 것이라 할 것이나 실질적인 면에서 본다면 **본질상 쟁송의 절차를 통한 준 재판**이라 할 것인만큼 이러한 성질을 가진 소청 재결청의 판정은 일반 행정처분과는 달리 **재심 기타 특별한 규정이 없는 한 재결청인 소청심의회 자신이 취소·변경할 수는 없다**(대법원 1965. 4. 22. 선고 63누200 전원합의체 판결).

4. 공 정 력

재결은 행정처분의 일종으로서 공정력을 가진다. 재결이 행하여지면 무효인 경우를 제외하고는 비록 위법이라 하더라도 취소되는 때까지는 일응 사실상 통용력을 갖게 된다.

재결이 집행력을 가지는지 여부가 논의되는데 심판청구의 재결은 따로이 집행의 문제가 발생되지 아니하는 것이 보통이나, 의무이행심판에 대한 인용재결의 경우에는 피청구인인 행정청이 재결의 취지에 따라 원신청에 대한 처분을 하여야 할 의무를 지는 것이므로 집행력의 문제가 생긴다.

그러나 행정청의 행위를 적극적으로 강제할 방법은 없을 뿐더러 행정소송법상의 간접강제규정이 있는 것과 달리[16] 행정심판법은 재결의 집행에 대하여 별도의 규정이 없으므로 재결의 집행력은 인정될 수 없다고 본다.[17]

5. 재심판청구의 금지효

행정심판은 엄격한 형식과 절차를 요한 사법작용과 달리 국민에게 보다 용이하게 접근할 수 있는 제도이다. 이런 관계로 인사상의 불이익한 처분에 대하여 이미 인사소청 및 행정소송과 민사소송을 거쳤음에도 불구하고 또다시 민원의 형식이나 소청장을 제출하는 경우가 왕왕 있다. 이러한 경우에는 행정심판 청구에 대한 재결이 있으면 그 재결 및 같은 처분 또는 부작위에 대하여 다시 행정심판을 청구할 수 없으므로[18] 바로 **부적법 각하사유**에 해당한다고 볼 것이다.

---

16) 행정소송법 제34조 및 제38조 제2항.

17) 국무총리행정심판위원회, 법제처, 행정심판의 이론과 실제, 2002. 제410면 참조.

18)

【소청 사례】

사실관계 : 소청인은 피소청인이 자신을 면직시킨 근거인 사직서의 인장과 필체가 위조되었으므로 위 면직처분은 무효에 해당하므로 이에 대한 확인을 구하는 청구를 소청심사위원회에 제출하여 2006. 9. 18. 기각된 바 있다. 그런데 소청인은 또다시 "주위적으로 소청인의 정년이 2015. 12. 31.임을 확인하고, 예비적으로 피소청인이 소청인에 대하여 한 2001. 1. 31.자 면직처분이 무효임을 확인한다."는 청구를 소청심사위원회에 제기하였다.

판　단 : 소청인이 제기한 정년확인청구(주위적 청구) 및 면직무효확인청구(예비적청구)는 이미 당 소청심사위원회의 재결한 바 있는 면직처분취소 청구와 **기초적 사실관계가 동일한 것인 바, 행정심판법 제51조**에 의하여 행정심판 청구에 대한 재결이 있으면 그 재결 및 같은 처분 또는 부작위에 대하여 다시 행정심판을 청구할 수 없으므로, 이 사건 **소청은 심판청구의 제기요건을 흠결하여 부적법 각하**한다.19)

제3절　재결의 효력 범위

【행정심판법】 제49조(재결의 기속력 등)

① 심판청구를 인용하는 재결은 피청구인과 그 밖의 관계 행정청을 기속(羈束)한다.
② 당사자의 신청을 거부하거나 부작위로 방치한 처분의 이행을 명하는 재결이 있으면 행정청은 지체 없이 이전의 신청에 대하여 재결의 취지에 따라 처분을 하여야 한다.
③ 신청에 따른 처분이 절차의 위법 또는 부당을 이유로 재결로써 취소된 경우에는 제2항을 준용한다.
④ 법령의 규정에 따라 공고하거나 고시한 처분이 재결로써 취소되거나 변경되면 처분을 한 행정청은 지체 없이 그 처분이 취소 또는 변경되었다는 것을 공고하거나 고시하여야 한다.
⑤ 법령의 규정에 따라 처분의 상대방 외의 이해관계인에게 통지된 처분이 재결로써 취소되거나 변경되면 처분을 한 행정청은 지체 없이 그 이해관계인에게 그 처분이 취소 또는 변경되었다는 것을 알려야 한다.

1. 판결과 재결이 다른 결정을 한 경우

동일한 처분에 대한 행정심판의 재결과 행정소송의 판결이 각각 다를 경우 처분청은

【행정심판법】 제51조(행정심판 재청구의 금지)

심판청구에 대한 재결이 있으면 그 재결 및 같은 처분 또는 부작위에 대하여 다시 행정심판을 청구할 수 없다.

19) 국방부 군무원인사소청심사위원회 2010-3호 면직무효확인 청구.

어느 결과에 따라야 하는지에 관하여 재결의 효력과 관련하야 문제될 수 있다. 인사소청은 필요적 전치주의이기 때문에 일반적으로 법원은 행정심판의 결과를 기다렸다가 판결을 하므로 일반적으로 발생하지 않는다고 볼 것이다. 그러나 청구인의 신속한 절차진행을 위하여 소청과 행정소송을 병행하여 진행하는 것이 일반적이므로 언제든지 이와 같은 문제의 여지는 남기고 있다.

이에 관하여 **법제처는 유권해석**을 다음과 같이 내리고 있다.[20] 구 행정심판법 제37조 제1항에 의하면, '재결은 피청구인인 행정청과 그 밖의 관계행정청을 기속한다'고 규정하고 있는 바, 일단 행정심판의 인용재결이 있으면 피청구인인 행정청은 지체없이 그 재결의 취지에 따른 처분을 하여야 하는 의무를 지게 된다.

가사, 행정심판의 인용재결이 있은 후 행정소송에서 그와는 반대되는 판결이 있었다 하더라도 행정심판과 행정소송은 **심급제의 상하관계에 있는 것도 아니고** 행정소송과 행정심판은 제도의 취지, 심리의 범위, 재결(판결)의 방식 등을 달리하는 **별개의 독립된 제도이므로,** 피청구인인 행정청은 행정소송 또는 형정심판 **어느 쪽이든 인용재결이나 원고의 승소판결이 있는 경우에는 그에 따른 처분을 하여야 할 것이다.**

2. 반려처분취소의 인용재결의 효력범위

재결청의 '반려처분을 취소한다'는 인용재결의 내려진 경우에 인용재결에 의하여 당연히 반려처분이 취소되는 것은 물론인데 그 대상이 되는 신청에 대한 가부 결정 즉, 별도의 행정처분을 하여야 하는지가 문제된다.

이에 대하여 다음 2가지 견해로 대립된다. 첫째, 반려처분은 취소한다라는 재결의 취지는 당초 이건 승인신청반려처분에서의 반려사유는 재량권을 남용한 처분이고, 법령상 승인제한사유에 해당하지 아니하여 피청구인의 반려처분은 잘못된 처분이므로 반려처분을 취소한다는 것이고, 재결의 기속력에 따라 이 건 형정심판대상이 된 반려처분이 취소됨은 당연하고 청구인의 신청 또는 처분청의 직권에 의하여 이 건 전용산림용도 변경승인에 있어서의 당초 반려처분사유 이외의 법령상, 사실상의 실질적 심사를 거친 후, 이후 별도의 행정처분을 하여야 할 것이지 반려처분취소 인용재결에 의하여 당연히 전용산림용도변경의 승인이 이루어졌다고 볼 수 없다는 견해이다.

---

20) 법제처, 행정심판 질의응답집, 2003. 제197면 참조.

다음으로 반려처분취소 인용재결은 반려처분이 수리 자체를 거부한다는 의미의 반려가 아니라 실질적으로 심사 후 전용산림에 대한 용도변경승인신청을 불허하는 의미의 불승인처분에 대한 판단이다. 행정심판의 재결은 형성력이 있기 때문에 별도의 신청이나 행정처분을 기다릴 것 없이 당연히 취소되어 용도변경승인을 한 것과 동일한 효과가 있다는 견해이다.

구 행정심판법 제37조 제1항의 규정에 의하면 재결은 행정청을 기속하도록 되어 있는 바, 전용산림용도변경승인신청반려처분에 대하여 반려처분을 취소하는 인용재결의 효력은 피청구인인 행정청에 의한 별도의 처분을 기다릴 필요없이 재결의 취지에 따라 행정법관계에 직접적인 변동이 발생하여 즉, 형성 재결의 효력이 발생되어 행정심판의 대상이 된 반려처분은 당연히 취소된다. 따라서 피청구인의 기 신청에 대하여 당초 반려처분사유 이외의 법령상, 조리상의 특별한 사유가 없다면 용도변경승인을 하는 새로운 행정처분을 하여야 할 것이다.[21]

3. 취소심판 인용재결의 경우 직접처분규정 적용여부

재결청의 직접처분을 규정한 구 행정심판법 제37조 제2항[22] 규정이 신청을 반려한 거부처분의 취소를 구하는 취소심판 인용재결의 경우에도 적용되는지가 문제된다.

구 행정심판법 제37조 제2항의 규정에 의하면 당사자의 신청을 거부하거나 부작위로 방치한 처분의 이행을 명하는 재결이 있는 경우에는 행정청은 지체없이 그 재결의 취지에 따라 다시 이전의 신청에 대한 처분을 하여야 한다. 이 경우 재결청은 당해 행정청이 처분을 하지 않을 경우 당사지의 신청에 의하여 기간을 정하여 서면으로 시정을 명하고 그 기간내에 이행하지 아니하는 경우에는 당해 처분을 할 수 있다고 규정하고 있는 바, 이는 처분의 이행을 명하는 재결이 있는 경우 당해 행정청이 이행을 하지 않은 경우 일정한 요건하에 재결청이 당해 처분을 직접 할 수 있도록 하여 행정심판재결의 실효성을 확보하고 국민의 권리구제를 강화하려는 것으로서 여기서의 당사자의 신청을 거부하거나 부작위로 방치한 처분의 이행을 명하는 재결이라 함은 행정심판법 제4조에 의한 행정심판의 종류 중 의무이행심판 즉, 행정청의

21) 법제처, 위의 글, 제193면~ 제196면 참조.

22) 개정 행정심판법 제50조.

위법 또는 부당한 거부처분이나 부작위에 대하여 일정한 처분을 하도록 하는 심판청구에 대응하는 재결을 의미한다 할 것이고 취소심판은 행정청의 위법 부당한 처분의 취소 또는 변경을 하는 심판으로서, 취소심판의 청구가 이유있다고 인정될 때의 재결의 방식은 처분을 취소 또는 변경하거나 처분청에게 취소 변경할 것을 명할 뿐 처분의 이행을 명하는 재결의 방식을 취하지 아니하므로 취소심판의 인용재결은 구 행정심판법 제37조 제2항의 적용대상이 아니라 할 것이다.[23)]

23) 법제처, 위의 글, 제215면 참조.

제9장 재심절차

제1절 재심절차의 의의

1. 재심절차의 의의

군인 및 군무원에 대한 재심절차는 군인의 경우 인사소청 및 고충처리에 대한 재심절차가 있고 군무원의 경우 고충처리에 대한 재심절차가 있다. 군무원의 경우 폐지된 국가공무원법 제14조의2에 의해 인정된 중앙인사관장기관의 장의 소청심사위원회의 결정에 대하여 재심을 요구할 수 있었던 권한에 기한 재심제도가 폐지됨에 따라 소청에 대한 재심절차는 부존재한다. 반면에 **군인의 경우 여전히 명문으로 규정되어 있어 재심이 이루어지고 있다.** 국가공무원의 경우 기존의 중앙인사관장기관장의 요구에 의한 재심은 **소청심사 결정의 '독립성 확보' 차원에서** 재심규정인 국가공무원법 제14조의2를 '04. 6. 12. 폐지하였으며 **현재는 감사원법상 감사원 요구에 의한 재심만 인정되고 있다.** 감사원으로부터 파면요구를 받아 행한 파면처분에 의해 소청결정에 대하여 감사원은 1월 이내에 당해 소청심사위원회 등이 설치된 기관의 장을 거쳐 소청심사위원회 등에 재심을 요구할 수 있으며 그 기간동안 소청결정의 집행은 정지된다(감사원법 제32조 제6항, 제7항).

【관련 법령】

【군인사법 시행령】 제59조의2(재심)

① 처분부대 또는 기관의 장은 소청심사위원회의 결정이 부당하다고 인정할 때에는 그 결정 통지를 받은 날부터 10일이내에 그 이유를 명시하여 재심을 요구할 수 있으며, 재심의 요구가 없을 때에는 그 기간이 경과함으로써 소청심사위원회의 결정이 확정된다.

② 제1항의 규정에 의한 재심요구에도 불구하고 소청심사위원회가 전과 동일한 결정을 하였을 때에는 그 결정이 소청심사위원회의 결정으로서 확정된다.

【군인사법 시행령】 제60조의9(재심청구)

① 고충심사위원회의 결정에 불복이 있는 청구인은 그 심사결과를 통보받은 날부터 30일이내에 제55조제1항의 규정에 의한 중앙군인사소청심사위원회에 재심청구를 할 수 있다. 이 경우 재심청구서에는 고충심사위원회의 고충심사결정서 사본을 첨부하여야 한다.

② 중앙군인사소청심사위원회는 재심청구서를 접수한 날부터 30일이내에 재심결정을 하여

야 한다.
③ 중앙군인사소청심사위원회에서 결정된 재심청구사항에 대하여는 다시 심사를 요구할 수 없다.

【군무원인사법 시행령】 제104조의7(재심청구)
① 고충심사위원회의 결정에 대하여 불복이 있는 경우에는 그 심사결과를 통보받은 날부터 30일 이내에 소청심사위원회에 재심을 청구할 수 있다. 이 경우 재심청구서에는 고충심사위원회의 결정서 사본을 첨부하여야 한다.
② 소청심사위원회는 재심청구서를 접수한 날부터 30일 이내에 재심결정을 하여야 한다.
③ 소청심사위원회에서 결정된 재심청구사항에 대하여는 다시 심사를 청구할 수 없다.

2. 재심의 종류

재심의 종류에는 **첫째**, 소청심사위원회의 재심은 군인에 대한 소청심사에 대한 처분부대 및 기관의 장의 요구에 의한 재심과 **둘째**, 국방부 중앙군인사소청심사위원회의 군인의 고충심사위원회 결정에 대한 재심청구에 의한 재심 **셋째**, 군무원의 고충처리심사위원회의 결정에 대한 재심청구에 의한 재심 3가지 종류가 있다. 이들에 대하여 항을 바꾸어 자세히 살펴보기로 한다.

제 2 절　소청재심

1. 소청재심의 의의

가. 개　념

처분부대 또는 기관의 장은 소청심사위원회의 결정이 부당하다고 인정할 때에는 그 결정통지를 받은 날로부터 10일 이내에 그 이유를 명시하여 재심을 요구할 수 있다(군인사법 시행령 제59조의2 제1항). 재심절차에 관하여는 재심위원회에 구성·심의 및 결정절차 등에 대해 구체적인 규정을 두고 있지 않으나 원심의 인사소청심사위원회의 규정을 준용하여 처리한다. 재심결과 소청심사위원회가 전과 동일한 결정을 하였을 때에는 그 결정이 소청심사위원회의 결정으로 확정된다(동조 제2항). 그런데 일반공무원의 소청절차에 있어서 소청심사위원회의 독립성을 강화하기 위하여 2004. 3. 11. 국가공무원법 개정(법률 제7187호)으로 구 국가공무원법 제14조의2 제

1항의 중앙인사관장기관의 장이 가졌던 소청심사위원회의 결정에 대한 재심요구제도를 폐지하였다.

나. 절 차

재심요구를 할 때에는 그 이유를 명시한 재심요구서를 작성하여 당해 소청심사위원회에 접수하여야 한다. 위원회는 재심요구서를 접수하게 되면 재심이유가 명시되어 있지 아니하거나 기타 다른 흠결이 있는 경우에는 재심요구서를 접수한 날로부터 7일 이내에 상당한 기간을 정하여 보정을 요구할 수 있다. 이 경우 재심처리기간은 그 보정이 완료된 날로부터 기산한다. 재심요구서에 흠결이 없는 경우 접수된 때로부터 즉시 그 부본을 첨부하여 소청인에게 송부하고 답변자료의 제출을 요구한다.

소청인으로부터 재심요구권자의 재심이유에 대한 답변자료가 제출되면 당초 사건에 대한 일체의 서류와 재심요구서에 첨부되어 있는 추가자료 기타 관계서류를 종합적으로 검토하여 판단한다. 재심사건의 심리는 위원회가 **필요하다고 인정하는 경우를 제외하고는 당사자의 출석없이 결정할 수 있고** 다만, **감사원법 제32조 제6항 규정에 의한 재심의 경우에는 원심 주심위원에게는 이를 배정해서는 아니된다.**[1] 재심은 특별한 사정이 없는 한 요구된 날로부터 30일 이내에 처리되어야 한다. 소청심사위원회가 재심사건을 심사 결정하였을 때에는 재심결정서를 작성하여 그 정본을 지체없이 **소청당사자 및 감사원장에게 송부하여야** 한다. 이 경우 감사원장에게는 행정안전부를 경유하여 송부하도록 되어 있다.[2]

다. 제도의 문제점

소청심사위원회의 결정에 대하여 처분부대 및 기관의 장은 그 결정이 부당하다고 인정할 때에는 재심을 요구할 수 있는데 이는 폐지되어야 한다. 인사와 관련된 처분은 그 권리관계의 불명확한 상태가 장기화되지 않고 신속하게 처리될 필요성이 있다. 재심제도는 이러한 신속한 권리구제 이념에 배치되며 기관의 이익과 편의에 집중된 제도이다.

소청심사위원회는 행정소송의 전심절차인 특별행정심판의 일종으로서 독립된 재

---

1) 소청업무처리지침(소청심사위원회예규 제7호, 개정 2009. 7. 1.) 제20조 참조.

2) 소청절차규정 제17조 참조.

결기관이다. 군인사법상 인정하고 있는 처분부대 또는 기관의 장에게 주어진 재심요구권은 재결기관의 독립성과 공정성을 해칠 우려가 있고, 행정심판의 재결사항에 대하여는 다시 심판청구할 수 없도록 한 행정심판법 제39조의 입법정신에 비추어 볼 때, 현행 군인사법상의 소청재심제도는 많은 문제점을 내포하고 있다.[3)]

결국, 인사**소청심사위원회의 독립성 확보, 다른 공무원과의 형평성, 신속한 권리구제를 위해서** 국가공무원법과 같이 처분부대 및 기관의 장에게 부여한 **재심요구권은 삭제함이 타당하다.**[4)]

라. 소청재심의 선결례

아래의 소청재심 선결례에서 보듯이 원심과 재심소청위원회에 소청당사자들이 추가로 제출된 소명 또는 입증자료는 존재하지 아니한다. 오로지 재심요구권자의 소청심사위원회의 소청결정에 대한 재심을 요구하는 '재심요구서'만 존재한다. 그럼에도 불구하고 재심소청심사위원회는 재량권 일탈 내지는 남용에서 재량권의 범위 내라는 극단의 결론을 도출하는 것은 도무지 이해할 수 없다. 다시 말해서 재심소청위원회에서 결론이 반대로 바뀔만한 충분한 증거와 이를 토대로 한 심사위원회의 의결이 이루어진 경우라고 볼 만한 아무런 자료가 없다. 이와 같이 결국 재심제도는 소청심사위원회의 독립성을 훼손하고 결국은 소청심사위원회의 결정에 대한 신뢰를 상실하게 되고 이는 소청심사위원회의 기능을 상실하게 되고 무의미한 제도가 되고 말 것이다. 결국 재심제도는 폐지되어야 할 것이라고 본다.

【소청재심 선결례】 국방부 중앙군인사소청심사위원회 [5)]

소청취지 : 피소청인이 2009. 1. 19. 소청인에 대하여 한 현역복무부적합 전역처분을 취소한다.

소청이유 : 부하를 폭행하게 된 경위가 부대회식 자리에서 분위기를 망치고 상관에게 욕을 하는 부하를 제지하는 과정에서 일어난 것이고 절도 범행은 지극히 우발적이고 초범이고 그 배경에는 불의의 교통사고로 평생 통원치료를 받아야 하는 둘째 아들에 대한 과중한 병원비로 인한 생활고에서 비롯된 것임을 고려해 볼 때 전역조치는 재량권을 일탈 내지 남용한 것이며, 현역복무부적합위원회는 당사자로 하여금 충분한 변명의 기회를 주지 않은 절차적 위법이 있어 이는 취소되어야 한다.

원심위원회 결정 : 소청인은 장애를 가지고 있는 아이가 있는 가장으로서 소청인이 20여년간

3) 임천영, 군인사법, 법률문화원, 2007. 제791면 참조.

4) 임천영, 군인의 신분보장제 개선방안에 관한 연구, 경희대학교 석사학위논문, 2006. 제129면 참조.

성실한 군복무를 하였던 점, 현역복무부적합사유가 된 상해 및 절도 범행 이전에 특별한 비행사실이 전혀 없었던 점, 상해의 경위가 부대회식 자리에서 상관에게 욕을 하는 부하를 제지하는 과정에서 발생하였던 점 등을 고려해 볼 때 군인의 신분을 박탈하는 전역조치는 재량권을 벗어난 위법한 처분으로 취소되어야 한다.[6)]

재심 요청 : 육군에서는 고급간부인 영관장교가 절도행위를 한다는 것은 장교단의 정신덕목인 "도덕성"에 중대한 결함이 있는 자로 판단되어 부하를 지휘 통솔함에 부적절할 뿐 아니라, 그간 육군에서는 절도행위에 대하여 예외없이 전역처분을 하여 왔던바 '인용'결정은 부당하므로 재심을 요구하였다.

재심위원회 결정

소청인이 주장하는 현역복무부적합심의와 관련된 절차위법은 보이지 아니하고 나아가 소청인은 고급장교로서 구비하여야 할 장교단의 명예와 도덕성을 결여한 자로서 정예강군 양성을 목적으로 하는 우리 군의 기강을 위해 절도나 폭행과 같은 사고에 대해 엄히 처벌할 필요가 있고 계속 복무시 지휘관의 지휘 부담 및 동료들과의 불편한 관계를 감안해 볼 때 현역복무부적합 처분결정은 적정한 재량권의 범위 내에서 이루어진 것으로서 소청인의 주장은 이유없어 기각한다.

【소청재심 선결례】 국방부 중앙군인사소청심사위원회[7)]

소청취지 : 피소청인이 2008. 12. 18. 소청인에 대하여 한 보직해임처분을 취소한다.

소청이유 : 소청인은 2008. 2. 15.부터 보직해임처분을 받은 날까지 소속대 대대장으로 근무하면서 GOP 투입 후 성실히 경계근무와 부대관리를 하였으며, 비록 GP에서 수류탄 사고가 발생한 것은 사실이나, GP에 대한 지휘 감독관계에 있어 소청인은 작전 또는 훈련시 작전상 통제권만 가지고 있을 뿐 경계근무에 관한 권한과 책임이 없으므로 GP에서 발생한 수류탄 사고로 인한 책임을 물어 보직해임한 것은 위법한 처분임.[8)]

재심 요청 : 보직해임은 인사권자가 부하의 비위나 직무능력 부족 등을 이유로 해당직위의 직무담임을 강제로 해제하는 인사조치를 의미하는 것으로 '재량행위'입니다. 소청인에 대한 보직해임은 장래에 있어서 소청인이 계속 GOP 대대장직을 담당하게 될 경우 예상되는 작전상의 장애 등을 예방하기 위하여 일시적으로 소청인에게 보직을 부여하지 않은 잠정적인 조치로써 인사권자인 군단장의 폭넓은 재량이 허용되며 재량권 행사의 일탈·

5) 국방부 중앙군인사소청심사위원회 2009-5호 현역복무부적합처분 취소소청

6) 인용의견은 소청인은 내년 중순경 계급정년으로 전역이 예정되어 있어 직업보도교육훈련을 실시할 수 있다는 점, 군생활 중 발생한 슬관절 전방십자인대 파열로 수개월간 가료가 필요하며 남은 기간 동안 실복무에 종사하는 기간이 길지 않은 점 등을 감안할 때 지휘관의 지휘감독에 대한 부담이 상대적으로 크지 않고 동료들과의 화합문제 역시 발생할 가능성이 크지 않으며 둘째 자녀가 고통사고로 지속적인 치료가 필요한 상태여서 신청인의 직업유지가 절실한 상황을 고려해 볼 때 소청인에 대한 현역복무부적합처분은 비례성의 원칙을 위배한 것으로 위법 부당하여 취소되어야 한다는 것이다. 이 사건은 표결결과 가부동수로 원심은 소청인의 소청을 인용하였다.

남용이 있었다는 특별한 사정이 없는 한 인사조치권의 효력은 인정되어야 합니다. 소청인은 00 GP의 경우 2008. 11. 13.부터 같은 달 23. 까지 총 25회에 걸쳐 취약시간대 전원투입근무를 실시하지 않았고 야간 경계근무시 2회에 걸쳐 임의로 경계초소를 축소 운영하였으며 수류탄폭발사고 당시 분대장 및 상황병이 임의로 탄약을 수불하는 등 탄약관리를 소홀하였던 점, 이 사건으로 인하여 적접전지역에서 5명이 중경상자가 발생하여 사회적 파장이 컸던 점, 사단장, 연대장, 중대장에 대하여 보직해임조치가 내려 진 점 등을 종합해 볼 때 소청인의 소청은 기각되어야 합니다.

재심위원회 결정 : 소청인에 대한 보직해임처분을 취소하는 원결정을 취소하고 소청인의 보직해임처분에 대한 소청을 기각한다.

제 3 절 고충재심

1. 고충재심의 의의

가. 고충처리제도의 의의

고충처리제도는 근무조건, 인사관리 기타 신상문제에 대하여 불만이 있는 공무원의 고충심사청구에 대한 심사와 인사담당을 통하여 그들이 겪고 있는 애로사항에 대한 적절한 해결책을 강구하는 제도로 1981. 4. 20. 국가공무원법 개정에 따라 신설된 제도이다. 이 제도는 소청심사제도와 병행 운영함으로써 공무원의 권익을 보다 더 다양하게 보장하여 사기를 진작시키고 직무의 능률을 향상시키고자 하는데 그 제도적 의의를 찾을 수 있다.

【관련 법령】

【국가공무원법】 제76조의2(고충 처리)

제3항 공무원의 고충을 심사하기 위하여 중앙인사관장기관[9]에 중앙고충심사위원회를, 임용권자 또는 임용제청권자 단위로 보통고충심사위원회를 두되, **중앙고충심사위원회의 기능은 '소청심사위원'회에서 관장한다.**

7) 국방부 중앙군인사소청심사위원회 2009-1호 보직해임처분 취소소청

8) 4명의 위원 중 인용2, 기각2로 '인용'으로 인용된 사안으로 2명의 인용의견은 GOP 장이 9개월여간 1회의 현장지휘를 하는 것이 객관적으로(예컨대 현장지휘에 대한 명령서나 교범 또는 대대장의 현장지휘 횟수와의 비교 등) 명백하게 드러나 있다고 보기 어렵고 20여년간 군생활에 있어 특별한 문제없이 복무하였던 점을 참참작하여 소청인에 대한 보직해임처분은 부당하다고 의견을 제시하였다.

【군인사법】 **제51조의3(고충처리)**
제2항 청구를 받은 고충을 심사하기 위하여 **국방부 및 각군 본부에 군인고충심사위원회**를 둔다.
제3항 고충위원회의 심사를 거친 재심청구는 제51조의 규정에 의한 **중앙군인사소청심사위원회**에서 심사한다.

【군무원인사법】 **제36조(고충처리)**
제3항 청구를 받은 고충을 심사하기 위하여 **국방부 및 각 군 본부에 군무원고충심사위원회**를 둔다.
제4항 군무원고충심사위원회를 거친 재심청구는 **국방부에 군무원인사소청심사위원회**에서 심사한다.

나. 고충처리제도의 성격

고충처리제도는 고충심사처리기관이 그 심사를 제기하는 공무원과 관계 기관간의 중간에서 제3자적 입장으로 고충사안이 원만히 해결되도록 주선하고 권고하는 **조정자적 역할**을 수행한다. 결과는 당해 행정청을 기속하지 않고 **권고적 효력**만이 있으므로 스스로 판단 · 시정조치를 하여야만 효력이 발생한다. 고충처리심사위원회의 고충심사결정은 어떤 행정처분에 대한 위법 여부를 다투는 것이 아닐 뿐만 아니라 그 결정에도 기속력이 부여되어 있지 않고 단순한 권고적 효력 밖에 없기 때문에 고충심사결정에 불복하여 법원에 행정소송을 제기할 수 없다.[10]

대법원 판례

지방공무원법 제67조의2에서 규정하고 있는 **고충심사제도**는 공무원의 권익을 보장하고 적정한 근무환경을 조성하여 주기 위하여 근무조건 또는 인사관리 기타 신상문제에 대하여 법률적인 쟁송의 절차에 의하여서가 아니라 **'사실상의 절차'에 의하여 그 시정과 개선책을 강구하여 줄 것을 임용권자에게 청구할 수 있도록 한 제도로서**, 그 청구를 받은 임용권자는 이를 인사위원회에 부의하여 심사하게 하거나 소속공무원으로 하여금 상담하게 하고 그 결과에 따라 고충의 해소 등 공정한 처리를 위하여 노력하도록 되어 있기는 하나 **고충심사결정 자체에 의하여는 어떠한 법률관계의 변동이나 이익의 침해가 직접적으로 생기는 것은 아니므로** 고충심사결정은 **행정상 쟁송의 대상이 되는 '행정처분'이라고 할 수 없다**(대법원 1987. 12. 8. 선고 87누657, 87누658 판결).

---

9) 중앙인사관장기관은 국회는 국회사무총장, 법원은 법원행정처장, 헌법재판소는 헌법재판소사무처장, 선거관리위원회는 중앙선거관리위원회사무총장, 행정부는 행정안전부장관이 된다(국가공무원법 제6조 제1항).
10) 임천영, "군인의 신분보장제 개선방안에 관한 연구", 경희대학교 경영대학원 석사학위논문, 2006, 제107면 참조.

다. 관 할

중앙고충심사위원회는 5급이상 공무원, 연구관, 지도관의 고충 및 6급이하 공무원과 기능직공무원의 고충 중에서 임용권자를 달리하는 2이상의 기관에 관련된 경우 및 보통고충심위원회의 심사에 대한 재심을 담당하고, **보통고충심사위원회**는 6급이하 공무원, 연구사, 지도사 또는 기능직공무원의 고충심사를 담당한다(국가공무원법 제76조의2 제4항, 공무원고충처리규정 제3조의6 제1항).

이와 관련하여 군내부의 비위행위 및 개인 고충사항을 제도권내에서 수렴, 법규에 의해 신속, 정확하게 해결하여 밝고 투명한 병영생활을 조성하기 위해 육군은 2005년부터 **감찰 소속의 '내부공익신고센터'**를 운영하여 고충처리를 담당하게 하였다.[11] 개인의 고충을 해결하기 위해 육군본부에 "육본 고충심사위원회"를 두고 육본 및 감찰관을 둔 장성급 지휘부대에 "내부공익신고센터"를 운영하여 내부공익신고센터는 고충처리사항으로서 고충심사위원회의 사항으로 판단되는 것에 대하여 육본 고충심사위원회로 이첩하고 그 결과를 통보하도록 하여 처리하고 있다.

그런데 이러한 고충해결의 경로가 인사, 감찰, 법무, 헌병 등 다양한 방법으로 처리되고 고충 미해결시 조치절차 등 관련규정이 없어 지휘계통보다 군 외부에 고충을 해소하려는 경향이 나타났다. 또한 해제대가 아닌 상급부대의 지휘관에게 마음의 편지,[12] 및 군 내부의 인터넷 통신망인 인트라넷 등을 이용한 개인고충을 제기하는 등 지휘계통을 미준수 하는 실정이었다. 따라서 육군은 2009. 8. 27. 이러한 제한사항을 해소하기 위한 개선책으로 고충처리시스템을 재정립하게 되었다.[13] 그 내용은 항을 바꾸어 설명하기로 한다.

2. 고충처리의 운영

가. 고충처리 지휘계통

구 분	병	부사관	장교
최초상담/건의	분대장/소대장	지휘관/참모	지휘관/참모
1차처리	중대장	대대장	연대장
2차처리	대대장	연대장	사단장

11) 2005. 7. 육방침 제26호, "내부공익신고센터 운영 방침"
12) 군에서 지휘관에게 고충 기타 민원의 내용을 담은 서신을 일컫는다.
13) 육지시 제09-1047호, '육군고충처리 업무 체계 개선 지시'

이러한 지휘계통을 통한 고충상담 및 건의를 하였음에도 불구하고 고충이 해결되지 않은 경우에 고충심사를 청구할 수 있다.

나. 고충심사위원회 운영

고충심사위원회는 **육군본부 및 장관급 장교가 지휘하는 부대**에 설치 및 운영하며, **인사부서에서 업무를 관장한다.** 고충심사위원회의 구성은 위원장 1인을 포함한 위원 **5인 이상 7인 이내로** 하되 심의대상자보다 **선임자**로 구성하며 위원회별로 간사 1인을 둔다.

구 분	갑반	을반	병반
위원장	인사참모부장	인사근무복지처장	인사근무과장
위원	준장	대령	중령
간사	인사근무과장	인사근무과장	인사근무 실무자

다. 심의대상

육군본부 인사참모부에서 고충인의 신분에 따라 **고충심사위원회를 갑반, 을반, 병반**[14]으로 구성하게 하고 그 경로를 **일원화**하여 신속, 정확, 투명한 고충처리를 기하고 있다.[15]

라. 고충심사 청구

고충심사를 청구하고자 하는 군인은 고충심사 청구서를 작성하여 **장교, 준사관, 부사관은 육군본부 감찰실, 병은 장관급 장교가 지휘하는 부대 감찰부에 제출하여야 한다.** 고충심사청구서를 제출받은 감찰실(부)은 **소관부서로 문서를 이첩**하고 소관부서는 그 고충을 처리한다.

문서를 이첩받은 소관부서는 고충심사위원회의 소집이 필요하다고 판단된 경우 **육군본부는 인사참모부, 장관급 장교가 지휘하는 부대는 인사부서에 고충심사위원회 소집을 의뢰**한다.

14) 갑반은 장군, 을반은 대령, 중령이하는 병반으로 구성된다.
15) 육지시, 09-1047호, '09. 8. 27. "육군 고충처리 업무체계 개선 지시"

마. 고충심사청구의 대상[16)]

1) 구체적 대상

구 분	세부적 사항
근무조건	- 봉급, 수당 등 보수에 관한 사항 - 근무시간, 휴식, 휴가 등에 관한 사항 - 업무량, 시설안전, 보건, 위생 등 근무환경에 관한 사항 - 주거, 교통, 휴양, 각종 대부 등 후생복지에 관한 사항
인사관리	- 승진, 전직, 전보 등 임용에 관한 사항 - 근무성적평정, 승진후보자 명부순위, 승진시험 응시 배수, 교육훈련, 복무 등 인사행정의 기준에 관한 사항 - 상훈, 제안 등 업적성취에 관한 사항
기타 신상문제	- 성별, 종교별, 연령별 등에 의한 차별대우에 관한 사항 - 기타 개인의 정신적, 심리적, 신체적 장애로 인하여 발생되는 직무수행과 관련되는 사항

2) 관할의 문제

그런데 보직해임처분과 같은 구체적인 인사상의 불이익한 처분에 대하여 소청이 아닌 고충을 제기한 경우에 어떻게 처리하여야 하는지가 문제된다. 이에 대하여 **각하설과 이송설**이 있다. 먼저 각하설은 비록 장교보직해임시행방침(육방침03-43호 2003. 11. 1)에서는 "보직해임된 자는 보직해임 처분에 대하여 고충심사를 청구할 수 있다."라고 규정되어 있다. 그런데 법문상 심사청구의 대상으로 인사소청은 인사상 불리한 처분에 대하여, 고충처리는 근무여건, 인사관리, 신상문제에 대하여 제기할 수 있게 규정되어 있는 점, 효력에 있어서도 고충처리 결과에 관하여는 강제력이 없어 고청처리보다는 인사소청이 근원적인 해결책이 될 수 있다는 점, 일반직 공무원의 경우에는 다른 법령에 의하여 처리되는 대상 즉 소청의 대상이 되는 사항이 접수된 때에는 적절한 처리가 될 수 있도록 조치한다고 규정하고 있는 점 등을 고려하면 인사소청의 대상이 되는 것은 고청처리대상이 될 수 없다고 보아야 한다는 것이다.[17)]

---

16) 국방부 고충심사 및 징계업무 예규(국방부 예규 2008. 6. 27. 제411호) 참조.
중앙고충업무처리지침(일부개정 2009. 6. 17. 소청심사위원회 예규 제3호) 제4조.

17) 임천영, 군인의 신분보장제 개선방안에 관한 연구, 경희대학교 경영대학원 석사학위논문, 2006, 제105면 내지 제106면 참조.

이에 대하여 이송설은 고충심사와 인사소청의 법적 성질을 달리하는 제도로써 준사법적 판단작용인 인사소청심사의 대상은 구체적인 위법 부당한 인사상의 처분(處分)에 국한한다. 반면에 고충처리심사 대상은 근무여건을 비롯하여 순수한 개인적인 사정까지도 고충의 대상이 될 수 있도록 군인사법 등에서 명문으로 이를 구분하고 있는 점, 또한 심사기관의 결정의 효력에서도 인사소청의 경우 기속력이 부여되는 반면에 고충심사 결정의 경우 권고적 효력 밖에 없어 일거에 해결되는 종국적 분쟁해결의 수단이 될 수 없는 점 등을 종합해 볼 때 당사자의 권리구제 및 행정작용의 경제적 측면에서 고충심사의 대상이 아니라고 각하할 것이 아니라, 관할 인사소청심사위원회에 이송하는 것이 바람직하다고 본다.[18]

3) 소청심사 대상 확대 논의

현행 소청심대상은 위법·부당한 전역·제적 및 휴직명령 등 본인의 의사에 반한 불리한 처분만이 허용되고 있다. 소청의 대상이 법률적 문제에 국한되어 소청심사도

【고충심사위원회 결정례】

주문 : 신청인의 고충심사청구를 각하한다.
이유 :

1. 징계처분에 대한 고충에 대하여

징계처분의 부당성은 징계처분의 통지를 받은 날로부터 30일이내에 상급부대장에게 항고를 제기할 수 있고(군인사법 제60조), 항고심사위원회의 결과에 대하여는 처분이 있음을 안 날로부터 90일이내에 행정법원에 취소소송을 제기할 수 있다(행정소송법 제20조). 따라서 징계처분에 대하여는 군인사법 및 행정소송법에 따른 절차에 의해서만 그 처분의 부당성을 해결할 수 있는 것이며 본 고충심사위원회의 심사대상에 해당하지 않는다.

2. 보직해임처분에 대한 고충에 대하여

장교, 준사관, 부사관은 위법 부당한 전역, 제적 및 휴직 등 그 의사에 반한 불리한 처분(징계처분은 위 1의 절차에 의함)에 불복이 있는 때에는 그 처분이 있음을 안 날로부터 30일 이내에 소청을 제기할 수 있으며(군인사법 제50조), 소청심사 불복시에는 결정서가 도달한 날로부터 90일 이내에 행정소송을 제기할 수 있다(행정소송법 제20조). 따라서 보직해임처분에 대해서는 군인사법 및 행정소송법에 따른 절차에 의해서만 그 처분의 부당성을 해결할 수 있는 것으로 본 고충심사위원회의 심사대상에 해당하지 않는다.

3. 결론적으로

청구인이 제기한 고충처리건은 현행 법규상 고충심사위원회의 **심사대상 범위에 해당하지 않는 사항으로 부적법 '각하'한다**(육군본부 고충심사위원회 2010. 5. 26. 고충사건).

18) 중앙고충업무처리지침(제정 2004. 6. 4. 소청심사위원회예규 제3호) 제4조 제2항은 "다른 법령에 의하여 처리되는 대상이나 고충(소청이 대상이 되는 사항, 감사원의 변상관정 기타 결정에 관한 사항, 연금급여에 관한 사항 등)이 된 때에는 적절한 처리가 될 수 있도록 조치한다."고 규정하고 있다.

주로 법규의 해석에만 그치는 실정이다. 따라서 현행 소청제도는 그 대상이 군인의 현재의 권익을 침해하는 행정처분의 취소 또는 변경을 구하는 소극적인 성결을 띠고 있을 뿐이며 널리 조직 내의 인간관계론에 입각한 고충을 전반적이고 포괄적으로 해결하는 데까지 미치지 못하고 있다. 그러므로 적극적으로 공무원의 사시앙양을 위한 근무조건의 개선을 구한다든가 또는 근무성적 · 경력 평정에 대한 소청이나 승진에 대한 불평과 같은 문제는 그대로 방치되어 있다. 따라서 소청의 대상도 널리 그 범위를 확대하여 소위 고충의 합리적인 처리수단이 될 수 있도록 개선할 필요성이 있다는 것이다.[19]

그러나 이 주장에 대하여는 찬성할 수 없다. 첫째 소청심사는 행정청 내부의 스스로의 시정권한이면서 동시에 특별행정심판으로서 준사법적 성질을 동시에 가지는 제도이다. 반면에 고충심사제도는 단순히 전자의 목적에 국한하여 그 기능을 수행하는 제도이다. 또한 고충심사의 대상을 소청심사에 포섭할 경우 이에 대한 불복으로 행정소송의 심사대상에 포섭의 문제뿐만 아니라 권력분립원칙에 대한 문제까지 확대될 수 있다. 결국 심사대상을 명확히 구분하고 있는 현행 법령은 아무런 문제가 없으며 오히려 뒤에서 언급하겠지만 고충재심의 기관을 소청기관에서 따로 분리하여 독자적 기관에서 분리하여 판단하는 방향으로 입법을 개선함이 타당하다고 본다.[20]

3. 고충심사의 절차

가. 고충청구 접수

고충을 이첩받은 소관부서 또는 고충심사위원회는 감찰실(부)이 고충청구서를 접수받은 날로부터 30일 이내에 고충심사를 결정하여야 한다. 다만, 부득이하다고 인정되는 경우에는 설치 부대장의 승인을 얻어 30일 연장할 수 있다.[21] 고충심사위원회는 필요한 경우 관계부대에 심사에 필요한 자료의 제출을 요구할 수 있으며 관계관으로 하여금 사실조사를 하게 할 수 있다. 고충심사위원회는 청구서가 미흡하다고

---

19) 이환균, "우리나라의 소청심사제도", 법제월보 제12권 제2호 및 제3호, 법제처, 1970, 제9면 ; 임천영, 군인의 신분보장제 개선방안에 관한 연구, 경희대학교 경영대학원 석사학위논문, 2006, 제102면 참조.
20) 이에 대한 자세한 것은 본고 제8장 제3절 고충재심 7. 제도의 문제점 부분을 참고하기 바란다.
21) 공무원고충처리규정 제7조.

인정될 때에는 청구서를 접수한 7일 이내에 기간을 정하여 청구인에게 보정을 요구할 수 있으며 청구인은 그 기간내에 보완하여야 한다.

나. 고충심사의 결정 및 결과처리

고충심사위원회는 고충심사에 필요하다고 인정할 때에는 청구인, 설치기관의 장, 청구인이 속하는 기관의 장 또는 그 대리인을 출석하게 하여 진술하게 하거나 관계기관에 변명서 또는 심사자료의 제출을 요구할 수 있으며 검정 또는 감정을 의뢰하거나 소속직원으로 하여금 사실조사를 하게 할 수 있다(공무원고충처리규정 제7조 제2항). 이때 대리인 지정서의 서식은 다음과 같다.

피 청 구 기 관

수신자 : 중앙고충심사위원회 위원장(행정과장)
(경유)
제　목 : 대리인 지정서 제출

1. 행정과- (2010.　.　.)와 관련입니다.
2. 청구인 000의 고충사건심사를 위하여 공무원고충처리규정 제7조의 규정에 따라 아래 공무원을 피청구인의 대리인으로 지정합니다.

소 속	직 급	성 명	담당업무

끝.

피 청 구 인

고충심사위원회는 고충심사시에 당사자의 출석을 필요로 하는 경우에는 심사일시 및 장소를 심사일 5일전까지 통지하여야 한다. 출석기일을 통지받은 당사자가 상당한 이유없이 출석하지 아니한 때에는 고충심사위원회는 진술없이 심사 및 결정할 수 있고[22] 서면으로 진술한 때에는 결정서에 서면진술의 요지를 기재하여야 한다(공무원고충처리규정 제8조).

고충심사의 결정은 고충심사위원회의 **재적위원 3분의 2이상의 출석과 출석위원 과반수의 합의**에 의한다. 고충심사위원회는 고충심사의 청구에 대한 결정을 한 때에는 고충심사 결정서를 작성하고 위원장 및 출석한 위원의 서명 또는 날인하여야 한다. 고충심사결정서를 작성한 후, 이를 지체없이 설치 부대장에게 보고하여야 한다. 보고를 받은 설치 부대장은 고충심사를 청구한 자에게 고충심사위원회의 심사결과통보서를 통보하고 해당 고충의 해소에 필요한 조치를 취하여야 한다. 결정문[23]은 원본을 작성하여 위원장과 위원의 서명을 받은 후 원본에 의거 정본 1통을 작성하여 행정안전부장관(또는 설치 부대장)에게 송부하여야 한다. 위원회는 시정요청을 결정한 고충에 대하여 그 처리결과를 확인한다(공무원고충처리규정 제15조 및 제17조).

다. 재심청구

고충심사위원회의 결정에 불복이 있는 간부는 **그 심사 결과를 통보받은 날로부터 30일 이내에 국방부 중앙군인사소청심사위원회에 재심을 청구**할 수 있다. 고충심사위원회는 명확한 사실규명과 공정하고 적법한 처리를 통하여 재심청구를 방지한다. **중앙군인사소청심사위원회에서 결정된 재심청구 사항에 대하여는 다시 심사를 청구할 수 없다.**

라. 고충심사 청구자 비밀보호

고충제기자의 동의가 없는 한 신분, 고충내용에 대하여 공개할 수 없다. 또한 고충을 제기하였다는 이유로 어떠한 신분상의 불이익이나 근무 조건상의 차별을 하여서는 안된다. **고충제기로 불이익을 당한 경우 차상급부대에 신고할 수 있다.**

---

22) 그 외에도 고충심사당사자의 참고인 신청권, 자료 및 증거물 등의 증거제출권이 있다(공무원고충처리규정 제9조).

23) 결정문은 1.고충인의 인적사항, 2.청구취지 및 이유, 3.조사 및 판단 순으로 기재한다.

4. 고충처리 체계도

고충제기(개인[24]) — 병 : 대대장/부사관:연대장/장교:사단장

↓ ※ 지휘계통이 아닌 경우 해당 제대로 이첩

지휘계통 처리

↓ 미해결시

고충심사 청구(개인) — 병 : 사(여)단 감찰부

↓ 간부 : 육군본부 감찰실

육본/여단급이상 감찰부 — ※ 고충심사청구서 작성

↓

소관부서 이첩/처리

↓ 필요시

고충심사위원회 개최 — 인사참모부장 책임하 운영(30일 이내 심사)

↓ 재심청구 간부에 한해 재심청구

국방부 중앙군인사소청심사위원회 — ※ 결정된 재심사항 재심요구 금지

이밖에 군 내부의 계통이 아닌 **고충처리절차로서 부패방지 및 국민권익위원회의 설치 및 운영에 관한 법률**[25]에 의한 국민권익위원회의 고충처리제도가 있다. 동법 제2조 제5호는 "고충민원"이란 행정기관등의 위법·부당하거나 소극적인 처분(사실행위 및 부작위를 포함한다) 및 불합리한 행정제도로 인하여 국민의 권리를 침해하거나 국민에게 불편 또는 부담을 주는 사항에 관한 민원(**현역장·병 및 군 관련 의무복무자**

---

24) 고충처리 요구 형태가 집단으로 이루어지는 경우 자칫 **군인복무규율상의 집단행위금지**에 위반될 소지가 있고 군 특수성에 의해 반드시 개인으로 고충을 제기하도록 하고 있다.

25) 이는 기존의 국무총리행정심판위원회, 국민고충처리위원회, 국가청렴위원회를 통합하여 '부패방지 및 국민권익위원회의 설치와 운영에 관한 법률'로, 2008. 2. 29, 법률 제8878호 제정되어 시행되었다. 그런데 국민의 행정구제를 위한 창구를 일원화하는 취지는 국민의 편의제공이라는 점에서 바람직하지만, 행정심판위원회를 고충처리위원회, 청렴위원회 등 각기 다른 업무성격을 가지는 기관들과 단순통합하는 것은 문제가 있다고 본다. ; 임중호, 법제사법위원회, 행정심판법 일부개정법률안(안상수의원 대표발의) 검토보고, 2008. 1. 제5면 참조.

의 고충민원을 포함한다)을 말한다고 규정하여 이를 분명히 밝히고 있다.

5. 국민권익위원회에 의한 고충처리

가. 관 할

고충민원의 조사와 처리 및 이와 관련된 시정권고 또는 의견표명 및 고충민원을 유발하는 관련 행정제도 및 그 제도의 운영에 개선이 필요하다고 판단되는 경우 이에 대한 권고 또는 의견표명, 그리고 위원회가 처리한 고충민원의 결과 및 행정제도의 개선에 관한 실태조사와 평가를 위하여 **국무총리 소속하의 국민권익위원회** 및 지방자치단체 및 그 소속 기관에 관한 고충민원의 처리와 행정제도의 개선 등을 위하여 각 지방자치단체에 **시민고충처리위원회**가 있다(부패방지 및 국민권익위원회의 설치와 운영에 관한 법률 제11조 및 제32조).

나. 신청 및 접수

누구든지(국내에 거주하는 외국인을 포함한다) 위원회 또는 시민고충처리위원회에 고충민원을 신청할 수 있다. 이 경우 하나의 권익위원회에 대하여 고충민원을 제기한 신청인은 다른 권익위원회에 대하여도 고충민원을 신청할 수 있다. 권익위원회에 고충민원을 신청하고자 하는 자는 ① 신청인의 이름과 주소(법인 또는 단체의 경우에는 그 명칭 및 주된 사무소의 소재지와 대표자의 이름) ② 신청의 취지·이유와 고충민원신청의 원인이 된 사실내용 ③ 그 밖에 관계 행정기관의 명칭 등 대통령령으로 정하는 사항을 기재하여 문서(전자문서를 포함한다.)로 이를 신청하여야 한다. 다만, 문서에 의할 수 없는 특별한 사정이 있는 경우에는 구술로 신청할 수 있다. 권익위원회는 고충민원의 신청이 있는 경우에는 다른 법령에 특별한 규정이 있는 경우를 제외하고는 그 접수를 보류하거나 거부할 수 없으며, 접수된 고충민원서류를 부당하게 되돌려 보내서는 아니 된다. 다만, 권익위원회가 고충민원서류를 보류·거부 또는 반려하는 경우에는 지체 없이 그 사유를 신청인에게 통보하여야 한다(법 제39조).

권익위원회는 접수된 고충민원 중 관계 행정기관 등에서 처리하는 것이 타당하다고 인정되는 사항은 이를 관계 행정기관 등에 이첩할 수 있다. 이 경우 이첩받은 관계 행정기관 등의 장은 권익위원회의 요청이 있는 때에는 그 처리결과를 권익위원회에 통보하여야 한다. 권익위원회는 관계 행정기관 등의 장이 권익위원회에서 처리하는 것이 타당하다고 인정하여 권익위원회에 이첩한 고충민원을 처리할 수 있다. 이 경우 이첩받은 고충민원은 이첩된 때에 권익위원회에 접수된 것으로 본다. 권익위원회는 고충민원을 이첩한 경우에는 지체 없이 그 사유를 명시하여 신청인에게 통보하여야 한다. 이 경우 권익위원회는 필요하다고 인정하는 때에는 신청인에게 권리의 구제에 필요한 절차와 조치에 관하여 안내할 수 있다(법 제40조).

다. 고충민원의 조사

권익위원회는 고충민원을 접수한 경우에는 지체 없이 그 내용에 관하여 필요한 조사를 하여야 한다. 다만, 고도의 정치적 판단을 요하거나 국가기밀 또는 공무상 비밀에 관한 사항, 국회 · 법원 · 헌법재판소 · 선거관리위원회 · 감사원 · 지방의회에 관한 사항, 수사 및 형집행에 관한 사항으로서 그 관장기관에서 처리하는 것이 적당하다고 판단되는 사항 또는 감사원의 감사가 착수된 사항, 행정심판, 행정소송, 헌법재판소의 심판이나 감사원의 심사청구 그 밖에 다른 법률에 따른 불복구제절차가 진행 중인 사항, 법령에 따라 화해 · 알선 · 조정 · 중재 등 당사자간의 이해조정을 목적으로 행하는 절차가 진행 중인 사항, 판결 · 결정 · 재결 · 화해 · 조정 · 중재 등에 따라 확정된 권리관계에 관한 사항 또는 감사원이 처분을 요구한 사항, 사인간의 권리관계 또는 개인의 사생활에 관한 사항, 행정기관 등의 직원에 관한 인사행정상의 행위에 관한 사항 그리고 고충민원의 내용이 거짓이거나 정당한 사유가 없다고 인정되는 사항, 그 밖에 고충민원에 해당하지 아니하는 경우 등 권익위원회가 조사하는 것이 적절하지 아니하다고 인정하는 사항에 해당하는 경우에는 조사를 하지 아니할 수 있다(법 제41조).

조사방법은 관계 행정기관 등에 대한 설명요구 또는 관련 자료 · 서류 등의 제출요구 및 관계 행정기관 등의 직원 · 신청인 · 이해관계인이나 참고인의 출석 및 의견진술 등의 요구할 수 있고 조사사항과 관계있다고 인정되는 장소 · 시설 등에 대한 실지조사와 감정을 의뢰 할 수 있다. 관계 행정기관 등의 장은 권익위원회의 요구나 조사에 성실하게 응하고 이에 협조하여야 한다(법 제42조).

라. 결 정

권익위원회는 위원회는 재적위원 과반수의 출석으로 개의하고 출석위원 과반수의 찬성으로 의결하고 고충민원의 결정내용을 지체 없이 신청인 및 관계 행정기관 등의 장에게 통지하여야 한다.

1) 각 하

권익위원회는 접수된 고충민원이 고도의 정치적 판단을 요하거나 국가기밀 또는 공무상 비밀에 관한 사항, 국회 · 법원 · 헌법재판소 · 선거관리위원회 · 감사원 · 지방의회에 관한 사항 수사 및 형집행에 관한 사항으로서 그 관장기관에서 처리하는 것이 적당하다고 판단되는 사항 또는 감사원의 감사가 착수된 사항, 행정심판, 행정소송, 헌법재판소의 심판이나 감사원의 심사청구 그 밖에 다른 법률에 따른 불복구제 절차가 진행 중인 사항, 법령에 따라 화해 · 알선 · 조정 · 중재 등 당사자간의 이해조정을 목적으로 행하는 절차가 진행 중인 사항, 판결 · 결정 · 재결 · 화해 · 조정 · 중재 등에 따라 확정된 권리관계에 관한 사항 또는 감사원이 처분을 요구한 사항, 사인간의 권리관계 또는 개인의 사생활에 관한 사항, 행정기관 등의 직원에 관한 인사행정상의 행위에 관한 사항인 경우에는 그 고충민원을 각하하거나 관계 기관에 이송할 수 있다(법 제43조).

2) 합의 권고 및 조정

권익위원회는 조사 중이거나 조사가 끝난 고충민원에 대한 공정한 해결을 위하여 필요한 조치를 당사자에게 제시하고 합의를 권고할 수 있다. 나아가 권익위원회는 다수인이 관련되거나 사회적 파급효과가 크다고 인정되는 고충민원의 신속하고 공정한 해결을 위하여 필요하다고 인정하는 경우에는 당사자의 신청 또는 직권에 의하여 조정을 할 수 있다. 조정은 당사자가 합의한 사항을 조정서에 기재한 후 당사자가 기명날인하고 권익위원회가 이를 확인함으로써 성립한다. 조정은 「민법」 상의 화해와 같은 효력이 있다(법 제44조 및 제45조).

3) 시정 권고 및 제도개선 권고 의견 표명

권익위원회는 그 행정기관등과 신청인 또는 이해관계인에게 미리 의견을 제출할 기회를 부여한 뒤 고충민원에 대한 조사결과 처분 등이 위법 · 부당하다고 인정할 만한 상당한 이유가 있는 경우에는 관계 행정기관 등의 장에게 적절한 시정을 권고할 수 있고 고충민원에 대한 조사결과 신청인의 주장이 상당한 이유가 있다고 인정되는 사안에 대하여는 관계 행정기관 등의 장에게 의견을 표명할 수 있다. 고충민원을 조사 · 처리하는 과정에서 법령 그 밖의 제도나 정책 등의 개선이 필요하다고 인정되는 경우에는 관계 행정기관 등의 장에게 이에 대한 합리적인 개선을 권고하거나 의견을 표명할 수 있다(법 제46조 내지 제48조).

4) 처리결과의 통보

국민권익위원회로부터 시정 권고 및 제도개선 권고 의견 표명을 받은 관계 행정기관 등의 장은 **이를 존중하여야 하며**, 그 권고 또는 의견을 받은 날부터 30일 이내에 그 처리결과를 권익위원회에 통보하여야 한다. 권고를 받은 관계 행정기관 등의 장이 그 권고내용을 **이행하지 아니하는 경우에는 그 이유를 권익위원회에 문서로 통보하여야** 한다(법 제50조).

5) 기 타

그 밖에도 권익위원회는 고충민원의 조사 · 처리과정에서 관계 행정기관 등의 직원이 고의 또는 중대한 과실로 위법 · 부당하게 업무를 처리한 사실을 발견한 경우 위원회는 **감사원**에, 시민고충처리위원회는 **당해 지방자치단체**에 감사를 의뢰할 수 있고 권고 또는 의견의 **이행실태를 확인 · 점검**할 수 있다(제51조 및 제52조).

고충심사청구와 관련된 주요서식은 다음과 같다.[26)]

---

26) 행정안전부 소청심사위원회, 소청 및 고충심사 업무편람, 2010. 제260면 참조.

고충재심사청구서

1. 청구인

성 명	○○○ (한자 : ○○○)
주 민 등 록 번 호	○○○○○○-○○○○○○○(세)
소 속	
직 (계) 급	
주 소	(우편번호 :)
전자우편(e-mail)	
전 화 번 호	자택 또는 직장/휴대전화 문자메시지 수신동의 여부(동의함, 동의안함)
대 리 인 (선 임 시)	

2. 피청구인
3. 고충이유
4. 입증자료

위와 같이 청구합니다.

2010. . .

위 청구인 000(서명 또는 인)

국방부 중앙군인사소청심사위원회 귀하

6. 소청제도와 고충제도의 비교 27)

구 분	소청제도	고충제도
근거법령	- 소청절차규정 - 소청업무처리지침	- 공무원고충처리규정28) - 중앙고충업무처리지침
심사대상	- 징계처분 및 그 밖의 신분상의 불이익**처분**	- 근무조건 · 처우 · 인사상 직면하게 되는 일상의 모든 신상**문제**
제기기간	처분사유설명서를 받은 날 또는 처분이 있음을 안 날로부터 30일 이내	- 제기기간 제한 없음 - 단, 보통고충심사위원회 심사를 거친 재심청구는 결정서를 통보받은 날로부터 30일 이내
심사기관	소청심사위원회	- 보통고충심사위원회 - 중앙고충심사위원회 (국가공무원법 제76조의2에 따라 소청심사위원회가 관장)
진술권 부여	필수	필요시 부여
결정기한	60일	30일
정족수 및 결정방법	제적2/3출석, 출석위원 과반수로 결정 (국가공무원법 제14조)	제적위원 과반수로 결정 (공무원고충처리규정 제10조)
결정의 종류	각하, 기각, 취소 또는 변경, 처분의 효력 유무 또는 존재 여부 확인, 부작위에 대한 이행명령(국가공무원법 제14조)	시정요청, 기각, 각하 (중앙고충업무처리지침 제14조)
결정의 효력	기속력 및 확정력 발생	**당해 행정청을 기속하지 않음**
불복제도	행정소송	- 보통고충심사에 대해서는 중앙고충심사위원회의 재심 청구 - 중앙고충심사는 **재심 및 행정소송 불가**

7. 구체적 사례

【고충 사례】 29)

고충신청 : 신청인은 1992. 육군 군무원 공채시험에서 전차직렬로 임용되어 종합정비창에서 장갑차를 비롯하여 K-1전차 등에 대한 정비요원으로 복무하던 중, 러시아 전차도입 계획에 따라 정비 및 교관요원으로 선발되어 소정의 정비교육을 이수하고 이에 더한 업무를 수행하였다.

---

27) 행정안전부 소청심사위원회, 소청 및 고충심사 업무편람, 2010. 제148면 참조.

28) 고충처리의 근거법으로는 국가공무원법, 군인사법, 군무원인사법, 지방공무원법, 경찰공무원법, 소방공무원법, 교육공무원법 등이 있다.

이후 장비의 호환성 문제로 2007년경 러시아장비전자기기 편제가 삭감되고 결국 신청인은 항작사 항공정비 직렬로 보직보령을 받음으로써 신청인의 과거 근무 경력 및 실적과는 전혀 무관한 항공장비 정비에 투입하게 되었다.

고충답변 : 군무원의 직군과 직렬은 장비(전차, 항공기, 차량 등)에 따라 분류되는 것이 아니라 직무의 종류에 따라 분류되며 귀하는 전차정비사(전차직렬)가 아니고 전기통신수리사(전자기기직렬)이므로 전차정비사에서 항공정비사로 인사발령이 아닌 전기통신수리사(전자기기직렬)에서 항공기의 정자정비사(전자기기직렬)로 인사발령한 것으로 인사관리상의 문제가 없다.

또한 편제란 조직된 부대의 임무 및 기능을 부여하고 적적히 그 임무를 수행할 수 있도록 인원과 장비를 정하는 것이며 인사운영은 편제에 명시된 직렬과 직급을 고려하여 사람을 보직하는 것으로써 귀하의 인사와 관련하여 어떠한 불합리한 점을 찾을 수 없다.

신청인의 과거 경력 등을 고려하여 전자기기 직무중 전차에 장착된 전자기기를 주로 정비하는 직책으로 검토하였으나 전차에 장착된 전자기기 정비직위는 종합정비창에 총 1개의 직위 밖에 없으며 해 직위에 보직된 자에게 확인한 결과 인사교류를 희망하지 않아 교류가 제한되고 있다.

다른 부대로 전보를 원한다면 전차에 장착된 전자기기 정비수리가 아닌 다른 항공기에 장착된 전자기기정비직위나 그 외 무기체계의 전자기기장비를 정비하는 부대로의 전보도 검토하겠다. 나아가 귀하께서 전차직렬 직위의 보직을 희망할 경우 먼저 전직시험을 우선 거쳐야 한다.

고충 신청인은 2008. 7. 육군 참모총장을 수신인으로 하여 위와 같이 고충을 신청하였고 육군본부 고충처리심사위원회는 2008. 8. 19. 고충취지에 이유없다는 사유로 신청인의 신청을 불인용(기각)하였고 이에 따라 고충 신청인은 2010. 1. 19.국방부 군무원인사소청심사위원회에 동일한 내용으로 인사소청을 제기하였다.

【고충재심 사례 1】30)

소청이유 : 신청인은 '97년 러시아 전차 장비정비를 위해 종합정비창 전차직렬에서 선발되어 근무하던 중 기갑부대의 러시아전차 정비요원의 소대편제를 부당하게 삭감하여 항공병과 항공정비사로 보직한 것은 적법절차원칙, 군무원인사법 시행령 시험실시원칙, 보직관리원칙 등에 반하고 국가공무원법상의 복무권침해이므로 항공병과 항공정비사 보직은 취소되어야 한다고 주장한다.

소청결과 : 각하

고충심사위원회의 결정에 대하여 불복이 있는 경우에는 그 심사결과를 통보받은 날로부터 30일 이내에 소청심사위원회에 재심을 청구할 수 있다. 그런데 소청인은 자신에 대

29) 국방부 군무원인사소청심사 2010-01호 복무권침해에 따른 고충재심소청

한 전보는 적법절차(편제) 군무원 승진권, 순환보직권(인사) 등의 규정을 위반하였다는 이유로 2008. 7월경 육군본부 고충처리심사위원회에 고충을 제기하였고 동 위원회는 같은 해 8. 19. "소청인의 고충은 이유없다"는 취지로 통보하였다. 그렇다면 고충재심의 성격을 갖는 이 사건 소청은 2008. 8. 19. 고충처리회신 통보를 받은 날로부터 약 1년 6개월이 지난 2010. 1. 19.에 제기된 것으로 **군무원인사법 시행령 제104조의7에 의한 고충재심 제기기간인 그 심사결과를 통보받은 날부터 30일이 이미 도과한 것이 역수상 분명하여 부적법 각하**한다.

대법원 판례

대학교수는 자신의 전공분야에 대해 강의하고 이를 통해 자신의 학문연구를 보다 발전시키는 것이 **'그 인격권 실현의 본질적 부분'**에 해당하므로, 대학교수의 사용자인 학교법인이 그 업무지휘권 등의 행사에 지장을 초래하는 등의 특별한 사정이 없는데도, 오로지 소속 대학교수를 본연의 업무에서 배제하려는 의도하에 그 의사에 반하여 전공분야와 관련 없는 과목의 강의를 배정함으로써 결국 강의할 수 없게 하는 행위는 **교원의 '인격적 법익'을 침해하는 것이 되고,** 학교법인은 그로 인하여 그 대학교수가 입게 되는 **정신적 고통에 대하여 배상할 의무를 부담한다**(대법원 2008. 6. 26. 선고 2006다30730 판결).

근로자에 대한 **전직이나 전보처분**은 근로자가 제공하여야 할 근로의 종류·내용·장소 등에 변경을 가져온다는 점에서 근로자에게 불이익한 처분이 될 수도 있으나, **원칙적으로 인사권자인 사용자의 권한**에 속하므로 업무상 필요한 범위 안에서는 **상당한 재량을 인정하여야** 하고, 그것이 근로자에 대하여 정당한 이유 없이 해고·휴직·정직·감봉 기타 징벌을 하지 못하도록 하는 구 근로기준법(2007. 4. 11. 법률 제8372호로 전문 개정되기 전의 것) 제30조 제1항에 위반되거나 권리남용에 해당하는 등 특별한 사정이 없는 한 무효라고는 할 수 없다.[31]

전직처분 등이 정당한 인사권의 범위 내에 속하는지의 여부는 당해 전직처분 등의 업무상의 필요성과 전직에 따른 근로자의 생활상의 불이익을 비교·교량하고, 근로자가 속하는 노동조합(노동조합이 없으면 근로자 본인)과의 협의 등 그 전직처분을 하는 과정에서 신의칙상 요구되는 절차를 거쳤는지 여부를 종합적으로 고려하여 결정하여야 한다.[32]

30) 국방부 군무원인사소청심사 10-01호 복무권침해에 따른 소청청구.
31) 대법원 2009. 4. 23. 선고 2007두20157 판결 참조.
32) 대법원 1991. 7. 12. 선고 91다12752 판결, 대법원 2000. 4. 11. 선고 99두2963 판결, 대법원 2009. 4. 23. 선고 2007두20157 판결 등 참조.

[고충재심 사례 2] 33)

1. **고충취지** : 인사소청 기회를 놓치거나 기회조차 갖지 못한 억울함을 풀지 못하고 고통속에서 군생활을 하고 있는 것과 관련하여 소청인이 무엇을 잘못하였는지 명확히 증명해 달라
2. **고충이유의 요지** : 소청인이 보직해임처분에 결과통보를 받을 당시 그 불복과 관련된 어떠한 사항을 고지받지 못하였고 다만 대기상황에서 재보직부여에 대하여만 기다릴 수밖에 없었고 2009. 9. 9. 사단장 주관 소청인에 관한 대대장 복권논의가 이루어지는 과정에서 소청인으로 하여금 불변기간 내에 정상적인 불복절차를 거친다는 것은 기대할 수 없다는 점에서 불복절차를 진행할 수 없는 사정에 대하여 사실확인 및 그 당부에 관한 소청인의 고충을 심사하여 달라는 것이다.
3. **고충처리위원회 결정 : 각하**

가. 징계처분의 부당성에 관한 사항은,

징계처분의 부당성에 대해서는 징계처분의 통지를 받은 날로부터 30일 이내에 상급부대장에게 항고를 제기할 수 있으며(군인사법 제60조), 항고심사위원회 결과에 대해서 재 불복시 처분이 있음을 안 날로부터 90일이내에 행정법원에 취소소송을 제기할 수 있다(행정소송법 제20조).

이렇듯 징계처분에 대해서는 군인사법 및 행정소송법에 따른 절차를 통해서만 그 처분의 부당성을 해결할 수 있는 것이며, 본 고충심사위원회는 그 해결절차에 해당되지 않는다.

나. 보직해임의 부당성에 관한 사항은,

장교 · 준사관 및 부사관은 위법 · 부당한 전역 · 제적 및 휴직 등 그 의사에 반한 불리한 처분(징계처분을 제외한다, 징계처분은 위 1)에서 설명한 바와 같이 항고를 통해 구제됨)에 대하여 불복이 있는 때에는 그 처분이 있음을 안 날로부터 30일 이내에 이에 대한 심사를 소청할 수 있으며(군인사법 제50조, 인사소청), 심사소청결과에 대해 재 불복시에는 처분이 있음을 안 날로부터 90일 이내에 행정법원에 취소소송을 제기할 수 있다(행정소송법 제20조). 보직해임처분은 귀하의 의사에 반한 불리한 처분에 해당하는 것으로 군인사법 및 행정소송법에 따른 절차를 통해서만 그 처분의 부당성을 해결할 수 있다.

다. 결론적으로,

청구인이 제기한 고충처리 건은 현행 법규상 고충심사위원회의 심사대상 범위에 해당하지 않은 사항이므로, 청구인은 법규상 허용된 절차에 따라 그 해결을 구해야 할 것으로 판단된다.

4. **중앙군인사소청심사위원회 결정(고충재심) : 기각**

이 유 : 고청처리심사위원회의 심사대상은 봉급, 근무시간, 시설안전, 주거 등에 관한 사항인 근무조건, 근무평정, 교육훈련, 상훈 등에 관한 사항인 인사관리, 성별 · 종교별 차별대우에 관한 사항이나 개인의 정신적 · 심리적 · 신체적 장애로 인한 직무수행상의 곤란 등의 개인 신상문제 등에 국한된다. 징계처분 및 보직해임처분과 같은 구체적인 인사상 불이익한 처분에 대한 불복은 특별히 군인사법에 의해 징계항고절차 및 인사소청절차를 거쳐 행

> 정소송으로 해결하도록 되어 있다. 그렇다면 고충인이 제기한 이 사건 고충재심청구는 징계처분 및 보직해임처분에 대한 고충심사위원회의 '각하'결정에 대한 불복인 바, 징계처분 및 보직해임처분은 고충심사의 대상에 포함되지 아니하므로 이유없어 기각한다.

8. 제도의 문제점

인사소청은 일종의 특별행정심판으로서 행정처분으로 인한 국민 권익구제를 위해 행정소송의 전심절차로 헌법 제107조 제3항에서 직접 규정하고 있다. 위원회의 의결에 행정기관이 불복할 수 없는 강제력을 부여하고 있다. 반면에 고충처리위원회는 단순 민원해결기관으로서 그 결정도 권고적 효력에 그친다. 이와 같이 제도적 취지와 기능을 달리하는 이질적 성질을 가지는 두 제도를 소청심사위원회에 두는 것은 체계정당성에 반하는 기이한 제도라고 본다.

다시 말해서 인사소청은 준사법절차의 특성상 현행 법령에 따라 법을 해석, 심판하는 기능이나 고충처리심사위원회는 현행 법령 및 제도의 틀을 벗어나 정책을 개선하고 개인의 고충을 해결하기 위해 권고하고 유도하는 기능을 수행한다. 이처럼 이질적인 성질을 가진 두 제도를 통합함에 따라 한편으로는 현행 법령에 따라 심판하고, 다른 한편으로는 현행 법령의 타당성을 부인하여 제도 개선을 권고할 경우 위원회 내의 기능이 상호 배치되는 측면이 있게 되고 심판결과에 대한 국민들의 신뢰도가 약화될 가능성이 있다.

33) 국방부 중앙군인사소청심사 2010-16호 고충재심소청.

부록

소청절차규정

2008. 12. 31. (대통령령 제21214호)

제1조 (목적) 이 영은 행정기관 소속공무원의 소청에 관한 절차를 규정함을 목적으로 한다.

제2조 (소청심사청구)

① 공무원이 징계처분·강임·휴직·직위해제·면직처분 그밖에 그 의사에 반하는 불리한 처분 또는 부작위에 대하여 소청심사위원회(이하 "위원회"라 한다)에 심사를 청구할 때에는 다음 각호의 사항을 기재한 소청심사청구서(이하 "청구서"라 한다)를 위원회에 제출하여야 한다. 〈개정 1972.12.16, 1973.3.30, 2000.11.9, 2007.9.6〉

1. 주소·성명·주민등록번호 및 전화번호
2. 소속기관명 또는 전 소속기관명과 직위 또는 전 직위
3. 피소청인(대통령의 처분 또는 부작위에 대하여는 제청권자)
4. 소청의 취지
5. 소청의 이유 및 입증방법
6. 처분사유설명서 또는 인사발령통지서의 수령지연으로 인하여 처분사유설명서에 기재된 일자로부터 소청제기기간을 초과하여 소청심사를 청구하는 경우에는 그 수령지연사실의 입증자료

② 위원회는 제1항에 따른 소청심사청구가 위원회의 관할에 속하지 아니하는 경우에는 지체 없이 이를 관할 위원회에 이송하고 그 사실을 소청심사를 청구한 자(이하 "소청인"이라 한다)에게 통지하여야 한다. 〈신설 2007.9.6〉

③ 삭제 〈1989.12.30〉

제3조 (청구기간의 진행정지)

① 소청인에게 책임이 없는 사유로 소청심사의 청구를 할 수 없는 기간은 「국가공무원법」(이하 "법"이라 한다) 제76조제1항의 소청제기기간(이하 "소청제기기간"이라 한다)에 산입하지 아니한다. 〈개정 2007.9.6〉

② 제1항의 규정에 의한 책임없는 사유의 여부는 위원회가 결정한다. 〈개정 1978.10.27〉

제4조 (소청대리인의 지정 · 선임 등)

① 제2조제1항에 의한 소청심사의 청구가 있을 때에는 그 사건의 피소청인은 관계공무원 또는 변호사를 대리인으로 지정 또는 선임하여 소청에 응하게 할 수 있다. 〈개정 1989.12.30, 2000.11.9〉

② 변호사가 법 제76조제1항의 규정에 의하여 소청인의 대리인으로 선임되거나 공무원 또는 변호사가 제1항의 규정에 의하여 피소청인의 대리인으로 지정 또는 선임된 때에는 그 위임장 또는 지정서를 위원회에 제출하여야 한다. 〈개정 1978.10.27, 1989.12.30, 2000.11.9, 2007.9.6〉

제4조의2 (피소청인의 변명서 제출)

① 위원회가 법 제12조제2항의 규정에 의하여 피소청인에게 소청이 제기된 징계 기타 처분 또는 부작위에 대한 변명서의 제출을 요구한 때에는 피소청인은 지정된 기일안에 변명서와 소청인의 수에 따른 부본을 제출하여야 한다. 〈개정 1989.12.30, 2000.11.9, 2007.9.6〉

② 위원회는 제1항에 따라 제출된 변명서의 내용이 충분하지 아니하거나 입증자료가 필요한 때에는 피소청인에게 변명내용의 보충 또는 입증자료의 제출을 요구할 수 있다. 〈신설 2007.9.6〉

③ 위원회는 제1항 및 제2항에 따라 제출된 변명서부본, 추가 제출된 변명내용 및 입증자료를 지체없이 소청인에게 송달하여야 한다. 〈신설 1989.12.30, 2007.9.6〉

제5조 (가결정통보) 위원회가 소청사건에 대하여 법 제76조제3항의 가결정을 한 때에는 지체없이 그 임명권자에게 이를 통보하여야 한다. 이 경우에 긴급한 때에는 서면에 의한 통보에 앞서 전화・모사전송・전자우편 등에 의하여 통보하여야 한다. 〈개정 2007.9.6〉

제6조 (보정요구등)

① 위원회는 청구서에 흠결이 있다고 인정할 때에는 청구서를 접수한 날부터 7일이내에 상당한 기간을 정하여 보정을 요구하여야 한다. 다만, 그 흠결이 경미한 때에는 직권으로 보정할 수 있다. 〈개정 1989.12.30, 2000.11.9〉

② 제1항의 규정에 의한 보정기간내에 보정하지 아니할 때에는 소청심사의 청구를 취하한 것으로 본다. 〈신설 1989.12.30〉

③ 소청인의 소재가 분명하지 아니한 경우에는 제1항의 보정요구는 관보에 게재하고 게재한 날부터 10일이 경과하는 날에 그 보정요구는 소청인에게 도달된 것으로 본다. 〈개정 1972.12.16, 1978.10.27, 2000.11.9〉

④ 위원회가 각 기관에 대하여 심사자료의 제출을 요구하였을 때에는 각 기관은 지

정된 기간내에 이를 제출하여야 한다.

⑤ 제1항의 규정에 의하여 보정을 요구한 소청사건에 대한 처리기간은 그 보정이 완료된 날부터 기산한다. 〈개정 2000.11.9〉

제7조 (소청의 취하) 소청인은 위원회의 결정이 있을 때까지는 청구의 일부 또는 전부를 취하할 수 있다.

제7조의2 (각하)

① 소청제기기간의 경과와 소청 관할 위반 등 소청의 제기가 부적법한 때에는 위원회는 특별한 사정이 있는 경우를 제외하고는 당사자를 출석시키지 아니하고 각하결정을 할 수 있다. 〈개정 2007.9.6〉

② 위원회는 제1항에 따라 당사자를 출석시키지 아니하고 각하 결정을 하는 때에는 소청인에게 서면에 의한 진술 기회를 주어야 한다. 〈신설 2007.9.6〉

제8조 (기일지정통지)

① 위원회가 소청사건을 심사할 때에는 소청인과 피소청인 또는 그 대리인(이하 "소청당사자"라 한다)에게 심사일시·장소를 통지하여 출석할 수 있도록 하여야 한다. 이 경우 통지를 받은 자가 정당한 사유로 출석할 수 없는 때에는 심사의 연기를 요청할 수 있고, 위원회는 심사기일을 다시 정할 수 있다. 〈개정 2000.11.9〉

② 제1항의 통지를 받고 출석하는 자가 공무원인 경우에는 그 소속기관의 장은 공가를 허가하여야 한다. 〈개정 1978.10.27〉

③ 삭제 〈2000.11.9〉

④ 소청당사자중 소재가 분명하지 아니한 자에 대한 제1항의 통지는 관보에 게재하고 게재한 날부터 10일이 경과하는 날에 그 통지는 당해 소청당사자에게 도달된 것으로 본다. 〈개정 1972.12.16, 2000.11.9〉

제9조 (위원의 기피·회피)

① 소청당사자는 위원회의 위원에게 법 제14조제2항의 규정에 의한 제척사유 또는 심사·결정의 공정을 기대하기 어려운 사정이 있는 경우에는 그 이유를 명시하여 그 위원의 기피를 신청할 수 있으며, 위원은 회피할 수 있다. 〈개정 2000.11.9〉

② 위원회는 제1항의 기피신청에 대하여 결정을 하여야 한다. 이 경우 기피신청을 받은 위원은 그 의결에 참여하지 못한다. 〈개정 1978.10.27, 2000.11.9〉

제10조 (진술권)

① 위원회는 출석한 소청당사자의 진술을 청취하여야 하며, 필요하다고 인정할 때에는 구술로 심문할 수 있다.

② 제8조제1항의 통지를 받고 출석하지 아니한 소청당사자는 서면에 의하여 그 의견

을 진술할 수 있다.

③ 소청인이 형사사건으로 구속되거나 기타 사유로 인하여 위원회에 출석할 수 없을 경우에 제8조제1항의 규정에 의하여 지정한 기일 또는 위원회가 특히 서면에 의한 진술을 위하여 지정한 기일안에 서면에 의한 진술도 하지 아니한 때에는 위원회는 진술없이 결정할 수 있다. 〈신설 1972.12.16〉

제11조 (증거제출권)

① 소청당사자는 증인의 소환·질문 또는 증거물 기타 심사자료의 제출명령을 신청하거나, 증거물 기타 심사자료를 제출할 수 있다. 〈개정 2007.9.6〉

② 위원회는 제1항의 신청에 대한 채택여부를 결정하여야 한다. 〈개정 1978.10.27〉

③ 소청당사자가 신청한 증인의 여비는 신청인의 부담으로 한다.

④ 위원회가 채택한 증인이 공무원인 경우에는 그 소속기관의 장은 그 증인에게 공가를 허가하여야 한다. 〈신설 1972.12.16〉

⑤ 위원회는 소청사건이 결정된 후 신청이 있는 때에는 제1항의 규정에 의하여 제출된 증거물 기타 심사자료를 제출자에게 반환할 수 있다. 〈신설 2000.11.9〉

제12조 (조서작성) 위원회는 소청사건의 심사절차에 대한 조서를 작성하여야 한다.

제13조 (처분의 취소 등)

① 피소청인은 위원회에 계속중인 사건의 처분을 취소 또는 변경하거나 부작위에 대한 처분을 한 때에는 위원회와 소청인에게 그 사실을 통지하여야 한다. 〈개정 2000.11.9〉

② 위원회는 제1항의 경우에 그 사건의 심사여부를 결정하여야 한다. 〈개정 1978.10.27〉

제14조 (심사의 범위) 위원회는 징계 또는 소청의 원인이 된 사실 이외의 사실에 대하여 심사하지 못한다.

제15조 (결정서의 작성) 위원회가 소청심사청구에 대하여 결정을 할 때에는 다음 각호의 사항을 기재한 소청심사결정서를 작성하고 위원장과 출석한 위원이 이에 서명날인하여야 한다.

1. 소청당사자의 표시.
2. 결정주문.
3. 결정이유의 개요.
4. 증거의 판단.

제16조 (결정서의 송부)

① 소청심사결정서는 그 정본을 작성하여 지체없이 소청당사자에게 송부하여야 한

다. 〈개정 2004.6.11〉

② 제1항의 규정에 의하여 소청심사결정서를 송부함에 있어 그 결정서가 위원회의 과실없이 소청인에게 송달되지 아니한 경우에는 소청인의 주소・성명과 결정주문을 관보에 게재하고, 게재한 날부터 2주일이 경과하는 날에 결정서는 당해 소청인에게 도달된 것으로 본다. 〈신설 1978.10.27, 2000.11.9〉

제17조 (감사원 요구에 의한 재심 〈개정 2004.6.11〉)

① 감사원법 제32조제6항의 규정에 의한 재심요구는 그 이유를 명시한 재심요구서에 의하여야 한다. 〈개정 2004.6.11〉

② 위원회는 제1항의 재심요구서를 접수하면 즉시 그 부본을 첨부하여 소청인에게 송부하고 변명자료의 제출을 요구하여야 한다. 〈개정 1978.10.27〉

③ 재심사건의 심사는 필요하다고 인정하는 경우를 제외하고는 당사자의 출석없이 결정할 수 있다.

④ 위원회가 재심사건을 심사・결정하였을 때에는 재심결정서를 작성하여 그 정본을 지체없이 소청당사자 및 감사원장에게 송부하여야 한다. 이 경우 감사원장에게는 행정안전부를 경유하여 송부하여야 한다. 〈개정 2000.11.9, 2004.6.11, 2008.12.31〉

⑤ 제1항의 재심요구서에 재심이유가 명시되어 있지 아니하거나, 기타 흠결이 있을 경우에는 재심요구서를 접수한 날부터 7일이내에 상당한 기간을 정하여 보정을 요구하여야 하며, 이 경우에 처리기간은 그 보정이 완료된 날부터 기산한다. 〈신설 1973.3.30, 2000.11.9〉

⑥ 재심요구에 대한 결정은 특별한 사정이 있는 경우를 제외하고는 재심이 요구된 날부터 30일 이내에 하여야 한다. 〈신설 2000.11.9〉

제18조 (행정소송 결과의 통보) 소청인이 법 제16조의 규정에 의하여 행정소송을 제기한 경우에는 당해 소청사건의 피소청인은 소송을 제기한 사실 및 그 결과를 위원회에 통보하여야 한다.

제19조 삭제 〈1973.3.30〉

제20조 삭제 〈1973.3.30〉

제21조 (실비변상) 법 제12조제5항의 규정에 의한 증인의 일당은 증인이 공무원이 아닌 경우에만 지급하되, 국가공무원 6급 5호봉 상당의 월봉급액을 일할계산한 금액으로 하고, 여비는 증인이 공무원인 경우에는 공무원여비규정 "별표1"의 소정액으로 하며, 증인이 공무원이 아닌 경우에는 공무원여비규정 "별표1"의 제4호 해당자 소정액으로 한다. 〈개정 1989.12.30, 1998.2.24〉

소청업무처리지침

제정 2000. 1.12. 소청심사위원회예규 제1호
개정 2004. 6. 4. 소청심사위원회예규 제2호
개정 2006. 7.19. 소청심사위원회예규 제4호
개정 2007. 9. 6. 소청심사위원회예규 제5호
개정 2009. 6.17. 소청심사위원회예규 제6호
개정 2009. 7. 1. 소청심사위원회예규 제7호

제1조 (목적) 이 예규는 소청심사위원회(이하 "위원회"라 한다)의 소청업무 처리에 관한 세부사항을 규정함을 목적으로 한다.

제2조 (접수) ① 소청인 또는 대리인은 [별지 제1호서식]에 따른 소청심사청구서(이하 "청구서"라 한다) 2부를 작성하여 위원회에 직접 제출하거나 우편·모사전송 또는 인터넷으로 제출할 수 있다. 〈개정 2007.9.6.〉

② 청구서가 제출되면 접수담당 직원은 다음 각호에 의한 필요적 기재사항 및 구비서류를 확인하고 미비한 사항은 보완하도록 요구한다.

1. 소청인의 주소·성명·주민등록번호 및 전화번호
2. 소속기관명·직급 및 직위
3. 피소청인 (임용권자 또는 임용권을 위임받은 기관장)
4. 소청의 취지 (취소·감경, 무효확인, 의무이행 등)
5. 소청의 이유와 입증방법

③ 접수담당 직원은 청구서를 접수한 때에는 즉시 소청사건처리부에 이를 등재하고 사건번호를 부여한 다음, 소청인에게 [별지 제2호서식]에 따른 접수증을 교부하여야 한다. 〈개정 2007.9.6〉

④ 제3항에 따라 접수된 청구서가 위원회의 관할에 속하지 아니하는 경우에는 행정과장은 이를 관할 위원회에 이송하고 그 사실을 소청심사를 청구한 자에게 통지하여야 한다. 〈신설 2007.9.6〉

⑤ 행정과장은 청구서를 선람하고, 그 사건의 심사업무를 담당할 사무관 또는 서기관(이하 "조사관"이라 한다)을 지정한다. 다만, 제4항에 따라 관할 위원회로 이송된 사건은 그러하지 아니하다. 〈개정 2007.9.6〉

제3조 (소청사건 처리상황 입력·관리) 제2조제5항의 규정에 따라 사건을 배당받은 담당조사관은 접수, 변명서 제출, 심사기일 통지, 심사 및 결정 등 소청사건의 제반 처

리상황을 소청종합관리시스템에 입력 · 관리하여야 한다. 〈개정 2009.6.17.〉

제4조 (변명서 요구 등) ① 위원회는 청구서를 접수한 때에는 그 부본을 피소청인에게 송부하고 변명서를 제출하도록 요구하여야 한다. 다만, 제2조제4항에 다라 관할 위원회로 이송된 사건은 그러하지 아니하다. 〈개정 2007.9.6〉

② 제1항에 따른 변명서의 제출기한은 14일 이내로 한다. 〈개정 2007.9.6〉

③ 제1항의 변명서에는 소청이유에 기재된 각각의 항목에 대한 처분 이유와 근거 또는 입증 방법을 명시하고, 소청 취지에 대한 처분청의 의견을 기재하도록 하여야 한다.

④ 제3항의 변명서의 내용이 충분하지 아니하거나 추가로 입증자료가 필요할 때에는 위원회는 피소청인에게 변명내용을 보충하게 하거나 입증자료를 요구할 수 있다. 〈신설 2007.9.6〉

⑤ 제4항에 따른 변명내용의 보충 또는 입증자료의 제출기한은 7일 이내로 한다. 〈신설 2007.9.6〉

제5조 (추가 자료의 제출) ① 소청당사자는 청구서, 변명서 등 제출 서류에서 주장한 사항을 보충할 필요가 있거나, 상대방의 주장에 대하여 추가로 소명할 자료가 있을 때에는 그 자료를 제출할 수 있다.

② 위원회는 소청당사자가 제1항에 따른 추가 자료를 제출하는 때에는 2부를 제출받아야 하며, 그 중 1부를 상대방에게 송부하여야 한다. 〈개정 2007.9.6〉

제6조 (심사의 병합 또는 분리) ① 위원회는 필요하다고 인정될 때에는 관련되는 사건을 병합하여 심사할 수 있다.

② 소청인 연명으로 제출된 사건이라 하더라도 그 소청 취지가 별개의 것이라고 인정되면 이를 분리하여 심사할 수 있다.

③ 위원회는 사건을 병합 또는 분리하여 심사하기로 결정한 때에는 심사회의 개최 전에 이를 소청당사자에게 통지한다. 〈개정 2007.9.6〉

제7조 (각하) ① 위원회는 접수된 소청사건이 소청 제기기간 경과, 소청 관할 위반 등으로 소청의 제기가 부적법한 때에는 [별지 제4호서식]에 의하여 각하대상 여부와 진술방법을 결정하여야 한다. 〈신설 2007.9.6〉

② 제1항에 따라 각하대상으로 결정된 때에는 [별지 제5호서식]에 의한 각하(안)을 작성하여 위원회의 심의에 회부하여야 한다. 〈개정 2007.9.6〉

제8조 (가결정) ① 「국가공무원법」(이하 "법"이라 한다) 제76조 제3항의 규정에 의한 가결정은 청구서 접수 5일 이내에 위원회 심의에 회부하여야 한다. 〈개정 2007.9.6〉

② 제1항의 가결정은 소청당사자의 참석없이 행할 수 있다.

③ 가결정을 한 경우, 담당조사관은 지체없이 [별지 제6호서식]에 의한 가결정문을

소청당사자에게 송부하여야 한다. 〈개정 2007.9.6〉

제9조 (심사예정표 및 주심위원 지정) ① 행정과장은 [별지 제7호서식]에 의하여 각 소청사건의 심사기일이 포함된 심사예정표를 작성하여 위원장에게 보고하고, 위원장은 각 사건별로 주심위원을 지정한다. 〈개정 2007.9.6〉

② 위원장은 소청사건 배당 순서에 따라 주심위원을 지정하되, 사건의 효율적 심사를 위하여 주심위원을 별도로 지정할 수 있다.

제10조 (사실조사) 담당조사관은 담당 사건에 대한 사실조사가 필요한 때에는 행정과장의 지시에 의하여 현장에 출장조사를 실시할 수 있다. 〈개정 2007.9.6〉

제11조 (심사기일 통지) ① 심사기일은 소청당사자에게 심사개최 7일전까지 [별지 제8, 9호서식]에 의해 통지하되, 배달사실을 증명할 수 있는 방법에 의한다. 〈개정 2007.9.6〉

② 소청인이 소청절차규정(이하 "영"이라 한다) 제8조제1항 후단의 규정에 의하여 심사의 연기를 원하는 때에는 [별지 제10호서식]에 의한다. 〈개정 2007.9.6〉

③ 피소청인에게 심사기일을 통지하는 때에는 [별지 제11호서식]에 의한 대리인 지정서의 제출을 요구한다. 〈개정 2007.9.6〉

제12조 (소청대리인) ① 영 제4조제2항의 규정에 의한 위임장은 [별지 제12호서식]에 의한다. 〈개정 2007.9.6〉

② 법 제76조제1항의 규정에 의하여 소청인이 변호사를 대리인으로 선임한 경우에도 소청인은 심사회의에 참석할 수 있다.

③ 영 제4조제1항에 의하여 피소청인을 대리하여 심사회의에 참석하는 관계 공무원은 특별한 사유가 있는 경우를 제외하고는 소청인보다 상위계급(경찰공무원의 경우 경위 이상)인 자를 지정하도록 하여야 한다.

제13조 (조사보고서) ① 담당조사관은 청구서, 변명서 및 각종 증거서류 등 사건기록을 검토하여 [별지 제13호서식]에 의한 조사보고서를 작성하되, 다음 각 호의 사항이 포함되도록 한다. 〈개정 2007.9.6〉

1. 원 처분사유 요지
2. 소청이유 요지
3. 증거 및 조사

② 제1항의 조사보고서는 심사개최 5일전까지 위원장과 각 위원에게 배부되어야 한다.

제14조 (증인의 채택) ① 영 제11조제1항에 의하여 소청당사자가 증인의 소환 · 질문 또는 증거물 기타 심사자료의 제출명령을 요청하는 때에는 [별지 제14호서식] 또는 [별지 제15호서식]에 의하여 심사회의 개최 3일전까지 신청하여야 한다. 〈개정 2007.9.6〉

② 위원회는 신청된 증인의 채택여부를 결정하여 소청당사자에게 통보하여야 한다.

제15조 (소청의 취하) ① 영 제7조의 규정에 의하여 청구를 취하하고자 할 경우에는 [별지 제16호서식]에 의한다. 〈개정 2007.9.6〉

② 제1항에 따른 취하신청서가 제출되면 담당조사관은 소청인의 의사표시에 하자가 없는지를 확인하여야 하며, 하자가 없을 때에는 [별지 제17, 18호서식]에 의하여 해당 소청이 취하처리된 사실을 소청당사자에게 통보한다. 〈개정 2007.9.6〉

제16조 (심사회의) ① 심사회의는 정례회의와 임시회의로 구분한다.

② 정례회의는 매주 월요일, 수요일 및 금요일에 개최하는 것을 원칙으로 하고, 임시회의는 위원장이 지정하는 일시에 개최한다.

제16조의2 (소청심사회의실 입장 시 소지품 제한 등) ① 소청당사자는 다음 각호의 물품을 소지한 채 소청심사회의실(이하 '회의실'이라 한다)에 입실할 수 없으며, 위원회 직원의 안내에 따라 반입금지 물품을 대기실에 보관토록 하고 회의실에 입실하여야 한다.

1. 녹음기 등 녹음이 가능한 기기류, 휴대폰, 기타 소청심사와 관계없는 물건
2. 흉기 등 위험한 물건

② 소청당사자는 회의실 내에서 다음 각 호의 행위를 할 수 없다.

1. 녹음, 녹화, 촬영, 중계방송
2. 회의실 내의 질서를 해치는 행위
3. 다른 사람의 생명 · 신체 · 재산 등에 위해를 가하려고 하는 행위

③ 위원회는 회의실 반입이 금지된 물품 및 회의실 내에서 금지된 행위에 관한 사항을 소청당사자 대기실에 게시하고 소청당사자에게 안내한다.

〈본조 신설 2009.6.17.〉

제17조 (위원의 기피) ① 법 제14조제2항제1호의 '위원본인과 관계있는 사항'이라 함은 다음 각 호와 같다.

1. 위원이 당해 소청사건의 대상이 된 처분 또는 부작위에 관여하였을 때
2. 위원이 당해 소청사건에 관하여 증언이나 감정을 하였을 때
3. 위원이 당해 소청사건에 관하여 소청당사자의 대리인으로 관여하였을 때

② 소청당사자는 위원에게 심사의 공정을 기대하기 어려운 사정이 있는 경우에는 [별지 제19호서식]에 의하여 당해 위원의 기피를 신청할 수 있다. 〈개정 2007.9.6〉

③ 위원장은 심사회의 개최 전 또는 심사회의 개최 중 소청당사자에게 기피신청 여부를 확인하여야 한다.

④ 소청당사자로부터 기피신청이 있는 경우, 위원회는 당해 소청사건을 심의하기 전에 위원의 기피여부를 결정하여야 한다. 이 경우에 기피대상 위원은 의결에 참여하

지 못한다.

제17조의2 (재적 위원수, 의사정족수, 의결정족수) ① 위원의 일시적 퇴직으로 결원이 발생한 경우에는 결원 발생 당시 재임 중인 재적 위원수의 3분의 2 이상의 출석으로 개의하여 심사·결정을 할 수 있다.

② 소청심사위원회 회의에 출석한 위원 중 법 제14조제2항의 제척사유에 해당하는 위원과 영 제9조제1항 및 제2항에 따라 기피결정을 받은 위원 또는 회피한 위원은 법 제14조제1항의 의사정족수 산정을 위한 출석 위원의 수에는 산입할 수 있으나, 같은 항의 의결정족수 산정을 위한 출석 위원의 수에는 산입할 수 없다.

〈본조 신설 2009.6.17.〉

제17조의3 (소청심사위원회의 결정) 법 제14조 제3항 제3호에 따른 변경결정을 함에 있어 소청심사위원회는 필요하다고 인정되는 경우 원징계처분을 불문경고(경찰공무원의 경우 기각계고를 말한다) 처분으로 변경할 수 있다.

〈본조 신설 2009.7.1.〉

제18조 (심사조서) 심사조서는 [별지 제20호서식]에 의하며, 구체적이고 정확하게 작성한다. 〈개정 2007.9.6〉

제19조 (결정문의 작성 및 송부) ① 결정문은 결정일로부터 10일 이내에 [별지 제21호서식]에 의해 작성하여 소청당사자에게 각 1부를 송부하여야 한다. 또한, 감사원으로부터 파면요구를 받은 사건에 대하여는 감사원에 결정문 1부를 송부한다. 〈개정 2007.9.6〉

② 소청인에게는 결정문 수령 후 90일 이내 관할 행정법원(행정법원이 설치되어 있지 아니한 지역은 관할 지방법원 합의부)에 행정소송을 제기할 수 있다는 사실을 고지하여야 한다.

제19조의2 (결정연기 사실 통지) 심사회의 결과 특별한 사유로 결정이 연기된 때에는 소청당사자에게 지체없이 그 사실을 통지하여야 한다.

제20조 (감사원 요구에 의한 재심) ① 감사원법 제32조제6항의 규정에 의한 재심의 경우 원심의 주심위원에게는 이를 배정하지 아니한다.

② 재심사건은 재심요구서 접수일로부터 30일 이내에 처리하는 것을 원칙으로 한다.

제21조 (사건기록의 정리 및 보관) 소청관련 기록은 사건기록 일체를 순서대로 정리하여 철한 후, 일련번호를 부여하여 위원회 자체 또는 문서 보관 부서에 이관하여 보관한다.

제22조 (소청서류의 열람 및 복사) ① 소청당사자가 소청관련 서류에 대해 열람 또는

복사를 요청한 때에는 특별한 경우를 제외하고는 위원회는 이에 응하여야 한다. 이 경우 조사보고서 및 심사조서는 제외한다. 〈개정 2007.9.6〉

② 이해관계가 있는 제3자가 소청관련 서류의 열람 등을 요구하는 경우, 위원회는 결정을 거쳐서 특정부분에 대해서만 열람 또는 복사하게 할 수 있다. 다만, 다음과 같은 사유가 있을 때에는 이를 제한하거나 거부할 수 있다.

1. 소청당사자가 공개를 거부하는 경우
2. 공개로 인해 타인의 명예나 인격, 사생활의 비밀 또는 생활의 평온이나 공익이 침해될 우려가 있는 경우
3. 공개할 경우 소청사건의 공정한 심사에 지장을 초래한다고 인정할 만한 상당한 이유가 있는 경우
4. 필요 이상으로 대량·다수의 열람이나 공개를 요구하는 경우 등

③ 심사조서를 소송의 증거로 제출하여 달라는 법관의 요청이 있는 경우에는 심사조서 사본을 당해 법원에 제출할 수 있다.

제22조의2 (심사자료의 반환) 소청당사자가 영 제11조제5항에 따라 증거물 기타 심사자료의 반환을 신청하고자할 때에는 별지 제22호서식에 의하여 서면신청을 하여야 한다. 〈본조 신설 2009.6.17.〉

제23조 (기간 계산) ① 소청심사의 청구에 있어 기간 계산은 처분사유설명서를 받은 날인 초일은 산입하지 아니한다.

② 소청심사의 청구는 청구서가 위원회에 도달된 날에 제기한 것으로 본다.

제24조 (불이익처분에 대한 소청 청구 고지) ① 법 제75조의 규정에 의한 처분사유설명서에는 "이 처분에 대한 불복이 있을 때에는 국가공무원법 제76조제1항의 규정에 의하여 이 설명서를 받은 날부터 30일 이내에 소청심사위원회에 소청을 청구할 수 있다."는 사실을 고지하여야 한다.

② 법 제75조에서 정한 처분 이외의 본인의 의사에 반한 처분을 행할 때에는 "이 처분에 대한 불복이 있을 때에는 국가공무원법 제76조제1항의 규정에 의하여 처분이 있은 것을 안 날부터 30일 이내에 소청심사위원회에 소청을 청구할 수 있다."는 사실을 고지하여야 한다.

제25조 (소청관련 자료의 직접수령) 소청당사자가 소청심사위원회를 방문하여 소청심사청구서, 변명서, 추가자료, 결정문 등 소청관련 자료를 직접 수령한 경우에는 별지 제23호서식에 의한 수령증을 작성하여 소청심사위원회에 제출하여야 한다.
〈본조 신설 2009.7.1.〉

부 칙

제1조 (시행일) 이 예규는 발령한 날로부터 시행한다.

제2조 (예규의 폐지) 소청심사위원회운영예규('72. 7. 18. 소청심사위원회 위원장훈령 제1호)는 이를 폐지한다.

부 칙 〈2004.6.4〉

① (시행일) 이 예규는 2004년 6월 12일부터 시행한다.

② (재심요구에 관한 경과조치) 이 예규 시행 당시 재심이 진행중인 결정에 대하여는 제20조의 개정규정에 불구하고 종전의 규정에 의한다.

부 칙 〈2006.7.19〉

① (시행일) 이 예규는 2006년 7월 19일부터 시행한다.

부 칙 〈2007.9.6〉

① (시행일) 이 예규는 2007년 9월 6일부터 시행한다.

② (다른 예규의 개정) 「중앙고충업무처리지침」 중 다음과 같이 개정한다.

제8조제1항 중 "환문"을 "소환 · 질문"으로 한다.

부 칙 〈2009.6.17.〉

① (시행일) 이 예규는 2009년 6월 17일부터 시행한다.

② (다른 예규의 개정) 「중앙고충업무처리지침」 중 다음과 같이 개정한다.

제15조 및 제16조 중 "중앙인사위원회위원장"을 "행정안전부장관"으로 한다.

부 칙 〈2009.7.1.〉

① (시행일) 이 예규는 2009년 7월 1일부터 시행한다.

[별지 제1호서식] <개정 2009.6.17.>

소청심사청구서

1. 사건명 :　　　　　　　　　청구
2. 소청인

성　명	(한자 :　　　　　)
주민등록번호	－　　　(　　세)
소　속	
직(계)급	
주　소	(우편번호 :　　　　)
전자우편(e-mail)	
전화번호	– 자택 또는 직장 : – 휴대전화 : ※ 휴대전화 문자메시지(SMS)수신 동의 여부 :
대리인	

3. 피소청인 :
4. 소청의 취지 :
5. 처분사유설명서 수령일 :　　년　　월　　일
6. 희망 심사시기 : 빨리(　), 늦게(　), 의견 없음(　)
7. 소청이유 : 별지로 작성
8. 입증자료 :

위와 같이 청구합니다.

년　월　일

위 청구인　　　　(서명 또는 인)

행정안전부 소청심사위원회 위원장 귀하

[별지 제2호서식]

접 수 증 (보관용)

주 소 :

성 명 : 제출자 :

상기인의 소청심사청구서가 년 월 일 소청심사위원회에 제 - 호로 접수되었음을 확인합니다.

년 월 일

접 수 증 (발급용)

주 소 :

성 명 : 제출자 :

상기인의 소청심사청구서가 년 월 일 소청심사위원회에 제 - 호로 접수되었음을 확인합니다.

년 월 일

행정안전부 소청심사위원회 위원장

각하대상 여부 및 진술방법 결정(안)

1. 각하대상 여부 결정

소청인 ○○○의 소청심사청구(사건 -)에 대하여 소청절차규정 제7조의2 및 소청업무처리지침 제7조제1항에 따라 각하대상으로 결정하고자 합니다.

○ 각하대상여부 검토보고서 "붙임"

년 월 일

<table>
<tr><td>위 원</td><td>위 원</td><td>위 원</td><td>위 원</td><td>위 원</td><td>위 원</td><td>위원장</td><td rowspan="3">서
명</td><td rowspan="3">년
월
일</td></tr>
<tr><td></td><td></td><td></td><td></td><td></td><td></td><td></td></tr>
<tr><td>가·부</td><td>가·부</td><td>가·부</td><td>가·부</td><td>가·부</td><td>가·부</td><td>가·부</td></tr>
</table>

2. 진술방법 결정(각하대상으로 결정된 경우에만 해당)

소청인 ○○○의 소청심사청구(사건 -)이 각하대상으로 결정됨에 따라 위원회 심사시 진술방법을 결정하고자 합니다.

년 월 일

<table>
<tr><td>위 원</td><td>의 원</td><td>위 원</td><td>위 원</td><td>위 원</td><td>위 원</td><td>위원장</td><td rowspan="3">서
명</td><td rowspan="3">년
월
일</td></tr>
<tr><td></td><td></td><td></td><td></td><td></td><td></td><td></td></tr>
<tr><td>출석·서면</td><td>출석·서면</td><td>출석·서면</td><td>출석·서면</td><td>출석·서면</td><td>출석·서면</td><td>출석·서면</td></tr>
</table>

[별지 제3호서식] <삭제 2009.6.17.> "소청사건처리점검표"

[별지 제4호서식] <신설 2007.9.6>

각하대상 여부 및 진술방법 결정(안)

1. 각하대상 여부 결정

소청인 ○○○의 소청심사청구(사건 -)에 대하여 소청절차규정 제7조의2 및 소청업무처리지침 제7조제1항에 따라 각하대상으로 결정하고자 합니다.

○ 각하대상여부 검토보고서 "붙임"

년 월 일

위 원	위 원	위 원	위 원	위 원	위 원	위원장	서명	년월일
가·부	가·부	가·부	가·부	가·부	가·부	가·부		

2. 진술방법 결정(각하대상으로 결정된 경우에만 해당)

소청인 ○○○의 소청심사청구(사건 -)이 각하대상으로 결정됨에 따라 위원회 심사시 진술방법을 결정하고자 합니다.

년 월 일

위 원	의 원	위 원	위 원	위 원	위 원	위원장	서명	년월일
출석·서면	출석·서면	출석·서면	출석·서면	출석·서면	출석·서면	출석·서면		

[별지 제5호서식] <개정 2007.9.6>

각 하 (안)

소청인 ○○○의 소청심사청구(사건 -)이 대하여 국가공무원법 제14조 제3항 제1호에 따라 각하 결정하고자 합니다.

○ 각하사건 검토보고서 "붙임" 끝.

년 월 일

위 원	위 원	위 원	위 원	위 원	위 원	위원장	서명	년 월 일

[별지 제6호서식] <개정 2007.9.6>

====================

가 결 정

====================

사건 - ○○처분 △△청구

소청인 성 명 : ( )

소 속 : 직 급 :

주 소 :

피소청인 :

피소청인이 년 월 일 소청인에게 한 ○○처분에 대하여 소청인으로부터 이의 △△을 구하는 소청이 있었으므로 국가공무원법 제76조 제3항에 따라 우리 위원회는 다음과 같이 가결정한다.

주 문

이 사건 청구에 대한 최종결정이 있을 때까지
후임자의 보충발령을 유예한다.

이 유

[별지 제7호서식] <개정 2007.9.6>

심 사 예 정 표

==========================

(0000.00.00~00.00)

심 사 예정일시	사건 번호	소 속	직 급	성 명	원처분	피소청인	처리 기한	주심 위원	담 당 조사관

[별지 제8호서식] <개정 2009.6.17.>

행정안전부 소청심사위원회

수 신 자 소청인
(경 유)
제 목 심사기일 통지

1. 귀하가 년 월 일 청구한 소청사건을 아래와 같이 심사하고자 소청절차규정 제8조에 따라 그 기일을 통지하오니 출석하여 주시기 바랍니다.

가. 심사일시 : 년 월 일(요일) : (: 까지 도착)

나. 심사장소 : 행정안전부 소청심사위원회
(서울시 중구 청계천로 8 프리미어플레이스빌딩 6층)

다. 위치 및 교통편 : 홈페이지(sochung.mopas.go.kr) 약도 참조

※ 복장은 정장(넥타이 착용, 하절기 복장 간소화기간 동안은 미착용)차림으로 출석하시기 바랍니다.

2. 사정상 출석할 수 없게 되어 서면으로 진술하고자 할 때에는 심사기일 전까지 우리 위원회에 도착될 수 있도록 진술서를 보내주시기 바라며, 만일 지정된 심사기일에 출석하지 아니하고, 서면진술서도 제출하지 아니한 때에는 소청인 불참 하에 심사회의를 진행합니다. 끝.

행정안전부 소청심사위원회 위원장

[별지 제9호서식] <개정 2009.6.17.>

행정안전부 소청심사위원회

수 신 자 피소청인
(경 유)
제 목 심사기일 통지

1. 귀 소속에 근무하고 있는(던) ○○○이(가) 청구한 소청사건을 심사하고자 소청절차규정 제8조에 따라 그 기일을 통지하오니 출석하여 주시기 바라며, 대리인이 출석하고자 할 때에는 대리인지정서를 심사기일 7일전까지 제출하여 주시기 바랍니다.

2. 일시 및 장소

가. 심사일시 : 년 월 일(요일) : (: 까지 도착)

나. 심사장소 : 행정안전부 소청심사위원회
(서울시 중구 청계천로 8 프리미어플레이스빌딩 6층)

다. 위치 및 교통편 : 홈페이지(sochung.mopas.go.kr) 약도 참조

3. 대리인 유의사항

가. 대리인은 소청인보다 상위 직급자이어야 합니다(경찰공무원의 경우 상위 계급자로서 경위 이상).

나. 대리인의 진술은 처분권자의 진술로 간주되어 심사의 중요한 증거가 되므로 대리인은 사전에 내용을 정확히 파악하여 심사회의 시 책임 있는 답변을 하여야 합니다.

다. 대리인은 당해 소청사건에 필요한 관계 자료를 지참하여야 합니다.

※ 복장은 정장(넥타이 착용, 하절기 복장 간소화기간 동안은 미착용)차림으로 출석하시기 바랍니다. 끝.

행정안전부 소청심사위원회 위원장

[별지 제10호서식] <개정 2009.6.17.>

소청심사기일연기신청서

사　　건 :　　-　　○○처분 △△청구

소 청 인 :　　　　　소속 및 직급 :

피소청인 :

위 소청사건의 심사기일 통지를 받았으나 다음과 같이 사유로 심사의 연기를 신청하오니 처리하여 주시기 바랍니다.

○ 당초심사기일 :　　년　　월　　일

○ 연기신청사유 :

○ 희망 심사시기 :

(입증서 첨부)

년　　월　　일

소 청 인　　　(서명 또는 인)

행정안전부 소청심사위원회 위원장 귀하

[별지 제11호서식] <개정 2009.6.17.>

피 소 청 인(처 분 기 관)

수 신 자 소청심사위원회위원장 (행정과장)
(경 유)
제 목 대리인 지정서 제출

1. 행정과 - (. . .)과 관련입니다.

2. 소청인 ○○○의 소청사건에 관하여 소청절차규정 제4조에 따라 아래 공무원을 피소청인의 대리인으로 지정합니다.

소 속	직 급	직 위	성 명	담당업무	연락처

끝.

피 소 청 인 (처 분 권 자)

[별지 제12호서식] <개정 2009.6.17.>

위 임 장

사　　건 :　　–　　○○처분 △△청구

소 청 인 :　　　　　　주민등록번호 :　　–

피소청인 :

위 소청사건에 대한 소청인의 모든 권한을 아래 수임자에게 위임합니다.

수임자 성 명 :　　　　　　주민등록번호 :　　–

주 소 :

년　　월　　일

위임자 성 명 :

주 소 :

행정안전부 소청심사위원회 위원장 귀하

위 임 장

사　　건 :　　–　　○○처분 △△청구

소 청 인 :　　　　　　주민등록번호 :　　–

피소청인 :

위 소청사건에 대한 소청인의 모든 권한을 아래 수임자에게 위임합니다.

수임자 성 명 :　　　　　　주민등록번호 :　　–

주 소 :

년　　월　　일

위임자 성 명 :

주 소 :

행정안전부 소청심사위원회 위원장 귀하

조 사 보 고 서

<table>
<tr><td colspan="6" rowspan="2">사건   –</td><td colspan="2">조사관</td><td>주심위원</td></tr>
<tr><td colspan="2">(   )</td><td></td></tr>
<tr><td rowspan="4">소
청
인</td><td>성명</td><td colspan="2"></td><td>생년월일</td><td colspan="2">. . . (세)</td><td>성별</td><td></td></tr>
<tr><td>소속</td><td colspan="2"></td><td>직급</td><td colspan="4"></td></tr>
<tr><td>주소</td><td colspan="7"></td></tr>
<tr><td>대리인</td><td colspan="7"></td></tr>
<tr><td colspan="2" rowspan="2">피소청인</td><td>본인</td><td colspan="6"></td></tr>
<tr><td>대리인</td><td colspan="6"></td></tr>
<tr><td colspan="2">처 분 종 류</td><td colspan="2"></td><td>소청취지</td><td colspan="4"></td></tr>
<tr><td colspan="2">심 사 기 일</td><td colspan="7"></td></tr>
<tr><td colspan="2">처 분 일 자</td><td colspan="2"></td><td>접수일자</td><td colspan="4"></td></tr>
<tr><td colspan="9">○ 징계위원회 구성 및 징계절차 :
○ 재직경력 :
○ 상벌사항
– 상 훈 :
– 징 계 :
○ 관련자문책 :
○ 형사처벌 :
○ 적발경위 :</td></tr>
</table>

증인소환 · 질문신청서

사　　건 :　 -　 ○○처분 △△청구
소 청 인 :
피소청인 :

위 사건의 (피)소청인은 아래 증인의 증언을 통하여 (피)소청인의 주장이 사실임을 입증하기 위하여 아래와 같이 증인의 소환·질문을 신청합니다.

증인의 표시

증　인　성 명 :
소 속 :　　　　직 위 :
주 소 :

첨부 : 증인소환·질문 사항 1부.

년　월　일

신청인　　　　(서명 또는 인)

행정안전부 소청심사위원회 위원장 귀하

자료제출명령신청서

사　　건 :　　－　　○○처분 △△청구

소 청 인 :

피소청인 :

위 사건에 관하여 ○○○에게 다음 자료의 제출을 명령하여 줄 것을 신청합니다.

가. 자료의 제목

나. 자료의 내용

다. 자료의 소지자

라. 증명할 사실

년　　월　　일

신청인　　　　　(서명 또는 인)

행정안전부 소청심사위원회 위원장　귀하

취하신청서

사 건 : - ○○처분 △△청구

소청인 성 명 :

소 속 :

주 소 :

위 소청사건을 년 월 일 귀 위원회에 제출하였으나 아래와 같은 사유로 취하하고자 하오니 처리하여 주시기 바랍니다.

사 유 :

년 월 일

소 청 인 (서명 또는 인)

행정안전부 소청심사위원회 위원장 귀하

행정안전부 소청심사위원회

수 신 자 소청인
(경 유)
제 목 소청사건 취하처리 통보

귀하가 우리 위원회에 제기한 사건 0000-000 ○○처분 △△ 청구에 대해 년 월 일 소청취하서를 제출하였으므로 소청절차규정 제7조에 따라 귀하의 위 소청청구가 취하처리되었음을 알려드립니다. 끝.

행정안전부 소청심사위원회 위원장

행정안전부 소청심사위원회

수 신 자 피소청인

(경 유)

제 목 소청사건 취하처리 통보

귀 소속 소청인 ○○○이(가) 우리 위원회에 제기한 사건 0000-000 ○○처분 △△청구에 대해 년 월 일 소청취하서를 제출하였으므로 소청절차규정 제7조에 위 소청청구가 취하처리 되었음을 알려드립니다. 끝.

행정안전부 소청심사위원회 위원장

소청심사위원 기피신청서

사　　건 : 　 - 　 ○○처분 △△청구

소 청 인 :

피소청인 :

위 사건에 관하여 (피)소청인은 소청심사위원회 위원 중 아래 위원에 대하여 기피를 신청합니다.

가. 기피 위원

나. 기피 이유

첨부 : 기피이유에 대한 입증자료 1부

년　　월　　일

신 청 인　　　　　(서명 또는 인)

행정안전부 소청심사위원회 위원장　귀하

[별지 제20호서식] 〈개정 2007.9.6〉

심 사 조 서

사건 – ○○처분 △△청구	소청인		피소청인	
일 시			장 소	소청심사회의실

위원회	위원장 : 위 원 : 관계직원 :
출석당사자	소 청 인 : (대리인) 피소청인 : (대리인)

위 원 장 : ○ ○ ○ (서 명)

위 원 : ○ ○ ○ (서 명)

(주 심) 위 원 : ○ ○ ○ (서 명)

위 원 : ○ ○ ○ (서 명)

위 원 : ○ ○ ○ (서 명)

위 원 : ○ ○ ○ (서 명)

위 원 : ○ ○ ○ (서 명)

[별지 제21호서식] 〈개정 2009.6.17.〉

=====================

결　　정

=====================

사　건　　－　　○○처분 △△청구

소청인 성 명 :　　　(　　　)

소 속 :　　　　　　직 급 :

주 소 :

피소청인 :

피소청인이　년　월　일 소청인에게 한 ○○처분에 대하여 소청인으로부터 이의 △△을(를) 구하는 소청이 있었으므로 우리 위원회는 이를 심사하여 다음과 같이 결정한다.

주　　문

"주문은 별지 예시와 같이 작성"

이　　유

※ 이유는 다음 면에 1. 원처분 사유 요지, 2. 소청이유 요지, 3. 증거 및 판단 순으로 기재함.

결정문 주문 예시

결정유형	단 독 사 건	병 합 사 건
각 하	이 청구를 각하한다.	이 청구를 각 각하한다.
기 각	이 청구를 기각한다.	이 청구를 각 기각한다.
취 소	피소청인이 년 월 일 소청인에게 한 △△ 처분은 이를 취소한다.	피소청인이 년 월 일 소청인 김갑동, 김을동 에게 한 △△ 처분은 이를 각 취소한다.
변 경	피소청인이 년 월 일 소청인에게 한 △△ 처분은 이를 ▲▲(으)로 변경한다.	피소청인이 년 월 일 소청인 김갑동에게 한 △△ 처분은 이를 ▲▲(으)로, 소청인 김을동에게 한 △△ 처분은 이를 ▼▼(으)로 각 변경한다. 피소청인이 년 월 일 소청인 김갑동에게 한 △△ 처분은 이를 취소하고, 소청인 김을동에게 한 △△ 처분은 이를 ▲▲(으)로 변경한다.
무효확인	피소청인이 년 월 일 소청인에게 한 △△ 처분은 무효임을 확인한다.	피소청인이 년 월 일 소청인 김갑동에게 한 △△ 처분, 소청인 김을동에게 한 △△ 처분은 각 무효임을 확인한다.

[별지 제22호서식] 〈신설 2009.6.17.〉

심사자료 반환 신청서

사　　건 :　　－　　○○ 처분 △△ 청구

소 청 인 :

피소청인 :

위 사건과 관련하여 귀 위원회에 제출한 증거물 기타 심사자료의 반환을 다음과 같이 신청하오니 처리하여 주시기 바랍니다.

1. 반환 신청 자료목록

가.

나.

다.

라.

2. 받는 곳 :

년　　월　　일

신청인　　　　　　(서명 또는 인)

행정안전부 소청심사위원회 위원장 귀하

[별지 제23호서식] 〈신설 2009.7.1〉

수 령 증

사건번호 : – , 처분 청구

성 명 :

연 락 처 :

주소(소속) :

본인은 행정안전부 소청심사위원회를 방문하여 소청심사위원회의 (직급) (성명) (으)로부터 다음 서류를 수령하였음을 확인합니다.

서류 목록(자필 기재)

년 월 일

인계인 (서명)

수령인 (서명)

행정안전부 소청심사위원회 위원장 귀하

공무원고충처리규정(대통령령 제21842호)

제1조 (목적) 이 영은 「국가공무원법」 제76조의2 및 제76조의3, 「경찰공무원법」 제25조, 「소방공무원법」 제22조 및 「교육공무원법」 제49조에 따라 공무원의 인사상담 및 고충심사에 관한 고충심사위원회의 구성과 심사절차 등을 규정함을 목적으로 한다. 〈개정 2007.9.6〉

제2조 (고충심사대상) 공무원은 누구나 근무조건·인사관리 기타 신상문제에 대하여 인사상담 및 고충심사(이하 "고충심사"라 한다)를 청구할 수 있다.

제3조 (일반공무원 보통고충심사위원회)

① 「국가공무원법」 제76조의2제3항에 따른 보통고충심사위원회는 6급이하 공무원·연구사·지도사 또는 기능직공무원의 신규채용에 관한 임용권자(신규채용권을 위임받은 자를 포함한다) 단위로 설치한다. 〈개정 1983.5.19, 1984.12.31, 1985.12.31, 2007.9.6〉

② 보통고충심사위원회는 위원장 1인을 포함한 5인이상 7인이하의 위원으로 구성하되, 위원장과 위원은 고충심사청구인(이하 "청구인"이라 한다)보다 상위계급의 소속공무원(지방공무원을 포함한다)중에서 설치기관의 장이 임명한다. 〈개정 1983.5.19〉

③ 삭제 〈1983.5.19〉

제3조의2 (경찰공무원고충심사위원회)

① 「경찰공무원법」 제25조제1항에서 "대통령령이 정하는 경찰기관"이라 함은 경찰대학·경찰교육원·중앙경찰학교·경찰수사연수원·경찰서·경찰기동대·경비함정 기타 경감 이상의 경찰공무원을 장으로 하는 기관중 행정안전부장관 또는 국토해양부장관이 지정하는 경찰기관을 말한다. 〈개정 1996.8.8, 2007.9.6, 2007.9.20, 2008.12.31, 2009.11.23〉

② 경찰공무원고충심사위원회는 위원장 1인을 포함한 5인 이상 7인 이하의 위원으로 구성하되, 위원장과 위원은 청구인보다 상위계급의 소속 경찰공무원중에서 설치기관의 장이 임명한다.

제3조의3 (소방공무원고충심사위원회)

① 「소방공무원법」 제22조제1항에서 "대통령령이 정하는 소방기관"이라 함은 소방학교 및 소방서를 말한다. 〈개정 2007.9.6〉

② 소방공무원고충심사위원회는 위원장 1인을 포함한 5인 이상 7인 이하의 위원으로 구성하되, 위원장과 위원은 청구인보다 상위계급의 소속공무원(지방공무원을 포함한

다)중에서 설치기관의 장이 임명한다.

제3조의4 (교육공무원고충심사위원회)

①「교육공무원법」 제49조제3항에 따른 교육공무원중앙고충심사위원회는 위원장 1인을 포함한 5인 이상 7인 이하의 위원으로 구성하되, 위원장은 교육과학기술부차관이 되고 위원은 교육과학기술부 소속공무원 및 교직단체의 임직원중에서 교육과학기술부장관이 임명한다. 〈개정 1991.2.1, 2001.1.29, 2007.9.6, 2008.12.31〉

②「교육공무원법」 제49조제3항에 따른 교육공무원보통고충심사위원회는 위원장 1인을 포함한 5인 이상 7인 이하의 위원으로 구성하되, 위원장과 위원은 청구인보다 상위계급의 소속공무원(지방공무원을 포함한다)중에서 설치기관의 장이 임명한다. 〈개정 2007.9.6〉

제3조의5 (고충심사위원회의 간사) 고충심사위원회의 서무를 처리하기 위하여 고충심사위원회에 간사 약간인을 두되, 간사는 소속공무원(지방공무원을 포함한다)중에서 설치기관의 장이 임명한다.

제3조의6 (고충심사위원회의 관할)

① 중앙고충심사위원회는 보통고충심사위원회의 심사를 거친 재심청구와 5급 이상 공무원(고위공무원단에 속하는 일반직공무원을 포함한다)·연구관 또는 지도관의, 보통고충심사위원회는 소속 6급이하 공무원·연구사·지도사 또는 기능직공무원의 인사상담 및 고충을 각각 심사한다. 〈신설 1984.12.31, 1985.12.31, 2006.6.12, 2007.9.6〉

② 상하직위자가 관련된 고충심사의 청구에 대하여는 그 중 최상위직에 있는 자를 관할하는 고충심사위원회가 이를 심사·결정한다.

③ 고충심사의 청구가 있는 경우 당해 기관의 사정으로 청구인보다 상위직에 있는 자로 고충심사위원회를 구성하기 어려운 때에는 바로 상위의 감독기관에 설치된 고충심사위원회가 이를 심사·결정한다.

④「국가공무원법」의 적용을 받는 자와 다른 법률의 적용을 받는 자가 서로 관련되는 고충심사의 청구에 대하여는 중앙고충심사위원회가 이를 심사·결정할 수 있다. 〈개정 2007.9.6〉

제4조 (고충심사청구)

① 공무원이 고충심사를 청구할 때에는 설치기관의 장에게 다음 각호의 사항을 기재한 인사상담 및 고충심사청구서(이하 "청구서"라 한다)를 제출하여야 하며, 재심을 청구하는 경우에는 당해 고충심사위원회의 고충심사결정서(이하 "결정서"라 한다) 사본을 첨부하여야 한다. 〈개정 1983.5.19, 2006.6.12〉

1. 주소·성명 및 생년월일

2. 소속기관명 및 직급 또는 직위
3. 고충심사청구의 취지 및 이유

② 고충심사의 청구를 받은 설치기관의 장은 이를 지체없이 소속 고충심사위원회에 부의하여 심사하게 하여야 한다.

제5조 (보완요구) 고충심사위원회는 청구서에 흠이 있다고 인정할 때에는 청구서를 접수한 날로부터 7일이내에 상당한 기간을 정하여 청구인에게 이의 보완을 요구할 수 있으며, 청구인은 동기간내에 이를 보완하여야 한다.

제6조 (회피 및 기피)

① 고충심사위원회의 위원중 청구인의 친족이거나 청구사유와 밀접한 관계가 있는 자는 그 고충심사를 회피할 수 있다.

② 고충심사위원회의 위원에게 고충심사의 공정을 기대하기 어려운 사정이 있을 때에는 청구인은 그 위원의 기피를 신청할 수 있으며, 고충심사위원회는 의결로 그 위원의 기피여부를 결정하여야 한다.

제7조 (고충심사절차)

① 고충심사위원회가 청구서를 접수한 때에는 30일 이내에 고충심사에 대한 결정을 하여야 한다. 다만, 부득이하다고 인정되는 경우에는 설치기관의 장의 승인을 얻어 30일을 연장할 수 있다.

② 고충심사위원회는 고충심사에 필요하다고 인정할 때에는 청구인, 설치기관의 장, 청구인이 소속하는 기관의 장 또는 그 대리인을 출석하게 하여 진술하게 하거나 관계기관에 변명서 또는 심사자료의 제출을 요구할 수 있으며, 검정·감정을 의뢰하거나 소속직원으로 하여금 사실조사를 하게 할 수 있다.

③ 고충심사위원회는 고충심사의 당사자 또는 관계인의 진술을 청취하거나 구두로 문답하는 경우에는 그 청취서 또는 문답서를 작성하여야 한다.

제8조 (심사기일의 지정통지)

① 고충심사위원회는 고충심사시에 제7조제2항의 규정에 의하여 당사자의 출석을 필요로 하는 경우에는 심사일시 및 장소를 통지하여야 한다.

② 제1항의 기일통지는 심사일 5일전까지 당사자에게 도달되도록 하여야 하며, 출석기일통지를 받은 당사자가 심사일에 상당한 이유없이 출석하지 아니한 때에는 고충심사위원회는 진술없이 심사·결정할 수 있다. 다만, 서면으로 진술할 때에는 결정서에 서면진술의 요지를 기재하여야 한다. 〈개정 1983.5.19〉

제9조 (증거제출권) 고충심사당사자는 참고인의 소환·질문 또는 증거물 기타 심사자료의 제출요구를 신청하거나 증거물 기타 심사자료를 제출할 수 있다. 〈개정 2007.9.6〉

제10조 (고충심사위원회의 결정) 고충심사의 결정은 재적위원 과반수의 합의에 의한다.

제11조 (결정서작성 및 송부)

① 고충심사위원회가 고충심사청구에 대하여 결정을 한 때에는 결정서를 작성하고, 위원장과 출석한 위원이 서명·날인하여야 한다.

② 결정서가 작성된 경우에는 지체없이 이를 설치기관의 장에게 송부하여야 한다.

제12조 (고충심사결과처리) 제11조제2항의 규정에 의하여 결정서를 송부받은 설치기관의 장은 심사결과를 청구인에게 통보하는 외에 스스로 고충의 해소를 위한 조치를 하거나 관계기관의 장에게 필요한 조치를 요청하여야 한다.

제13조 (재심청구기간) 보통고충심사위원회·경찰공무원고충심사위원회·소방공무원고충심사위원회 또는 교육공무원보통고충심사위원회의 고충심사에 대하여 불복이 있어 중앙고충심사위원회 또는 교육공무원중앙고충심사위원회에 재심을 청구하는 경우에는 그 심사결과를 통보받은 날로부터 30일이내에 청구서를 제출하여야 한다. 〈개정 1983.5.19〉

제13조의2 (특수경력직공무원의 고충처리) 별정직 및 계약직공무원은 이 영의 규정에 의하여 고충심사를 청구할 수 있다. 이 경우 고충심사위원회의 관할과 고충의 처리에 있어서는 그에 상응하는 계급 또는 직위의 경력직 공무원의 예에 의한다. 〈개정 2006.6.12, 2007.9.6〉

제14조 (준용규정) 이 영에 규정되지 아니한 사항으로서 고충심사위원회의 심사에 필요한 사항에 대하여는 소청절차규정을 준용한다.

판례색인

사항색인

ㅇ

ㅈ

ㅊ

ㅌ

저자소개

▸ 약 력

- 차향 가득한 보성 산자락에서 출생(1970)
- 광주석산고 졸업(1990)
- 전남대학교 법과대학교 사법학과 졸업(1995)
- 동 대학교 법과대학원 헌법학 수료(1997)
- 사법연수원수료(2005, 군법무관 16기)
- 육군 제2군사령부 법무참모부 검찰부장(2005)
- 육군 제6보병사단 법무참모(2006)
- 육군 수도군단 군판사(2007)
- 육군 종합행정학교 군행정법 교관(2008)
- 변호사 등록(서울지방변호사회, 2008)
- 가톨릭대학교 문화영성대학원 졸업(문화영성학 석사, 2009)
- 국방부 법무관리관실 법령해석 담당(2009)
- 국방부 법무관리관실 국가배상, 인사소청, 헌법재판 담당(2010)
- 現) 국방부 국방송무TF팀 소송사무총괄 담당
  한국상담대학원대학교 상담학 박사과정

▸ 주요 논문 및 평석

- 학위논문 : 성전환에 관한 연구(-법 · 제도적 접근을 중심으로-)
- 기 고 문 : 강간죄 객체에 대한 새로운 시각(-대법원 판결(2009도3580)을 중심으로-)
  국군포로 및 납북피해자에 관한 소고
  형사 공탁제도에 관한 특례 개선 방안에 관하여
- 군사법논문 : 통일후 북한 지역의 부동산 소유권 귀속처리에 관한 고찰
  법무사관후보생의 신분에 관한 법적 고찰
  재판부 구성의 어려움에 따른 개선책 강구
  (-공판기일 전 재판준비절차를 중심으로-)
  현역복무부적합제도에 대한 법적 검토 외 다수

인사소청법

저 자 김 방 호
발행인 양 진 수
발행처 진 원 사

2011년 2월 21일 인쇄
2011년 2월 28일 발행

서울시 서초구 서초3동 1714-32 형덕빌딩 1층
전화 : 02)916-1850 / 팩스 : 02)916-3442
신고번호 제321-2512007002호
http://www.jinwonsa.co.kr
http://www.lawbookstore.co.kr

ISBN : 978-89-6346-099-4 93360 정가 38,000원